JN206054

北奥羽の古代社会

土器変容・竪穴建物と集落の動態

北東北古代集落遺跡研究会編

高志書院

目　　次

第1部　社会と構造

第2部　集落と建物

第3部　土器様相の変遷

まえがき

　本研究会は北東北地域の平安時代(9〜11世紀)の集落遺跡を対象にして，広域土器編年の構築と竪穴建物跡の集成を目指し，共同研究(2010年〜2014年)の成果報告書『9〜11世紀の土器編年構築と集落遺跡の特質からみた，北東北世界の実態的研究』(2014年)【以下，「北東北報告書」と記す】を刊行した。竪穴建物跡集成11,642軒のデータは，時期・形態及び構造・カマド・火山灰堆積・出土遺物・文献などを書き込み，付編(CD-R)に収載した。

　「北東北報告書」の第1章では，データ作成の基準と検討項目を提示した。第2章では北東北地域を9地区に分けた上で，各地区の土器編年と竪穴建物跡の集成を行った。第3章では各地区・時期ごとの竪穴建物跡数を総合し，推移の時間差と差異を利用して年平均人口増加率の算出を行った。

　古代北東北史の考古学が抱えている大きな課題の一つは，いわゆる「防御性(区画・囲郭)集落」の形成過程と終焉をめぐる論争であり，さらに北東北の北半部と南半部におけるヒトの動態(移住・移動・避難など)に関することである。

　これらの諸課題に対して，本「北東北報告書」が提起した広域土器編年と竪穴建物跡の集成が，考古学研究者間の議論の土台となり，さらに考古学と古代中世史学研究者などとの共通言語を創造する礎となることを期待している。

　本書は「北東北報告書」が刊行された直後の研究会で，会員自身がそれぞれの立場から「北東北報告書」を基礎にした論文を書いてみようという趣旨で編集されたもので，執筆希望者9編の論文集となった。

　本書所収の諸論文は，第1部「社会と構造」，第2部「集落と建物」，第3部「土器様相と変遷」に分けて編成してみた。

　以下，執筆者自身の論文要旨である。

第1部　社会と構造
宇部則保「古代都母の地域様相」
東北北部の蝦夷社会の拠点の形成，変遷について青森県東部に想定される「都

母村」の集落，末期古墳の動態から，7～8世紀前半の奥入瀬川・馬淵川下流域が太平洋沿岸の海上交通，内陸部への陸上交通の接点となり，この時期の南・北との交流適地となっていたこと，9世紀後半の奥入瀬川下流域に出羽型甕，赤焼土器などに象徴される出羽的様相が現れていること，さらに10世紀の陸奥湾東岸域，六ヶ所地域に成立する新興集落が律令社会と北海道擦文社会とをつなぐ新たな生産活動や物流の拠点となっていた見通しを示した。

八木光則「北上盆地の古代村落」

盛岡市南西部の村落の分析を行い，住居－単位集団－集落－村落－村落群の5段階の視点から，古代の地域社会復元を試みた。その結果，より具体的に集落の動態がわかり，かなり流動的な社会を形成していることが明らかとなった。また末期古墳の変遷とも関連して家長の威信の弱体化と，掘立柱建物跡を拠点とする新有力者の台頭などを指摘することができた。

船木義勝「古代秋田城と胡桃館遺跡－秋田城四天王寺と胡桃館C建物を中心にして－」

『胡桃館遺跡埋没建物部材調査報告書』によれば，胡桃館C建物には仏堂の本尊が位置する土間があり「天台系寺院」の特徴と指摘されている。では，この天台系寺院の系譜はどこに求められるか。検討の結果，秋田城と秋田城付属寺院四天王寺を遡源とすると推察した。

北東北の土師器長胴甕については，「陸奥型甕」「出羽型甕」「北奥型甕」の分布と年代を取り上げ，なかでも北奥型甕分布圏の中で発見される出羽型甕に注目してみた。秋田城・秋田郡内など日本海沿岸部の出羽型甕は，やがて米代川流域から峠(貝梨峠＝梨の木峠)を越え，そして安比川を流下して馬淵川との合流点に，さらに三八地域，上北地域に達する。この河川に沿った村々は，東西交通路の要衝拠点(時には軍事的要衝となる)でもあった。

胡桃館遺跡成立の背景には，米代川に沿う東西交通路の確保と治安維持，有事に備えた武の力(暴力，武力?)を所持する構成員などを抱えねばならなかった社会的要請があったと推察した。同時に胡桃館遺跡が存続した頃の北奥社会は，極端な人口増加と減少の動態期にあり，混沌と動乱が渦巻く変動の時代でもあったと指摘した。

第2部 集落と建物

齋藤 淳「集落・竪穴建物動態から見た北奥古代史」

「北東北報告書」の付属データをベースに，7～8世紀の竪穴建物跡も加えて，北奥の古代集落・建物の定量分析，あるいは種々の属性分析を通じて，その意味について検討した。集落・建物の動態パターンからは，北緯40度付近を境界とする南北差，奥羽山脈を境界とする東西差という都合4グループに分類されたが，それらは土器属性の分析結果とも調和的である。これらのグループ間においては，推移の時間差や変移量の差異，集落立地や各種建物属性の違い等がみられるが，マクロ的には，7～8世紀にかけて古代前期集落が成立，9世紀前葉の城柵・建郡期を経て中期集落が出現・拡大，10世紀後葉城柵体制の終焉前後に後期集落が成立，11世紀代に中世的集落・建物へ転換するという大きな流れが読み取れる。

高橋 学「竪穴・掘立柱併用建物の成立と展開」

「竪穴・掘立柱併用建物」とは，竪穴建物に掘立柱建物が接続あるいは並列し，両者が一体となって機能した施設を指す。遺構分布の中心は北緯40度以北の東北北部にあり，多くは9～11世紀に構築された。その成立は7世紀の北陸西部(石川・新潟)に求められ，8世紀に入ると東北南部(福島・山形)に伝播する。これは城柵等造営の北進とも相関するのであろう。東北北部での受容と拡大は，当該地域において二室構造の建物が手工業生産工房兼住居として最適と判断されたことが大きいと考える。また，本構造を採る建物の展開は日本民家成立の遠因とも想定される。

五十嵐 祐介「竪穴建物の周堤－北東北地方における周堤のあり方の考察－」

本論は竪穴建物の周堤について検討したものである。周堤はこれまで漠然とあることが予測されてきたが，その根本的なあり方が議論されてはこなかった。そこで，北東北地方を中心に検出例が多い，くぼ地化した竪穴建物跡に残る周堤を「くぼ地埋没型周堤」，近年検出例が増す災害により埋没した竪穴建物跡の周堤を「災害埋没型周堤」と分類し，事例を踏まえて，そのあり方を考察した。

その結果，土屋根の下端と周堤は必ずしも明確に区別できる構造ではなかった可能性を指摘し，竪穴建物建築前の旧表土と周堤構築の関係性から地ならし効果の目的があったことを指摘した。さらに，周堤構築のパターンから建物本

体の崩壊過程に準じた周堤の崩壊のモデルを提示し，発掘調査によって遺構として確認される周堤のあり方を提示した。

第3部　土器様相と変遷

福島正和「古代北東北における高台付供膳具」

北東北における土器様相を高台の付された供膳具を用いて，当該地域の特性について論じることを主眼とした。論じる過程で，高台付供膳具の出自・系譜，型式分類，型式編年，消長・画期，分布傾向，地域性について分析を行った。その結果，9世紀初頭，陸奥の城柵周辺で導入されたこれら高台付供膳具は，徐々に出羽地域や津軽地域へ拡散することが想定された。しかし，その定着や拡充には地域差があり，受容する在地社会と律令側との関係性に地域的特殊性が存在する可能性を推論した。

村田　淳「東北地方北部出土の須恵器壺・瓶類－消費地出土資料の分類と変遷－」

東北地方北部で出土する産地不明とされる須恵器壺・瓶類の須恵器の特徴を整理し，様相を把握することを目的として，器形判別が可能な事例をもとに類型化を行って各地区の様相を確認する。また，合わせて窯跡出土資料の代表例を提示し，それらとの比較を行いながら各類型の分布，器形・製作技法の変化，地域差の有無について検討を行い時期的・地域的変遷についてみていく。

検討の結果，消費地遺跡で出土する産地不明の須恵器壺・瓶類は，9世紀後葉を境に頸部の短小化・広口化，非回転ヘラ削りの採用，高台の低平・無高台化といった変化が起こることが確認できた。ただし，これらとは異なる特徴を有する資料が出土する地区もあり，それらの地区では未発見の窯跡が存在する可能性がある。

嶋影壮憲「比内地方における9～11世紀の土器様相と画期」

筆者は本会研究会において鹿角・北秋田・山本地区（米代川流域）の土器編年を担当し，その結果，同じ米代川流域内においても土器様相は一様ではなく，各地域によって違いが認められた。そこで，本稿では筆者が所属する大館市（比内地方）所蔵の土器に限定し，十和田aテフラや五所川原産須恵器等から時期の考定を試みている。また，これらの土器の変遷案を提示し，9世紀後葉～11

世紀代に位置づけられる土器群の様相や変化，さらにはそれを及ぼした背景について考察した。

　本研究会の共同研究(2010 年〜 2014 年)の成果報告書『9 〜 11 世紀の土器編年構築と集落遺跡の特質からみた，北東北世界の実態的研究』(2014 年 10 月)は，北東北古代集落遺跡研究会のホームページからダウンロードすることが可能である。

　なお，上記ホームページでは「竪穴建物跡集成追加データ」として，「岩手・紫波地区(盛南地区遺跡群)竪穴建物跡集成の追加データ」(2018 年 4 月)も公開している。併せて活用していただければ幸いである。

　　2018 年 10 月

執筆者一同

第1部　社会と構造

古代都母の地域様相
——蝦夷社会拠点形成の道筋——

宇部 則保

はじめに

　蝦夷集団の拠点が大規模集落や末期古墳周辺にあったことはこれまで考古学的に明らかにされている。文献にたびたび登場する蝦夷村はそうした拠点を中心に出来上がっていたと考えられてきた。蝦夷村のひとつ青森県東部の三八・上北地方にあたる「都母村」は，宝亀5年(774)から弘仁2年(811)のあしかけ38年に及んだ蝦夷社会と律令国家との戦い，いわゆる「三十八年戦争」の末期に岩手県北部の弐薩体村 [1]，三陸沿岸部の弊伊村と共に『日本後紀』弘仁2年(811) 7月29日条に出てくる。それは文室綿麻呂率いる政府軍に抵抗を続けた蝦夷勢力地のひとつとしてである。

　本稿では古代史にわずかに顔をのぞかせるこの地域の7世紀を起点とする蝦夷社会成立以降の様相を集落，末期古墳の動態から素描し，「都母村」周辺の拠点形成の背景を考える。

1．蝦夷社会成立への道筋

　続縄文的生活から古墳・古代的な生活への変化が定着・普及してくるのは東北北部太平洋側では7世紀(ここでは6世紀後葉含める)からであり，それは蝦夷社会の成立の起点ともいえる古代の画期である。それ以前の古墳文化の受容は集落では八戸市田向冷水遺跡でみつかった5世紀後半〜6世紀前半のカマド付竪穴建物群が青森県内で唯一知られる。同時期の墓は続縄文伝統の土坑墓が七戸町森ケ沢遺跡，八戸市市子林遺跡にあり，北大式と一緒に南小泉式〜引田式相当の土師器，TK208期主体の須恵器，各種鉄製品，玉類など，古墳文化由来

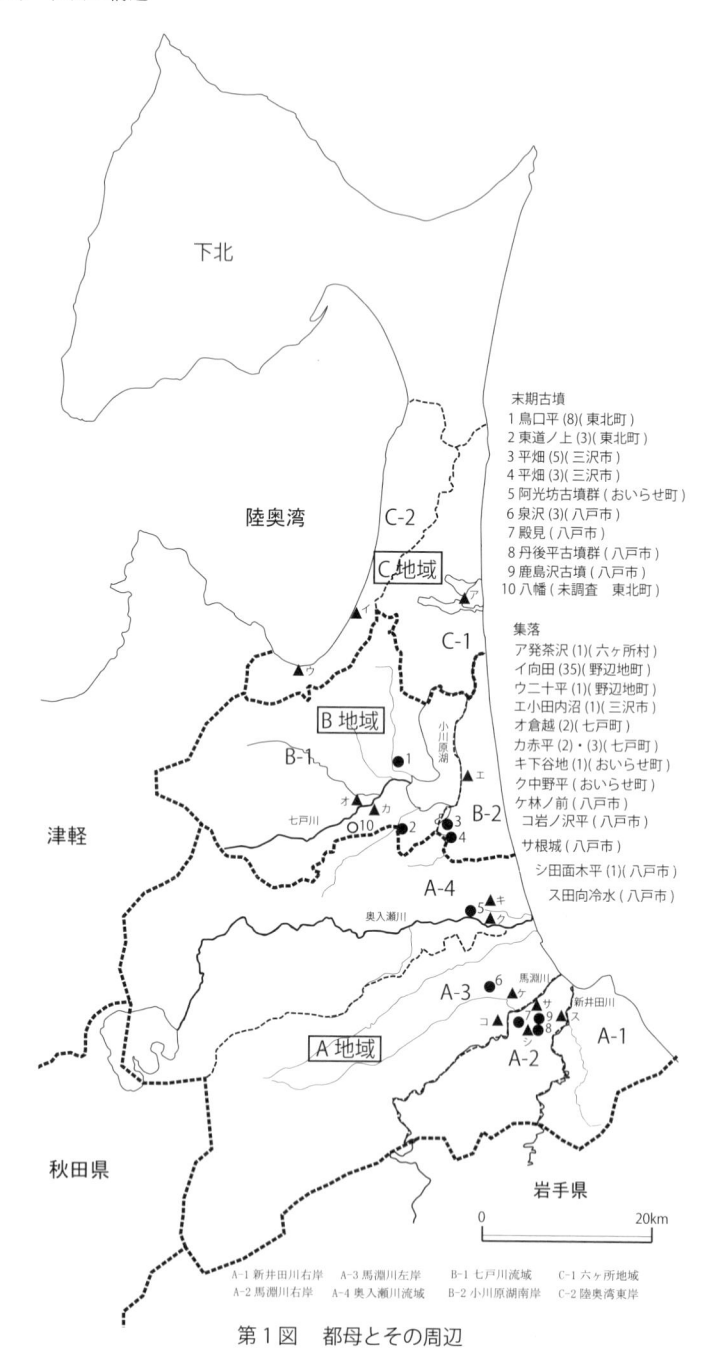

末期古墳
1 鳥口平 (8)(東北町)
2 東道ノ上 (3)(東北町)
3 平畑 (5)(三沢市)
4 平畑 (3)(三沢市)
5 阿光坊古墳群 (おいらせ町)
6 泉沢 (3)(八戸市)
7 殿見 (八戸市)
8 丹後平古墳群 (八戸市)
9 鹿島沢古墳 (八戸市)
10 八幡 (未調査　東北町)

集落
ア 発茶沢 (1)(六ヶ所村)
イ 向田 (35)(野辺地町)
ウ 二十平 (1)(野辺地町)
エ 小田内沼 (1)(三沢市)
オ 倉越 (2)(七戸町)
カ 赤平 (2)・(3)(七戸町)
キ 下谷地 (1)(おいらせ町)
ク 中野平 (おいらせ町)
ケ 林ノ前 (八戸市)
コ 岩ノ沢平 (八戸市)
サ 根城 (八戸市)
シ 田面木平 (1)(八戸市)
ス 田向冷水 (八戸市)

第 1 図　都母とその周辺

の器物の副葬が確認されている。また古墳時代の遺構は不明だが，おいらせ町中野平遺跡からは 12 点の石製模造品が出土している。これらの資料は続縄文主体の地域に古墳文化の影響が太平洋岸ルートで一気に及んでいた証左である。

　7 世紀に急激な広がりをみせる蝦夷社会を生み出した 5 ～ 6 世紀がいかなる様相をみせているか，この点は東北北部太平洋側の中でも地域の実情にかなりの違いがある。特に八戸地域と北上川中流域の胆沢地域とをみくらべたこの時期の評価には差異が明瞭である。胆沢地域では最北の前方後円墳である角塚古墳とそれを支えた古墳文化集落を擁し，後続の 6 世紀中頃の集落からさほどの断絶をみせずに 7 世紀集落へ変遷する。それにくらべ八戸地域では 6 世紀中頃を中心とした時期の集落・墓は今のところみつかっていない。おそらく倭国社会とのつながりにおいて古墳文化を基盤とした社会形成がその後も一定の広がりで展開している胆沢地域と，限定的に進行していたとみられる八戸地域との違いを物語る。

2. 地域概観

　三八・上北地方は奥羽，北上山系から連なる丘陵地，台地が大半を占める。北は下北地域へ続き，東は太平洋，北西は陸奥湾に面し西は秋田県，南は岩手県に接する(第1図)。北から七戸川，奥入瀬川，馬淵川，新井田川などが西方の山岳地帯から東流あるいは北東流し，丘陵を南北に輪切りにして太平洋に注ぐ。臨海部には沖積地が形成される。これまで古代遺跡の発掘調査の多くは，地勢的にみると，①馬淵川・新井田川下流域，奥入瀬川流域(八戸市・おいらせ町)，②七戸川流域・小川原湖南岸(七戸町・東北町・三沢市)，③陸奥湾東岸域(野辺地町・六ヶ所村)，小川原湖北側の尾駮沼・鷹架沼周辺の湖沼地帯の台地・丘陵地などで行われている。ここでは記述を進めるにあたり，①をA地域，②B地域，③C地域とする。

3. 集落・末期古墳からみた地域の動態

　三八・上北地方の古代集落はカマド付きの方形竪穴建物が主体である。竪穴

表 1　三八・上北地方古代集落・竪穴建物数

地域	地区		I期	II期	III期	IV期	V期	VI期	VII期	VIII期	IX期	X期	XI期	計
A 地域	A-1 新井田川右岸	集落	1	2	9	4		1	3	4	1	2		27
		竪穴	1	3	33	11		7	82	29	53	22		241
	A-2 馬淵川右岸	集落	4	5	17	11	2	3	9	12	4	4		71
		竪穴	14	34	139	56	4	12	163.5	94	39	17.5		573
	A-3 馬淵川左岸	集落			11	6	1	1	1	10	4	4	1	39
		竪穴			47.5	8.5	3	2	16	164	14	219.5	6.5	481
	A-4 奥入瀬川流域	集落	1	2	8	8	2	4	4	7	3	2		41
		竪穴	2	6	62.5	60.5	6	12	87	23	11	19		289
B 地域	B-1 七戸川流域	集落		1	3	2		1	1	6	8	5		27
		竪穴		1	9.5	8.5		1	14	33	140	17		224
	B-2 小川原湖南岸	集落				1				2		1		4
		竪穴				6				4		1		11
C 地域	C-1 六ケ所地域	集落								9	5	1		15
		竪穴								87	80.5	1.5		169
	C-2 陸奥湾東岸	集落								3	5	4		12
		竪穴								7	8	122		137

集落数計 236
竪穴数計 2125

　建物数は北東北古代集落研究会(船木ほか 2014)が 9 〜 11 世紀について集成した軒数に 7・8 世紀分を加えると約 2,200 軒を超える。ここでは竪穴数全体を I 〜XI期に振り分け地域の動態をみていく資料とした。想定年代は I 期 6 世紀後葉〜 7 世紀前葉　II期 7 世紀中葉　III期 7 世紀後葉〜 8 世紀前半　IV期 8 世紀後半　V期 8 世紀末〜 9 世紀前葉　VI期 9 世紀中葉　VII期 9 世紀後葉　VIII期 10 世紀前葉　IX期 10 世紀中葉　X期 10 世紀後葉　XI期 11 世紀以降　である。

　①A 地域　新井田川右岸下流域(A-1 地域)，馬淵川下流域(A-2・A-3 地域)，奥入瀬川下流域(A-4 地域)に区分できる。

　I 期からXI期まで各時期の集落が確認され，竪穴数の大幅な増加がIII期(7 世紀後葉〜 8 世紀前半)，VII期〜VIII期(9 世紀後葉〜 10 世紀前葉)に認められる。馬淵川下流域では右岸(A-2 地域)と左岸(A-3 地域)では集落の成立と変遷に時期差があり，右岸は根城跡をはじめ，田面木，酒美平，田面木平(1)遺跡など I 期〜III期(6 世紀後葉〜 8 世紀前葉)に在地社会の形成が急速に進み，段丘面ごとに集落変遷がたどれる伝統集落域の色合いが濃い。それに対し左岸段丘では主に V 期以降，すなわち平安時代の集落が目立つ新興集落域である。

　左岸段丘の新興集落域には，支流浅水川を挟んで半径 2km の中にVIII期(10 世紀前葉)中心の岩ノ沢平遺跡，IX期(10 世紀中葉)の大仏館遺跡，X 期・XI期主体(10 世紀後葉・11 世紀)の大規模環濠集落である林ノ前遺跡といった拠点集落が位置する。鉄器生産関係の資料も多く出土し，生産活動を担う工人を抱えた集団が

積極的に左岸段丘に移住・定着している様子が認められる。

A-3地域ではX期(10世紀後葉)に竪穴軒数の爆発的な増加がみられるが、軒数の90%はこの時期に出現する林ノ前遺跡が占める。林ノ前遺跡は馬淵川を眼下におさめる丘陵地にあり、青森県教育委員会と八戸市教育委員会が約16,000㎡の広さを発掘調査してきた。濠で囲まれた内外からは竪穴建物のほか鍛冶遺構、土坑、掘立柱建物等が多数重複してみつかり、竪穴建物は254軒にのぼる。遺跡内では馬産、金属器生産の様子が明らかにされている。特に馬は移出していたと考えられ、この遺跡のように馬淵川による太平洋への出入り、内陸部への移動の容易な場所への移住・定着は、交易のしやすさを重視した集落経営を前提としたものだったと考える。

さて、前後の時期とくらべ大幅な竪穴数の減少や空白が認められるのがV期(8世紀末～9世紀前葉)である。同様な傾向は岩手県北部の二戸、九戸、閉伊地域(田中2014)、岩手中部の紫波地域でも確認され、紫波地域のV期相当の竪穴数は8・9世紀を通し減少のピークを示す(八木2014)。紫波地域は三十八年戦争を契機に延暦22年(803)に志波城(盛岡市)が置かれ、弘仁2年(811)に徳丹城(矢巾町)への移転が行われた陸奥国令制域北端の地域である。城柵周辺の集落動向には律令支配が強く関わっていると考えられることから、政治体制の変化という意味でV期に大きな画期があることは当然である。当時の施策である他国への蝦夷移配によって在地社会の解体が進み竪穴数が減少した、ということがまず第一に想定される。さらに蝦夷移配が令制の枠内にとどまっていたか枠を超えもう少し広域を対象としていたかの評価は今後の課題であるが、弐薩体や都母にまで及んでいたとするとV期の都母周辺の竪穴数の減少傾向は相当疲弊していた地域の状況を示唆しているとみなすことができる。

末期古墳はA-4地域の奥入瀬川左岸にI期(6世紀後葉～7世紀前葉)からVII期(9世紀後葉)の阿光坊古墳群(おいらせ町)、A-2地域にII期(7世紀中葉)の鹿島沢古墳、III期(7世紀後葉～8世紀前葉)～VII期の丹後平古墳群、V(8世紀末～9世紀前葉)～VII期の殿見遺跡、A-3地域にVII期とみられる泉沢(3)遺跡(以上八戸市)がある。

②B地域　七戸川流域(B-1地域)・小川原湖南岸域(B-2地域)に二分される。飛鳥・奈良時代は、II期・III期(7世紀中葉～8世紀初頭)の集落・竪穴建物はB-1地域の大坊頭遺跡(東北町)でII期(7世紀中葉)、倉越(2)遺跡・大池館遺跡(七戸町)

でⅢ期（7世紀後葉～8世紀前葉），B-2地域の小田内沼(1)遺跡(三沢市)でⅣ期(8世紀後半)等が散見する程度であり，A地域と比較し極端に少ない。一方，10世紀代になるとⅧ期(10世紀前葉)に七戸川右岸の太田野(2)遺跡(七戸町)，Ⅸ期(10世紀中葉)に左岸の倉越(2)遺跡・大池館遺跡等B-1地域で竪穴建物が急増している。さらに右岸の赤平(1)・(2)・(3)遺跡ではⅥ期(9世紀中頃)に少数の竪穴建物からなる集落が赤平(1)遺跡で開始され，Ⅷ・Ⅸ期に赤平(2)・(3)遺跡で集落が拡大する。全体としてⅧ期(10世紀前葉)以降に集落の規模が拡大している。B-2地域は報告資料が少なく不明な点が多い。

　末期古墳はB-1地域にⅦ～Ⅸ期(9世紀後葉～10世紀中葉)の東道ノ上(3)遺跡，Ⅸ期以降の鳥口平(8)遺跡(東北町)，B-2地域にⅧ期(10世紀前葉)の平畑(3)，同(5)遺跡(三沢市)がある。鳥口平(8)遺跡の墳墓と関わる集落は隣接する鳥口平(2)遺跡と考えられ，集落内からはまとまった量の鉄滓が出土しており，末期古墳の造営には鉄器生産に従事する集団も関わっていたと想定される。

　③C地域　六ヶ所地域(C-1地域)・陸奥湾東岸域(C-2地域)に二分される。10世紀代のⅧ期～Ⅹ期の集落から構成される地域で六ヶ所村，野辺地町が該当する。C-1地域は北の尾駮沼周辺から小川原湖北部にかけての太平洋に面した湖沼地帯と後背丘陵地からなり，国家石油備蓄基地，核燃料サイクル基地施設などの大規模開発に伴う発掘調査が長年行われてきた。C-2地域は下北縦貫道路等の開発に伴う発掘調査で近年急速に資料が蓄積されている。両地域とも7～9世紀中頃までの遺跡・竪穴建物は不明で，明らかに末期古墳といえる墳墓も確認されていない。10世紀～11世紀にかけて，にわかに地域社会が活発化する地域である。

4. 伝統集落域と新興集落域

　表2はA～C地域それぞれの盛行期と衰退期を竪穴建物軒数の増減傾向と末期古墳の消長で示したものである。集落がⅠ期からⅪ期まで確認できるA地域，ほぼ10世紀代のⅧ期以降に限られるC地域，両地域の中間的なB地域という特徴が指摘できる。特にA地域とC地域の集落形成時期の差は，都母の蝦夷社会の形成が一気にではなく段階的に進行していたことを物語る。

表2 古代竪穴建物数の増減と末期古墳の消長

地域	地区	I期	II期	III期	IV期	V期	VI期	VII期	VIII期	IX期	X期	XI期
A地域	A-1 新井田川右岸	△	△	○	○		△	◎	○	◎	○	
	A-2 馬淵川右岸	○	○	☆	◎	△	○	☆	◎	○	○	
	A-3 馬淵川左岸			○	△	△	△	○	☆	○	☆	△
	A-4 奥入瀬川流域	△	○	◎	◎	△	○	◎	○	○		
B地域	B-1 七戸川流域		△	△	△		△	○	○	☆	○	
	B-2 小川原湖南岸				△				△		△	
C地域	C-1 六ヶ所地域							◎		◎	○	
	C-2 陸奥湾東岸								△	△	☆	

竪穴建物 　　　　末期古墳存続時期

1～9軒 △

10～49軒 ○

50～100軒 ◎

101軒以上 ☆

　集落の動態を把握するために遺跡の継続性に注目すると，集落存続期が5時期以上認められる長期集落は，A地域の主要河川下流域で11遺跡が認められ，A-4地域では7時期の集落からなる中野平遺跡，5時期のふくべ(3)遺跡，A-2地域は根城が最も長期で10時期の集落存続期があり，八幡・田面木遺跡が6時期，熊野堂・岩ノ沢平遺跡5時期，A-1地域は田向冷水，風張(1)遺跡が6時期，市子林，黒坂遺跡5時期である。

　1時期のみの短期集落は，A地域51遺跡，B地域10遺跡，C地域14遺跡である。集落の形成・断絶の繰り返しが行われる遺跡は45遺跡で認められた(A地域30遺跡，B地域9遺跡，C地域6遺跡)。

　これまでにも古代遺跡の存続時期から青森県の太平洋側の地域差にふれた見解は述べられてきた。佐藤智生は七戸川～小川原湖南岸以南に奈良時代の，以北は平安時代の遺跡に限られることを指摘(佐藤2004)，筆者も7・8世紀から継続的に集落が営まれる三八・上北南部，9世紀末以降出現する上北北部の段階的な形成について，前者を伝統集落域，後者を新興集落域ととらえた(宇部2010)。

　末期古墳については地域全体のなかでI期(6世紀後葉～7世紀前葉)の阿光坊古

墳群(A11号墳)がA-4地域に出現して以降，Ⅸ期(10世紀中葉)の鳥口平(8)遺跡(B-1地域)まで認められる。確認される主体部はすべて土坑タイプであるが，Ⅴ期(8世紀末～9世紀前葉)以降は周溝のみが検出される例がほとんどを占める。これはⅠ～Ⅲ期以前(8世紀前葉以前)の末期古墳の場合，主体部は墳丘下の旧地表下に存在しているのに対し，Ⅴ期前後には墳丘内に納まるように変化したことによる。しかしながらこのような主体部構築方法の変化は認められるものの，周溝で囲まれた中に墳丘をもつという外観に大きな違いはない。約400年近い長期にわたり同系(円墳型式)の墳墓が造営され続けている状況には，都母蝦夷社会の伝統性の強固な一面があらわれている。

5. 竪穴建物の特徴

　古代竪穴建物の遺構属性のなかで，ここでは竪穴規模，カマド位置，主柱穴配置の時期的な傾向を示す。

　① **竪穴規模**　八木光則の5段階分類(八木2010)に従う。超大形(面積60㎡以上)，特大形(40～60㎡)，大形(25～40㎡)，中形(15～25㎡)，小形(15㎡以下)である。Ⅰ期(6世紀後葉～7世紀前葉)の80％近くの竪穴は大形以上の規模である。超大形が22％も占め小形はみられない。大形以上の規模の竪穴建物に大家族が集住する生活形態が基本であったのだろう。Ⅱ期(7世紀中葉)には大形以上が65％とやや下がるが小形の比率は5％程度と低い。Ⅰ期の規模構成の延長上にある。Ⅲ期(7世紀後葉～8世紀前葉)にはⅠ・Ⅱ期と比較し規模構成に大きな変化があらわれている。大形以上の竪穴建物の比率が30％まで下がり，一方小形が全体の40％近くにまで急増し，以後規模構成の主体を占め続ける。小形といっても1軒に1か所カマドをもち，最小の生活単位となっている点には変わりない。小形と対極にある超大形はⅣ，Ⅴ，Ⅺ期を除き確認され，規模の明らかな1,546軒中25軒認められる。およそ62軒発掘調査した中に1軒程度存在することになる。A地域で19軒，B・C地域には各3軒ある。長期集落を代表する根城には超大形竪穴建物がⅠ期2軒，Ⅱ・Ⅲ期に各1軒あり，同様に中野平遺跡では拠点性が強まるⅦ期(9世紀後葉)に3軒の超大形が出現している。

　② **カマド位置**　Ⅰ期～Ⅶ期では北カマドが過半数を超え，特にⅡ～Ⅴ期は

90％を超えるがⅦ期〜Ⅷ期にかけて南，東カマドが急増してくる。北上盆地南半(稗貫・和賀〜胆沢・江刺・磐井)では三八・上北地方に先行する形で9世紀中葉〜後葉に北カマドから東カマドへの変化が認められ，それは上屋構造の変化と連動しているという(村田2017)。カマドの作り変えはⅡ期〜Ⅹ期に認められるが，Ⅵ期以前は10％未満に対し，Ⅶ・Ⅷ期では15％を越える。Ⅷ期の岩ノ沢平B-24竪穴建物(A-3地域)のように作り変えが3回，計4基のカマドが取り付けられた例もある。

　③柱穴配置　北東北古代集落研究会による竪穴内部の柱穴配置分類では14類型を例示し分析が行われているが，ここでは6つの類型にまとめた。1類：主柱穴がないもの　2類：主柱穴4個あるいは6個のもの　3類：主柱穴4個のうち2個が壁に寄るもの　4類：中央に主柱穴がなく壁柱穴のみのもの　5類：主柱穴2個のもの　6類：主柱穴と壁柱穴のもの

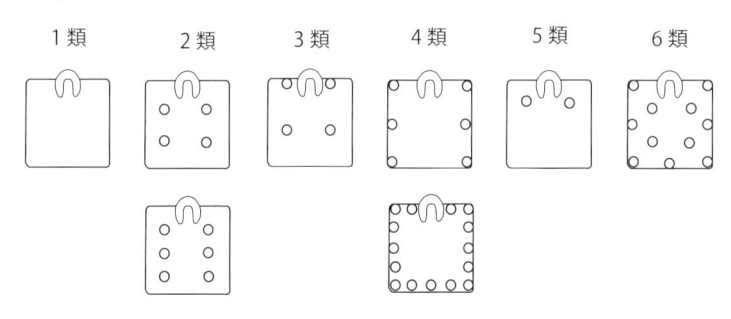

第2図　竪穴建物柱配置模式図

　Ⅰ・Ⅱ期では2類が圧倒的に多い。Ⅲ期には1類が2類と同程度認められ，Ⅳ期以降1類が柱穴配置の筆頭を占める。1類の竪穴建物規模は特大形1軒，大形35軒，中形159軒，小形415軒と圧倒的に小形が多く，小形竪穴建物と柱穴配置1類の増加は比例する。Ⅶ期にはこれらに加え3類と5類が多くなり，Ⅷ期以降は4類と6類も目立つ。

6. 特徴的な集落の動態

　都母蝦夷社会の段階的な形成のあり方は新たな地域拠点の出現を示すものでもある。特にA-2地域はⅠ〜Ⅲ期(6世紀後葉〜8世紀前半)，A-4地域はⅦ期(9世

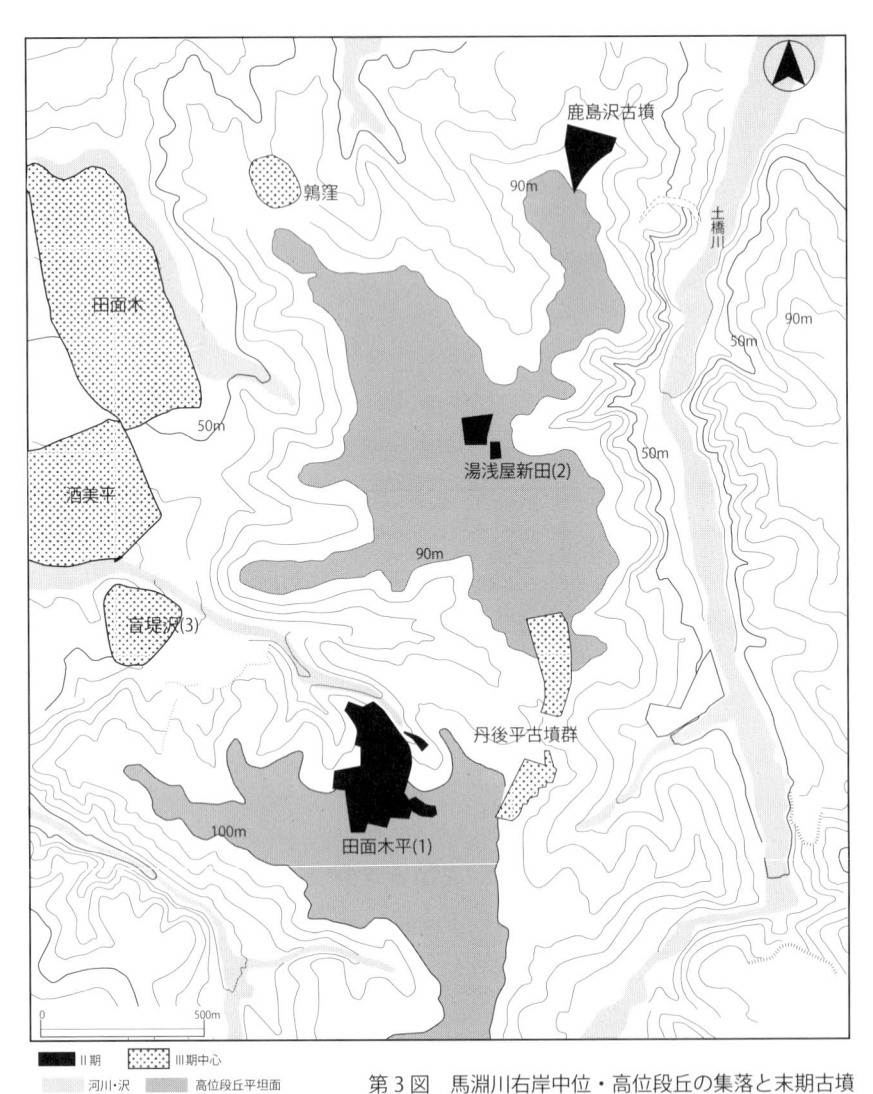

第3図 馬淵川右岸中位・高位段丘の集落と末期古墳

紀後葉)，C地域はⅧ～Ⅹ期(10世紀代)に集団の定着が進み，在地社会内部の動きとともにそこには対外的な関係を梃に成長する地域社会の動態があらわれている。

① 馬淵川下流域右岸の様相(A-2地域Ⅰ～Ⅲ期：6世紀後葉～8世紀前葉)

A-2地域(馬淵川下流域右岸)はⅠ～Ⅲ期に集落が数多く認められ，鹿島沢古墳

（Ⅱ期），丹後平古墳群（Ⅲ～Ⅶ期）の存在からも蝦夷集団の拠点が形成されていた地域である。

　なかでも根城東構地区は標高20 mほどの低位段丘に位置し，Ⅰ期からⅧ期まで断続的に営まれた拠点的な集落である。初期のⅠ・Ⅱ期には一辺10 mを超える超大形の竪穴建物を筆頭に5～8 mクラスの中形，大形竪穴建物10数軒が集落を構成し，竪穴建物の北～北西壁に短煙道のカマドがつくられる。この時期の短煙道カマドは関東地方からもたらされた外来要素として認識され，関東地方の影響を受けていたことが指摘される。Ⅱ期には東山道沿いの地域で目立つ円筒土製品をカマド構築材に使用した竪穴建物も見受けられ，土師器は在地のものであるが，カマドの構造には東北地方以南の要素が引き続き備わる。

　また，Ⅱ期（7世紀中葉）には低位段丘のほか，標高95～100 mの高位段丘に田面木平(1)，湯浅屋新田(2)，丹後平(3)遺跡などの集落が営まれるが，それらの集落は存続期間が短くほとんどの竪穴建物が焼失している特徴がある。これまで水田農耕が困難な高位段丘に忽然と出現するこれらの集落では畑作中心の生業が考えられてきた。ただ，この時期の農耕に適した低位段丘には耕作地にかなり余裕があったはずであり，高位段丘への移住の理由は，農耕以外の生業も

第4図　田面木平(1)遺跡遺構配置

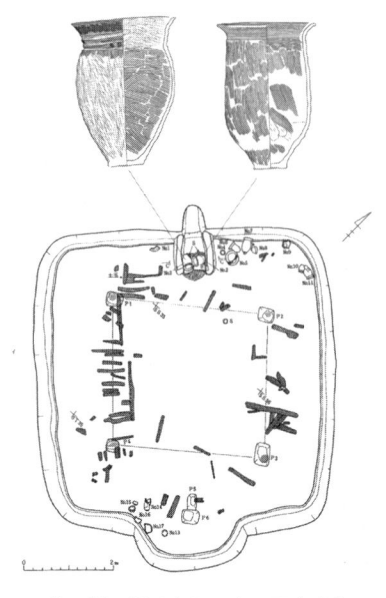

第5図　張り出しのある竪穴建物
（田面木平1遺跡58号）

考えてのことだったのではないか。この地域の風土からまっさきに思いつくのが馬産であろう。馬関係の資料は高位段丘のⅡ期集落では出土していないが，同じ段丘には田面木平(1)，湯浅屋新田(2)遺跡などの集落が造営に関与したと考えられる鹿島沢古墳が北東約2kmのところに位置する。そこからは毛彫り文様を施した金銅板一枚造りの杏葉，辻金具など馬具の複数部品が出土している。毛彫り馬具は東北地方では太平洋側に散見し，なかでも馬装の全体像がうかがえる鹿島沢古墳の例は，馬飼い集団を束ねる人物の所有物に相応しいもので，被葬者が属する集団が馬産と深くかかわっていたことを考えさせる。

　Ⅱ期において馬飼い集団が東国と政治的に結びついたなかで高位段丘に移り住み，田面木平(1)遺跡などの集落経営を担っていた可能性が強い。東国との関係は竪穴建物の特徴からも指摘できる。田面木平(1)遺跡の竪穴建物のカマドは短煙道主体で，出入口とみられる張り出し部の竪穴建物もある（第5図）。張り出し部は船田A地区1号（7世紀前葉），武蔵国府N21-SI7（8世紀前葉），すぐじ山下16号（8世紀前葉）など東京都周辺に例がある（高橋1997）。二つ掛けカマドにすえられた2個体の長胴甕の左側は在地の，右側は東北南部の特徴をもつ。竪穴建物群から離れた位置には2間×2間の総柱掘立柱建物2棟が存在する。掘立柱建物自体この地域のⅡ期集落にはまれな施設であり，こうした点も東国の影響と考えられる。

　Ⅲ期（7世紀後葉〜8世紀前葉）には標高40〜50mの中位段丘に田面木，酒美平，盲堤沢(3)遺跡が形成される。竪穴規模は前述のように超大，特大が残るものの小形竪穴が急増してくる。竪穴規模の大小を問わず北カマドが主体ではあるが，それ以前とは異なり長煙道が一般的となり，またカマド袖に土器を芯材にした

例が増加する。火の引きを強くする長煙道はⅢ期以降在地の主体的なタイプとして定着する。酒美平遺跡では，竪穴建物のほかに竪穴遺構，倉庫と考えられる2間×2間の掘立柱建物跡も伴う。

酒美平遺跡からは鉄製鐸，田面木遺跡の竪穴建物の中にはわずかだが馬歯が出土している例もあり，馬関係資料が増加してくる。さらに同期の丹後平古墳群には複数の鉄製馬具が供献され，同一墓域に馬埋葬土坑が伴うなど馬飼いの普及・拡大が進んでいる。

集落から離れて造営される末期古墳のほかに田面木遺跡，盲堤沢(3)遺跡など居住域に内径4mほどの円形周溝を伴う集落もあり，それは丹後平古墳群の最も小規模なクラスに相当するものが多く，出土遺物も少ない。墓域の占有や選定についての意識がⅢ期に変化してきていることが考えられる。

Ⅰ～Ⅲ期の遺跡からは中央からの物流を示す考古資料も数多く出土する。鉸帯金具(丹後平古墳・潟野遺跡)，和同開珎(丹後平古墳)，湖西産須恵器(鹿島沢・阿光坊古墳群・丹後平古墳群・田面木平(1))をはじめ各種鉄製品，ガラス玉などである。7・8世紀の蝦夷社会と中央との交流については，斉明期に阿倍比羅夫が日本海沿岸沿いに行った遠征が有名だが，太平洋沿岸の交易関係の史料には『続日本紀』霊亀元年(715)10月条のなかに「閉村の蝦夷が陸奥国府への昆布貢納のため近くに郡家を建てたい」と申請し許可された記事がある。閉村は現在の岩手県宮古市や山田町周辺を含む地域に比定され，史料のとおりとすれば貢納場所が陸奥国府(この時期の国府は仙台市郡山遺跡)から地元の郡家へ移ったことで往来にかかる労力が大幅に軽減されたに違いない。発掘調査では霊亀元年頃の閉伊地域の集落，竪穴建物数は増加傾向となっており，房ノ沢古墳群などの末期古墳も造営され，地域社会がそれまでとくらべ大きく成長していたことが分かってきている。閉伊から都母にかけての蝦夷社会で人の流動化が相当な広がりをもって進んでいたことは確かといえよう。それは末期古墳の一部にも認められ，丹後平古墳群の地下式土坑墓と馬墓に注目した林正之は，常総中央部の墓制との強い関連性を指摘し，太平洋沿岸の海上交通により波及したものと述べる(林2015)。

他地域からの人・物の移動は東国からだけではなく北海道の関係にもあらわれている。八戸市根城東構地区の超大形竪穴建物(Ⅰ期)からまとまって出土し

た北海道赤井川産の黒曜石剥片がその一例であり，それは鉄器代替品としての利器ではなく，続縄文文化の伝統を引く北の精神世界を象徴する社会的意味をもち続けていた。丹後平，阿光坊古墳群などの錫製品についても東国など律令社会からのほか，ロシア沿海州域の錫原産地から北海道擦文社会を経由して，東北地方に入ってきたという説もある。Ⅰ～Ⅲ期にかけて集落や末期古墳がA地域に集中する要因は新井田川・馬淵川・奥入瀬川の河口域が太平洋沿岸の海上交通，内陸部への陸上交通の接点となり，この時期の南・北との交流に適した土地となっていたことが大きかったからであろう。

② **奥入瀬川下流域の様相**（A-4 地域Ⅶ期：9 世紀後葉）

　総数最大 200 基と推定される阿光坊古墳群の存在からわかるように，この地域も有力な蝦夷集団の活動領域である。奥入瀬川河口部に近いⅣ～Ⅶ期の根岸遺跡でみつかった 7 号竪穴建物は 1 辺 10 m を越える流域最大規模の竪穴であり，蕨手刀柄部，137 枚もの小札を伴うなど蝦夷首長の居宅を髣髴させるに十

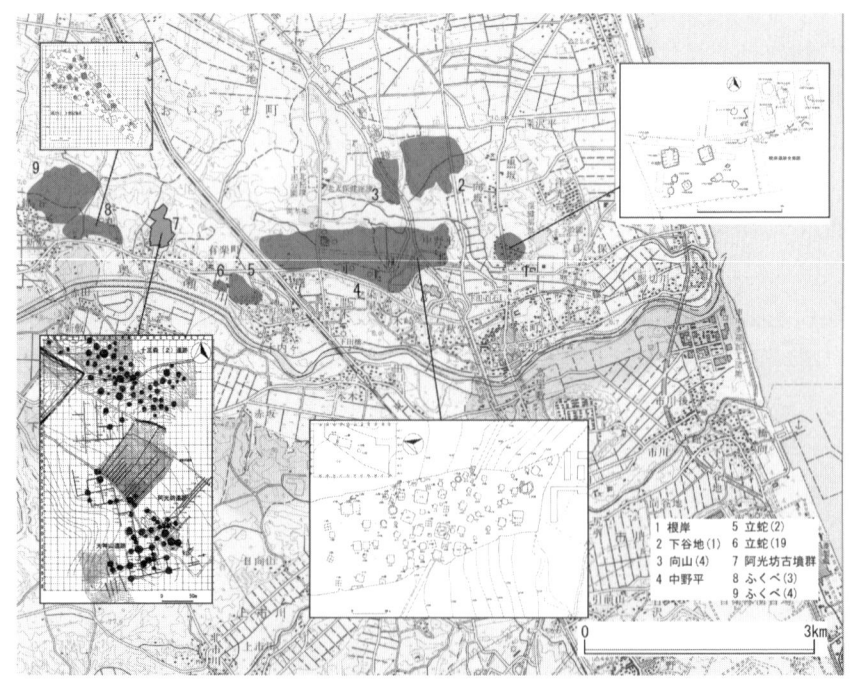

第6図　奥入瀬川下流域左岸の集落と末期古墳

分な内容を誇る。阿光坊古墳群はこうした首長層の墓域だったとみられているが，Ⅶ期を中心とした時期には阿光坊古墳群周辺には中野平，下谷地(1)，ふくべ(3)遺跡等の集落がまとまってつくられ，都母の一大拠点が流域左岸に形成されてくる。

　なかでも中野平遺跡は奥入瀬川と北の明神川に挟まれた標高 15 ～ 25 m の柴山段丘に東西約 1.7km，南北約 0.5km の広がりを持つ遺跡であり，Ⅲ期～Ⅷ期までの竪穴建物計 130 軒以上が調査されている流域最大の古代集落である。竪穴建物数のピークはⅦ期で竪穴建物のほか，溝・畑跡・粘土採掘坑などが調査されており，さらに 20 棟ほどの掘立柱建物の中には 2 間 ×2 間総柱の倉庫的なものが多い。多くは時期不明とされているものの 9 世紀代と推定される建物も含まれており，おそらく掘立柱建物群の主体時期はⅦ期の集落に伴うと推定される。また中野平遺跡では竪穴建物と掘立柱建物が連結した「竪穴・掘立柱併用建物」も散見しており，その形式は掘立柱建物が竪穴のカマド側と反対側の壁に付くものである。この種の「竪穴・掘立柱併用建物」の三八・上北地方への波及は，Ⅵ・Ⅶ期に A-1・A-4 地域にみられ，もうひとつのタイプであるカマド側に掘立柱がとりつく形式は，Ⅸ期以降 C 地域にまとまって認められる。高橋学は両者を時間差とみて別々の系譜であることを述べるなかで，中野平遺跡のような「竪穴・掘立柱併用建物」の出自について陸奥北部(岩手中部～北部域)を想定している(高橋 2017)。

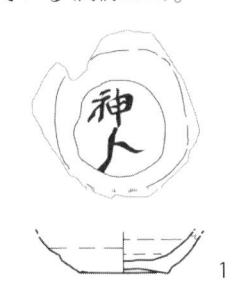

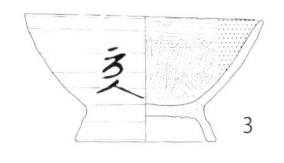

1「神人」　下谷地 (1) 遺跡 (おいらせ町)
2「奉」略形か　太田野 (2) 遺跡 (七戸町)
3「方人」　田面木遺跡 (八戸市)

0　　　　　　10cm

第 7 図
特定文字の墨書土器例

　また墨書土器・出羽型甕と赤焼土器，須恵器などの出土遺物からもこの地域の特徴がうかがえるので紹介する。

〈墨書土器〉　下谷地(1)遺跡は奥入瀬川下流，六日町遺跡は中流域の拠点集落であるが前者から「神人」銘の墨書土器6点，後者から「又」墨書土器10点が出土している。墨書土器「神人」は祭祀の職掌を担う氏名に関わる可能性があり，下谷地(1)遺跡の集団には祭祀をつかさどるような連中も加わって集落を形成していた可能性があろう。三八・上北地方の墨書土器はA・B地域のⅥ期～Ⅸ期(9世紀中葉～10世紀中葉)に認められ，なかでもⅦ期(9世紀後葉)が多く，次いでⅧ期(10世紀前葉)である。

　墨書は文字と記号がみられ，文字はほとんどが一文字，多くて三文字であるが，下谷地(1)遺跡と同様に特定の文字が拠点集落にまとまってみられる例がB-1地域では太田野(2)遺跡から「奉」の省略形とみられる「八」と「干」を組み合わせた墨書土器12点が，A-2地域の田面木遺跡からは「方人」墨書土器7点がひとつの竪穴建物から出土した事例などがある。いずれも「墨書する行為とはその結集の場において何らかの確認をするための行為だった」(三上2014)可能性をこれらのまとまりのある墨書土器は暗示しているようである。

〈出羽型甕と赤焼土器〉　カマドにかける東北北部の土師器長胴甕には前代からの伝統を引くロクロを使わない「北奥型甕」，ロクロを使い平底の「陸奥型甕」，ロクロとタタキによる丸底の「出羽型甕」がある。東北北部太平洋側の出羽型甕は客体的な存在であるが，近年A-4地域でそれがまとまって出土し注目されている。ここではⅤ・Ⅵ期(8世紀末～9世紀中葉)の北奥型甕と陸奥型甕主体

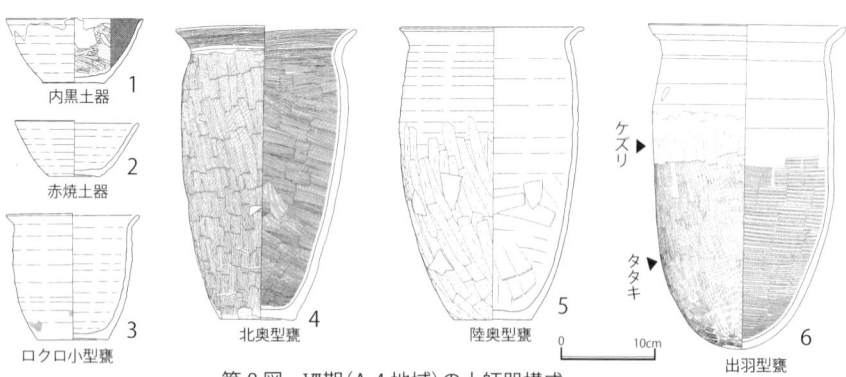

内黒土器 1
赤焼土器 2
ロクロ小型甕 3
北奥型甕 4
陸奥型甕 5
ケズリ
タタキ
0　　　　10cm
出羽型甕 6

第8図　Ⅶ期(A-4地域)の土師器構成

からⅦ期(9世紀後葉)には陸奥型甕が衰退し，北奥型甕と出羽型甕の組成へ変化する。出羽型甕は，体部最大径が口縁部径より小さく，体部の膨らみは弱く直線的であり，口縁部がくの字に外反し，端部が丸い。外面は口縁〜体部上半にロクロナデ，体部中程から底部に平行タタキが施され，内面のアテ具も同様の痕跡を示す。体部外面にはロクロナデとタタキの境に縦方向のケズリ調整が加わるのが多く，この部分で体部の上下を接合し，ケズリで最終調整する手法がとられていたのだろう。

　これまでの先行研究のなかで利部修は，出羽地域の土師器丸底長胴甕の系譜が北陸地方に求められることを確認するとともに，出土地域が城輪柵，秋田城，払田柵の所在する庄内平野，秋田平野，横手盆地に集中することから城柵官衙遺跡との関係を想定し，出羽北部や内陸部へ拡大していく様相を見通した(利

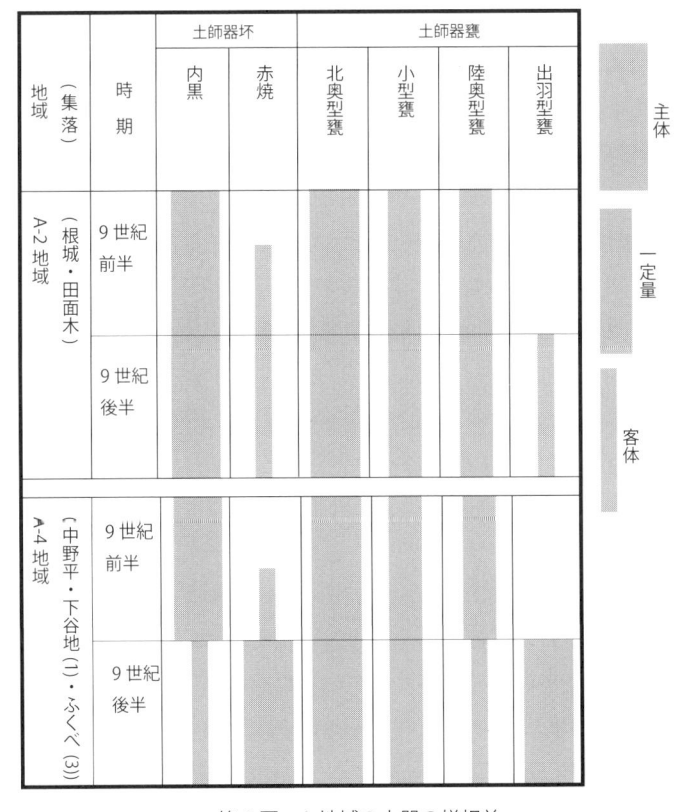

第9図　A地域の土器の様相差

部 1997)。その中で内面のアテ具痕が平行線のものを出羽国独自のものとした。また伊藤博幸もタタキによる丸底甕のうち内面に平行線アテ具痕を持つものを「出羽型甕」と呼ぶべきとした(伊藤 2006)。出羽型甕の波及ルートについて以前筆者は米代川から安比川，馬淵川，奥入瀬川へとつながる東西の人の動きを想定した(宇部 2007)が，ロクロピットを伴う下谷地(1)遺跡 12 号住居に隣接する土器焼成土坑には出羽型甕が伴い在地での生産が確実視されている。A-4 地域の出羽型甕は形態，技法のほか胎土，焼成も類似しているものから構成されることが特徴である。型式的まとまりの強い一群であり，出羽側から技術の波及はあっても限られた生産者集団とのかかわりが想定される。

　赤焼土器(黒色処理を施さないロクロ使用の土師器坏類)がまとまって認められることも Ⅶ期段階(9 世紀後葉)の A-4 地域の特徴である。東北北部の 9 世紀代の赤焼土器は太平洋側に少なく出羽国側や青森県津軽地方の日本海側に多い食膳具であり，出羽地域では出羽型甕との共伴が往々にしてみられる。このような土器群と類似した組成が Ⅶ期の奥入瀬川下流域，すなわち東北北部太平洋沿岸の伝統集落域と新興集落域の境界付近に局地的に見出されることは注意を要する。

〈須恵器〉　Ⅴ期～Ⅶ期(8 世紀末～9 世紀後葉)には，他地域産の須恵器が増えてくる。第 10 図にはⅤ～Ⅶ期の須恵器を示したが坏・蓋・高台坏・高台皿・長頸壺・横瓶・甕などが竪穴建物，末期古墳，土器埋設遺構から出土している。中野平遺跡の四耳壺(第 10 図 10)はⅤ期相当で北陸系とされる。Ⅵ～Ⅶ期とみられるふくべ(3)の高台皿(同図 4)，Ⅶ期の阿光坊 J23 号墳の高台坏(同図 5)は秋田県内の製品と思われる。六戸町長谷遺跡の土器埋設遺構出土の甕(同図 15・18・19)は秋田県横手市富ケ沢窯などのものと類似しており，なかでも体部タタキの後カキメを施す中形甕(同図 18・19)は岩手北部馬淵川流域から青森県奥入瀬川流域にかけ点々と分布が認められる。伝統的に陸奥側からの人・物の移動が主体と考えられがちな地域であるが，Ⅶ期(9 世紀後葉)を中心とした時期には出羽側との関係が深まっている様相が須恵器からも読み取れる。想像をたくましくすると都母など太平洋側の馬がこの時期以降出羽側にも向け移出されたのではなかろうか。秋田県払田柵の担った役割に岩手北部～青森東部との馬交易も想定されており(高橋 2009)，また前述のように中野平遺跡ではⅤ期(8 世紀末～9 世紀前葉)の陸奥型甕からⅦ期(9 世紀後葉)には出羽型甕へとロクロ長胴甕の主体

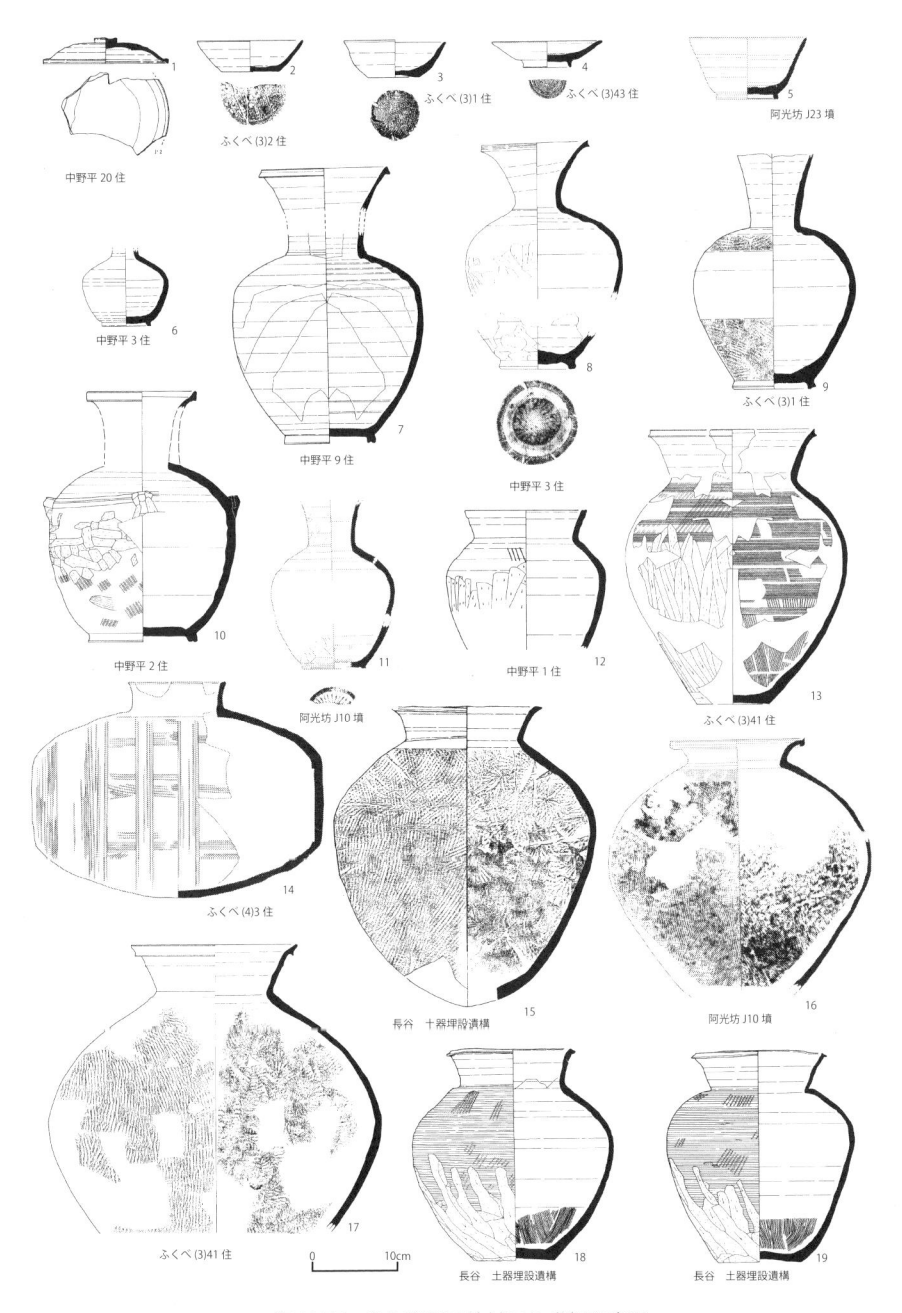

中野平 20 住

ふくべ(3)2 住

ふくべ(3)1 住

ふくべ(3)43 住

阿光坊 J23 墳

中野平 3 住

中野平 9 住

中野平 3 住

ふくべ(3)1 住

中野平 2 住

阿光坊 J10 墳

中野平 1 住

ふくべ(3)41 住

ふくべ(4)3 住

長谷 十器坪設遺構

阿光坊 J10 墳

ふくべ(3)41 住

長谷 土器埋設遺構

長谷 土器埋設遺構

0　　　　　10cm

第 10 図　奥入瀬川下流域の 9 世紀須恵器

に変化が認められ，伊藤博幸はこの点に奥入瀬川下流域に関与する令制国の変化を見出し，9世紀前半は陸奥側からだったのが，後半は出羽側経由により影響が増加したとみる(伊藤2006)。

① 六ヶ所地域・陸奥湾東岸域の様相(C地域Ⅷ〜Ⅹ期：10世紀代)

　集落はⅧ期(10世紀前葉)以降にC-1地域で急増し，Ⅸ・Ⅹ期にC-2地域に拡散する。C-1地域の10世紀代の急激ともいえる地域社会の動態については，津軽地方や米代川流域のほか上北南部からの人の移住が想定されてきた。津軽地方や米代川流域とのかかわりは，これらの地域に多い張り出し部のある竪穴建物や「竪穴・掘立柱併用建物」の存在から推測されてきた。もうひとつの上北南部からの影響を想定する理由は遺構・遺物から導き出されたものではなく，近年浮上してきている915年の十和田火山噴火との関係からである。これは十和田湖を水源とする奥入瀬川水系のA-4地域の竪穴数がⅦ期にくらべⅧ期(10世紀前葉)に大きく減少している状況をとらえ(丸山2017)，十和田火山噴火の自然災害により大きな打撃を受けたA-4地域周辺からの避難民が北に向かった

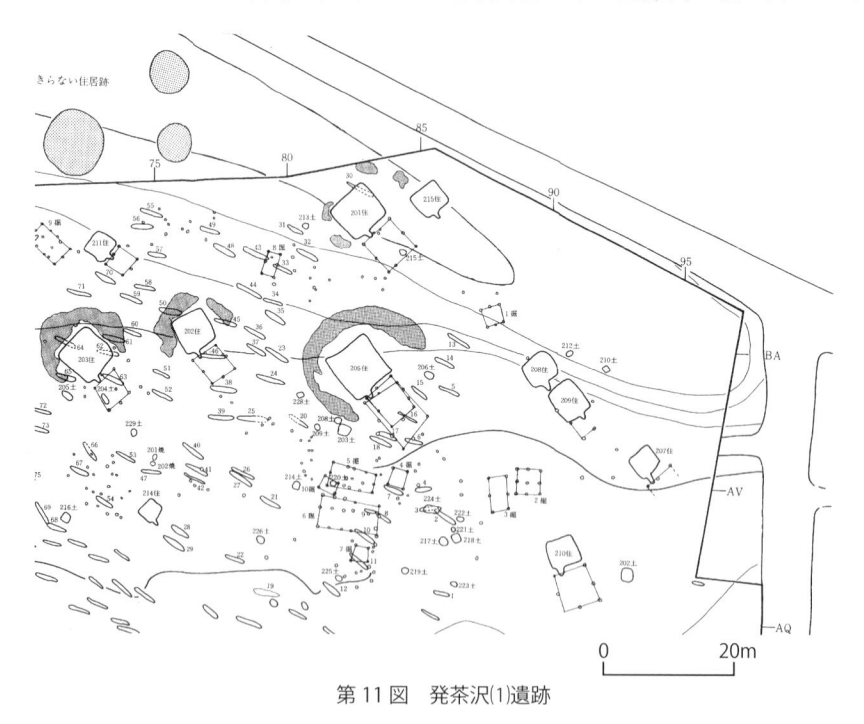

第11図　発茶沢(1)遺跡

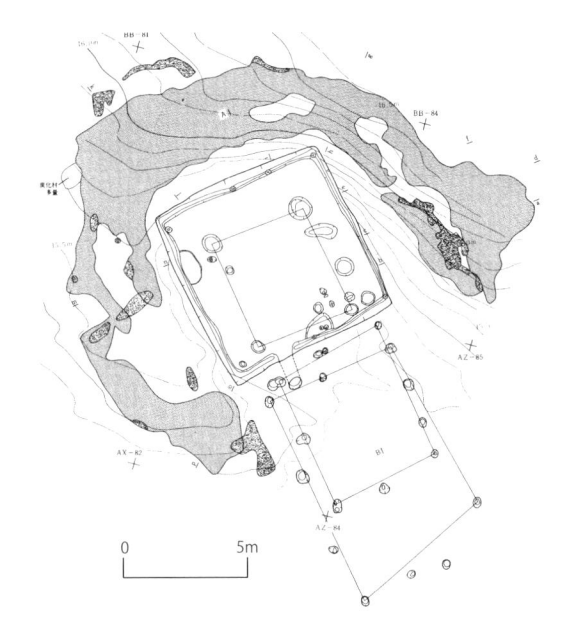

0　　　　　5m

第 12 図　竪穴・掘立柱併用建物(発茶沢⑴遺跡 205 号建物)

という仮説を前提とする。いずれにせよそれまで空白状態だった地域への忽然
とした集落の出現，竪穴建物の特徴には外からの相当大きな影響を考えないわ
けにはいかないだろう。それは新たな生産・交易活動を伴うことでもあったに
ちがいない。C-1 地域の発茶沢遺跡からは竪穴のカマド側の壁に掘立柱建物が
とりつく「竪穴・掘立柱併用建物」が 11 棟みつかっており，そのうち 6 棟に
は竪穴を馬蹄形に囲う周堤も残っている。掘立柱を厩とみる説が提示されてお
り，集落内での馬産と関わる施設として想定もされている。C-1 地域を含む上
北北部は，古くから和歌に詠まれた「おぶちのこま」の産地と推定されてきた
ところでもある。今のところ六ヶ所村内の古代集落から馬産を裏付ける考古学
的資料は得られていないが，地域に適した生業のひとつとして馬産の可能性は
十分考えられる。

　陸奥湾東岸域 C-2 地域では海に面する標高 15 〜 40 m前後の中位段丘上の遺
跡から X 期を中心とする古代集落が調査されている。発掘調査は中位段丘にほ
ぼ偏って行われているため地域全体への集落の展開状況は明確とはなっていな
いが，中位段丘において発掘が面的に行われ，内容が比較的明らかな集落に X

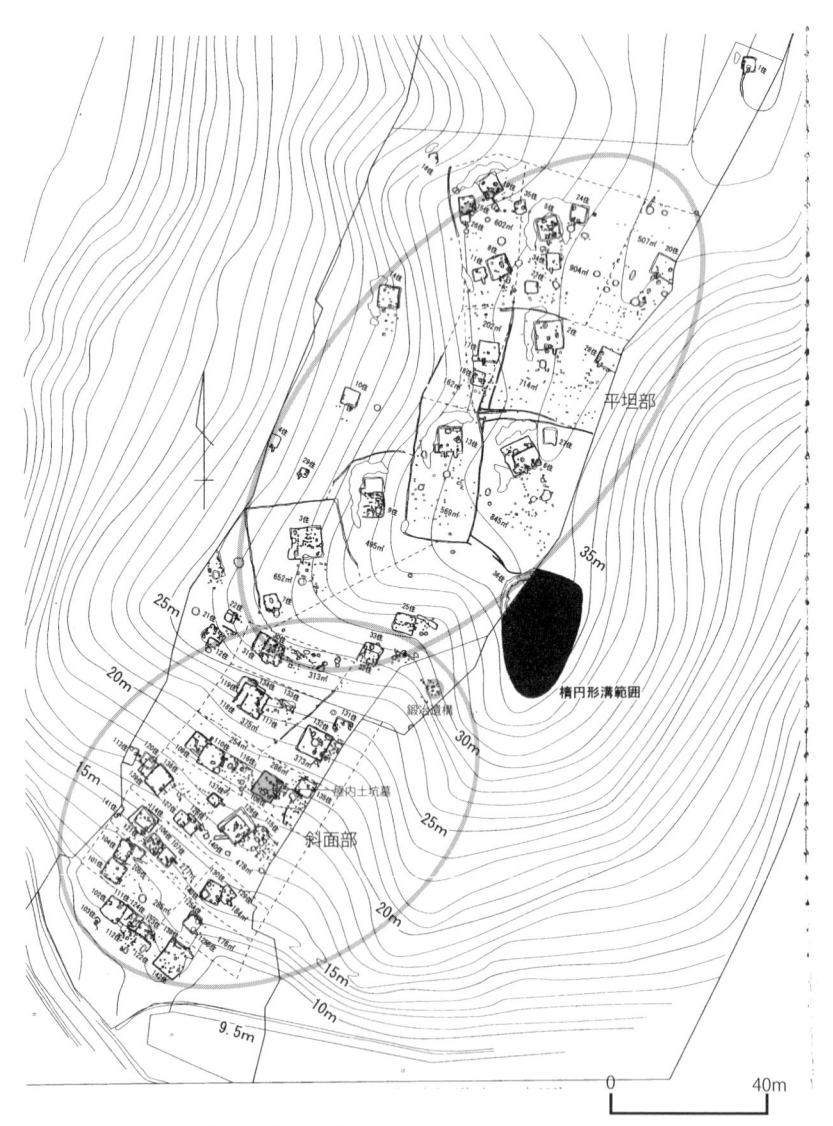

第13図　向田(35)遺跡（青森県教委2004に加筆）

期（10世紀後葉）を中心とする向田(35)遺跡と二十平(1)遺跡がある。

　向田(35)遺跡は湾を望む尾根の平坦部から斜面部にかけて広がる集落である。
尾根平坦地には「竪穴・掘立柱併用建物」が塀，柵などの区画施設で囲まれて
配置されており，建物1棟ごとの宅地の広さがよくわかるものもある。一方，

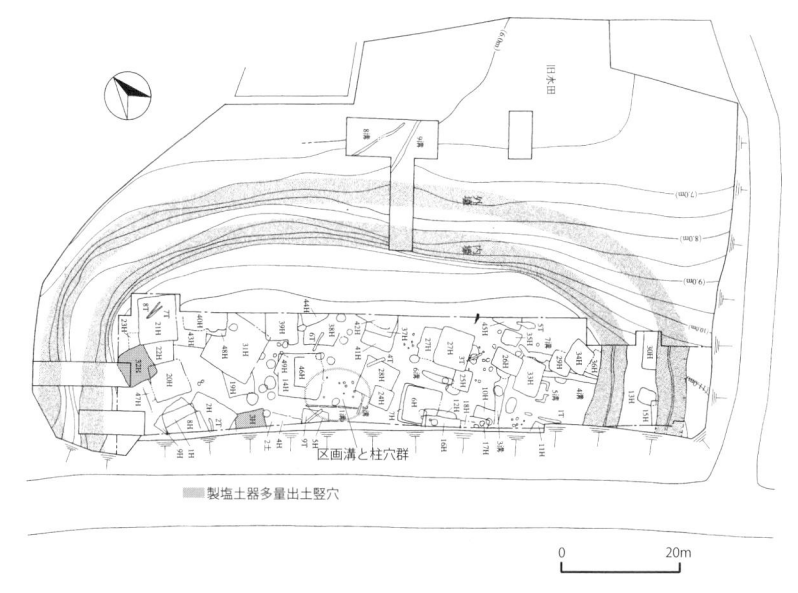

第 14 図　二十平(1)遺跡(野辺地町教委 2007 に加筆)

斜面部では一般的な竪穴建物がひな壇状に密に並び，周辺には鍛冶遺構も伴うなど，平坦地の居住域とは明らかに景観が異なっている。平坦地を斜面部より上位集団の居住域とし集落内の階層差があらわれているとみられている。また鍛冶炉が設けられる斜面部の遺構配置は A-3 地域の林ノ前遺跡とも類似しており，工房主体の区域と推定される。浅田智晴は向田(35)遺跡の斜面部に認められるこうしたあり方は，払田柵北側斜面地の雛壇状の工房配置と類似するとし，城柵が抱えていた工人集団が城柵衰退後に北に拡散し，これらの集落がそうした工人を吸収した可能性を述べている(浅田 2016)。

　二十平(1)遺跡は野辺地川の河口，標高 20 m 前後の左岸段丘北端部に位置する。湾に面した北側を二重の濠が囲み，内部に 49 軒もの竪穴建物が複雑に重複している。濠が作られる以前の竪穴建物も認められているが，集落活動の盛期は濠を伴う時期であり，集落中央には柱穴群を直線的な溝で区画した周囲と異なった空間も確認できる。竪穴建物から出土した多量の製塩土器は，集団が製塩に関わっていたことを示す。

　陸奥湾沿岸の古代製塩はⅧ期以降(10 世紀前葉)本格的に行われ，岩木山麓製

鉄集団の鉄器，五所川原窯の須恵器とともに北海道を中心とした擦文社会への交易品であった。塩生産の背景は異なるが東北地方では8・9世紀に国府多賀城の直轄によって操業された松島湾の製塩に次ぐ規模で製塩活動が行われていた地域である。

　製塩遺跡はC-2地域西側，夏泊半島部の平内町大沢，白砂遺跡で調査されているのをはじめ，陸奥湾沿岸では青森市内真部(9)，大浦遺跡，下北地域の川内町上野平遺跡などでも知られている。時期のはっきりしないものが多いなかで10世紀前半から11世紀以降の製塩遺跡である大沢遺跡では，Ｘ期にあたる10世紀後半に製塩土器，土製支脚の形態変化が生じており，生産効率を高める改良が行われている。こうした隣接の製塩遺跡と関わって二十平(1)遺跡を含めた周辺に，塩の生産・交易の拠点が展開していたと考えられる。国家側との関係を含め塩生産の経営主体については不明な点が多いが，この時期は津軽地域の大開拓に伴う生産・交易活動の最盛期と重っており，津軽地域の動向がC-2地域の集落形成に大きな影響を与えていたことは当然考えられる。陸奥湾東岸域とのネットワーク化は当然図られていたはずである。

　律令国家との交易が蝦夷社会に様々な技術情報や物を提供していたことは言うまでもないが，IX期(10世紀中葉)以降顕著となる城柵支配の衰退は，民レベルの交易を大きく成長させ，東北北部の交流形態，物流に変化をもたらしたと考えられる。在地側と王臣家などとの交流の拡大は二十平(1)遺跡の近江産緑釉陶器，六ヶ所村沖附遺跡の猿投産灰釉陶器，表舘遺跡の石帯などによって明らかであろう。それまで空白地帯に近かったC地域は，律令社会からの物・人の拡散の受け皿となりやすかったこともあり，集落形成が急速に進んだ一面があろう。

　また，律令社会との交流が盛んになるIX期以降には，道央部や北海道太平洋沿岸の擦文集団と本州との交易窓口は外ヶ浜を中心とした陸奥湾沿岸が担うことになる。当然ながらC-2地域の蝦夷集団なども交易にかかわっていたと考えられ，向田(35)遺跡の擦文土器や擦文文化の伝統に連なる屋内墓は，本州側と北海道との交易を中継する集落としての性格をあらわす資料である。

　青森県太平洋側の擦文土器はB地域の七戸川流域の赤平(3)遺跡のほか，小川原湖南岸の平畑(5)遺跡からも数点認められるが，今のところA地域では擦文土器はみつかっておらず，B地域をはさんだ10世紀のAとC地域とでは擦文社

会との接触のありかたに違いがある。それはA地域が擦文社会との交流と無関係であったということではなく，おそらく北方交易への関わり方の両地域の相違を示すと思われる。

　北海道では 10 世紀中頃から 11 世紀にかけて本州産とみられる銅椀が厚真町上幌内モイ，恵庭市カリンバ 2，平取町カンカン 2 遺跡など道央〜太平洋沿岸地域の擦文遺跡から出土している。関根達人は北の産物に対する見返りとして都の王臣家が用意した一品だったのではなかろうか，と述べる(関根 2008)。これらの銅椀は一定量の錫を含む「佐波理」椀であるが，その中には都から直接運ばれたものと，東北北部でつくられ津軽海峡を渡ったものもあったと想定される。例えば A-3 地域の林ノ前遺跡からは「佐波理」椀とともに，銅が付着した坩堝，銅地金もみつかっており銅製品が集落内で生産されていたことが明らかにされている。生産規模は決して大きいとはいえないが，林ノ前遺跡のような例は今後増加していくことが予想され，律令社会から入手した銅地金を在地で製品化し，陸奥湾沿岸の交易集団へ送っていた可能性も考えられる。

まとめ

　蝦夷集団の拠点の形成，変遷について青森県東部に想定される「都母村」の集落，末期古墳のあり方から示し，特徴的な動態をとりあげた。7 〜 8 世紀前半の馬淵川下流域は太平洋沿岸の海上交通，内陸部への陸上交通の接点となり，この時期の南・北との交流適地となっていた。

　9 世紀後半の奥入瀬川下流域には出羽型甕・赤焼土器などに象徴される出羽的様相があらわれ，この時期に日本海側と太平洋側との交流の拡大が予想される。さらに 10 世紀に陸奥湾東岸域や六ヶ所地域に出現する新興集落からは，この地域が律令社会と北海道擦文社会とをつなぐ新たな生産活動や物流の拠点を担っていたことを考えてみた。

　ほぼ鳥取県の面積に匹敵する広さを有する三八・上北地方は，地域によって開発に伴う発掘調査の偏りは大きく，山間部や沖積地では考古学的な情報が空白のところもかなりある。またこの地域では古代の竪穴が埋もれずに窪みが残っている例も数多く認められる(福田 2017)。現在情報として得ている地域動態

がどの程度古代都母社会の実態をあらわしているのか，まだまだ未確定な余地
が多い。調査の進展に伴い地域差の認識度合いも当然変化していくことが予想
される。この点に関し加藤隆則は竪穴数のみを取り上げる動態把握への留意に
ついて集落の継続性，物質文化の充実性，他地域交流の活発さといった竪穴の
数量以外の要素から補正する必要を指摘しており（加藤 2016），多様な切り口か
らの研究をふまえた分析がいっそう必要とされる。

註
1)　平凡社 1982「青森県の地名」『日本歴史地名体系第 2 巻』では弐薩体村を馬淵川下流域
　　の八戸近辺まで，都母村は現在の上北郡・十和田市のいずれか地にあたるとみる。

参考文献
浅田智晴 2016「上北北部遺跡群」『北東北 9・10 世紀社会の変動』研究報告資料集　日本考古学協会
　　2016 年度弘前大会
伊藤博幸 2006「陸奥型甕・出羽型甕・北奥型甕」『陶磁器の社会史』桂書房
宇部則保 2007「本州北縁地域の蝦夷集落と土器」『九世紀の蝦夷社会』高志書院
宇部則保 2010「九・一〇世紀における青森県周辺の地域性」『古代末期・日本の境界』森話社
宇部則保 2011「蝦夷社会の須恵器受容と地域性」『海峡と古代蝦夷』高志書院
利部　修 1997「出羽地方の丸底長胴甕をめぐって」『秋田県埋蔵文化財センター紀要』第 12 号
加藤隆則 2016「青森県域の動態②太平洋側」『北東北 9・10 世紀社会の変動』研究報告資料集　日本
　　考古学協会 2016 年度弘前大会
佐藤智生 2004「第 4 節　平安時代における青森県上北郡の様相について」『向田(35)遺跡』青森県埋蔵
　　文化財調査報告書 373 集
関根達人 2008「平泉文化と北方交易(2)」『平泉文化研究年報』8 号
高橋　学 2009「払田柵跡－城柵の役割とその変化－」平成 21 年度第 1 回ふるさと考古学セミナー
　　秋田県埋蔵文化財センター
高橋　学 2017「米代川流域の埋没家屋から読み解く北東北の古代社会」『古代の竪穴建物跡』岩手考
　　古学会第 49 回研究大会基調講演資料
高橋泰子 1997「梯子以外の出入口施設」『土壁』創刊号　考古学を楽しむ会
田中美穂 2014「二戸・九戸・閉伊地区」『9 〜 11 世紀の土器編年構築と集落遺跡の特質からみた，北
　　東北世界の実態的研究』北東北古代集落遺跡研究会
林　正之 2015「東北北部末期古墳の再検討」『古代』137 号
福田友之 2017「埋まりきらない竪穴住居跡に関するノート」『青森県考古学』第 25 号　青森県考古学会
舟木義勝ほか 2014「9 〜 11 世紀の土器編年構築と集落遺跡の特質からみた,北東北世界の実態的研究」
　　北東北古代集落遺跡研究会
丸山浩治 2017「十和田平安噴火前後の遺跡動態」『研究発表資料集』日本考古学協会 2017 年度宮崎大会
三上善孝 2014「東北の墨書土器と地域社会」『講座東北の歴史』第二巻都市と村　清文堂
村田　淳 2017「東北地方北部における竪穴建物のカマド－構造と分布について－」岩手考古学会第 49
　　回研究大会
八木光則 2010「古代蝦夷社会の成立」『ものが語る歴史』21　同成社
八木光則 2014「岩手・紫波地区」『9 〜 11 世紀の土器編年構築と集落遺跡の特質からみた，北東北世
　　界の実態的研究』北東北古代集落遺跡研究会

北上盆地の古代村落

八木 光則

はじめに

　岩手県は，早くから古代の竪穴住居跡が注目されてきた。1950年代には野田村中平，二戸市堀野，岩手町仙波堤・今松遺跡が調査され，金ヶ崎町西根遺跡の遺構配置図は論文でもよく取り上げられていた。1970年代には東北縦貫自動車道や東北新幹線関係の発掘調査が進み，北上盆地の古代集落も数多く調査されてきた。

　それらの調査成果をもとに，林謙作は末期古墳と関連させて，家父長とその親族による住居構成を明らかにした（林1978：pp.51-52）。伊藤博幸は胆沢扇状地の集落分布に注目し，7～8世紀代の自然村落から9～10世紀の計画村落への移行をもとに，地域開発の様相を読み解いた（伊藤1980：pp.29-56）。

　筆者も，林の視点をもとに，竪穴住居の規模の大小差と器財の遺存量に着目して，7～8世紀の集落に超大形住居―特大形住居―大～小形住居の3つの階層を見出した。集落内は複数の特大形住居を中心とする大家族（単位集団）で構成され，また拠点的集落では超大形住居が存在し，集落群の中での象徴的住居とみた（八木2010：pp.265-274）。さらに，拠点的集落を中心とした広域の集落群ごとに末期古墳群が形成されていることから，集落群を組織化された村落ととらえ，村落とは，近接する複数の集落が生活や文化を共通基盤にもちつつ地縁的結合によって組織化されたものとした。

　その後，北上盆地北部の盛岡市南西部での大規模な発掘調査が終了，報告書もほぼ出揃い，より具体的な集落分析が可能となってきた。本稿は，それらの成果から前著で概念的にとらえていた村落の構造をより詳細にとらえ，村落の実態に迫るための取り組みである。その結果，図式的な集落構成ではなく，よ

り複雑な集落や村落，村落群を形成していることを明らかにすることができた。

1. 盛岡南西部の古代集落

⑴ 古代集落の分布と類型

1）集落遺跡の分布

古代遺跡の立地　盛岡市南西部の志波城跡東側で，大規模な土地区画整理事業（盛南開発）が行われ，1985 年から約 30 年間をかけて，各遺跡の全面調査が行われた。その結果，古代の竪穴住居跡約 1,250 棟や末期古墳 72 基などが検出され，集落や墓域の全容が明らかになってきている。

　調査次数が多次にわたり，検出遺構も多いことからその包括的なまとめや考察が，これまでほとんどなされてこなかった。最近，調査報告書がほぼ出揃ったことから，本稿で集計と分析を加えることとした。

　盛岡市の南西部は，雫石川右岸に形成された低平な砂礫段丘が広がり，広い水田地帯となっている。砂礫段丘は，現雫石川に近い第 1 面から山側の第 5 面までの大きく 5 面が確認される。第 1 面には古代遺跡は確認されておらず，その南の第 2 面から集落遺跡が確認され，第 3 面には太田蝦夷森古墳群や志波城跡が立地し，これから述べる多くの集落遺跡もこの面に乗っている。

　志波城跡の北側を削る旧河道は，廃絶後の志波城を削平し第 2 面の遺構は氾濫による砂質シルトが覆っている。9 世紀以降も氾濫で段丘が削られることもしばしばあった。これにより失われた遺跡があったことが窺われる。

　砂礫段丘の各面は，数〜 150 m ほどの幅の旧河道が網状にめぐり，残された段丘面が島状に並んでいる。旧河道との比高差は 1 〜 2 m ほどである。また地表に現れない旧河道や低湿地には縄文時代の包含層などが形成されており，古くから雫石川とその支流によって影響を受けた地域となっている。

古代遺跡の概要　盛岡市南西部に展開する古代集落からは，現在 30 遺跡 1,600 棟に及ぶ竪穴住居跡が検出されている。とりわけ盛南開発に伴う発掘調査によるものが多い。

　これらは地域的まとまりと集落の存続時期によって，5 地域に区分される。砂礫段丘第 2 面と第 3 面の西側の太田遺跡群は 8 世紀前半から始まり，10 世

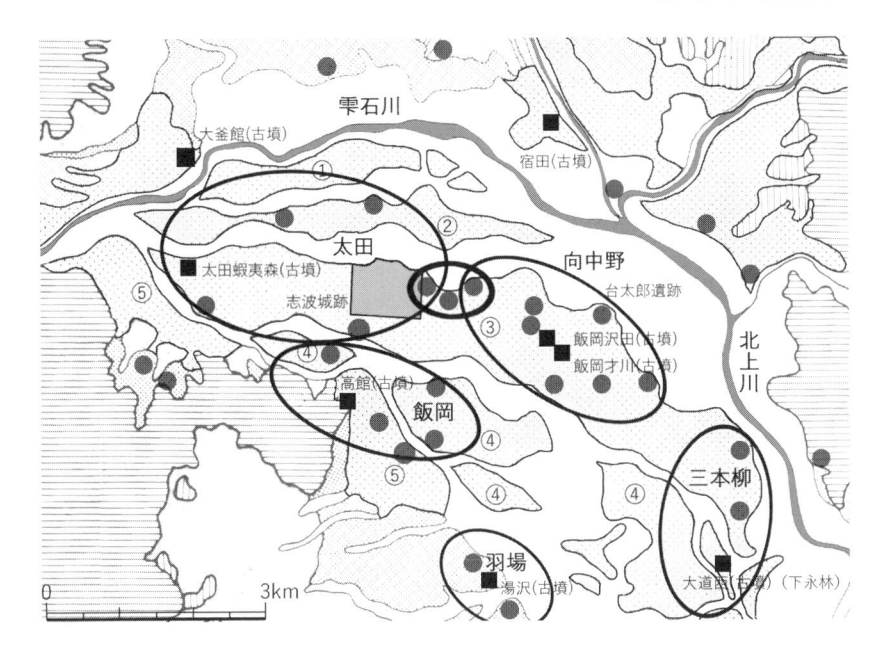

第1図　盛岡市南西部の地形と古代集落・末期古墳群の分布
①～⑤は低位砂礫段丘面、現雫石川に近いほど新しく形成されている。

紀中葉までで，川原石積みの石室をもつ礫槨型の太田蝦夷森古墳群や，9世紀初頭の志波城跡がこの中に含まれる。

　第3面中央の向中野遺跡群は，盛南開発で調査された遺跡群である。7世紀中葉から開始され，10世紀後葉まで続く。飯岡才川，沢田遺跡で末期古墳の周湟墓が確認されている。太田遺跡群の集落とは連続的につながり，切れ目が不明確である。

　第4～5面に分布する飯岡遺跡群は，西側丘陵に近く，9世紀前葉～10世紀後葉の存続期間をもつ。礫槨型の高館古墳群が西端の丘陵上にあり，南部の羽場遺跡群には周湟墓をもつ湯沢遺跡がある。第3～4面の東端，北上川に近いところに分布する三本柳遺跡群は，7世紀中葉に始まり，10世紀中葉まで存続する。大道西古墳（下永林遺跡）が含まれる。

　本稿で詳細に分析を加えるのは向中野遺跡群である。このうちまとまった棟数が確認されている本宮熊堂B遺跡～細谷地遺跡を中心にみていく。野古A遺跡と飯岡沢田遺跡は幅の狭い水路などで画されるが，住居跡が連続することか

第 1 表　盛岡市南西部の古代集落の時期別棟数

遺跡	I期 7C前葉	II期 7C中葉	III期 7C後葉	IV期 8C前中	V期 8C後葉	VI期 9C前葉	VII期 9C中葉	VIII期 9C後葉	IX期 10C前葉	X期 10C中葉	XI期 10C後葉	不明 (7-8C)	不明 (9-10C)	計
猪去館	0	0	0	0	0	0	0	0	2	6	0	0	0	8
松ノ木	0	0	0	0	0	6	5	11	0	0	0	0	9	31
小沼	0	0	太 0	0	0	0	0	0	0.5	0.5	0	0	0	1
志波城	0	0	田 0	3	2	0	0	0	0	0	0	1	5	11
林崎	0	0	0	0	0	0	0	2	6.5	5.5	0	0	4	18
大宮北	0	0	0	0	0	0	0	0	0	0	0	0	3	3
小幅	0	0	0	0	0	2	2.5	13.5	11.5	0.5	0	0	6	36
宮沢	0	0	0	0	0	0	1	0	4	0	0	0	1	6
鬼柳A	0	0	0	1	0	0	0	5	0	0	0	0	4	10
本宮熊堂B	0	0	22	12	7	1	1	9	37	27	0	5	13	134
野古A	0	向 0	15	18	7	0	0	2	32.5	2.5	0	4	10	91
飯岡沢田	0	中 0	11	8	2	1	0	1	7	1	0	1	1	33
飯岡才川	0	野 0	3	2	0	0	0	14	21	11	0	0	4	55
台太郎	0	11	134	45	6	4	29	154	73.5	10.5	0	37	116	620
向中野館	0	0	0	2	2	2	7	13	12.5	1.5	0	0	3	43
細谷地	0	0	3	22	0	2	11	60	83.5	15.5	2	3	12	214
矢盛	0	0	0	0	0	2	0	0	0	0	1	0	0	3
南仙北	0	0	1	3	0	0	2	10	0.5	0.5	0	1	4	22
竹鼻	0	2	0	0	0	0	0	1	1	0	0	0	0	4
竹花前	0	0	0	0	0	0	1	1	3.5	0.5	0	0	0	6
二又	0	0	0	0	飯 0	0	0	0	1	0	0	0	0	1
内村	0	0	0	0	岡 0	0	0	0	0	0	0	0	1	1
館野前	0	0	0	0	0	0	0	1	3	0	0	0	1	5
飯岡林崎 II	0	0	0	0	0	6	7	16	4	1	1	0	2	37
下羽場	0	0	0	0	0	0	3	9	1	1	2	0	9	25
湯沢(稲荷)	0	0	0	0	羽 0	2	0	0	1	1	0	0	0	4
湯沢(湯沢A)	0	0	0	0	場 0	0	2	0	2	2	0	0	0	6
一本松	0	0	0	0	0	8	0	4	10	1	6	0	10	39
西鹿渡	0	三 0	3	0	0	0	2	0	0	0	0	0	0	5
百目木	0	本 1	12	25	0	1	0	25	10	2	0	4	6	86
高櫓A	0	柳 0	8	15	0	0	0	0	0	0	0	10	1	34
計	0	14	212	156	26	37	73.5	352	329	90.5	12	66	225	1592

ら 1 集落とみなす(以下，野古集落)。細谷地遺跡も旧河道をはさむが，向中野館と飯岡才川遺跡の住居跡が近接し，これも 1 集落とする(細谷地集落)。本宮熊堂B遺跡(熊堂集落)，台太郎遺跡(台太郎集落)は遺跡範囲と集落範囲がそれぞれ一致している。

時期区分　対象とする時期は，この地域で竪穴住居跡が確認されている 7 世紀中葉〜 10 世紀後葉である。次に示す時期区分は，I 〜 V 期までが古代東北北海道研究会編年(辻編 2007)，VI 〜 XI 期が北東北古代集落遺跡研究会編年(北東北

古代集落遺跡研究会 2014)を合体させたもので，ほぼそれらに対応する。

Ⅰ期－7世紀前葉(3段階)

Ⅱ期－7世紀中葉(4段階)

Ⅲ期－7世紀後葉～8世紀初頭(5段階)

Ⅳ期－8世紀前～中葉(6段階)

Ⅴ期－8世紀後葉～9世紀初頭(7段階)

Ⅵ期－9世紀前葉(1期)

Ⅶ期－9世紀中葉(2期)

Ⅷ期－9世紀後葉(3期)

Ⅸ期－10世紀前葉(4・5期)

Ⅹ期－10世紀中葉(6期)

Ⅺ期－10世紀後葉(7期)

竪穴住居跡の時期比定は，編年基準や土器の遺存量にも左右され，分析者に

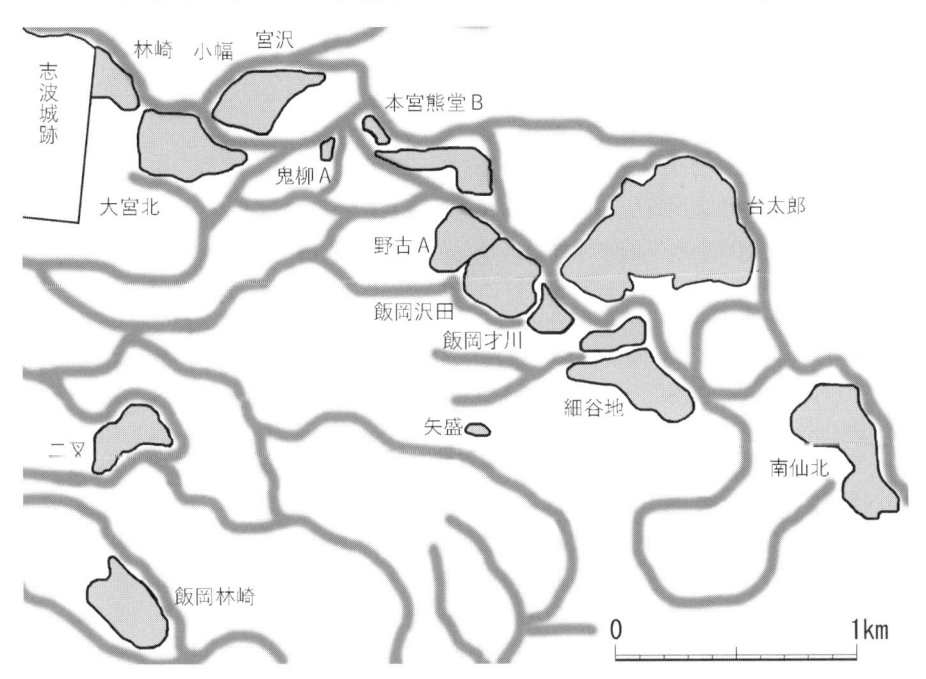

第2図　向中野遺跡群の古代集落・末期古墳群の分布
遺跡周辺を旧河道が網目状にめぐっている。

よって異なる場合も少なくない。編年基準は研究者間でかなり統一されてきているが，1〜2点の出土の場合などでは時期比定の誤差は避けられない。本稿では前後の時期も図示し，多少の時間幅を考慮することとした。

　住居の分析にあたっては，住居面積を重視した。面積区分は，現場での感覚で5段階に区分されるが，数値で示すと次の通りとなる。面積は，竈方向の縦軸とそれと直交する横軸を乗算したもので，その一方が不明な場合は判明している軸長を二乗して求めた。

　　　　超大形－60㎡以上，特大形－40〜60㎡，大形－25〜40㎡，

　　　　中形－15〜25㎡，小形－15㎡以下

　このうち40㎡以上と以下では鉄器や玉類の保有など器物の遺存量に差があり，集落内での格差ととらえることができる。大〜小形の中では必ずしも器物量の偏りが認められず，規模の違いは居住人数などによるものと考えられる。

2) 住居と単位集団

単位集団の類型　集落の構成で，最も小さな単位が個別の竪穴住居である。住居個々に竈が付設されて日常的に寝食を共にする，最も近い人間関係の単位で，夫婦を中心とする小家族(現代のような核家族)の居住が想定される。なお夫婦別居はその根拠を遺構遺物から見出すことはできない。

　集落は，旧河道などの微地形で画される同一の地形や地理的環境の中に住居が集合して形成される。集落範囲は，遺跡として把握されている範囲とほぼ同じであるが，遺跡は道路や堀，水路など後世の改変で細分されることがあり，逆に広い段丘面の場合には範囲が広くとらえられることもあって，必ずしも遺跡範囲が集落範囲とならない事例もある。

　集落内部は，住居が集合して一団となる地区が複数形成されることが多い。集落内の一団地を「区」とする。その内部構成から次のような類型を見出すことができる。

　　　A－特大形住居を核とする地区を構成

　　　1－1〜2棟の特大形住居を核に大〜小形住居4〜5棟と共存(野古Ⅲ期，熊堂Ⅹ期中区)

　　　2－1〜2棟の特大形住居を核に大〜小形住居多数と共存(台太郎Ⅷ期西

　a区，細谷地IX期）

　　3－複数の特大形住居が散在し，まわりの大〜小形住居と共存（台太郎III

　　期）

　　4－複数の特大形住居が集中し，まわりの大〜小形住居と共存（台太郎VIII

　　期西b区・東区）

　B－特大形住居を核としない地区を構成

　　1－少数の大〜小形住居で構成（細谷地VII期南東区・野古IX期）

　　2－多数の大〜小形住居で構成

　　（台太郎VIII期南西区，細谷地IV・IX期向中野館区，野古IX期，熊堂IX期）

　C－住居が散在し，一団となる地区を形成しない

　　1－特大形住居が単独で存在（野古IV期沢田RA021住居）

　　2－大〜小形住居のみで構成（野古VIII期など）

以下，遺跡ごとに単位集団と集落の動向をみていきたい。

⑵ 集落の動向

1）台太郎集落

II期（7世紀中葉）　地区最大の住居棟数を誇る台太郎集落は，東側部分を除き，遺跡範囲の8割ほどの調査が終了している。これまで90次に及ぶ調査が行わ

第2表　台太郎遺跡の時期別・住居規模別棟数

時期区分	年代	住居規模						計
		A	B	C	D	E	不明	
II期	7C中葉	1	1	1	3	3	2	11
III期	7C後葉〜8C初	2	14	26.5	26	55	10.5	134
IV期	8C前〜中葉	1	4	6.5	13	17	3.5	45
V期	8C後葉〜9C初	0	1	0	0	4	1	6
VI期	9C前葉	0	0	1	2	1	0	4
VII期	9C中葉	0	0	4	10	11	4	29
VIII期	9C後葉	1	11	16	46	60	20	154
IX期	10C前葉	1	7	9	21.5	27.5	7.5	73.5
X期	10C中葉	0	0	4	3.5	2.5	0.5	10.5
	7-8C	0	1	1	11	17	7	37
	9-10C	0	0	8	10	62	36	116
計		6	39	77	146	260	92	620

※時期に幅がある場合は按分したため，小数点がつく。

※住居規模＝面積　A－超大形：60㎡以上，B－特大形：40〜60㎡，
　　　　　　　　　C－大形：25〜40㎡，D－中形：15〜25㎡，E－小形：15㎡以下

れており，重複や詳細が未報告なものなどがあり検出住居数は確定しているわけではないが，620棟（報告書では660棟以上と記載）の竪穴住居跡が集成されている。時期比定が可能な竪穴住居跡は467棟である。

　台太郎集落の開始はII期（7世紀中葉）である。近隣では志波城跡南の竹鼻遺跡でも同時期の住居跡2棟が確認されているが，その後の継続がなく，台太郎がこの地域での始発集落となっている。10棟が確認されており，遺跡の中央東西に細長く散在的に分布し，集中区は認められない。住居面積46㎡の特大形RA345が最も大きい住居跡であるが器物の集中がなく，かえって15㎡の中形RA507からは土師器坏6個体，甕類11個体，湖西産平瓶が出土している。住居間の格差は不明確である。住居配置はA1型であるが，全体に散在する形となっている。

III期（7世紀後葉〜8世紀初頭）〜IV期（8世紀前〜中葉）　III期に138棟まで爆発的に増え，IV期には45棟に急減する。III期の竪穴住居の分布は，東側が未調査であるが，遺跡範囲のほぼ全域にひろがる。

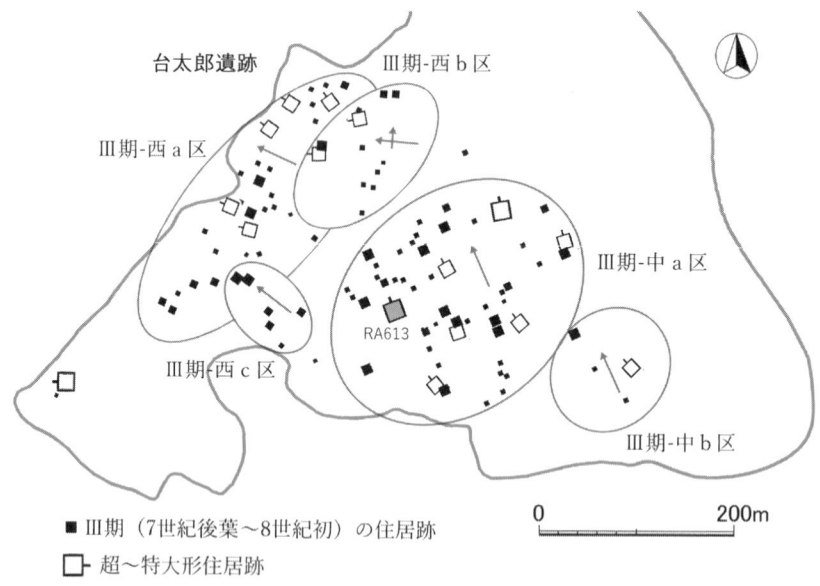

■ III期（7世紀後葉〜8世紀初）の住居跡
□ 超〜特大形住居跡
■■■ 大〜小形住居跡

第3図　台太郎集落III期（7世紀後葉〜8世紀初頭）の竪穴住居跡の分布
（住居の規模は模式的に表現，白抜きは超〜特大形，黒は大〜小形住居。矢印は地区ごとの平均的竈方向。）

　竃方向によって大きく中区と西区の 2 区に区分され，両者の間には僅かなが
ら空白ゾーンがある。中区は 25° 前後西に振れ，北北東のものが多く，大きな
まとまりを示す a と小規模で散発的な b に細分される。西区は，竃方向が 50
〜 80° を中心に，北西から西に振れるもので，ほぼ西を向く b 区と北西を向く
c 区，その中間な a 区に分かれる。このほか遺跡南西隅にも散発的な住居も
みられる。

　区ごとの住居規模の構成をみると，中 a 区には 93㎡ と遺跡最大規模を誇る
RA613 住居跡がある。8 本柱で，北竃の対辺の南壁に入口状の張出が設けら
れ，須恵器蓋と高台坏各 1，土師器坏 19，大小の丸甕と壺 6，長甕 18，小形甕 1，
刀子 2，砥石 1，土製紡錘車 1，管玉やガラス玉・土玉 13 点などが出土している。
きわだった規模と構造，器物の多量保有から中心的住居とみられる。

　それぞれの区は特大形の住居と大中小形の住居で構成されている。特大形は
1 〜 2 割ほどに限られ，大形以下の住居よりも卓越した位置づけとなっている。
それらは近接しあうのではなく，ある程度の距離を保って配置されている。竃
方向は区内のすべての住居で必ずしも規格性が高いものではないが，特大形住
居の方向はほぼ一致しており，大形以下の住居もそれに倣う傾向が読み取れる。
中 a 区と西 a 区は A3 型，中 b 区と西 b 区は A1 型，西 c 区は B2 型に分類され
るが，大きくは中区と西区の A3 型の範囲でとらえられる。

　Ⅳ期は散発的に遺跡中央部から西側にかけてややまばらに分布し，散在する
A1 型となる。

Ⅴ期(8 世紀後葉) 〜Ⅶ期(9 世紀中葉)　 Ⅴ〜Ⅶ期には周辺集落も含めて，衰退期
を迎える。時期が判明している住居跡数は，台太郎で両期とも 1 桁台で，遺跡
北西部〜中央部にかけて散在的に分布する C1 また C2 型となっている。Ⅶ期
には 29 棟まで回復し，北西部にやや集中区があるが，東側にも散発的に広が
ってきており，特大形がない B1 〜 2 型となる。特大形住居はⅤ期に 1 棟みら
れるだけで，Ⅵ〜Ⅶ期は大〜小形住居で構成され，中心的住居は認められない。

　なお，Ⅵ期までは竃位置が西壁〜北壁中央に位置するのが一般的である。Ⅶ
期になると東壁や南壁にもつくられ，壁中央から左右に偏倚するように変化す
る。

Ⅷ期(9 世紀後葉) 〜Ⅹ期(10 世紀中葉)　 Ⅷ期(9 世紀後葉)に再び急増し，153 棟を

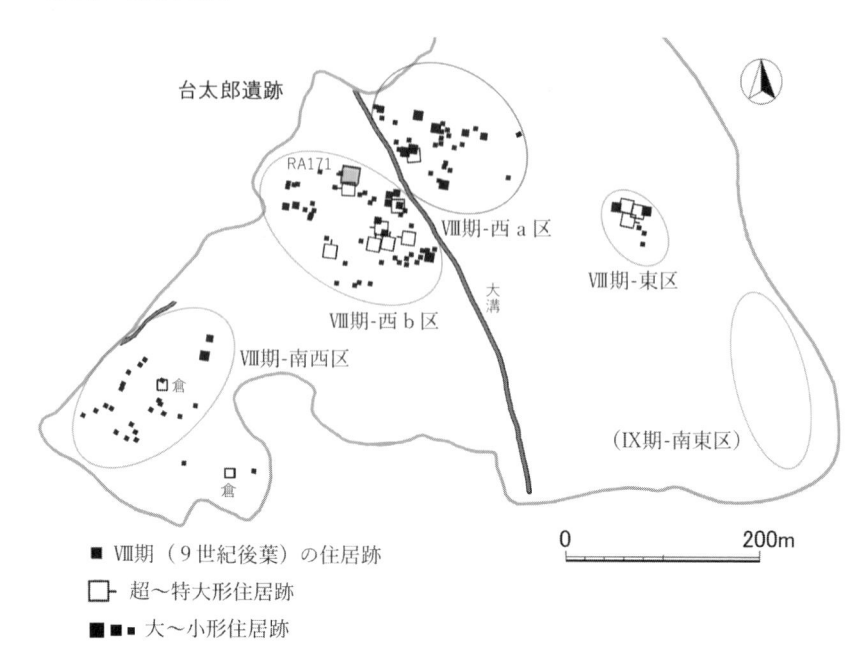

第 4 図　台太郎集落Ⅷ期(9 世紀後葉)の竪穴住居跡の分布

数える。Ⅲ期にみられた遺跡全体へ広く分布するのではなく，大きく東・西・南西区に集中するようになる。東区は調査があまり進んでいないこともあって全容は不明であるが，竪穴住居相互の重複が著しく，区へのこだわりが強く感じられる。

　遺跡中央には，集落を二分するような南北の大溝(RG045・RG339)が走っており，西区はそれによってa・b両区に分かれる。大溝の規模は幅 3 m 前後，深さ 0.5 〜 0.6 m ほどで，埋土上部に十和田 a 火山灰が堆積し，特に住居域では多くの土器が出土している。

　西 b 区には，8.4 × 8.9 m の超大形住居 RA171 のほか特大形住居 7 棟が集中する。西 a 区では特大形は 1 棟のみ，南西区にはみられないので，西 b 区の集中が際だつ。また当該期の住居規模の構成は，特大形住居が 7 ％，大形以上が20 ％と，中〜小形住居に比べ稀少性が高く，Ⅷ期段階では超大形〜大形住居が卓越した存在と考えることもできる。しかし，鉄器などの偏在は特に認められなくなり，Ⅲ期のような超〜特大形住居の卓越性が失われ，住居の小形平均化が進んでいる。そういった中で，西 a ・b 区での大形以上の偏在とほぼ同一地

点での建て替えは，集落内で特定の区が勢力をもち，世代を超えて維持されていたことを示している。西a区はA2型，西b区と東区がA4型となる。

　南西区では大形以上の住居が存在しないB1型となる。鉄器の遺存率も西a・b区の19〜26％に比べ，南西区は7％と低くなっており，地区間の格差も現れている。南西区には2×2間の総柱倉庫が2棟確認されている。東区の東側(1次調査)でも同様の倉庫が検出されている。倉庫の時期の特定は難しいが，Ⅷ期前後であろう。

　Ⅸ期(10世紀前葉)には住居数が半減する。集落構造はⅧ期から継続するが，南西区北半に特大形住居複数棟が現れ，A2型がこの地区に移る。また南東区でA1型の新たな地区が形成されるようになる。

　Ⅹ期(10世紀中葉)には特大形住居だけでなく，大〜小形の竪穴住居も僅少となる。

2) 細谷地集落

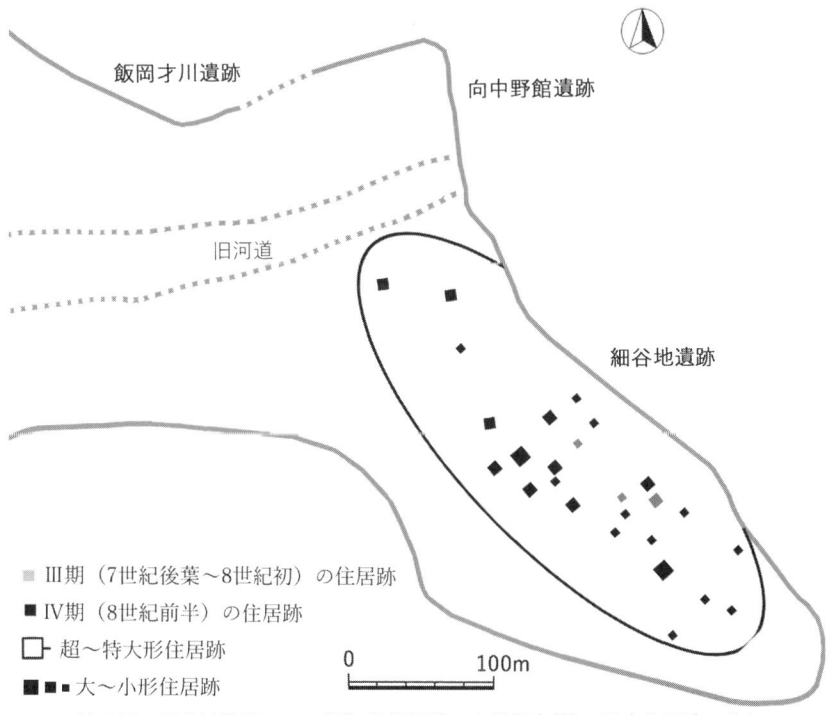

第5図　細谷地集落Ⅲ〜Ⅳ期(7世紀後葉〜8世紀中葉)の竪穴住居跡の分布

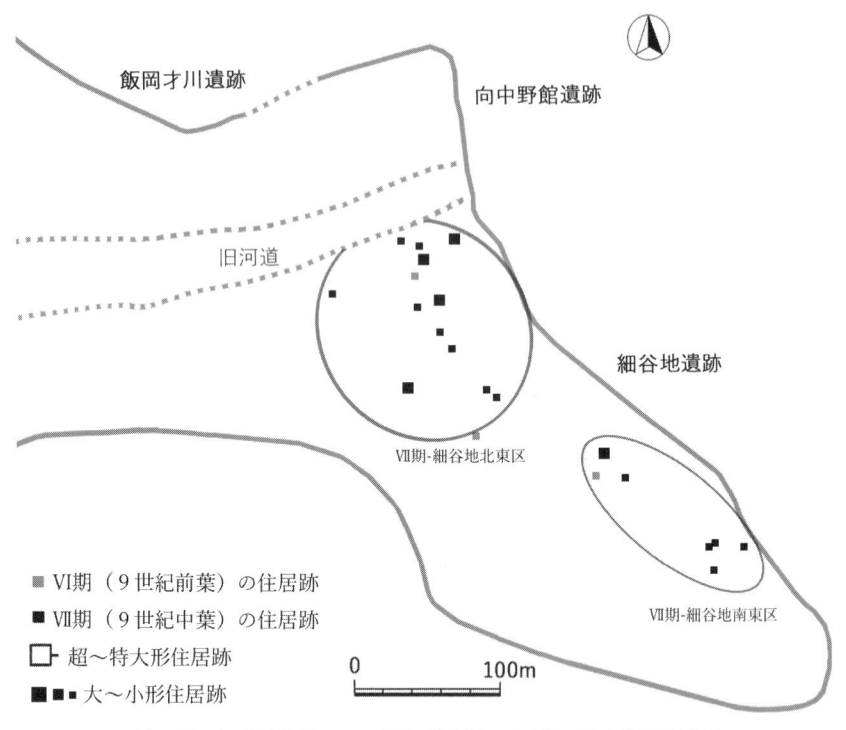

第6図　細谷地集落Ⅵ～Ⅶ期(9世紀前～中葉)の竪穴住居跡配置

Ⅲ期(7世紀後葉～8世紀初頭)～Ⅳ期(8世紀前～中葉)　この時期の細谷地集落は，細谷地遺跡の東辺部に集中している。旧河道の北の向中野館や飯岡才川遺跡には分布しておらず，旧河道の形成はこれ以前であることがわかる。

　Ⅲ期3棟，Ⅳ期22棟と，台太郎とは逆にⅣ期になって増加している。超～特大形住居はなく，30㎡前後の大形住居が2棟ある。それを中心に南北に二分される可能性もあるが，大形住居に器物の偏在は特に認められない。Ⅲ期B1型，Ⅳ期B2型である。

Ⅴ期(8世紀後葉)～Ⅶ期(9世紀中葉)の集落　引き続き旧河道の南東側に南北2個所に分かれて分布する。北東区は中形と小形住居で構成され，南東側も小形が多い。Ⅴ期はC2型，Ⅵ期は北東区B2型，南東区B1型となる。

Ⅷ期(9世紀後葉)～Ⅹ期(10世紀中葉)の集落　西側に住居域を広げ，Ⅷ期63棟，Ⅸ期84棟と急増する。河道をはさんだ北の向中野館遺跡と才川遺跡南東部と

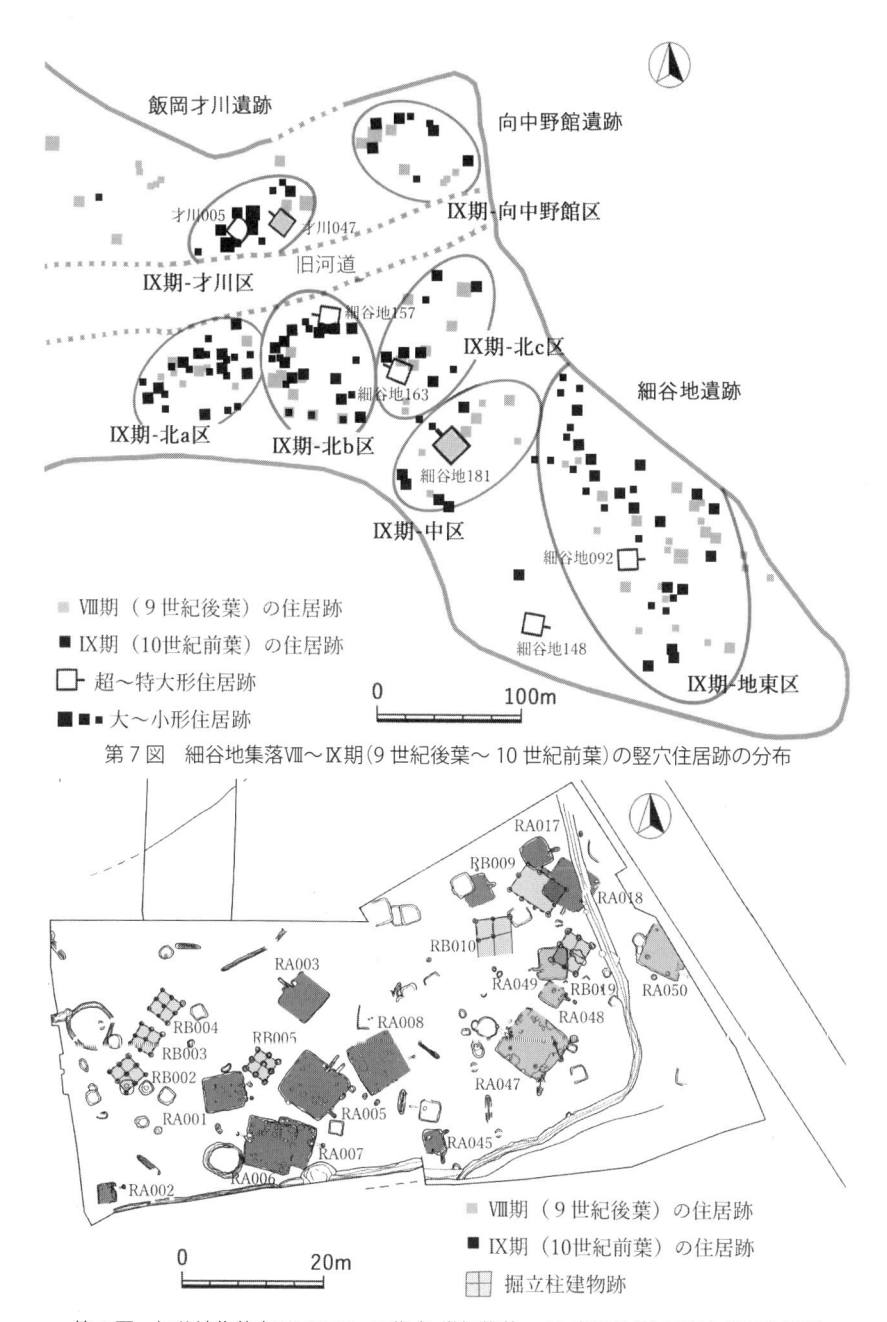

飯岡才川遺跡

向中野館遺跡

IX期-向中野館区

才川005　才川047

IX期-才川区　旧河道

細谷地157

IX期-北c区

IX期-北a区　IX期-北b区　細谷地163

細谷地遺跡

細谷地181

IX期-中区

細谷地092

細谷地148

IX期-地東区

■ VIII期（9世紀後葉）の住居跡
■ IX期（10世紀前葉）の住居跡
□ 超～特大形住居跡
■■■ 大～小形住居跡

0　　　　　100m

第7図　細谷地集落VIII～IX期（9世紀後葉～10世紀前葉）の竪穴住居跡の分布

RA017

RB009

RA018

RB010

RA049

RA050

RA003

RA008

RA019

RA048

RB004

RB005

RB003

RA047

RB002

RA001

RA005

RA045

RA007

RA006

RA002

■ VIII期（9世紀後葉）の住居跡
■ IX期（10世紀前葉）の住居跡
⊞ 掘立柱建物跡

0　　　20m

第8図　細谷地集落才川区のVIII～IX期（9世紀後葉～10世紀前葉）の竪穴住居跡配置

47

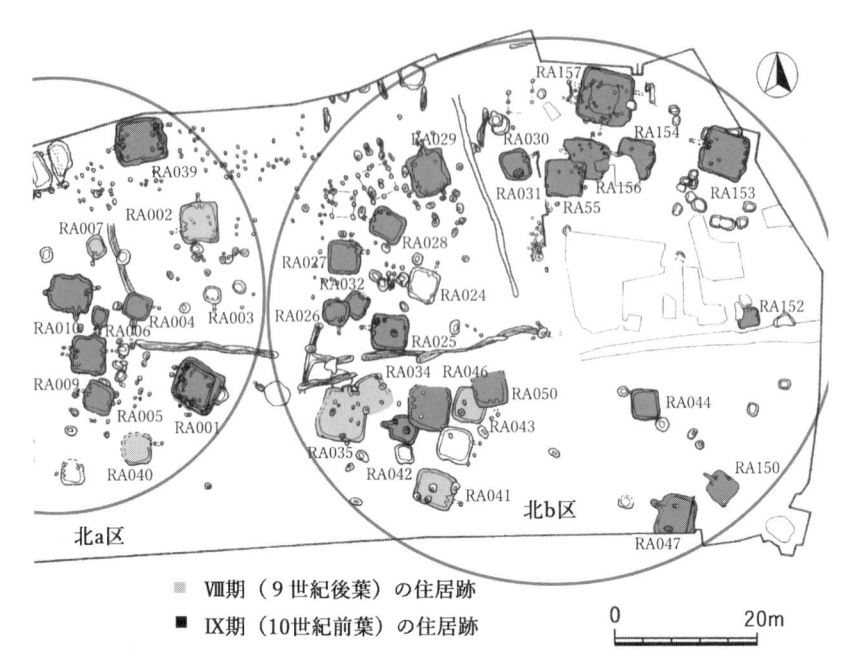

第 9 図　細谷地集落Ⅷ〜Ⅸ期(9 世紀後葉〜 10 世紀前葉)北 b 区の竪穴住居跡配置

　を合わせⅧ期 78 棟，Ⅸ期 104 棟と，Ⅸ期では台太郎を凌駕する規模となる。A2 型と B2 型となっている。X期は 18 棟と，減少する。

　住居の増加にともなって，区のまとまりも細分化される。才川区ではⅧ期に RA047，Ⅸ期には RA005 の特大形住居を中心とした A2 型の区ができる。鉄器などの器物がより大形の住居に遺存する割合が高くなるが，土器の量に大きな差は認められなくなり，特大形住居の優位性は弱まっている。2 × 2 間の総柱建物も 5 棟検出され，住居との位置関係からⅨ期に属するとみられる。

　向中野館区では特大形住居がなく，B1 型となっている。Ⅷ・Ⅸ期とも 7 棟ほどの大〜小の住居が弧〜環状にまとまりよく配置されている。

　細谷地北 b 区ではⅨ期の住居跡 18 〜 20 棟が環状に配されている。特大形住居の RA157 が北端に位置し，大〜小形の住居がその内側に環状に並んでいる。RA157 に土器や鉄器など器物の偏在は認められない。住居が重複することから最低でも 2 時期に分かれるが，Ⅷ期も含めて中央空閑地は維持されている。

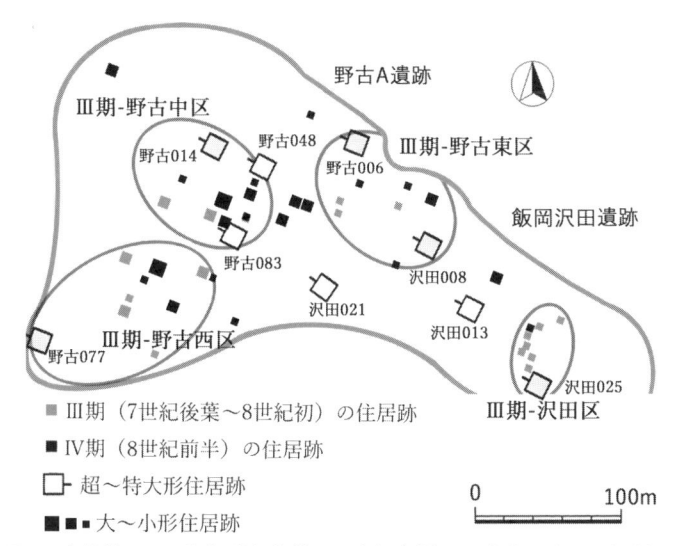

第10図　野古集落Ⅲ～Ⅳ期（7世紀後葉～8世紀中葉）の竪穴住居跡の分布（楕円はⅢ期）

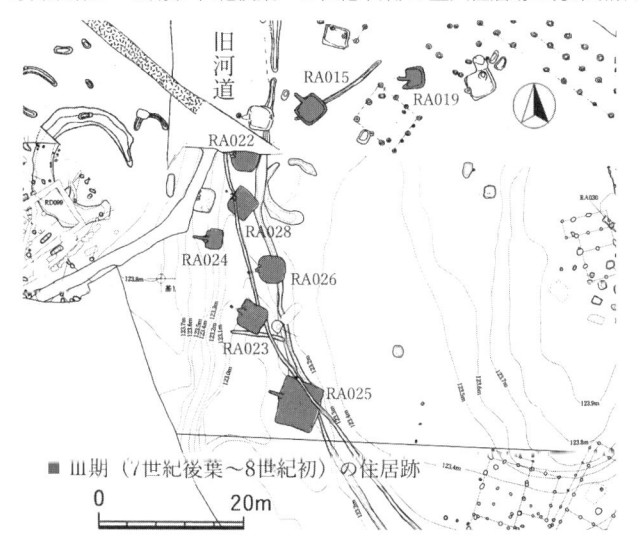

第11図　野古集落沢田区Ⅲ期（7世紀後葉～8世紀初頭）の竪穴住居跡配置

3）野古集落

Ⅲ期（7世紀後葉～8世紀初頭）～Ⅳ期（8世紀前～中葉）　野古集落は，飯岡沢田遺跡と合わせⅢ・Ⅳ期とも26棟の同数となっている。Ⅲ期は，A2型の4区に分かれる。西から特大形住居の野古RA077，RA014，RA006・沢田RA008，沢

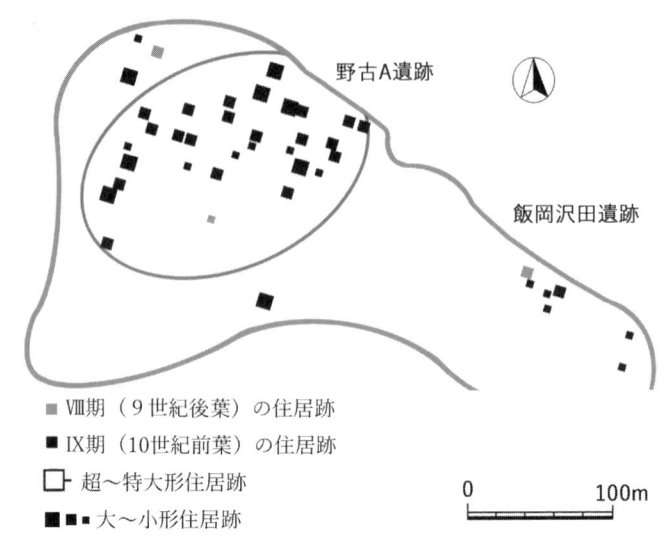

第12図　野古集落Ⅷ〜Ⅸ期（9世紀後葉〜10世紀前葉）の竪穴住居跡の分布

凡例:
- ■ Ⅷ期（9世紀後葉）の住居跡
- ■ Ⅸ期（10世紀前葉）の住居跡
- □ 超〜特大形住居跡
- ■ ■ 大〜小形住居跡

0　　　　　100m

田 RA025 を内包し，大〜小形の住居群で構成される。特大形住居はそれぞれの区の端に位置しており，大〜小形の住居より土器の量が多い傾向にある。

　沢田区では，RA025 が南端にあり，弧を描くように小形住居 8 棟が並んでいる。旧河道縁辺の細い溝との重複関係から 2 時期に分かれ，古い時期には特大形住居 1 棟と小形住居数棟の組み合わせになるものと考えられる。ただし住居間で器物の偏在は認められない。弧の中心部は共同空間として利用されたのであろう。

　Ⅳ期になると，野古 RA048，RA083 の特大形住居を中心にした区がつくられるが，C1 型の沢田 RA021，RA013 は周辺に住居をもたずに単独で存在している。RA013 には甕類 13 個体が出土している。

Ⅴ期（8世紀後葉）〜Ⅶ期（9世紀中葉）の集落　野古 A 遺跡北側にⅤ期の特大形住居 2 棟と中〜小形住居 3 棟がまとまって，A2 型となる。特大形には遺物の偏在は認められない。このほか周辺にも散在的な分布がみられる。

Ⅷ期（9世紀後葉）〜Ⅹ期（10世紀中葉）の集落　野古集落のⅧ期の住居は僅かであるが，Ⅸ期になると大〜小形住居 32 棟ほどが大きなまとまりを形成するようになる。いくつかに細分される可能性もあるが，きわだった住居はみられず，均質化が進んでいる。

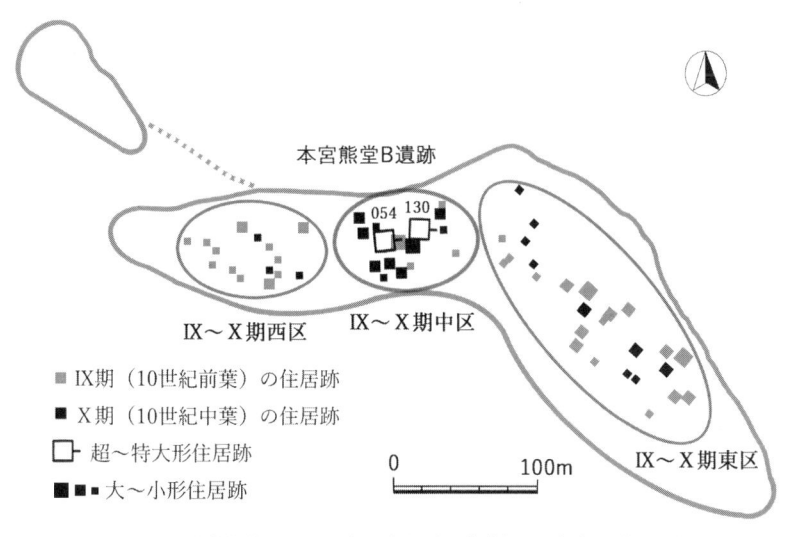

第13図　熊堂集落IX〜X期(10世紀前〜中葉)の竪穴住居跡の分布

4）熊堂集落

III期(7世紀後葉〜8世紀初頭)〜IV期(8世紀前〜中葉)　熊堂集落は，III期の22棟が遺跡西半と東南端で散在的に分布している。IV期の12棟も中央に散在している。両時期ともA3型で，特大形住居が1棟ずつあり，土器がやや多く出土している。

V期(8世紀後葉)〜VII期(9世紀中葉)　V期は大形住居3棟と小形住居4棟が西側に集中する。同地区のRA110は唯一のVI期の住居跡で，特大形に近い大形住居から北関東系の須恵器坏18点が出土している。V期はすべて西壁〜北西壁中央に竈があるが，この竈は西壁北寄(新)，東壁北寄(旧)と，新しい要素が入っている。

VIII期(9世紀後葉)〜X期(10世紀中葉)　VIII期は僅少で，IX期に32棟に急増し，西・中・東区に分かれる。大〜小形の住居で構成されるB1型で，突出した規模や器物の偏在は認められない。X期になると，中区に集中するA2型と周辺のB1型となり，特大形住居RA054・130を核に塊状に集住する構造に変化する。

2. 北上盆地北部の古代村落

⑴ 末期古墳と集落との関係

1）盛岡周辺の末期古墳の概要

末期古墳の時期区分　末期古墳は大きく 4 期に分かれる（八木 2010）。盛岡周辺をみると，1 期（6 世紀後葉〜7 世紀前葉）は末期古墳の出現期にあたり，第 2 期（7世紀中葉〜8 世紀前葉）は北上盆地全域や三陸沿岸などへ拡大する時期で，土壙（木槨）型の盛岡市上田蝦夷森 1 号墳，宿田古墳群 RX001 古墳，矢巾町藤沢狄森古墳群などがある。第 3 期（8 世紀前〜後葉）は太田蝦夷森古墳群や高館古墳群が造られ，礫槨型が普及する。第 4 期（8 世紀後葉〜9 世紀）は主体部が残らない周湟墓で，円形周溝とも呼ばれる。古墳群を形成する場合と集落内で数基程度のものとがある。

　地域別にみると，雫石川以北では永井，上田蝦夷森，宿田，大釜館古墳群が確認されている。永井古墳群は 4 期の周湟墓・時期不詳の礫槨型の各 1 基，上田蝦夷森古墳群は 7 世紀前葉の 1 基のみの確認で土壙（木槨）型，宿田古墳群は7 世紀後葉頃の土壙型 1 基と 9 世紀前葉とみられる周湟墓 9 基が確認されている。大釜館古墳群は 9 世紀前葉の 9 基の周湟墓が調査されている。

　雫石川以南では，1 〜 2 期の末期古墳は未検出で，3 〜 4 期からとなる。太田蝦夷森古墳群は，かつては数十基があったとされるが，現在は墳丘を確認することはできない。8 世紀代の蕨手刀や和同開珎が出土している。高館古墳群は丘陵上に 1 基の礫槨型の墳丘が残る。

　4 期の周湟墓は，次に述べる飯岡才川・飯岡沢田遺跡のほか，盛岡市湯沢 B遺跡の 8 基が確認される。出土遺物がほとんどなく時期の特定は難しいが，9世紀代とみられる。

2）飯岡才川・飯岡沢田遺跡の周湟墓

周湟墓の様相　台太郎遺跡の西側に約 150 m 幅の旧河道をはさんで，飯岡才川遺跡では Ⅴ 期（8 世紀後葉）を中心とする 26 基，その北に隣接する飯岡沢田遺跡ではⅥ期（9 世紀前葉）の 46 基の周湟墓が検出されている。一部に主体部を残す

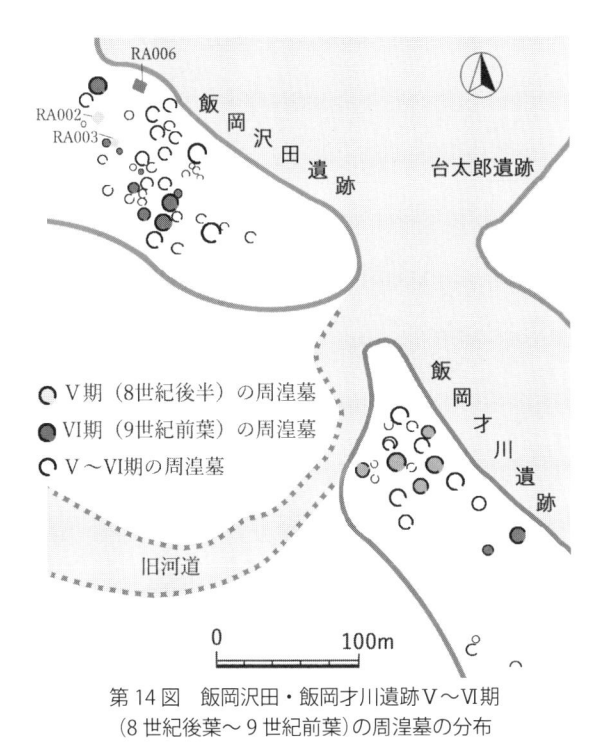

第14図　飯岡沢田・飯岡才川遺跡V〜VI期
（8世紀後葉〜9世紀前葉）の周湟墓の分布

ものもあるが，主体部の残らない周湟墓との時期差は認められない。遺物を出土しない遺構も多く，時期にはある程度の幅が想定される。

才川にはⅢ期の小規模な集落が営まれていたが，Ⅴ期に新たな古墳群がつくられるようになる。北東の旧河道の崖線に沿って，北からRZ028・031・032・014・008の5基が一直線上に整然と並ぶ（第15図）。初期にまとまって造墓されたか，あらかじめ位置を決めていたものとみられる。5基とも内径8m以上の大形墳で，開口部が崖線に平行するように南東部に向けている。その後西側に新たな周湟墓が造られ，その隙間に小形墳が配されている。

小形墳は規模が小さいだけでなく，周湟も浅く底面がかろうじて残るものも多い。南東にはやや間隔を置いてVI期のRZ009が造られ（第15図），開口部は東南東に向けている。

VI期には北にも移動して沢田古墳群が展開される。前身のⅢ〜Ⅳ期の竪穴住居跡やⅤ期の竪穴住居跡RA002・003と重なるように墓域が形成されており，VI期のRA006は周湟墓以前の住居とも考えられる。才川のような規格的配置は認められないが，周湟の開口部は概ね南東を向いている。

両遺跡の周湟墓の規模をみていくと，才川では周湟の外径4.7〜13.8m，外部面積（外径内の面積）17〜124㎡，内部面積（内径内の面積）11〜82㎡，沢田では外径3.7〜15.5m，外部面積11〜189㎡，内部面積7〜95㎡と，大きな幅

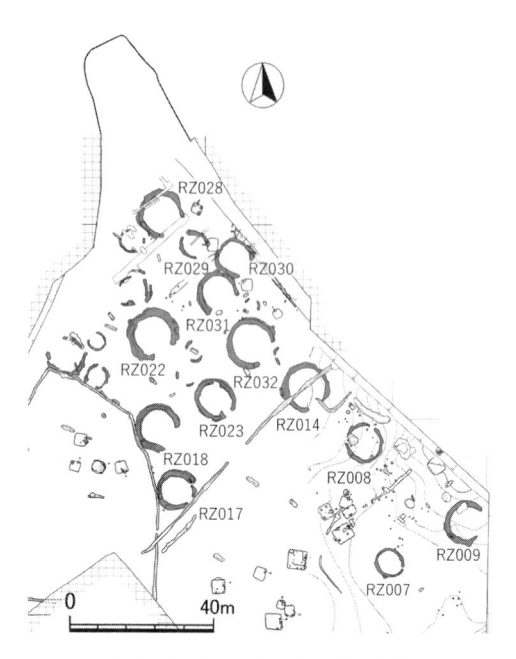

第 15 図　飯岡才川遺跡の周湟墓

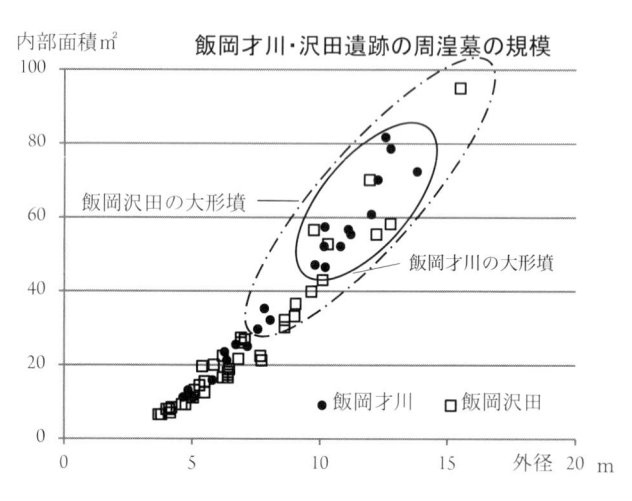

第 16 図　飯岡才川・沢田遺跡の周湟墓の規模

がある。このうち供献品（くけん）として周湟から出土する須恵器大甕や長頚瓶がみられる割合が高くなるのが，才川で外径 10 m，内径 7.5 m，外部面積 45㎡，内部面積 40㎡以上，沢田で外径 8 m，内径 6 m，外部面積 50㎡，内部面積 30㎡以上である。それ以下は供献品がほとんどなく，小規模な一群となっている。これらのことから周湟墓は大形墳と小形墳の 2 群に明確に分かれることが確認される。

　出土遺物は，主体部がほとんど残らないため副葬品はみられないが，最大の供献量を残す沢田 RZ034 周湟墓からは須恵器長頚瓶 5，同坏 2，土師器坏 4 点が周湟内から出土している。また才川 RZ032 周湟墓から錫杖状鉄製品の鉄鐸，刀子状の部品がまとまって出土している。錫杖状鉄製品の本体部分はないが，葬送の際に使用されたも

のか。

周湟墓の位置づけ 飯岡才川，沢田遺跡のほかの墓域として，台太郎遺跡から西に 5.5km に位置する太田蝦夷森古墳群，3.5km 南西の高舘古墳群があり，ともにIV期を中心とする 8 世紀代の礫槨型である。また南 3km には大道西(下永林)遺跡があり，かつて蕨手刀が出土し，周湟墓(あるいは礫槨型の礫が削平されたものか)が 1 基確認されている。

　これまでのところ台太郎集落の盛期であるIII期に対応する末期古墳が確認されていない。大規模な台太郎集落の墓域がないのはきわめて不自然であり，未確認の古墳群が存在したものと思われる。仮称 X 古墳群としておきたい。9 世紀初頭の志波城跡の立地する低位段丘北辺が造営後流出したように，その前後に台太郎遺跡の北側の段丘も流出した可能性が考えられる。

　X 古墳群に代わり，飯岡才川，次いで飯岡沢田に墓域が形成されるようになるが，両遺跡のV〜VI期は，台太郎遺跡で住居数が最も減少する時期に相当する。周辺の本宮熊堂，細谷地遺跡なども同様に減少期にあたる。周辺集落と合わせてもV期 24 棟，VI期 12 棟前後で，特大形住居は両時期で 4 棟にとどまる。時期不詳の住居跡もあり実際の棟数は多少多くなるが，減少期，不安定期に何らかの理由により墓域の変更が行われたものとみられる。

　ここで，才川，沢田両古墳群の規模の分析で明らかになった大小の格差がほかの古墳群でも確認されるか，いくつかの古墳群の例をみてみる(外径と外部面積)。

　　八戸市丹後平・丹後平古墳群(1)　2.7 〜 8.8 m，6 〜 61㎡
　　一戸町御所野古墳群　　　　　　3.1 〜 9.4 m，8 〜 69㎡
　　宮古市長根古墳群　　　　　　　2.0 〜 8.0 m，3 〜 50㎡
　　北上市江釣子五条丸古墳群　　　4.0 〜 14.0 m，13 〜 154㎡

　丹後平と丹後平(1)と御所野は 8 世紀の土壙(木槨)墓から 9 世紀の周湟墓まで連続し，それぞれに規模の違いが顕著にみられるが，主体部への副葬品や周湟への供献品に規模による顕著な偏在を見出すことは難しく，小形墳からも多くの玉類や刀剣類が出土したりしている。長根は 8 世紀中葉主体で比較的短期の古墳群，五条丸は 7 世紀中葉〜 8 世紀の礫槨型の古墳群であるが，同様に規模に大きな幅があるものの，副葬品には規模の違いによる格差は認められない。

　才川や沢田で確認された規模と供献品による格差は，新しい動きとして注目される。また才川の大形墳内部での格差は沢田で広がり，大小規模の比率も才川のほぼ同数から沢田の大形1：小形3となる。

　これまで被葬者は，超〜特大形住居にほぼ相当する階層＝家長を被葬者と想定することができると考えられてきた。基本的にその考え方は踏襲されるが，才川，沢田では，規模の大小や供献品に格差が生じてきていること，また周辺集落での超〜特大形住居の数以上の周湟墓が造られていることから，家長層の墳墓だけでなく家族成員レベルの墓がかなり含まれているととらえられる。家長層の卓出性が弱まると同時に，末期古墳を築造する権威が失われ，家族のありかたが変化したものと考えられる。

　その要因は，住居の減少ひいては人口の減少に伴い，それまでの家長制を維持できる状況でなくなったためと考えられる。Ⅶ期(9世紀中葉)になって次第に住居数が増してくる段階でも，細谷地遺跡のように集落が中〜小形住居で構成され，周湟墓は造られなくなっている。

　Ⅷ期(9世紀後葉)に住居数が回復して特大形住居もみられるようになるが，器物の偏在などはみられなくなり，かつての家長制が変容していたため，周湟墓の復活にはつながらなかった。

　この頃から蔵骨器などがみられるようになるが，検出例は少なく家族成員の墳墓の実態はほとんど不明確となる。

⑵ 掘立柱建物跡と集落との関係

掘立柱建物跡の出現　台太郎遺跡も含めて小形の掘立柱建物跡が検出されている。細谷地，飯岡才川，野古A，本宮熊堂B，小幅遺跡などである。多くが2×2間で，総柱建物と中柱がない建物とがあるが，多くは倉として利用されたものであろう。それぞれの時期ははっきりしないが，Ⅷ〜Ⅹ期(9世紀後葉〜10世紀中葉)とみられる。

　また，2×3〜5間の中〜大形建物や廂付き建物がこれまで述べてきた集落群から離れて建てられている。志波城跡の東に隣接する林崎遺跡は，2×5間の東西棟と南北棟の大形建物2棟が検出されている。掘方は一辺1m前後の規模をもち，東西棟のRB03の軸線は真東西を向いている。柱間はRB01・03と

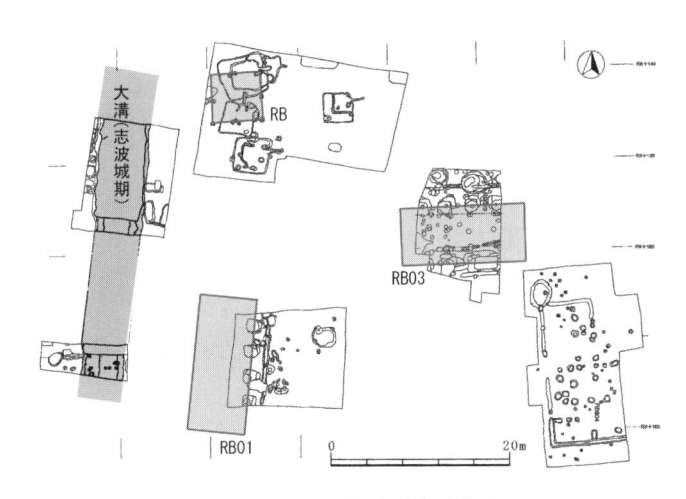

第17図　林崎遺跡の掘立柱建物跡

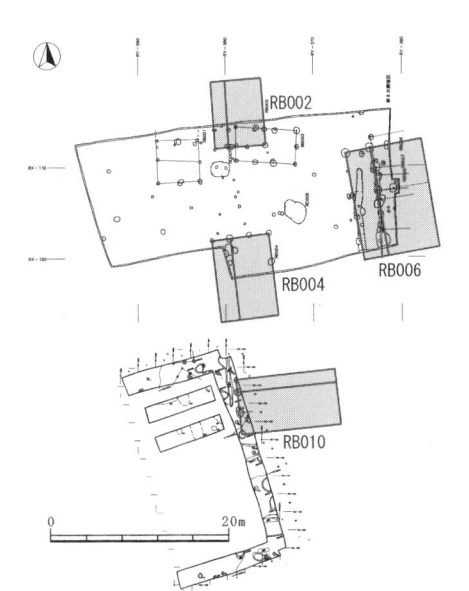

第18図　大宮北遺跡の掘立柱建物跡

もに 3 m（10尺）と大きい。さらに周辺に大形建物が展開する可能性をもつ。西は志波城期の大溝で画され，周辺の竪穴住居跡から「寺」墨書土器，黒色土器，多嘴瓶，鉄鉢形土器など仏教的色彩の濃い遺物が出土している。倉や井戸跡も確認されておらず，灰釉陶器などもみられない。RB01 建物跡の抜き取り穴に大量に廃棄された土器坏類はIX期（10世紀前葉）である。

　大宮北遺跡は，林崎遺跡の東に隣接し，個々の建物の全体は未確認であるが，廂付きの建物群で構成されている。柱掘方は円形小形，桁行柱間は RB004 が 3 m（10尺），RB006 が 2.4 m（8尺），RB002 が 1.8 m（6尺）となっている。RB010 建物群の 53 m南に，幅 2.6 m，深さ 0.8 mの東西方向の大溝で画される。建物群の周辺や溝では坏類などの土器が多く表採され，大溝からも坏や高台坏などが出土している。倉・井戸など

の遺構や，墨書土器・灰釉陶器などは検出されていない。林崎に後続するIX〜
X期(10世紀前〜中葉)とみられる。

　小幅遺跡は，大宮北遺跡のさらに東に隣接し，住居域とは離れる西端で2×
5間の掘立柱建物跡が単体で確認されている。建物軸線は真北から大きく振れ
るが，大きめの方形掘方で，桁行柱間は約2.7 m(9尺)，時期は9〜10世紀で
あろう。

大形掘立柱建物跡の意義　桁行柱間が10尺となる建物は城柵や官衙の主殿ク
ラスに匹敵する規模をもつが，施釉陶器がなく，胆沢城跡南の鎮守府将軍など
の館とみられる伯済寺遺跡とは様相が異なる。官衙関連ではなく，在地有力者
の建物群と考えるのが妥当である。竪穴住居跡以外から坏類が多く出土するこ
とから，食器の大量消費が行われていたことが推測され，饗宴や宗教的儀式な
どの機会が多かったとみられる。

　ところで，中〜大形や廂付きの掘立柱建物は，台太郎遺跡など伝統的な集落
の中ではなく，向中野遺跡群の北西端，西側の太田遺跡群の東端の接点ともい
うべき位置にある。新たな場所に建てられていることに大きな特徴がある。

　志波城が9世紀前葉に廃絶された後，外郭築地跡の内側には竪穴住居がまっ
たく造られておらず，居住がタブー視されていたことがわかっている。VIII期か
ら林崎で集落が形成され始めるが，「寺」墨書土器が出土するなど，一般集落
とは異なった性格を有し，IX期には大形掘立柱建物が建てられるようになる。

　このように，10世紀の大形掘立柱建物跡の出現は，旧来の集落にみられた
竪穴住居間の序列とは一線を画しており，新有力者の台頭と考えられる。新有
力者が外部からか在地勢力からの台頭なのか，それを判断する根拠はなく判然
としないが，掘立柱建物といった建築様式から胆沢城(鎮守府)などの権力を背
景にしたものとみるのが自然である。

(3)集落・村落・村落群
　1)集落内の単位集団
大家族の単位集団　本稿の時期区分は，IV期が60年ほどの年代幅をもつが，
他は30数年前後である。各時期には，住居跡の重複から平均的に1〜3期程
度の住居変遷が含まれていると想定される。また時期不詳の竪穴住居跡も全体

の2割弱あり、これまで図示してきた集落の住居棟数などはそのような点を考慮する必要がある。それをふまえた上で区と集落の構成をまとめてみることにしたい。

各集落には住居群がひとまとまりになる区が確認された。その区は近親度の高い集団を形成し、時には台太郎集落Ⅲ期でかまど方向を概ね統一するような規範性をもち、あるいは住居密度や規模が異なり集落内の階層性を反映した集団で構成されたりしていた。区にあらわれる集団を「単位集団」と呼ぶ[1]。

単位集団の基本形は、北上市猫谷地遺跡の7世紀前～中葉の住居群で模式的に確認されている（林1978：pp.51-52、宇部2015：pp.126-128）。「猫谷地型住居構成」ともいうべきもので、超～特大形住居を核に大～小形住居数棟で構成される。隣接して密接に日常生活と関わっている主に血縁的関係（大家族）にあり、特大形住居は家長の住居であったと考えられる。本稿分類のA1型に相当する。

A2型は、特大形住居1～2棟とまわりの大～小形住居多数で構成されるもので、その棟数から複数の家族を含むとみられるが、A1型のように家族ごとの特大形住居がなく家長の住居が不明確な単位集団である。時期差も考慮すべきであるが、地縁的に集まった家族もあったものと思われる。

Ⅲ～Ⅳ期の特大形住居には土器や鉄器、玉類などの器物の偏在がみられ、生産用具の管理者や家族祭祀・集会の主宰者としての性格を読み取ることができる。台太郎集落では、周辺の住居が特大形住居の方向とほぼ一致し、住居構築を規制していた。特大形住居に住む家長の卓出性が認められる。

Ⅴ～Ⅵ期の末期古墳の才川、沢田古墳群では、家長層だけでなく家族成員も埋葬されるようになり、家長の性格が変わり始めている。Ⅶ期以降は末期古墳も造られなくなり、家長の独占的権威は弱まった状態で固定化する。

Ⅶ～Ⅹ期（9世紀中葉～10世紀中葉）では、特大形住居をともなわないB1型の単位集団が増えてくる。特大形住居が残る場合でも、大形住居も減少し、器物遺存の卓越性は認められなくなる。中～小形に均一化する傾向が強まる。住居間の格差は弱まり、家長層の権威の衰退がはっきりしてくる。

ただし熊堂Ⅹ期では中央がA2型、東西がB1型となり、中央に集中する例で、10世紀中葉において特大形住居を核とする単位集団が残されていたことは注意される。

村長を輩出する単位集団　A3・4型は，台太郎集落Ⅲ・Ⅷ期に多数の住居がつくられる盛期に出現する。ともに超大形住居を頂点としており，台太郎の近隣集落の中での優位性が表れている。超大形住居は，特にⅢ期のRA613の器物の豊富さが目を引き，他の集落にもない規模であることから，一帯の長＝村長（むらおさ）としての役割を有していたと考えられる。ただ量的な格差であり，質的に特殊な器物が保有されているわけではなく，その権限は絶対的ではなかったとすべきであろう。

特大形住居が複数棟存在することについて，時期差も当然考えられるが，Ⅲ期には特大形住居相互の間が離れており，いくつかの単位に分解することが可能で，いくつかの家族が集合して単位集団を形成していたようである。

このような超大形や特大形住居を有する単位集団はⅢ期にあらわれ，住居が大幅に減少するⅤ～Ⅵ期で不明確となり，Ⅷ期に再び出現する。Ⅷ期には隣接して建てられていることからⅢ期のように分解することは難しく，超大形住居の村長を補佐するなど，指導的な単位集団を形成していたものであろう。台太郎集落が地域の中心的存在として意識され続けていたことを示している。

一方で，Ⅸ期にはⅧ期とは異なる地区にA1型が移っており，長く世襲されるようなものではなかった。つまり村長集落としての継続性は維持されたが，村長じたいは世襲でなかったとみられる。

核をもたない単位集団　細谷地Ⅳ期やⅦ期，野古Ⅸ期のように，B1・B2型の特大形住居をもたない単位集団は，基本的に数家族の集まりであったと思われるが，家長の存在や権威が遺構や遺物に表れていない。

大家族を示すA1型（猫谷地型）やそれが集合するA3型の単位集団が必ずしも一般的ではなく，A2型やB1・B2型が少なくないことから，少人数家族が寄り添うような単位集団も少なからず存在していたことを裏付けている。もちろん飯岡才川，飯岡沢田遺跡の周湟墓でみたように，家長層の弱体，衰退化が進行していることも大きく影響している。

C1・C2型の単位集団を形成しない例は，住居数が少なく，各住居間のつながりが不明確である。

このように，単位集団は長期の継続性は認められず，また各集落で多様なあり方を示している。かなり流動的な単位集団であり，集落であったことが窺わ

れる。

2）村落と村落群

村　落　複数の集落は，2〜3km の範囲に密集してまとまり，集落群を形成している。近接し，指呼の間に隣接する集落もみられる。

　集落群は，Ⅵ期以前には，それぞれに末期古墳群（小古墳群）を内包している。特にⅤ〜Ⅵ期に顕著である。地理的なまとまりと墓域の共有によって一つの地域社会を形成していると考えられ，そのような近接し合う集落群を「村落」と呼ぶこととする[2]。前述の太田，向中野，飯岡，羽場，三本柳遺跡群がそれぞれ村落に相当する。Ⅶ期以降は末期古墳群が消滅し，村落内を結びつけていた墓域の共有がなくなる。

村落群　太田〜三本柳の村落は，いくつかの村落が5〜6km前後の範囲でまとまっている状態を見いだすことができ，地理的環境や水利を共有するような範囲に括られる。この広域のまとまりを「村落群」とする。第19図で「盛岡南」とした範囲である。

　この範囲には，長期にわたり住居数が多い拠点集落が1個所程度存在する。台太郎遺跡がそれにあたり，特大形住居が複数あるA3・4型が台太郎に限られていることも，他集落に対する優位性を物語っている。台太郎の超大形住居は村落群全体の中でも突出しており，また時期をまたいでおり，村落群のリーダー的存在を輩出した伝統的な集落ということができる。

　また10世紀前後には，志波城跡の東に位置する林崎・大宮北・小幅遺跡で中〜大形掘立柱建物や廂付き建物が建てられるようになる。このような建物は在地集落の中からつくり出されたものではなく，胆沢城などの城柵官衙の建築に由来することから，その権威を背景に既存の集落とは異なる新たな有力者の台頭を村落群にみてとることができる。

おわりに─北上盆地の古代村落の予察─

　本稿の結びとして，北上盆地全体の村落を概観することとしたい。ただし盛岡南西部で確認された集落内の単位集団については，各地で全面調査が行われ

第 3 表　北上盆地に想定される「村落と村落群」

郡	村落群	村落	末期古墳(支群)	おもな集落遺跡(7～8世紀)	おもな集落遺跡(9～10世紀)	城柵
斯波郡	盛岡南	太田	**太田蝦夷森古墳群**	八卦・志波城(前身)・竹鼻	林崎・大宮北・小幅・館・松ノ木	志波城
		向中野	*才川・沢田周湟墓*	**台太郎**・熊堂B・野古A	**台太郎**・熊堂B・野古A・細谷地	
		飯岡	高館古墳群	—	竹花前・二又・館野前・飯岡林崎II	
		羽場	*湯沢周湟墓*	—	下羽場・湯沢・大島・一本松	
		三本柳	*大道西周湟墓*	西鹿渡・百目木・高櫓A	西鹿渡・百目木	
	紫波北	徳田	**藤沢狄森古墳群**	**徳丹城(前身)**=**館**畑・高水寺・常光坊・高田・渋川、中	館畑・高水寺・常光坊・高田・渋川、中田	徳丹城
		高水寺	白沢えぞ森古墳群	高水寺・稲村II	古館橋・高水寺・中田	
	紫波南	志和	—	—	上平沢新田・宮手	
		日詰	—	—	比爪館	
		犬淵	—	—	下川原II・西田東	
薭縫郡	石鳥谷	好地	—	—	白幡林・島岡II	
		戸塚	—	貝の淵I	大曲・大明神・貝の淵I	
		八重畑	—	—	大西・中村・稲荷	
	花巻北	胡四王	—	—	下羽場・八幡・胡四王山	
		宮野目	—	—	似内・上似内・石持I	
		高木	—	—	上台II・高木高館	
	花巻南	根子	**熊堂古墳群**	古舘II・万丁目・法領	万丁目・古館II	
		不動	—	—	不動II・上諏訪II・桜町I	
和我郡	北上北	二子	—	**中村=千刈**	**中村=千刈**・西川目・堰向II	
	北上中	藤根	長沼古墳群(長沼・菖蒲田支群)	割田II	下江釣子羽場	
		江釣子	**江釣子(八幡・猫谷地・五条丸支群)**	**猫谷地=八幡**・和野	本宿羽場・**猫谷地=八幡**	
		藤沢		藤沢・鳩岡崎	藤沢・鳩岡崎・鳩岡崎上の台	
		黒沢尻	—	牡丹畑	蒲谷地II・牡丹畑	
		立花	—	—	横町・立花南	
	北上南	岩崎	岩崎古墳群	**岩崎台地**	**岩崎台地**・上鬼柳III・煤孫	
		相去	—	高前田II	南部工業団地内・鬼柳西裏	
胆沢郡	金ヶ崎	三ヶ尻	水口沢古墳群	三ヶ尻荒巻横道上	三ヶ尻荒巻横道上	
		永沢	道場古墳群	—	妻根・柏山館・松本館	
		西根	**西根古墳群(縦街道・下釜支群)**	上餅田・西根	西根	
		北佐倉里		**今泉=膳性**・玉貫・東大畑	**今泉=膳性**・東大畑	胆沢城
	胆沢	南都田	蝦夷塚古墳群	中半入	中半入・小十文字・作屋敷	
		西佐倉河	見分森古墳群	石田・石田II	寺領・石田・西大畑	
	水沢	東佐倉河	—	東館II	東館II	胆沢城
		常盤	—	**杉の堂(跡呂井・熊之堂)**	**杉の堂(跡呂井・熊之堂)**	
	前沢	姉帯	—	—	林前II・	
		古城	—	—	水尻・明後沢・古城方八丁	
江刺郡	愛宕	稲瀬	—	—	瀬谷子・鶴羽衣・広岡前	
		愛宕	—	力石	宮地・鴻ノ巣館・落合III・力石	

①村落・村落群の名称は大まかな地域を示し、現在の市町村名や大字の範囲とは一致しない。
②遺跡の「=」は同一集落とみられるもの。　③斜体は第4期(8世紀中葉以降)中心の周湟墓。
④太字は拠点的集落(候補も含む)。
⑤下線は9～10世紀の中～大形掘立柱建物がみられる遺跡。二重下線は仏堂遺構。

第19図 北上盆地の古代村落，村落群（北半）
（●―集落 ★―末期古墳 ■―城柵）

た遺跡が少ないため，ここで
は村落や村落群の存在を検証
してみることとする。

斯波・薭縫・和我の村落群
盛岡南を除く斯波地区では，
藤沢狄森と白沢えぞ森古墳群
（ともに7世紀代を中心とする木
槨型主体部）があり，9世紀後
葉〜10世紀の館畑遺跡の三
面廂掘立柱建物跡などが確認
されている。集落では徳丹城
前身のⅡ〜Ⅳ期の竪穴住居跡
約80棟がきわだち，同時期
の稲村遺跡27棟がそれに次
いでいる。両遺跡を中心とす
る徳田と高水寺の村落に分か
れ，矢巾村落群にまとめられ
る。

　その南は花巻まで7〜8世
紀の遺跡が僅少で，古館Ⅱ遺
跡を除きほとんど検出されて
いない。末期古墳も熊堂古墳
群（8世紀中葉前後の礫槨型主体
部）以外認められない。この
地域の村名が文献に登場しな
いことと遺跡が稀薄であるこ
ととは無関係ではないであろ
う。

　時期や分布密度から紫波・
石鳥谷・花巻の村落群を想定

することができる。これらの地域では 9 世紀初頭の斯波郡や稗縫郡設置以降に集落が増え始め，特にⅧ期に明確な村落や村落群が形成されるようになる。

　和我は古代遺跡が多く，集落では中村・千刈，猫谷地遺跡などで 7 〜 8 世紀から始まり，9 世紀以降岩崎台地や横町遺跡など多数の住居が営まれている。江釣子・長沼古墳群(6 世紀末〜 7 世紀初の木槨型主体部)・岩崎古墳群(7 〜 8 世紀の礫槨型主体部)があり，掘立柱建物跡も西川目遺跡で三面廂建物跡も確認されている。村落群は北上川支流によって北上北・中・南の 3 群に分けたが，その境は必ずしも明確ではない。

胆沢・江刺の村落群　胆沢・江刺は，集落・村落・村落群の密度が高い。胆沢は角塚古墳など古墳時代からの集落と前方後円墳が形成された地域で，高い農業生産力によるものと考えられる。

　胆沢・江刺地域では，集落の成立時期が異なる 5 村落群が確認される。古墳時代集落から継続する金ヶ崎村落群には，道場古墳群(6 世紀末以降，礫槨型主体部)をはじめ，西根道縦街道古墳群(7 世紀中葉〜 8 世紀後葉，礫槨型主体部，周湟墓)，水口沢古墳(8 世紀中葉，礫槨型主体部)が所在する。村落ごとに古墳群を営んでいることがわかる地区でもある。

　胆沢村落群は古墳時代集落が営まれるも中断し，7 世紀後葉から再開する。南都田には蝦夷森古墳群(時期不詳，8 世紀後葉以降か)と西佐倉河には見分森古墳群(時期不詳)がそれぞれ附属している。

　水沢村落群は 8 世紀から集落が拡大する地域で，末期古墳はなく，西根または南都田から派生した村落とみられる。北上川に沿った位置にあることから，北上川舟運と水田耕作の拡大をめざしたものであろう。

　前沢・江刺村落群は 8 世紀の集落も僅かにみられるが，多くは 9 世紀以降に展開する地域で，末期古墳はみられない。802 年の胆沢城造営時に関東，中部地方から柵戸 4000 人が移配されており，旧来の村落に入り込むと同時に，江刺や前沢に新たな集落や村落を形成させていったものとみられる。在地住民の分村とあわせ，地域の開発が進展していったことが読み取れる。

　なお，胆沢や江刺では張り出し竈や無煙道竈などが柵戸移民に関わる住居として注目されている(高橋 2004：pp.183-187)。この種の竈は 9 世紀初頭以外にもみられ，胆沢が常に無煙道の住居を造る地域と接触を持っていた可能性があり，

今後さらに分析が必要となっている。

郡域の設定　9世紀初頭，北上盆地には中央政府によって郡が設置される。それまでは斯波(志波・子波とも表記)，和我，胆沢村の村名が記録に見え，中心的村落群の当時の名が村名になっていたとみられる。村と呼ばれていた時にはその範囲が強く意識されることはなかったが，建郡によって郡域を明らかにする必要が生じ，中心だけではなく，隣接する複数の村落群も取り込んで郡域が設定されたと考えられる。その際に斯波と和我との間が離れすぎていることもあって，新たな領域として蒋縫の郡域が設定されたものであろう。

　郡と郡の境には，第19図に示されているように集落の稀薄部分があり，郡域はおのずと定まったとみられる。その中で，後に岩手郡となる盛岡北・盛岡東と斯波郡の盛岡南とは近接し，矢巾と紫波とがまとまっている。斯波郡は二郡規模を合体させた可能性がある。盛岡南にある志波城が建郡と同じ年に矢巾の徳丹城への移転が提案されているのは，南への後退のイメージを避け，あくまでも同じ郡域内での移動であることにこだわり，一郡にまとめたとも考えられる。

　本稿では，盛岡南西部の村落の分析を通し，住居－区(単位集団)－集落－村落－村落群の5段階の視点から，古代の地域社会の復元を試みた。その結果，末期古墳の変遷とも関連して家長の威信の弱体化と，掘立柱建物跡を拠点とする新有力者の台頭などを指摘することができた。また時期ごとの住居数が大きく変化し，区の構成も継続せず，流動的な社会を形成していたことも明らかになった。家長や村長は世襲できるほどの安定性はなかったとみられる。

　また，建郡によって行政的な領域が拡大するが，郡ごとの独自性や郡ごとに設置された郡家に関連するような遺構などは北上盆地では確認されない。このことは郡が地域社会で大きな意味をもっておらず，郡制が貫徹されなかったことを示している。郡は政府側の行政上の地域単位にとどまるものであった。

　このような盛岡南西部の村落や村落群のあり方は，濃淡はあるものの北上盆地各地で確認することができた。盛岡南西部での分析視点が他地域でもほぼ有効である見通しを得ることもできた。しかし，集落全域を調査した事例が少ないこともあって，区(単位集団)や集落の構成についても同様な様相を呈するか

検証することができなかった。今後の課題としたい。

註

1)　単位集団について，近藤義郎は，集落内のまとまりある基礎単位を「単位集団」と呼び，それらがいくつか集まって共同体を構成するとした。弥生時代では溝で画される複数の竪穴住居群を水田耕作や消費の「単位集団」ととらえ，それらの複数の集まりが水利や治水などの「生産集団」を構成していると考えた（近藤 1959：pp.13-20）。
2)　「集落」は地理学，「村落」は社会学の概念であるが，本稿では単位集団の集合体である集落と，集落の集合体である村落との意味合いで用いている。中近世では集落が部落，村落や村落群が村と呼ばれたものに対応する。なお前稿では村落と村落群との区別が曖昧で，両者を混同していたものを改めた（八木 2014：pp.215-216,283-284）。

参考文献

伊藤博幸 1980「胆沢城と古代村落」『日本史研究』215
宇部則保 2015「北縁の蝦夷社会」『東北の古代史 3　蝦夷と城柵の時代』吉川弘文館
北東北古代集落遺跡研究会 2014『9 〜 11 世紀の土器編年構築と集落遺跡の特質からみた，北東北世界の実態的研究』北東北古代集落遺跡研究会
近藤義郎 1959「共同体と単位集団」『考古学研究』6-1
高橋千晶 2004「胆沢城と蝦夷社会」『古代蝦夷と律令国家』高志書院
辻秀人編 2007『古代東北・北海道におけるモノ・ヒト・文化交流の研究』
林謙作 1978「『五条丸古墳群』の被葬者たち」『考古学研究』25-3
八木光則 2010『古代蝦夷社会の成立』同成社
八木光則 2014「7. 岩手・紫波地区」「9. 胆沢・江刺・磐井地区」『9 〜 11 世紀の土器編年構築と集落遺跡の特質からみた，北東北世界の実態的研究』北東北古代集落遺跡研究会

古代秋田城と胡桃館遺跡
──秋田城四天王寺と胡桃館C建物を中心にして──

船木 義勝

はじめに──問題の所在──

　古代秋田城跡は雄物川に面する秋田市高清水岡の上にあり，日本律令国家の城柵官衙遺跡である。また胡桃館遺跡は米代川に面する北秋田市（旧鷹巣町）にあり，古代出羽国秋田郡の北側の郡制施行地外になるが，ここは当時「秋田城下賊地」の「榲淵村」にあたる。

　胡桃館遺跡の発掘調査（1967 〜 1969 年）では，柱群，柵列，土台（土居，平地）建物，掘立柱建物，掘立柱高床建物，および文字資料（木簡・墨書土器）が発見されている。本調査により明らかにされたのは遺跡全体の一部に過ぎない。

　胡桃館遺跡の性格は，出羽国の出先機関（熊田 2005，鐘江 2006，新野 2007），エミシ首長層の拠点（簑島 2010），寺院・「郡家」的な遺跡（宇田川 2005・2016）などの諸見解がある。同時に，「遺跡の範囲が確定していない現段階においては，官衙か寺院かという二者択一の議論はさほど生産的ではあるまい。（略）遺跡の解明は，今後の調査に委ねたいと思う。」（山本・高橋 2005）とする見解もある。このように今のところ通説的な立論はない。

　2008 年に北秋田市教育委員会は，奈良文化財研究所の指導を得て，考古学・古代史学・建築史学などの総合的な調査研究「胡桃館遺跡出土部材再整理事業」を実施し，『胡桃館遺跡埋没建物部材調査報告書』（北秋田市教委 2008，以下，『部材報告書』と記す）を刊行した。この部材報告書が解明した事実の一つに，胡桃館C建物は「天台系寺院の特徴」を備えている，とあった。

　そこで本稿は，胡桃館遺跡と秋田城跡の出土文字資料に関連する文献史料から，両遺跡が密接な関係にあったことを確認し，胡桃館C建物と秋田城跡の外郭東門から南東に延びる鵜ノ木地区の付属寺院（秋田城四天王寺）の仏教宗派に注

目する。その上で胡桃館遺跡が設置された社会的背景の一端にふれたいと思う。

1. 胡桃館遺跡の概要

(1) 遺跡の位置 (第1図)

　胡桃館遺跡は秋田県北秋田市綴子字胡桃館・坊沢字上野に位置する。遺跡の範囲は現在の北秋田市鷹巣運動公園(陸上競技場・野球場)・市立鷹巣中学校付近から，さらに北側に広がると推測されている。よって遺跡の全体像を把握するまでに至っていない(北秋田市教委 2011)。

　遺跡から現在の米代川までの直線距離は約2km，その途中に綴子川がある。米代川の米代・米白の名前は河川の白濁することに由来する。秋田県北部の米代川は岩手県稲庭岳を源流とする根石川から，花輪盆地・大館盆地・鷹巣盆地・能代平野を流れて能代市で日本海に注ぐ。十和田火山噴火による火山泥流に埋もれていた古代遺跡については，高橋学によって詳細に紹介されている(高橋 2006)。

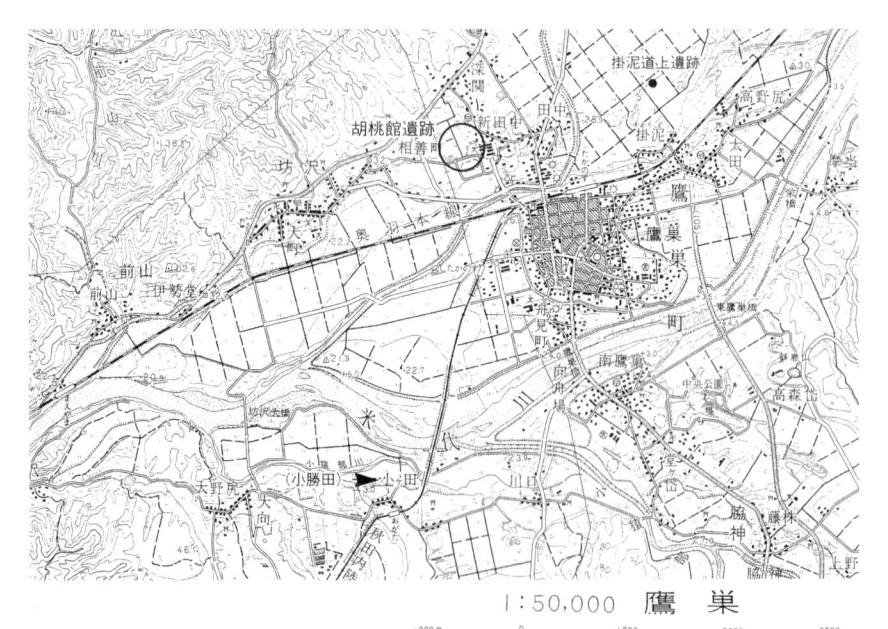

1:50,000　鷹　巣

第1図　胡桃館遺跡の位置

(2) 発掘調査と建物部材の報告書

　秋田県教育委員会と鷹巣町教育委員会(当時)の発掘調査は，1967 年〜 1969 年の 3 か年実施され，各年度末に報告書(『(第 1 次)概報』『第 2 次概報』『第 3 次報告書』)が刊行されている。

　上記の報告書刊行後，木簡の報告が相次ぎ，冨樫泰時の 2 号木簡(冨樫 1985)，筆者の 3 号木簡(船木 1994)，山本崇・高橋学の 1 号木簡(山本・高橋 2005・2006)の各報告がある。さらに部材報告書は，埋没していた建物(出土部材整理と建築史学的調査)と，木簡・墨書土器等の総合調査報告書となっている。以下，これら報告書をもとに遺跡の概要を簡潔に紹介しておきたい。

(3) 遺跡の設置と終焉の暦年代

　遺跡の設置年代は，B2 建物の東面北扉の年輪辺材部がほぼ完存しているので，西暦 900 年丁度か，「900 年を上限とする数年程度の伐採年を想定」(部材報告書)されている。また建物群の建築年代は，建物の主軸を異にする 2 群(B 群と C 群)に分けられるから，多少の年代幅をとって 9 世紀末に置くことにする。

　西暦 915 年 8 月 13 日以前の直近に十和田火山平安噴火があったから，遺跡の終焉は火山泥流によって埋没した時となる。榎本剛治の土層観察によれば，To-a 降下と火山泥流との間に若干の時間差があり，火山泥流も上層と下層に分層できるそうだから，火山泥流の流下が完全に止まる正確な時は将来の課題となる(北秋田市教委 2011)。

　以上から胡桃館遺跡の暦年代は，9 世紀末に設置され，915 年に終焉をむかえたと考える。

(4) 建物群など(第 2・3・4・5・6・7 図)

① A1 東柱列・A1 西柱列　丸太列 3 本一組の柱列が，東西に 12 m 離れて建つ。両柱列の柱は東側から，東 1・東 2・東 3，西 1・西 2・西 3 の番号が付され，各々は 1.5 〜 2 m 離れている。両柱列の中央柱である東 2 と西 2 の直線距離は約 11.9 m である。柱の地上高はおよそ 2 m，ほぼ全長近くが遺存している。この柱列の性格は，あえてあげると幢竿支柱であり，福島県夏井廃寺，武蔵国分寺尼寺などに類例がある。

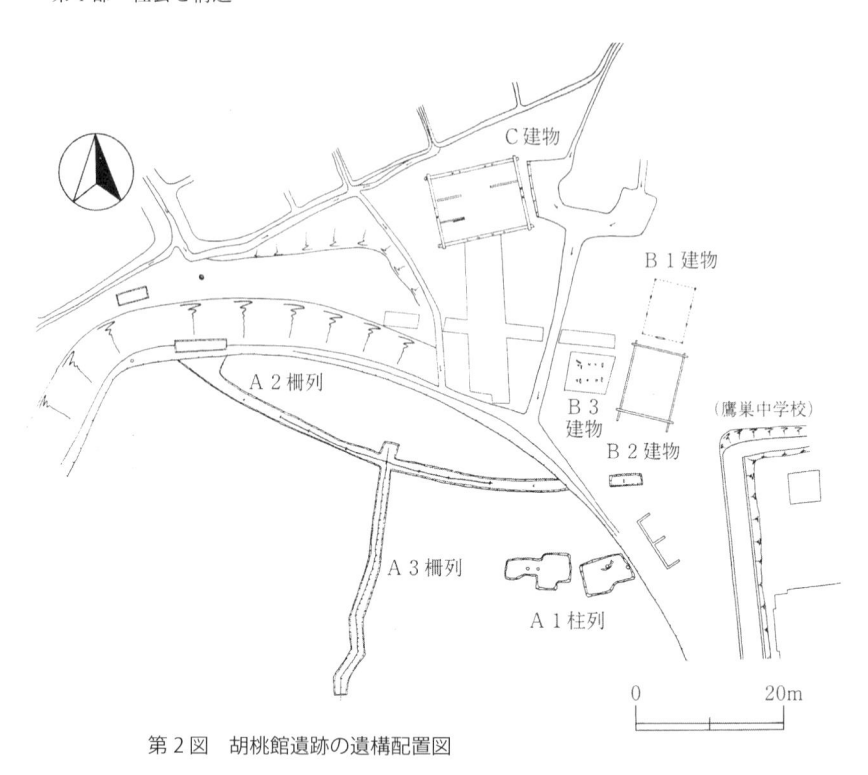

第 2 図　胡桃館遺跡の遺構配置図

② **A2 柵列・A3 柵列**　A2 柵列は遺
跡の東西方向を画し，南側に張り出
すゆるやかな弧を描く柵列で，総延
長 60 m 以上である。柵木＝角材は
4 〜 4.5 m 間隔で配され，角材の幅
5 × 10cm 前後，地上高 1.4 m 〜 2 m
と推定，途中 40cm 間隔で 3 つの貫
穴が空いている。A3 柵列は A2 柵
列に直交して南側に延び，総延長
30 m 以上である。

第 3 図　胡桃館遺跡 A1 柱列の復元図

③ **B1 建物**　桁行 3 間(7.3 m)×梁行 2 間(5.5 m)の南北棟掘立柱建物で，南側西
よりに扉口がある。隅柱は多面取りの丸柱，他は角柱である。壁板は幅 20cm
前後，厚さ 2cm 前後の縦板で，下端を尖らせ突き刺し隙間なく並べている。扉

第4図　胡桃館遺跡 B1・B2 建物

第5図　胡桃館遺跡 C 建物

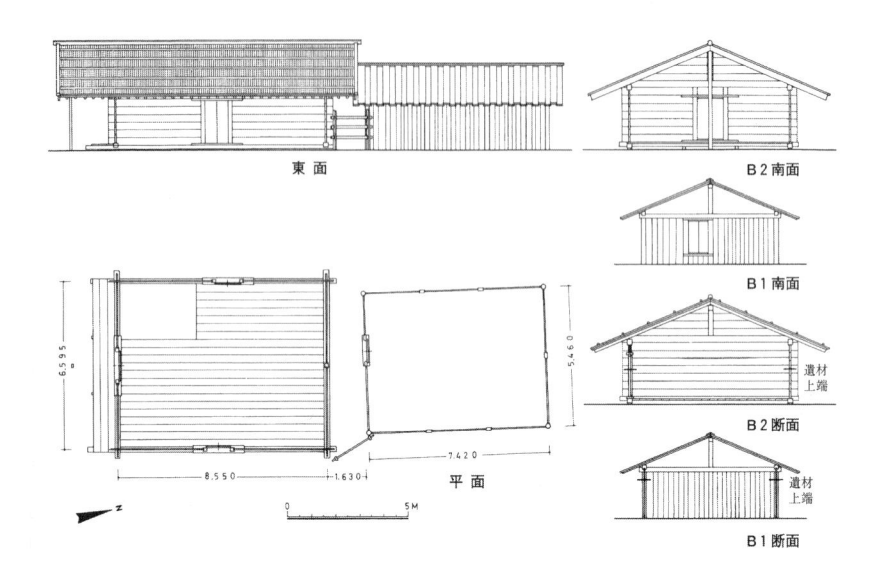

東面

B2南面

B1南面

遺材
上端

B2断面

平面

遺材
上端

B1断面

第6図　胡桃館遺跡 B1・B2 建物の復元図

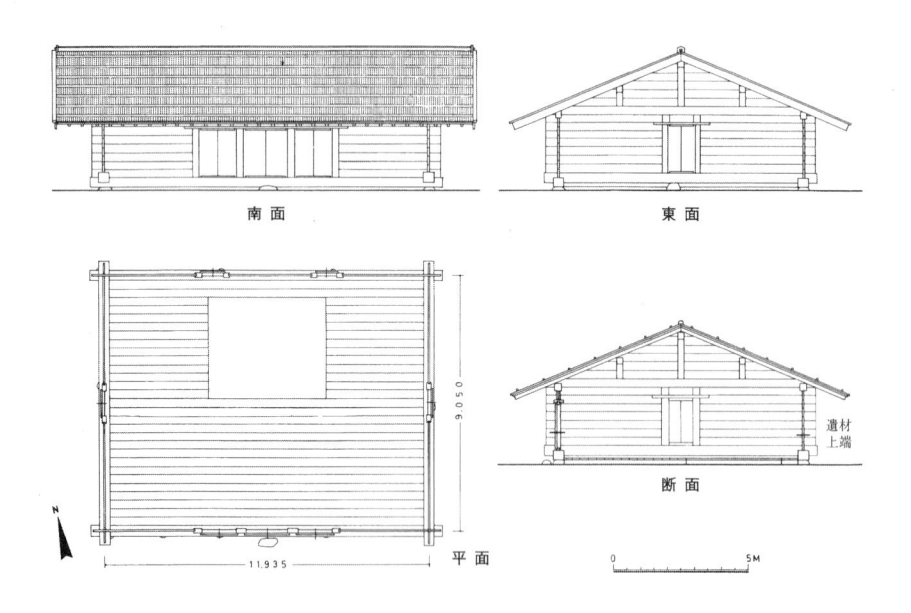

南面

東面

平面

遺材
上端

断面

第7図　胡桃館遺跡 C 建物の復元図

口は上記の南面西より1口(0.82 m)だけで内開きである。建物の内部床面は土間で，机が出土している。

④ B2建物　桁行8.8 m×梁行6.7 mの土台(土居)と板校倉構造をもつ南北棟土台(平地)建物である。地面に直接据えられた土居の断面は18 × 17cm，南側に1 mほど延び，そのうえにも床を張った縁であったと考えられる。扉板はすべて内開き，扉口は東・西・南面に1口ずつがある。

この南面扉口から南に1.8 m離れたところに独立棟持柱(角柱7 × 13cm)があり，ここまで屋根が延びて庇のようになり，扉の前は縁がまわっていたと見ることができる。

⑤ B3建物　桁行3間(3.1 m)×梁行1間(1.9 m)の東西棟掘立柱高床建物である。特異なのは西端の柱が2本ずつ密着していること。建物四隅の柱(西側では内側の柱)は，11cm×28cmの角材で，東西に相対し，上部に凹形の仕口がある。北西隅柱に接していた梯子(板幅13cm，長さ1.3 m)は，足掛かり2段を残している。おそらく梯子を登ったところが縁であろう(黒坂2010)。

⑥ C建物　桁行11.8 m×梁行9.0 mの板校倉構造をもつ東西棟土台(平地)建物である。土台(土居)は桁行方向(全長13 m，幅41cm，厚さ34cm)の2材を平行に置き，そのうえに梁行方向の土居を組むため，土台から上が校倉構造になる。土居材は40cm×36cmほどあり，その下に玉石(川原石)と角部材を置き水平を保っているが，北側は地面に直接置いている。

土台(土居)について箱崎和久は，「C建物の土居は，長いもので13 mにおよび，断面も40cm角近くあって，日本で出土した建築部材で最大規模である。」(部材報告書)と記している。

扉口は南面に3口，北面に2口，東西面に各1口がある。扉板はすべて外開き，南側に並ぶ扉3口は開放的であり正面観をもっている。扉口以外はすべて横板壁である。南面では土居心の外1.6 mの位置に雨落溝を検出している。南面中央扉口の前にだけは，沓脱石のような石が置かれ，建物の正面観を示しているようだ。

建物の内部は床張りであるが，桁行方向南北中心線の中央に径32cmの丸太材，その北側に角材があり，これらの柱は地上30cm内外で切断している。この転用材である丸太材と角材の高さは，床板よりも高くなるから，床板が張れ

なかったことになる。故に中央北よりの一部分は，土間であったと推定されている。

⑦ **建物群の建築史的意義**　箱崎は建築史学の立場から，「建物は，平安時代の数少ない実例に加えるきわめて貴重な遺構といえ，しかも奈良周辺でない地域としては，孤高の存在である」，「胡桃館遺跡のような土台建物や板校倉，掘立柱建物は一棟も現存していない」，「建物は一見して，民家とはまったく様相が異なる。どちらかといえば，正倉院文書などから復元できる貴族住宅の様相に近い」（箱崎2008）と重要な見解を述べている。

⑸ **木簡など**（第8・9図）

① **木簡1**（木札）　形状は，一部欠損するものの，四隅に穿孔をもつ1辺約220mmのほぼ正方形に復元されている。下端部及び左右の両側面は削りが明瞭である。第1次調査のC建物から出土。

　表面の記載内容は，人名＋「米」＋米の量を5行以上記した帳簿と推定できる。現在，11名分以上の人名が推測されている。確認できた人名は，「玉作□［麻ヵ］主」，「玉作□□［日ヵ］」，「建部弘主」，「和尓部水□」「□□□［丈部今ヵ］□」，「伴万呂」，「土師□呂」，「公□［子ヵ］□□」，「□□□［得ヵ］吉」などである。

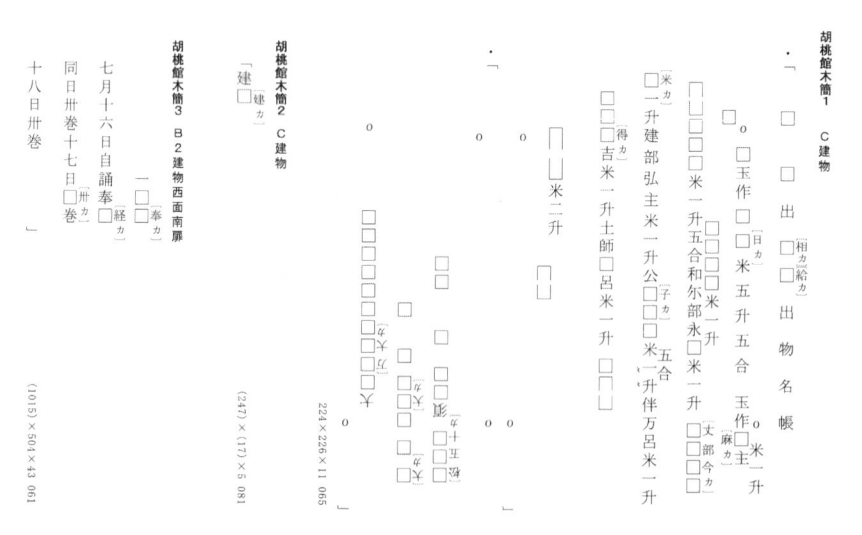

第8図　胡桃館木簡1・2・3の釈文

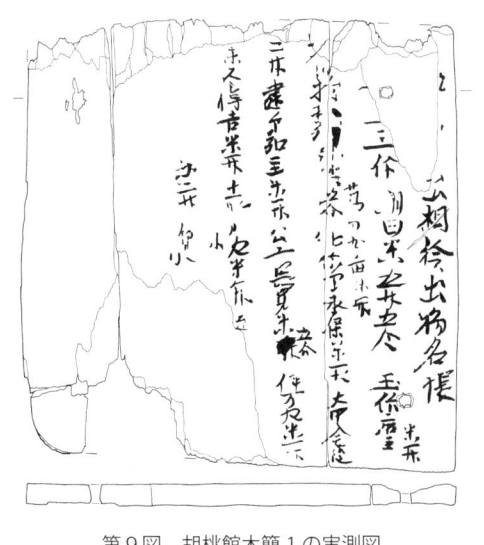

第9図　胡桃館木簡1の実測図

② **木簡2**　形状は，上端部削り，下端部折れ，左右両側面は割れである。2文字目「□[建ヵ]」は，「聿」の縦画が通らず一見「違」に似るが，1字目とは運筆が異なる。第2次調査でC建物から出土。

③ **木簡3**　B2建物西面南扉板である。現状では，4行26文字が確認される。全文同筆である。1行目は墨痕が薄く記載内容が不詳であるが，2行目以下は某年7月16日から18日までの教典読誦の記録であり，1日30巻の教典を3日にわたり読誦したらしい。

　山本崇は，「十和田火山の噴火は915（延喜15）年7月のことであった可能性が高く，この読誦は，あるいは，このときに行われたものでないかとの想像もふくらむ。」（山本2010）としている。

④ **墨書土器**　墨書土器は計4点出土している。「寺」3点（内，B1建物とC建物から各1点出土），「不」1点。

2.　胡桃館C建物と秋田城四天王寺 ― 天台系寺院の系譜 ―

⑴ 胡桃館C建物の土間と天台系仏堂（第10図）

① **C建物の土間と空間**　C建物は桁行11.8m×梁行9.0mの板校倉構造をもつ東西棟土台（平地）建物である。建物の内部は床張りであるが，中央北よりの一部分は，土間であったと推定されている。この土間について箱崎は，「内部は床張りとするが，中央北より部分に転用材を用いた柱根があって床が張れないため，一部は土間と推定される。」（部材報告書）とし，黒坂貴裕も「C建物の内部はB2建物同様，一部を除いて床張りとする。床を張らない部分には掘立

柱が立つ。」（黒坂 2010）と述べている。

② 　C建物と天台系寺院の特徴　C建物について箱崎は、「現存する寺院建築には内陣部分のみ土間とする例がある。太山寺本堂[1]（愛媛、1305 年）、六波羅蜜寺本堂（京都、1363年）、園城寺金堂（滋賀、1599 年）などで、天台系寺院の特徴」（部材報告書）であると指摘している（第 10 図）。また黒坂は、「C建物の内部は B2 建物同様、一部を除いて床張りとする。床を張らない部分には掘立柱が立つ。この掘立柱が立つのは中央やや奥よりであり、仏堂建築でいえば本尊が位置するような場所である。仏堂建築で板敷きが一般化するのは平安時代に入ってからで、天台宗の本堂では外陣を板敷き、内陣を土間や石・瓦敷きにする。」（黒坂 2010）と述べている。

　このように箱崎・黒坂は、C建物の特徴について天台系寺院の系譜に属することを指摘している。これはきわめて重要な事実認定である。これを前提とした時、C建物の天台系寺院の系譜を模索すれば、後述するように秋田城四天王寺につながると推測できる。

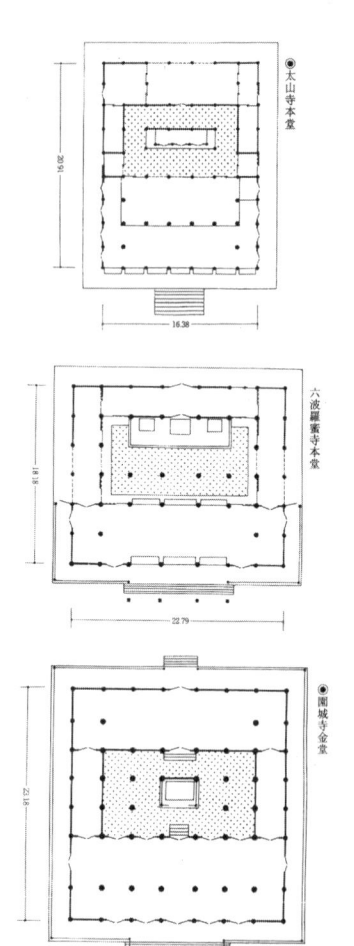

第 10 図　寺院の内陣（土間）

(2) 出羽国講師安慧と天台宗

① 　法相宗系と天台系の寺院　秋田城の付属寺院四天王寺跡についての概要は、すでに報告書『秋田城跡 II －鵜ノ木地区－』（2008）が刊行されている。

　秋田城四天王寺の宗派については、未詳というしかないが、おそらく当初法相宗寺院であったのであろう。15 世紀前半頃の秋田城四天王寺に関わる史料（曽根原 2005）では天台宗談議所であったが、何時どの段階で法相宗系から天台宗系へ改宗したかは不明である。

② 天台宗の諸国伝弘　日本天台宗の宗祖最澄は遣唐使に伴い入唐し，帰国後，大同元年(806)天台宗を開宗する。承和2年(835)10月15日条(『類聚三代格』巻3「諸国講読師事」)の太政官符「応に天台宗を諸国に伝弘せしむべき事」により天台宗の諸国伝弘が公認され，これを契機に特に天台宗の僧侶が購読師に就任したのである(藤井1999)。最澄・円仁の高弟であった延暦寺の安慧は，承和11年(844)2月から承和14年(847)2月に延暦寺定心院十禅師になるまで，出羽国講師として国分寺に赴任している(奈良2005)。講師という僧職は，経論を講説するだけでなく，諸国寺院の監督，寺領資財の管理，国分寺の運営にも大きな役割を果たしていた(藤井1999)。

③ 出羽国講師安慧と天台宗　出羽国講師となった安慧は，出羽国の国分寺・国分尼寺と秋田城の付属寺院四天王寺に対する指揮監督権を掌握できたことになる。この安慧が出羽講師に補任する頃までに，秋田城四天王寺は法相宗系から天台系寺院へと改宗したのでないか，と推測してみる。

　このような推測を可能にするのは，承和4年に先立つ，天長2年(825)2月8日条(『類聚三代格』巻2「経論并法会請僧事」)の太政官符に「応に正月の金剛明会の聴衆及び四天王法隆両寺の安居講師を定めるべき事」がある。この官符には，「最末尾に勅許を受け，正月の金光明会の聴衆として天台宗の僧侶二人，また四天王寺・法隆寺の安居講師として天台宗の僧侶二人，毎年名を録して別当に申し送り，それを写した牒を僧綱へと知らせるよう，右大臣が宣している」(藤井1999)とあり，難波の四天王寺が官符に登場するからである。

④ 秋田城四天王寺と胡桃館C建物　光仁・桓武朝期の国土意識の転換は，都城周辺(内国的)西方の難波四天王寺と東方の近江に近い梵釈寺(近江の四天王寺)に四天王像を造立し，都城周辺の仏法による鎮護体制が成立する(西口1979，三上2007，山口2013)。対外的には，宝亀5年(774)(『扶桑略記』『類聚三代格』)に大宰府大野城に四王院・四天王寺を建立し，それ以後北方辺要国の秋田城に四天王寺・四王堂舎を建立したのである。難波四天王寺と秋田城四天王寺は，ともに四天王寺と号するように，外敵を排し国界を守護する本尊と四隅の四天王信仰により護持された鎮護国家の寺院であった(三上2007・2008・2011)。さらに難波四天王寺金堂の本尊は救世観音菩薩であり，後述するように，秋田城四天王寺の本尊も四天王寺式救世観音菩薩であったのである(西岡2004・2005)。これらか

ら秋田城四天王寺は安慧が出羽国講師補任の頃までに，法相宗から天台寺院に改宗したと推測したい。

　このような経緯を踏まえれば，秋田城と秋田城四天王寺の影響下に成立した胡桃館C建物は，「天台系の寺院」につながる建物であったとする箱崎・黒坂の見解を整合的に理解できる。

　さらに胡桃館C建物について新野直吉は，「役署(胡桃館遺跡－筆者註)に付属する堂(個人のものではない)のような施設であろう。多賀城に所謂高崎廃寺(多賀城廃寺－註)があり，秋田城に四天王寺があった分署版ということになる」(新野2007)とする見解を述べている。

(3) 秋田城四天王寺と鎌倉の甘縄観世音寺(第11図)

　鎌倉時代，源頼朝に近侍した有力御家人安達盛長の子孫は，その子景盛が建保6年(1218)に秋田城介となり以後世襲，景盛－義景－泰盛－宗景まで続いた。現鎌倉市の甘縄には，安達氏の居館と菩提寺である無量寿院があった。文永・弘安年間(1264～1287)頃，安達泰盛が秋田城四天王寺を勧請したのが甘縄観世音寺であるが，弘安8年(1285)の霜月騒動で泰盛一族の没落，無量寿院，観世音寺も被災した(西岡2004・2005)。

　この後，永仁元年(1293)ころ安達氏が復権した時期，かつて甘縄にあった観世音寺の再建を図る勧進状の草稿らしい史料『甘縄観世音寺勧進状』(金沢文庫古書419函2号)と『修理事』(金沢文庫古書309函77号)が，西岡芳文より報告されている(西岡2004・2005)。

　この『修理事』によれば，太子の御時に将来された「二尊」の霊像は，一体は難波

第11図　難波四天王寺の救世観音像
仁和寺本『別尊雑記』

の四天王寺に，もう一体は「奥州某甲寺」霊地に安置されたとある。平安時代末期に成立したと伝える僧心覚(1117〜1180)の『別尊雑記』(高楠1932)には，難波四天王寺の金堂本尊である「四天王寺救世観音像」(第11図)が描かれている。したがって難波四天王寺金堂の本尊は救世観音像であり，「奥州某甲寺」とは中世後期以降の古四王権現「亀甲山東門院四天王寺」であるから，本尊も救世観音像であったことを伝えている。これらの史料から難波四天王寺，秋田城四天王寺と甘縄観世寺の本尊は，救世観音菩薩であったことになる。

　以上から，秋田城四天王寺の本尊は救世観音菩薩像であったのであり，この尊像名から秋田城四天王寺は天台宗であったことになる(救世観音は天台宗，如意輪観音は真言宗の尊名とされている)(藤井1999)。ただし，難波四天王寺における救世観世音菩薩像は，おおよそ10世紀以降の聖徳太子信仰による尊名であり，それ以前は弥勒菩薩像と呼ばれていたのである(藤井1995)。これを参考にすれば，秋田城四天王寺の本尊は当初弥勒菩薩像として造像されたのであり，その後救世観音菩薩像と呼ばれるようになったのであろう。

3. 胡桃館と秋田城の「玉作」と「建部」

(1) 胡桃館木簡の人名(第8図)

　木簡1の内容は，「人名＋物品名「米」＋米の数量」を5行以上記した帳簿である。主な人名は，「玉作□「麻ヵ」主」，「玉作□□[日ヵ]」，「建部弘主」，「和尓部永□」，「□□□[丈部今ヵ]□」，「伴万呂」，「土師□呂」，「公□[子ヵ]□□」，「□□□[得ヵ]吉」である。

　「土師」姓は，秋田城跡木簡にみえる「土師部真屋万呂」が参考になる。「伴万呂」は，木札にみえる人名がいずれも姓＋名であるから，「伴」姓と判断されている。伴姓・公子姓の人物は，8世紀から9世紀ころの出羽国で多く認められている。「和尓部」は陸奥国,宮城県山王遺跡出土墨書土器の「和尓部福万」が知られている。

(2) 胡桃館と秋田城の「玉作」

　胡桃館木簡1「玉作」姓と同姓の人物は，元慶2年(878) 6月7日条「去る

四月九日，最上郡擬大領伴貞道・俘魁玉作宇奈麿を遣わして，官軍五百六十を将いて，賊類の形勢を須候わせしむ」（『日本三代実録』），元慶 2 年 7 月 10 日条「ここに於て，深江弥加止・玉作正月麿ら，三村の俘囚二百余人を誘い率いて，夜襲して賊八十人を殺す」（『日本三代実録』）とある。さらに，元慶 3 年（879）正月 13 日条「出羽国の俘囚外正六位下深江三門に外従五位下を授く。外正八位下大辟法天・玉作正月丸には並びに外従五位下。軍功を賞するなり。」（『日本三代実録』）とある。

　この元慶の乱の史料に出てくる官側俘囚軍の玉作宇奈麿と玉作正月麿は，おそらく秋田城より南側の三村（添川・覇別・助川），山北三郡の在地豪族の族党であるから，胡桃館木簡の玉作とも何らかの関係をもった勢力であったのであろう（熊田 2005）。樋口知志が「もしかしたら，清原氏の女系の祖はこの玉作氏であったのかもしれません」（樋口 2011）と述べているのも興味深い指摘である。

　次に「最上郡擬大領伴貞道・俘魁玉作宇奈麿」の伴貞道は最上郡の擬任郡司であり，その擬大領とともに俘魁玉作宇奈麿が戦地に出撃していたのである。大同元年（806）10 月 12 日条の太政官符（『類聚三代格』）は，「陸奥・出羽両国の正員の外に，擬任の郡司・軍毅を聴すこと」として，「郡司の任，職員限り有り。而るに辺要の事，頗る中国に異なれり。望み請うらくは，幹了勇敢の人を擬任し，宜しく防守警備の儲けと爲すべし」（鐘江 2006）とする申請が認められている。ここでいう擬任郡司とは「国司の推挙により郡司候補生となり，中央政府の選考を経ないまま郡務に預かる者」（熊田 1998）であり，軍毅とは「律令兵制の基本となる組織である軍団の兵士を統括する官」（熊田 1998）である。この官符により陸奥・出羽両国では公的業務の必要性に応じ実務者として在地豪族を登用したのであろう。

　このことについて鐘江宏之は，「陸奥・出羽の擬任郡司というのは，非常の際に備える防守警備の担当として使われるポストということ」（鐘江 2006）と述べている。とすれば，胡桃館木簡 1 の「玉作」を称する人物は，城柵に出仕して公的業務に関わってきたのであろうし，何らかの非常事態に備えるため，胡桃館遺跡に派遣され給米を受け防守警備を任務としたのではなかろうか。

(3) 胡桃館と秋田城の「建部」（第 8・9・12 図）

　胡桃館木簡1のなかに人名「建部弘主」があり，同姓の人名は秋田城にもある。秋田城の建部は，秋田城跡外郭北辺地区を対象とした第23次調査で出土した墨書博(煉瓦)に「建部友足」として出てくる。「建部友足」の次の行には，「□面郷」とあり，秋田城の「広面郷」木簡が参考になるので，これは広面郷であり秋田駅の東側辺りであろう(熊田 1995)。とすれば，「建部友足」は秋田城の周辺に住み，秋田城に勤務していたか深く関わっていた人物であろう。秋田城外郭北辺地区は外郭北門跡の推定地であるが，後世の破壊がはげしく北門跡は検出できなかった。墨書博の出土地点と層位は土坑群の土取り穴覆土であり，推定年代は不明である。

　「建部」については，カドモリ(門守)として「建部」の氏が知られている(笹山 1975)。建部の名は宮城十二門の門号として残り，817年(弘仁9)に待賢門と改称されるまで，達部(建部)門と呼ばれていた。「建部」という氏姓の分布は，東は常陸から西は薩摩にいたるまで全国各地におよぶが，吉備・筑紫・出雲・美濃・近江など大和政権にとって軍事上重要であったと思われる地域に，特に濃厚な分布が認められる(笹山 1975)。

　元慶2年(878) 4月28日条(『日本三代実録』)には，「上野・下野等の国に勅して，各兵一千を発す」とあり，元慶2年6月21日条(『日本三代実録』)には，伊勢国

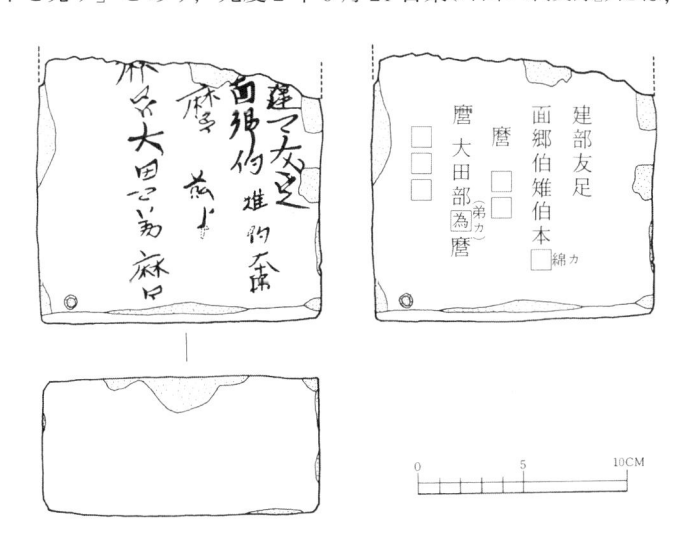

第12図　秋田城の墨書博

以下の東海・東山道の 11 か国に援兵 290 人の「勇敢にして軽鋭(騎馬兵士・弓射騎兵か)なる者」の動員を命じている。国家の北方鎮護を担う秋田城は，軍事的にも重要な位置づけをもっていたから，官軍のなかに「建部」の氏姓の系譜をひく建部を登用し，軍事力を支えていたと想像できる。墨書博「建部友足」は外郭北門推定地の出土だから，もしかして秋田城直属のカドモリ(門守)であったと推測したいがどうだろうか。

　いずれにしても胡桃館木簡の「建部弘主」と秋田城の「建部友足」は，出羽国(秋田城)の軍事的任務の一翼を担った建部とみなせる可能性がある。

4.「出羽型甕」の分布と交通要衝の拠点

⑴ 北東北の土師器長胴甕(第 13 図)

　古代北東北の奈良・平安時代におけるロクロ製の土師器長胴甕について，陸奥側では平底長胴甕を「陸奥型甕」，出羽側では丸底長胴甕を「出羽型甕」，同時期の陸奥・出羽の北の境界に接する北側地域の非ロクロ製の長胴甕は「北奥型甕」と呼ばれている(利部 1997，伊藤 2006，八木 2006)。

⑵ 米代川流域の出羽型甕

　秋田城から能代市までの日本海沿岸からも出羽型甕が出土しているが，能代市より北側沿岸部の出羽型甕は城土手遺跡(八峰町)だけである。米代川流域の出羽型甕の出土遺跡は，寒川 II 遺跡(能代市)，大館遺跡(能代市)，伊勢堂岱遺跡(北秋田市)，池内遺跡(大館市)，などに認められる。出羽型甕の年代は，ほぼ 9世紀後葉と推定している。

　近年，大館市内の十和田火山泥流堆積層から，片貝家ノ下遺跡が発見された(村上 2016)。今後米代川と支流流域の低地の発掘調査が進捗すれば，さらに出羽型甕が発見される可能性が大きいだろう。

⑶ 陸奥側の出羽型甕

①「令制六郡」内の出羽型甕　地域性を帯びた出羽型甕は，量的に少ないが陸奥側からも出土している。陸奥側における出羽型甕の分布は，大きく二つの地

域に分けられる。伊藤博幸によれば，一つは「古代令制下での陸奥国の出土地域は，多賀城周辺には見られず，胆沢城，志波城，徳丹城のある陸奥北半部『令制六郡』下の範囲内に限られる」（伊藤2004）ことである。このように出羽型甕は古代斯波郡内に集中し，和賀郡・胆沢郡と南下するにつれて分布域が希薄になることを指摘している。さらに遺跡出土土器の制作技法や年代などを検討したうえで，伊藤は「陸奥における『出羽型甕』の分布主体は，志波城・徳丹城を中心とする周辺域に広く点在することに特徴がある」，「当初の志波城および周辺集落の維持に際し，北陸地方を含めた払田柵が関与していたことは考古学的に認めてよい」（伊藤2004），と述べている。

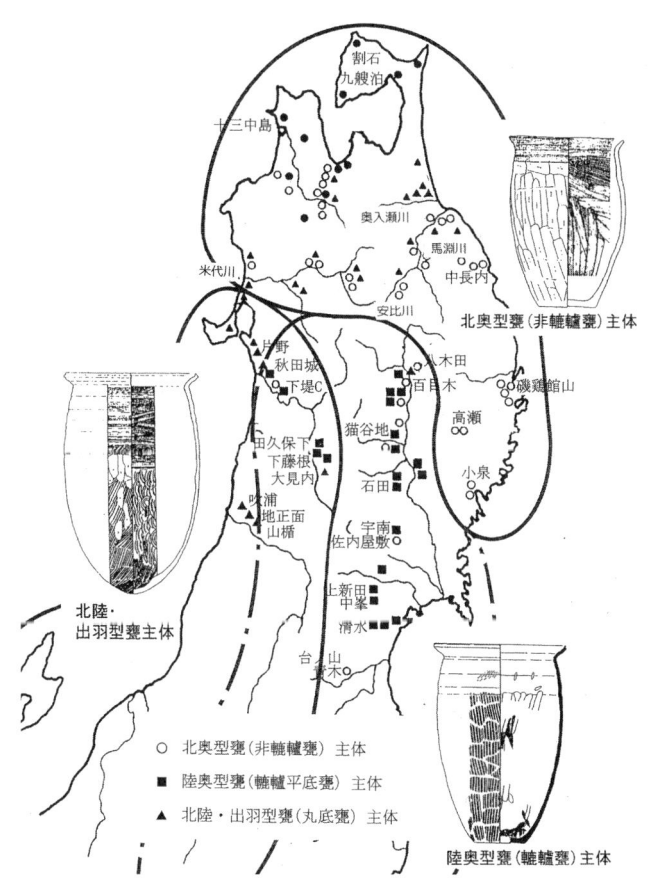

第13図　出羽型甕・睦奥型甕・北奥型甕の分布（八木・神原原図，一部修正）

　これら伊藤の諸論に根拠を置けば，払田柵から志波城のある斯波郡より南側の範囲に出羽型甕が分布することになり，一つの広域な分布圏を形成する。当該域の出羽型甕の年代は 9 世紀前半を中心としている。

② **郡制未施行地内の出羽型甕**　もう一つの出羽型甕の分布域は，陸奥側の郡制施行地外，現在の行政区に照らせば，岩手県二戸市，青森県八戸市，おいらせ町，三沢市などである(宇部 2013)。宇部則保によれば，出羽型甕の出土遺跡は，門松遺跡(二戸市)，黒坂遺跡(八戸市)，田面木遺跡(八戸市)，根岸(2)遺跡，中野平遺跡，ふくべ(3)遺跡，下谷地(1)遺跡(以上，おいらせ町)，平畑(5)遺跡(三沢市)から出土している。この分布範囲は，安比川－馬淵川，新井田川－松舘川，さらに奥入瀬川下流域から三沢市まで分布することになる。これら出羽型甕分布圏の土器年代は 9 世紀後半から 10 世紀初頭であり，その中心年代は 9 世紀後葉である(宇部 2013)。

③ **「北奥型甕」分布地内の出羽型甕**　上記のように「北奥型甕」を主体とする地域にも「出羽型甕」が広域に確認されている。これについて宇部は，「(9 世紀後葉－筆者註)は東北北部地域で竪穴住居数が急増する。在地社会が大きく変化する時期であり，そうした状況の中で日本海側との交流機会の増加を具体的に示しているのが中野平，ふくべ(3)遺跡など奥入瀬川下流域の出羽型甕である。」「陸奥側の出羽型甕の分布をこの時期の律令支配の動きと見る利部修，伊藤博幸の指摘に沿うならば，出羽側から奥入瀬川流域など太平洋側への政治的な関与が存在していた」(宇部 2013)と解されている。

(4) 青森西部(津軽)の出羽型甕

　青森西部(津軽)における出羽型甕の分布を見てみると，境関遺跡(弘前市)，野木(1)遺跡，山元(3)遺跡(青森市)，の 3 例がある。出羽型甕の年代は，山元(3)遺跡が 9 世紀後葉であり，他の 2 遺跡は不明であるが，その他の関連する資料から 10 世紀前葉と推定されている。このように青森西部(津軽)における出羽型甕の分布は，遺跡数・竪穴建物数ともに希薄で限定的である。

(5) 出羽型甕の分布と東西の幹線交通路

　北東北のロクロ製の土師器長胴甕について，陸奥側主体の「陸奥型甕」，出

羽側主体の「出羽型甕」の分布とその範囲を見てきた。なかでも「北奥型甕」分布圏の中で発見される「出羽型甕」の分布に注目してきた。これら「出羽型甕」の存在が，土器製作の技術伝播なのか，ヒトの移動によるものなのか不明だが，当該期(9世紀後半から10世紀初頭)は元慶の乱などによる「奥地」へのヒトの移動が想定される社会的背景をもつので，ここではヒトの移動による結果がもたらした社会的動態の反映と解しておきたい。

　秋田城・秋田郡内など日本海沿岸部の「出羽型甕」は，やがて米代川流域から峠(貝梨峠－梨の木峠，分水嶺)を越え，そして安比川を流下して馬淵川との合流点に，さらに三八地域(八戸市，おいらせ町など)，上北地域(三沢市)に達する。この河川に沿った村は，野代－榲淵－火内－上津野－邑良志閇－爾薩体－都母につながる伝統的な村々であり，東西交通路の要衝拠点(時には軍事的要衝となる)でもあった。このように日本海側の米代川から安比川－馬淵川に沿う幹線道路は，三十八年戦争が終了する弘仁2年(811)以降の東西交通路であったのである(熊田2003，熊谷2011)。

　この東西交通路に沿った「出羽型甕」の分布について宇部は，「日本海側では出羽型甕の集中するひとつが，米代川流域である。米代川から安比川，そして馬淵川，奥入瀬川流域へとつながる出羽社会の動きが出羽型甕を伴って見えてくる。」(宇部2007)と述べている。これはとても重要な見解である。

5.　胡桃館遺跡の設置とその社会的背景

(1) 竪穴建物跡数の推移と人口変動(第1表，第14・15・16図)
① 竪穴建物跡の集成　北東北古代集落遺跡研究会では，竪穴建物跡の集成を目的にして，その成果をまとめた報告書(『9～11世紀の土器編年構築と集落遺跡の特質からみた，北東北世界の実態的研究』。以下，『北東北報告書』と記す)を刊行した。以下，地区区分と地区名は，北東北報告書に準ずる。なお時期区分は，1期9世紀前葉，2期9世紀中葉，3期9世紀後葉，4期9世紀末～10世紀初頭，5期10世紀前葉(To-a～B-Tm降灰)，6期10世紀中葉，7期10世紀後葉，8期11世紀とした。詳細は北東北報告書を参照されたい。
② 竪穴建物跡数を人口に置換　北東北報告書の集成では，竪穴建物跡数を地

第14図　地区区分と地区名

	出羽側	陸奥側
北半部	①津軽 / ②鹿角・北秋田・能代	⑤下北・上北・三八 / ⑥二戸・九戸・閉伊
南半部	③秋田・八郎潟沿岸 / ④仙北・平鹿・雄勝	⑦岩手・紫波 / ⑧稗貫・和賀 / ⑨胆沢・江刺・磐井

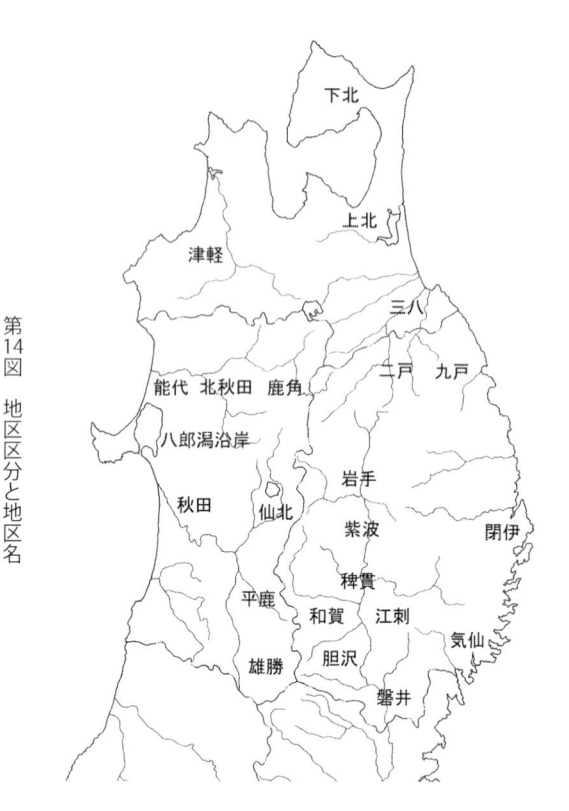

第 1 表　北東北の竪穴建物跡数の推移（北半部と南半部）

		1 期	2 期	3 期	4 期	5 期	6 期	7 期	8 期	合計
北東北	建物合計 (*1)	370.3	475.8	1,844.2	2,022.4	3,224.8	1,694.6	1,900.5	108.9	11,641.5
	建物増減		105.5	1,368.4	178.2	1,202.4	-1,530.2	205.9	-1,791.6	
	建物増加率 (%)		+28.5	+287.6	+9.7	+59.5	-47.5	+12.2	-94.3	
	人口換算（×3）	1,110.9	1,427.4	5,532.6	6,067.2	9,674.4	5,083.8	5,701.5	326.7	
	年平均人口増加率 (%) (*2)		+0.76	+4.07	+0.37	+1.96	-2.35	+0.34		
北半部	建物合計 (*1)	96.5	153.3	692.9	1,371.2	2,597.9	1,434.9	1,855.9	98.2	8,300.8
	建物増減		56.8	539.6	678.3	1,226.7	-1,163.0	421.0	-1,757.7	
	建物増加率 (%)		+58.9	+352.0	+97.9	+89.5	-44.8	+29.3	-94.7	
	人口換算（×3）	289.5	459.9	2,078.7	4,113.6	7,793.7	4,304.7	5,567.7	294.6	
	年平均人口増加率 (%) (*2)		+1.41	+4.54	+2.77	+2.70	-2.17	+0.76		
南半部	建物合計 (*1)	273.8	322.5	1,151.3	651.2	626.9	259.7	44.6	10.7	3,340.7
	建物増減		48.7	828.8	-500.1	-24.3	-367.2	-215.1	-33.9	
	建物増加率 (%)		+17.8	+257.0	-43.4	-3.7	-58.6	-82.8	-76.0	
	人口換算（×3）	821.4	967.5	3,453.9	1,953.6	1,880.7	779.1	133.8	32.1	
	年平均人口増加率 (%) (*2)		+0.50	+3.81	-2.25	-0.16	-3.21	-5.05		

(*1) 建物合計の数値は、時期不明分の数値を各期の数値に比例按分で加算したもの。
(*2) 年平均人口増加率は「{（当期の人口換算÷前期の人口換算）^ 1/各期の年数}-1」として算定したもの。

区区分と時間軸を見きわめたうえで，時期不明分の数値を各期に比例按分して加算し，建物合計数値を算出した。この建物合計数値を人口に置換して年平均人口増加率を提示した。

③「竪穴建物跡の推移」の概観

北半部と南半部　北東北の北側を北半部（①②⑤⑥地区），南側を南半部（③④⑦⑧⑨地区）と呼ぶ。この北半部はおおよそ郡制施行地外であり，南半部は郡制施行地である。

第14図①〜⑨地区　竪穴建物跡の総合計は 10,938 軒である。北東北の北半部の竪穴建物跡数は 8,301 軒（76%），南半部の竪穴建物跡数は 2,637 軒（24%）と，南半部より北半部が約3倍と圧倒的に多かった。

(2) 9世紀後葉から10世紀初頭の人口動態（第1表，第15・16図）

① 竪穴建物跡数の推移－3期から4期の様相－

3期　北東北全体では，1,884 軒，＋287%の増加，年平均人口増加率（以下，「人口増加率」と略す）＋4.07%である。北半部は 692 軒で，＋352%の増加，人口増加率＋4.54%であり，南半部は 1,151 軒で，＋257%の増加，人口増加率＋3.81%となる。全体の人口は爆発的増加である。

4期　北東北全体では，2,022 軒，＋9.7%の増加，人口増加率＋0.37%である。北半部は 1,371 軒で，＋97%の増加，増加率＋2.77%であり，南半部は 651 軒，－43%，人口増加率－2.25%である。全体の人口は微増，北半部は増加するが，南半部の減少が著しい。

年平均人口増加率に読む　筆者はこの年平均人口増加率について検討したことがある（船木 2014）。この私見では，「古代（平安時代）では人口増加率 0.86%が上限であるし，近世では江戸時代前半の 0.776%が上限となり，近現代では戦後のベビーブームで 2%を超えた時期もあったが，およそ 0.5〜1.5%を推移することがわかってきた。これらを参考にすると前近代の人口増加率は，どんなに大きく見積もっても『1%未満』の範囲内に納まると見て大過ないと判断できる。」とした。

3期と4期の間の転換　3期・4期の人口増加率は，それぞれ北半部で＋4.54%・＋2.77%，南半部で＋3.81%・－2.25%となっている。上記の基準値「1%未満」

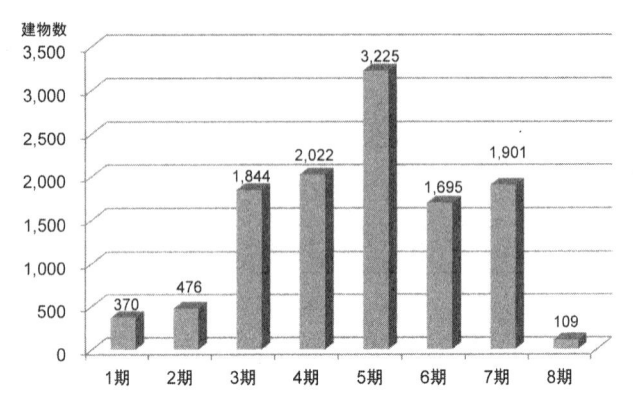

第15図　北東北の竪穴建物跡数の推移

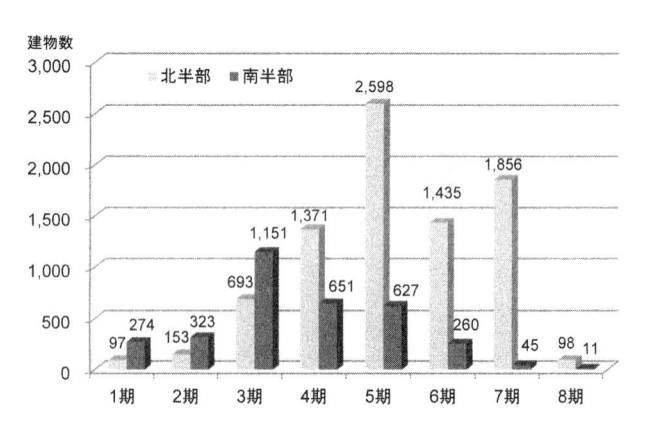

第16図　北東北の竪穴建物跡数の推移（北半部と南半部）

　を参考にすれば，3期・4期の数値の差は極端に大きく，この期間なんらかの人為的社会動態の変化か自然環境変動などがあったのではなかろうか。地域限定的か列島的かは不明だが，大きな異変が起こっていたのでないかと推測できる。

　上記期間の人口増加率は，基準値に比して差異が大き過ぎることも明らかであるが，考古学資料の一つの指標として大事にしたい。いずれにしても人口増加率の数値は大きなバイアスを含意するだけに，今後これらの警句をふまえながら慎重に検討したい。

⑶ 胡桃館遺跡設置前後の史料と社会動態

　胡桃館遺跡の建築年代は，9世紀末から10世紀初頭なので，寛平・昌泰から延喜年間といい換えることもできる。当該期に関わる地域史的なできごととして，元慶の乱の後遺症ともみえる次の史料がある。

　寛平5年(893)閏5月15日条(『日本紀略』)「出羽国渡嶋狄與奥地俘囚等，依欲致戦闘之奏状上，仰国宰令下警固城塞，選中練士。」

　出羽国(管轄下)の渡嶋の狄と奥地の俘囚らが戦闘を交えようとしているとの上奏があったので，国司に城塞を警護し精兵を選抜して訓練せよと命じたことがわかる。この段階の渡島に近い出羽国の北端と「奥地」がどこにあたるのかわからないが，「渡嶋狄」と「奥地俘囚」が戦闘を交えようとしている緊張状態にあったことを伝えている(熊田1998)。

　延喜3年(903) 7月12日条(『日本紀略』)「出羽国飛駅使来。」

　出羽国から飛駅の使いが来るとしかわからない。しかし天慶2年(939) 6月21日条(『本朝世紀』)の中に，天慶2年に起きた出羽国での俘囚の反乱のおり，出羽国が陸奥国に対して援兵を要請し，それについて陸奥国司が「延喜三年の例に准」じて報告したといっている。これに推測すれば，この報告の内容も陸奥国に救援を求めなければならないほどの俘囚の反乱があったことを伝えている。中央政府は翌13日出羽国に命令を送っているが，内容は不明である(熊田1998)。これらの史料と前項①の人口増加率の増減現象を重ねたとき，史料に知られていない動乱があったと想像する。

　この二つの史料とその背景に読めば，出羽国による胡桃館遺跡の設置は，平時における東西交通路往来の治安維持，有事に備える武の力(暴力，軍事力？)を所持するものなどを，常置しなければならなかった社会的要請があったのであろう。おそらく当該期(寛平・昌泰から延喜年間)の北奥社会は，混沌と動乱が渦巻き社会秩序が崩れつつあった変動の時代と想像しておきたい。

おわりに

　本稿は，胡桃館遺跡のＣ建物が天台系の仏堂であることを手掛かりに，胡桃館Ｃ建物と秋田城四天王寺との関わりを検討した。その上で胡桃館遺跡の地理

的位置が米代川河川交通の要衝にあることなどから，胡桃館遺跡が設置された時代の社会的背景の一端にふれたものである。簡潔にまとめておきたい。

①　秋田城付属寺院であった四天王寺は，延暦寺の安慧が出羽国講師となった承和11年頃までに，法相宗系から天台系寺院に改宗された可能性が高いことを指摘した。その上で秋田城と四天王寺の影響下に胡桃館遺跡が成立したのであるから，胡桃館C建物のもつ宗派は自ずと天台系仏堂であったと考える。

したがって，箱崎・黒坂が提案していた胡桃館C建物が「天台系寺院の特徴」をもつとする研究結果と，文献史料による検討結果が整合し一致したことになる。

胡桃館遺跡のなかで仏教関連遺構とみなせるのは，C建物（仏堂）と幢竿支柱（A1東柱列），墨書土器「寺」である。しかしながらC建物とともにB群建物も仏堂を構成する建物群かどうかは，C建物の南北方位とB群建物の主軸方位が大きく異なり，さらなる検討が必要である。

②　秋田城と秋田郡から米代川流域（野代―榲淵―火内―上津野），峠を越えた安比川―馬淵川に沿う東西交通路は，三十八年戦争が終了する弘仁年間以降の幹線道路であった。この古道に沿うように「出羽型甕」が出土する。これら出羽型甕分布圏の土器年代は9世紀後半から10世紀初頭であり，その中心年代は9世紀後葉であった。

この「出羽型甕」の分布とその年代観は，胡桃館遺跡が設置された年代とほぼ整合的とみなせる。また胡桃館遺跡は東西交通路の要衝に位置し，重要な社会的役割を果たしていたと推測できる。

③　胡桃館遺跡の設置の背景には，米代川に沿う幹線道路の治安維持とともに，有事に備える武の力を所持する構成員などを抱え，常設しなければならなかった社会的要請もあったと推測できる。

また胡桃館遺跡が存続した北奥社会は，当時極端な人口の増加と減少の動態期にあり，社会秩序が崩れ混沌と動乱が渦巻く変動の時代にあったと指摘した。

胡桃館遺跡の検討は，遺跡の一部（全体か）に仏堂（寺院）が実在したことがあらためて明らかになった。同時に胡桃館遺跡の性格は，出羽国の出先機関である可能性が一段と大きくなったと指摘できる。

　さらに検討しなければならないあらたな課題がある。

　一つは，元慶の乱の史料(元慶2年4月28日条『日本三代実録』)にみえる「野代営」の存在である。この野代営は，「分遣隊兵士の屯営」(新野2007)，「臨時の軍事的屯営」(熊田1998)と解されているから，木簡1の武門の族頭らしき人物の存在につながる要素をもっている。

　二つ目は，胡桃館遺跡とほぼ同時期に設置されたといわれている衣関(岩手県平泉町中尊寺の境内)，岩手関(上関・中関・下関＝遺跡未確認。岩手県八幡平市平館～寺田)(菅野2001a・2001b・2004)などの関連にも注目しておかねばならない。

　最後に本来の胡桃館遺跡論は，「遺跡の解明は，今後の調査に委ねたい」といわれてきた。残念ながら遺跡の発掘調査が見込めない現状がある。故に，小論では推測に推測を重ねた感がある。大方のご批判，ご叱正をお願いする次第である。

註
1)　胡光編2015『四国霊場第五十二番札所太山寺総合調査報告書(1)』2014年度四国遍路と霊場研究1愛媛大学法文学部日本史研究室。本報告書によれば，太山寺は現在真言宗であるが，平安時代の仏像群は天台系の像容であることから，前代に天台系の教義を取り入れていた可能性を指摘している。また，本堂の地下から奈良時代の丸瓦が出土している。

参考文献
秋田県教育委員会1968『胡桃館埋没建物発掘調査概報』秋田県文化財調査報告書第14集
秋田県教育委員会1969『胡桃館埋没建物遺跡第2次発掘調査概報』秋田県文化財調査報告書第19集
秋田県教育委員会1970『胡桃館埋没建物遺跡第3次発掘調査報告書』秋田県文化財調査報告書第22集
秋田市教育委員会2008『秋田城跡－鵜ノ木地区－』秋田城跡調査事務所
伊藤博幸2004「陸奥国の『出羽型甕』－その史的意義－」『岩手考古学』第16号　岩手考古学会
伊藤博幸2006「陸奥型甕・出羽型甕・北奥型甕－東北地方の平安期甕の制作技法論を中心に－」『陶磁器の社会史』
宇田川浩一2005「『元慶の乱』前後の集落と生業－米代川流域と旧八郎潟東北岸の違い－」『第31回古代城柵官衙遺跡検討会資料集』
宇田川浩一2016「土師器の色調変化が示す元慶の乱後の米代川流域在地集落の動態」『北方世界と秋田城』六一書房
宇部則保2007「本州北縁地域の蝦夷集落と土器」『九世紀の蝦夷社会』高志書院
宇部則保2013「古代馬淵川流域周辺の土器様相」『研究紀要』第2号　八戸市埋蔵文化財センター是川縄文館
鐘江宏之2006「城柵の北の平安時代－平安中期の北東北地方と出土文字資料－」『学習院史学』第44号　学習院大学史学会
菅野成寛2001a「10世紀北奥における衣関成立史論－平泉・関山中尊寺の遺構から見た『奥六郡』体制形成の一断面－」『岩手史学研究』第84号　岩手史学会

菅野成寛 2001b「関山中尊寺にみる伝承と史実－『衣関』の実在性をめぐって－」『山家学会紀要』第4号　山家学会

菅野成寛 2004「奥六郡の関と津」『古代蝦夷と律令国家』高志書院

北秋田市教育委員会 2008『胡桃館遺跡埋没建物部材調査報告書』北秋田市埋蔵文化財調査報告書第10集

北秋田市教育委員会 2011『胡桃館遺跡詳細分布調査報告書(1)』北秋田市埋蔵文化財調査報告書第14集

熊谷公男 2011「秋田城下の蝦夷と津軽・渡嶋の蝦夷」『海峡と古代蝦夷』高志書院

熊田亮介 1995「秋田城と秋田郡」『秋田市史研究』第4号　秋田市

熊田亮介 1998『能代市史資料篇古代・中世1』能代市

熊田亮介 2003「綿麻呂の『征夷』」『古代国家と東北』吉川弘文館

熊田亮介 2005「胡桃館遺跡と蝦夷社会」『東アジアと古代文化』第125号　大和書房

黒坂貴裕 2010「胡桃館遺跡の埋没家屋」『山田寺－その遺跡と遺物－』日本の美術第532号　至文堂

笹山晴生 1975「カドモリとしての建部氏」『古代国家と軍隊』中央公論社

曽根原理 2005「秋田四天王寺心俊と天台宗談議所」『東北中世史の研究』下巻　高志書院

高橋学 2006「十和田火山とシラス洪水がもたらしたもの」『十和田湖が語る古代北奥の謎』校倉書房

冨樫泰時 1985『日本の古代遺跡24 秋田』保育社

利部修 1997「出羽地方の丸底長胴甕をめぐって」『秋田県埋蔵文化財センター研究紀要』第12号

奈良弘元 2005「天台座主安慧の生没年代について」『印度学仏教学研究』第53巻第2号　日本印度学仏教学会

新野直吉 2007「平安時代奥羽の怪異兵災乱と信仰」『あきた史記』歴史論考集6　秋田文化出版

西岡芳文 2004「鎌倉周辺の勧進に関する新出資料－甘縄観世音寺・城ヶ島薬師堂等に関する新発見資料の紹介－」『金沢文庫研究』第312号　神奈川県立金沢文庫

西岡芳文 2005「『諸社寺勧進状写』と甘縄観世音寺・秋田城四天王寺」『説話文学研究』第40号　説話文学会

西口順子 1979「梵釈寺と等定」『史窓』第36号　京都女子大学文学部史学会

箱崎和久 2008「胡桃館遺跡埋没建物と部材の意義」『鷹巣地方史研究』第62号　鷹巣地域史研究会

樋口知志 2011「対談前九年・後三年合戦を考える」『前九年・後三年合戦－11世紀の城と館－』高志書院

藤井由紀子 1995「『『救世観音』の成立について」『日本古代の祭祀と仏教』吉川弘文館

藤井由紀子 1999『聖徳太子の伝承－イメージの再生と信仰－』吉川弘文館

船木義勝 1994「板扉の墨書文字」『秋田県立博物館博物館ニュース』第97号　秋田県立博物館

船木義勝 2014『9～11世紀の土器編年構築と集落遺跡の特質からみた，北東北世界の実態的研究』北東北古代集落遺跡研究会の報告書（インターネット上のホームページで公開）

船木義勝 2014「日本古代と北東北の年平均人口増加率」『9～11世紀の土器編年構築と集落遺跡の特質からみた，北東北世界の実態的研究』北東北古代集落遺跡研究会

三上喜孝 2007「光仁・桓武朝期の国土意識」『国立歴史民俗博物館研究報告』第134集

三上喜孝 2008「古代日本の境界意識と仏教信仰」『古代日本の異文化交流』勉誠出版

三上喜孝 2011「古代日本の境界意識と信仰」『古代中世の境界意識と文化交流』勉誠出版

簑島栄紀 2010「北方社会の史的展開と王権・国家」『歴史学研究』第872号　歴史学研究会

村上義直 2016「片貝家ノ下遺跡」『遺跡詳細分布調査報告書』秋田県文化財調査報告書第502集

八木光則 2006「北奥羽の赤焼土器」『考古学の諸相II』坂詰秀一先生古希記念会

山口哲史 2013「『延喜式』にみえる四天王寺－平安時代の四天王寺史解明の手掛かりとして－」『史泉』第117号　関西大学史学・地理学会

山本崇・高橋学 2005「鷹巣町胡桃館遺跡出土の木簡」『秋田県埋蔵文化財センター研究紀要』第19号

山本崇・高橋学 2006「胡桃館遺跡出土木簡の再釈読について」『秋田県埋蔵文化財センター研究紀要』

第 20 号　秋田県埋蔵文化財センター

山本崇 2010「胡桃館木簡－ 37 年目の復活－」『木簡から古代がみえる』岩波書店

挿図出典

第 1・2・3・6・7・8・9 図　北秋田市教育委員会 2008『胡桃館遺跡埋没建物部材調査報告書』

第 10 図　毎日新聞社図書編集部 1998『国宝・重要文化財大全』11 建造物（上巻）

第 11 図　高楠順次郎編 1932『大正新脩大蔵経図像』第 3 巻　大蔵出版

第 12 図　秋田市教育委員会 1978『秋田城跡－昭和 52 年度秋田城跡発掘調査概報』

第 13 図　八木光則・神原雄一郎 1999「考察－古代の遺構・遺物－」『前野遺跡－浅岸地区区画整理事
業関連遺跡発掘調査報告書 I』盛岡市教育委員会

第 14 ～ 16 図・第 1 表　北東北古代集落遺跡研究会 2014『9 ～ 11 世紀の土器編年構築と集落遺跡の特
質からみた，北東北世界の実態的研究』

第2部　集落と建物

集落・竪穴建物動態から見た北奥古代史

齋　藤　　淳

はじめに

　平成 26 年(2014)に刊行された『9 〜 11 世紀の土器編年構築と集落遺跡の特質から見た，北東北世界の実態的研究』は，既調査で検出された北奥[1]の竪穴建物跡を集成するとともに，1 期：9 世紀前葉，2 期：9 世紀中葉，3 期：9世紀後葉，4 期：9 世紀末〜 10 世紀初頭，5 期：10 世紀前葉(To-a 〜 B-Tm 降灰)，6 期：10 世紀中葉，7 期：10 世紀後葉，8 期：11 世紀に区分し，それらの時間・空間分布，あるいは形態・属性など，各種の基礎データを提示したものである(北東北古代集落遺跡研究会 2014)。

　本稿では，同書の付属データを基に，7 〜 8 世紀の竪穴建物跡も加えて約13,500 軒を対象とし，北奥の古代集落・建物のマクロな動態を俯瞰するとともに[2]，種々の視点からその意味について検討する。

　ただし，同書の 4・5 期を 10 世紀前葉に，7・8 期を 10 世紀後葉に統合し，各時期おおむね 1/3 世紀とした。一方，追加した 7 〜 8 世紀の竪穴建物データについては，1/2 世紀間隔とした。また，時期不明建物数については，判明建物数の比率によって各時期に按分した。

　なお，7 〜 8 世紀データの岩手県分については，八木光則氏より提供を受けたが，氏の時期区分のうち I 期(6 世紀後葉〜 7 世紀前葉)・II 期(7 世紀中葉)を 7 世紀前半，III 期(7 世紀後葉〜 8 世紀初頭)を 7 世紀後半に繰り入れた。これらの資料操作による錯誤等については，全て筆者の責に帰せられるものであることを明記しておきたい。

第 1 図　地域区分

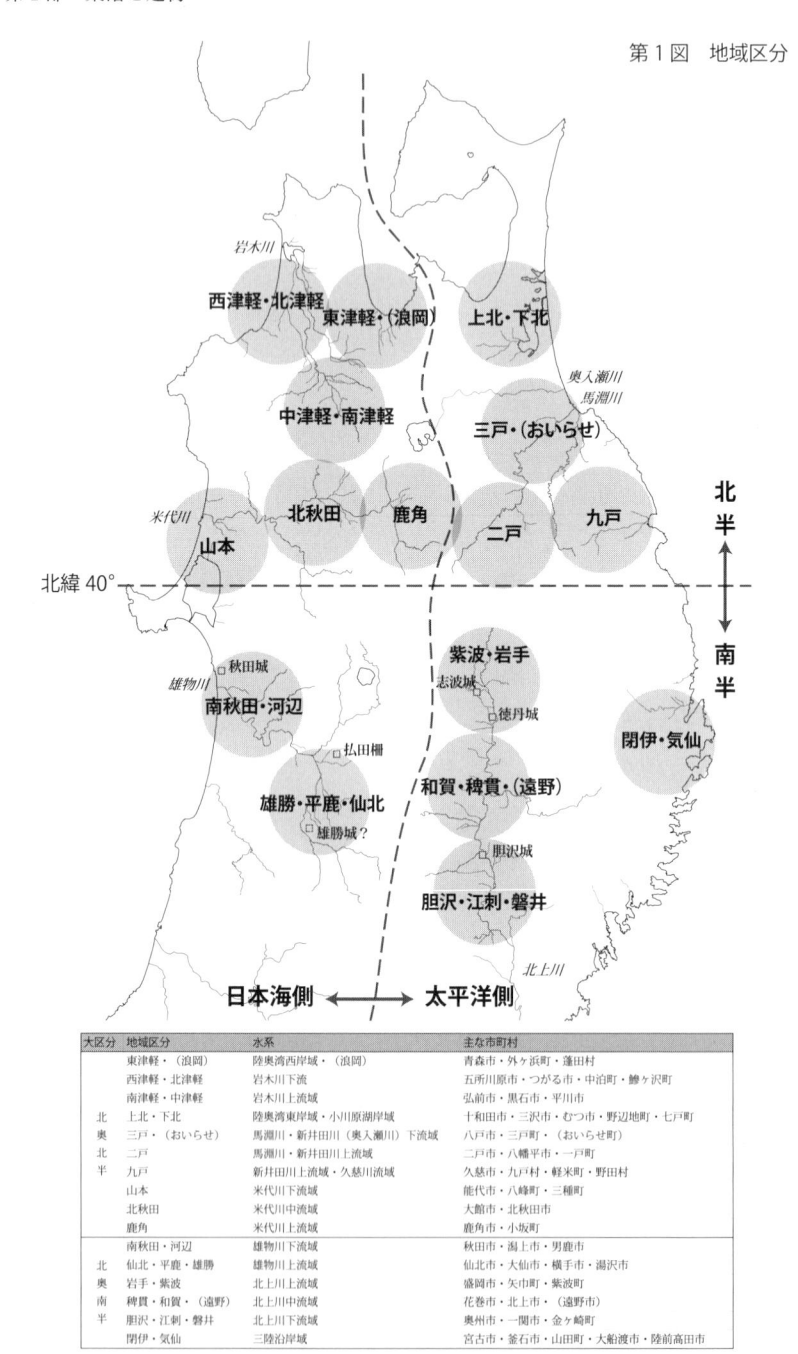

大区分	地域区分	水系	主な市町村
北奥北半	東津軽・（浪岡）	陸奥湾西岸域・（浪岡）	青森市・外ヶ浜町・蓬田村
	西津軽・北津軽	岩木川下流	五所川原市・つがる市・中泊町・鰺ヶ沢町
	南津軽・中津軽	岩木川上流域	弘前市・黒石市・平川市
	上北・下北	陸奥湾東岸域・小川原湖岸域	十和田市・三沢市・むつ市・野辺地町・七戸町
	三戸・（おいらせ）	馬淵川・新井田川（奥入瀬川）下流域	八戸市・三戸町・（おいらせ町）
	二戸	馬淵川・新井田川上流域	二戸市・八幡平市・一戸町
	九戸	新井田川上流域・久慈川流域	久慈市・九戸村・軽米町・野田村
	山本	米代川下流域	能代市・八峰町・三種町
	北秋田	米代川中流域	大館市・北秋田市
	鹿角	米代川上流域	鹿角市・小坂町
北奥南半	南秋田・河辺	雄物川下流域	秋田市・潟上市・男鹿市
	仙北・平鹿・雄勝	雄物川上流域	仙北市・大仙市・横手市・湯沢市
	岩手・紫波	北上川上流域	盛岡市・矢巾町・紫波町
	稗貫・和賀・（遠野）	北上川中流域	花巻市・北上市・（遠野市）
	胆沢・江刺・磐井	北上川下流域	奥州市・一関市・金ヶ崎町
	閉伊・気仙	三陸沿岸域	宮古市・釜石市・山田町・大船渡市・陸前高田市

1. 古代集落・竪穴建物の推移

　第2～6・8・10・12・14・16図は，各時期の集落分布を黒円(の中心)，竪穴建物数を円面積で表したものである[3]。以下では，水系を基に設定した直径40km[4]ほどの地域区分[第1図]にしたがって，各時期の概要を述べる。

(1) 7 世紀前半[第2図]

推移・分布　当該期集落は，奥羽山脈以東の太平洋側に偏在するとともに，北上川中流(胆沢・和賀)・上流(紫波・岩手)，馬淵川上流(二戸)・下流(三戸)において分布が密である。膳性遺跡(奥州市)をはじめとして古墳時代から集落が継起する胆沢平野を起点に，拠点地域が河川沿いに南北方向に連なり，集落規模[5]・密度も北上するにしたがって縮小する傾向にある。

継続状況　42集落が当該期に相当し，うち過半数の集落(25集落；60%)が7世紀後半に継続する[第20図01]。

集落規模　当該期集落の70%前後が1～2軒の竪穴建物で構成される最小単位集落である[第19図04]。一方，一集落あたりの平均建物数については，北緯40度以南の地域(南半域)が約5軒[02]，以北の地域(北半域)が3軒[03]，また，10軒以上で構成される中～大規模集落の比率は，南半域が19% [05]，北半域が7%であり[06]，いずれも前者が卓越する。もっともこれらは，一時期一遺跡から検出された竪穴建物数に依拠した統計値であり，建物の配置・密度・同時性等は未検証である。中・大規模とした集落であっても，内実は小規模集落の時間的・空間的集合に過ぎない場合も想定される。

集落立地　集落の立地は，生業や地域間交流の在り方と密接な関連を有する。以下では，「平成の大合併」以前の旧市町村役場標高を基準点とした各集落立地点の比高について集計し，おおまかな傾向を読み取りたい[6]。当該期集落の平均比高については，南・北半域ともに＋5m前後であり比較的低地志向であるが，北半域では時期が下るにしたがって高地化が進行する[第20図04]。また南半域では，基準点±10mの範囲に収まる集落が60%強に達し，現在の市街地(旧市町村役場)に近似した立地の集落が大半であるのに対し，北半域では30

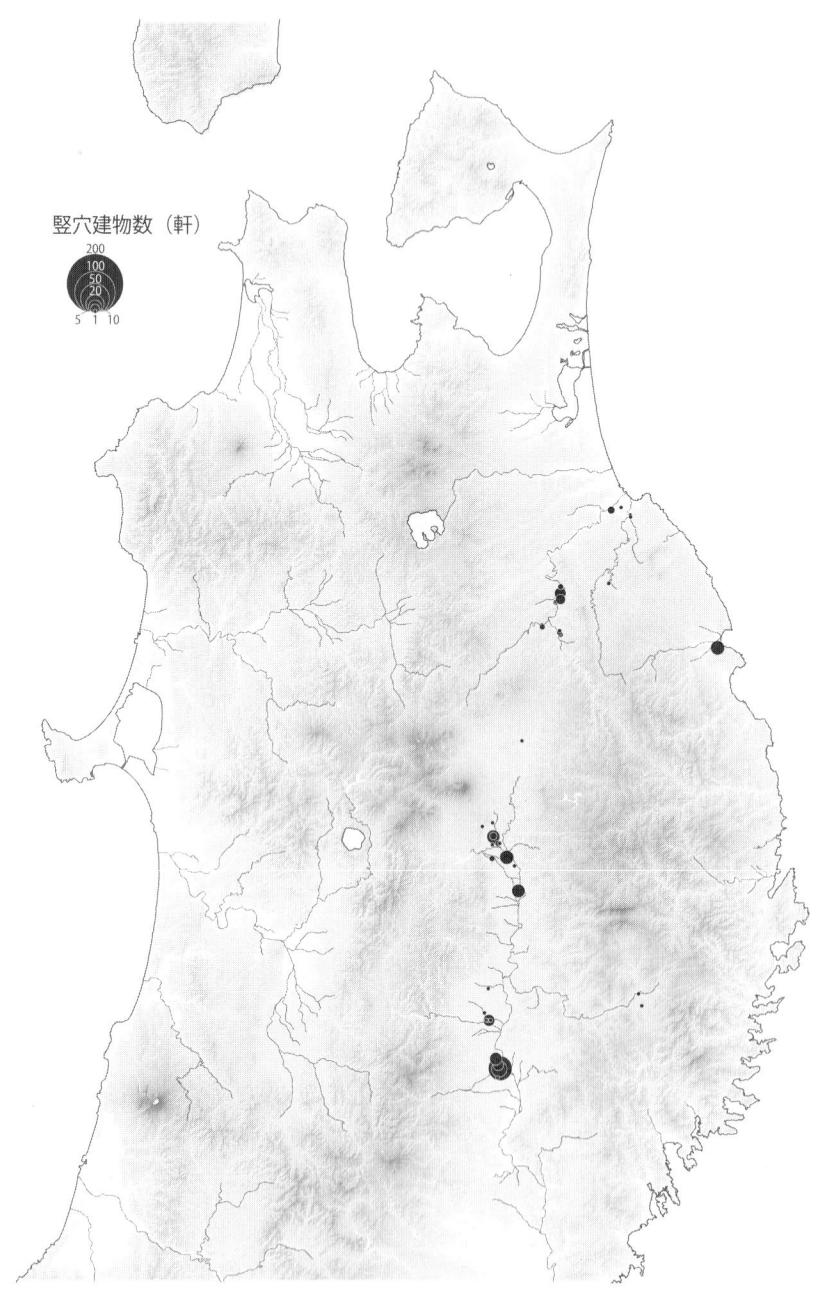

竪穴建物数（軒）

第 2 図　7 世紀前半の集落分布／竪穴建物数

％弱に止まり，相対的に多様な選地がなされていることがうかがわれる[08]。

概　要　北奥において，カマド付竪穴建物からなる古代集落が本格的に展開する時期であるが，それらの分布は太平洋側に偏るとともに，河川に近接した低位段丘への占地が目立つ。10軒以上の中〜大規模集落も見られるものの，大半が1〜2軒集落である。一集落当たりの平均建物数や中〜大規模集落の比率については，南半域が卓越する。

(2) 7世紀後半 [第3図]

推移・分布　集落・建物ともに急増し，前代に比して数倍に達する[第18図01・03]。新たに北上川中流域(稗貫)，三陸沿岸(閉伊)，奥入瀬川下流(おいらせ)，小川原湖周辺(上北)ほか，日本海側においても集落が出現する。日本海側では，雄物川上流の横手盆地(平鹿)に集落が集中するほか，雄物川下流の秋田平野北端(南秋田)，米代川上流の花輪盆地(鹿角)，岩木川水系上流の津軽平野南端(中・南津軽)などにも小規模集落が成立する。

前代まで10軒前後の中規模集落が集中した胆沢地域では，1〜2軒の小規模集落が増加し，以降建物数は8世紀後半まで横ばいで推移する。一方，より北方の紫波・岩手，二戸，三戸(おいらせ)では，徳丹城跡(*徳丹城下層・矢巾町)・台太郎遺跡(盛岡市)・中曽根遺跡(二戸市)・田面木平(1)遺跡(八戸市)など中〜大規模集落が増加し，建物数が急増する。

継続状況　当該期116集落のうち，7世紀前半から継続する集落は25集落(22％)であり，殆どは当該期新たに拓かれた集落である(91集落：78％)。また，当該期集落のうち半数(58集落：50％)が8世紀前半へ継続する[第20図01]。

集落規模　一集落当たりの平均建物数が約7軒(南半7軒・北半6軒)に拡大する[第19図01]。1〜2軒集落の比率が50％に急下降する一方，3〜6軒で構成される集落が急増，10軒以上の中〜大規模集落も20％（南半23％・北半15％）に上昇する[04]。

集落立地　基準点±10mの範囲に収まる集落比率が南半域でやや低下する[第20図08]。平均比高は南半域で横ばい，北半域においては5m上昇する[04]。

概　要　前代の拠点地域・集落を核として，集落分布・竪穴建物数が急速に拡大する。北上川上流域並びに馬淵川流域において中〜大規模集落が増加するほ

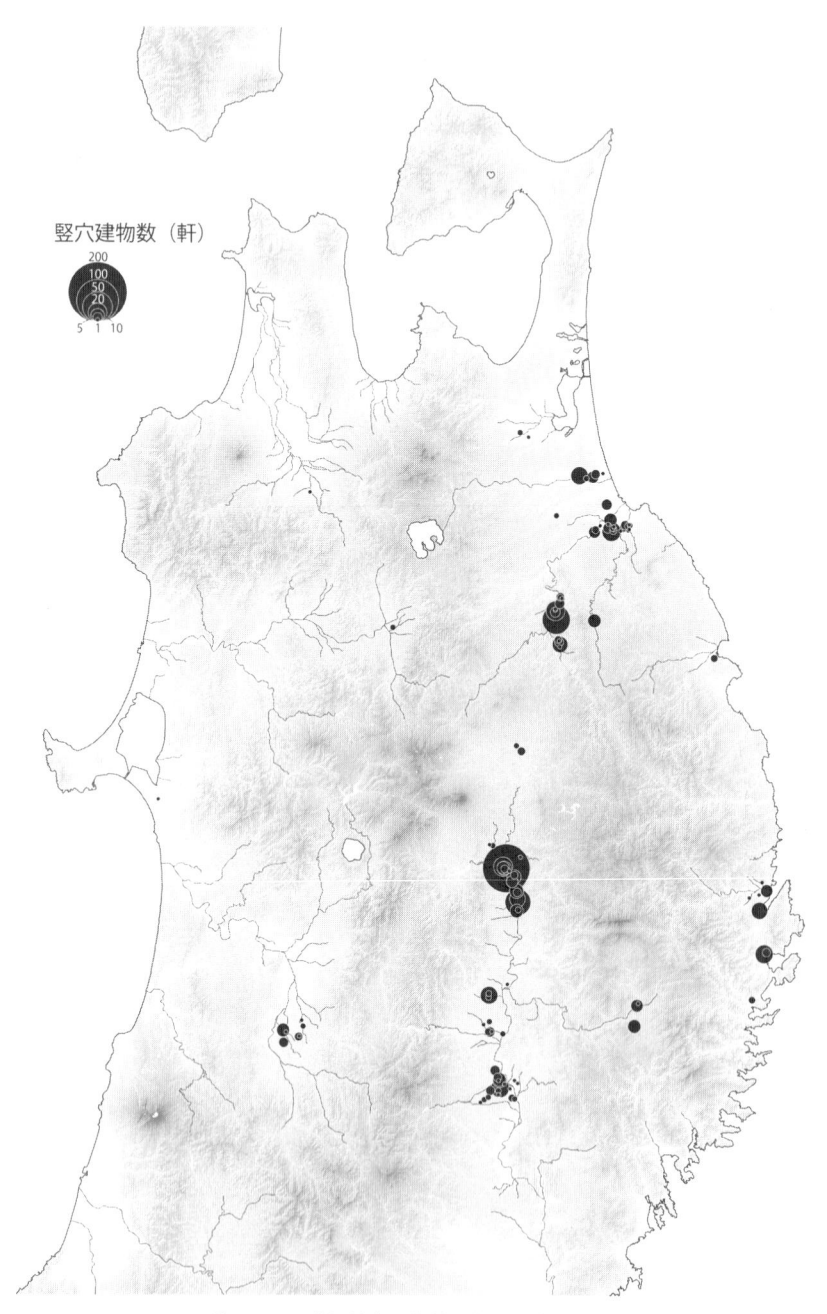

竪穴建物数（軒）

第3図　7世紀後半の集落分布／竪穴建物数

か，横手盆地を中心に日本海側においても古代集落が出現する。前代同様低位段丘への立地が卓越するが，三戸や閉伊地方においては高位段丘への進出もみられる。1〜2軒で構成される最小単位集落の比率が減少する反面，複数の世帯・家族から構成される新規集落が急増する時期ととらえられる。

(3) 8世紀前半 [第4図]

推移・分布　前代の拠点地域や新開地を起点として，引き続き集落分布の拡大が継続するが，減少する地域もみられることから，集落・建物数ともに横這いとなる [第18図01・03]。前代ピークを迎えた北上川流域から馬淵川上流域にかけては全般的に減少し，和賀・稗貫，紫波・岩手，二戸などでは建物が半減近い状況となる。

　一方，より北方の九戸，上北，南秋田，中・南津軽では増加傾向となり，とくに馬淵川・奥入瀬川下流域(三戸・おいらせ)では，田面木遺跡(八戸市)・中野平遺跡(おいらせ町)をはじめとして建物数が急増し，ピークに達する。また，津軽西海岸(西津軽)においても新たに集落が出現する。

継続状況　南半域と北半域でやや異なり，前者が当該期66集落中，前代からの継続39集落(59%)，新規が27集落(41%)であるのに対し [第20図02]，後者の地域では当該期61集落中，前代からの継続20集落(33%)，新規41集落(67%)で新規の比率が高い [03]。また，当該期集落のうち，8世紀後半へ継続するのは南北地域ともに1/3以下であり，継続率は低調である [01〜03]。

集落規模　一集落当たりの平均建物数約6軒(南半5軒・北半6軒)でやや減少するものの [第19図01]，1〜2軒集落の比率52%，10軒以上の集落19%についてはほぼ前代同様である [04]。

集落立地　前代に引き続き，基準点±10mの範囲に収まる集落比率が南半域でやや低下する [第20図08]。平均比高は南半域で横這い，北半域においてはさらに5m上昇する [04]。

概　要　古代集落の成立期から中核を担ってきた北上川中流〜馬淵川上流域が減少に転じる反面，それ以外の地域では増加する。こうした増減が見られる一方，集落構成・立地傾向等については前代同様であり，社会の在り方や方向性は基本的には前代を踏襲するものといえそうである。

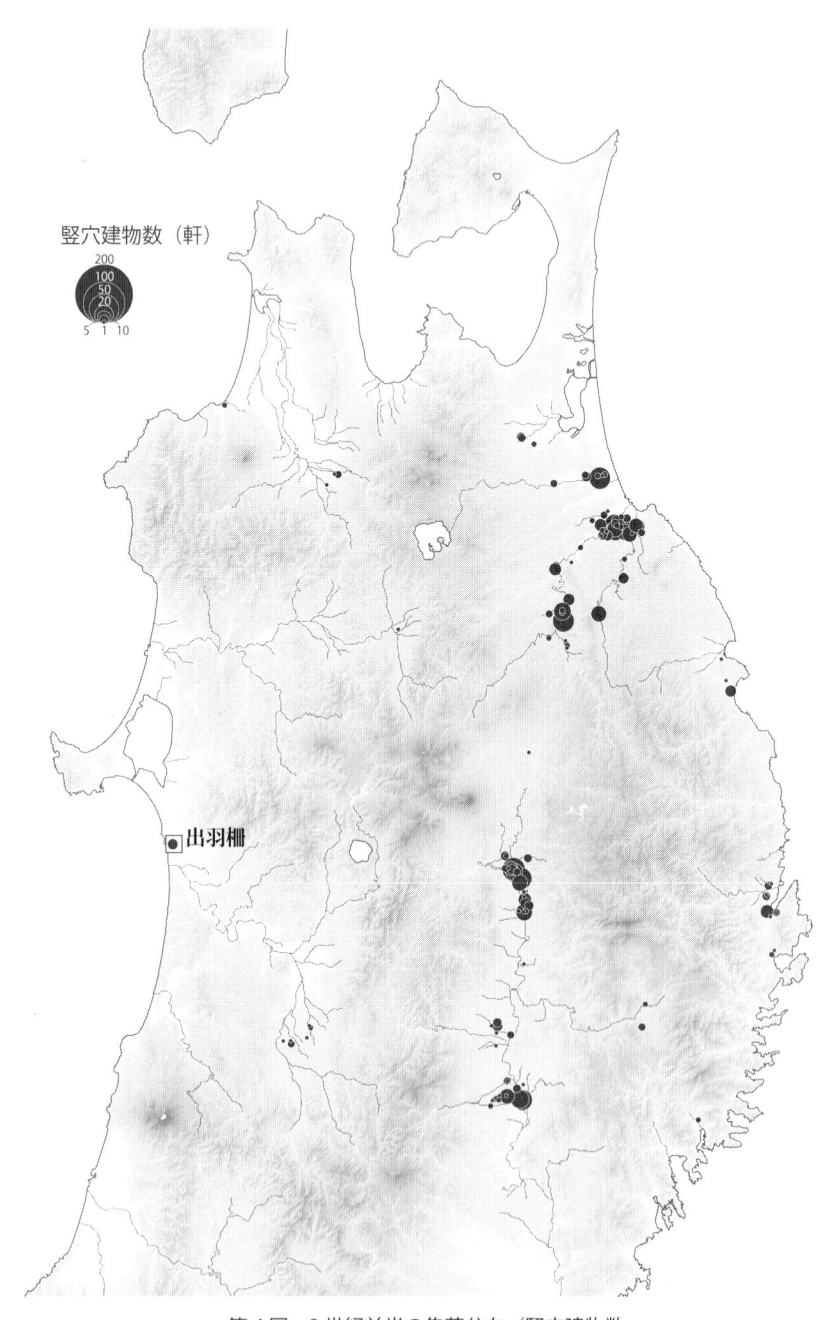

竪穴建物数（軒）

200
100
50
20
5　1　10

出羽柵

第 4 図　8 世紀前半の集落分布／竪穴建物数

⑷ 8 世紀後半［第 5 図］

推移・分布　集落数が前代の 2/3 に縮減し，建物数は半減する［第 18 図 01・03］。とくに太平洋側では，新たに集落が出現する磐井地域を除いて，紫波・岩手，二戸，九戸，三戸，閉伊など軒並み急減し，落ち込みが激しい。

　一方日本海側では，平鹿・仙北，南秋田，鹿角，北秋田，中・南津軽，西・北津軽などで，集落・建物の分布拡大・増加傾向となりピークを迎えるほか，五月女萢遺跡（五所川原市）・沢田遺跡（青森市）・銅屋遺跡（東通村）など，津軽半島・青森湾・下北半島の沿岸部に新たな小規模集落が形成される。

継続状況　当該期集落数は 96 集落であり，うち前代からの継続 40 集落（42％），新規 55 集落（58％）である［第 20 図 01］。また，9 世紀前葉へ継続する集落は 1/3 前後（南半 38％・北半 21％）であり，とくに北半域において継続率が低い［03］。

集落規模　一集落当たりの平均竪穴建物数が約 3 軒（南半 3 軒・北半 4 軒）に落ち込む［第 19 図 01］。1 〜 2 軒集落の比率が 61％（南半 67％・北半 55％）に急上昇する一方，10 軒以上の中〜大規模集落は 6％と急下降を見せる［04］。

集落立地　基準点 ±10 m の範囲に収まる集落比率が南北ともに急上昇する［第 20 図 08］。平均比高は北半域で横這い，南半域においては 5 m 近く下降し，古代を通じて最低位となる［04］。

概　要　太平洋側を中心とする従来の拠点地域において，集落の断絶や中〜大規模集落の解体を伴う減少傾向が加速し，小規模集落の比率上昇や低地への回帰が認められる。対照的に，日本海側では集落・建物ともに最初のピークを迎えるほか，沿岸部への進出もみられるなど，東西差が拡大する時期である。

⑸ 9 世紀前葉［第 6 図］

推移・分布　北上川流域では，胆沢城が造営される胆沢・江刺，志波城・徳丹城が設置される紫波・岩手地域をはじめとして新規集落が急増し，集落・建物数ともに倍増する［第 18 図 01・03］。雄物川流域では，秋田城を擁する南秋田地域で集落が倍増する反面，従来の拠点地域である平鹿・仙北地域で半減し，著しい対照をなす（建物数は両地域とも微減）。とくに新たに払田柵が設置される仙北地域では，集落が殆ど見られなくなる。

　北半域では，中・南津軽を除いて集落・建物数ともに急減し，とくに八戸地

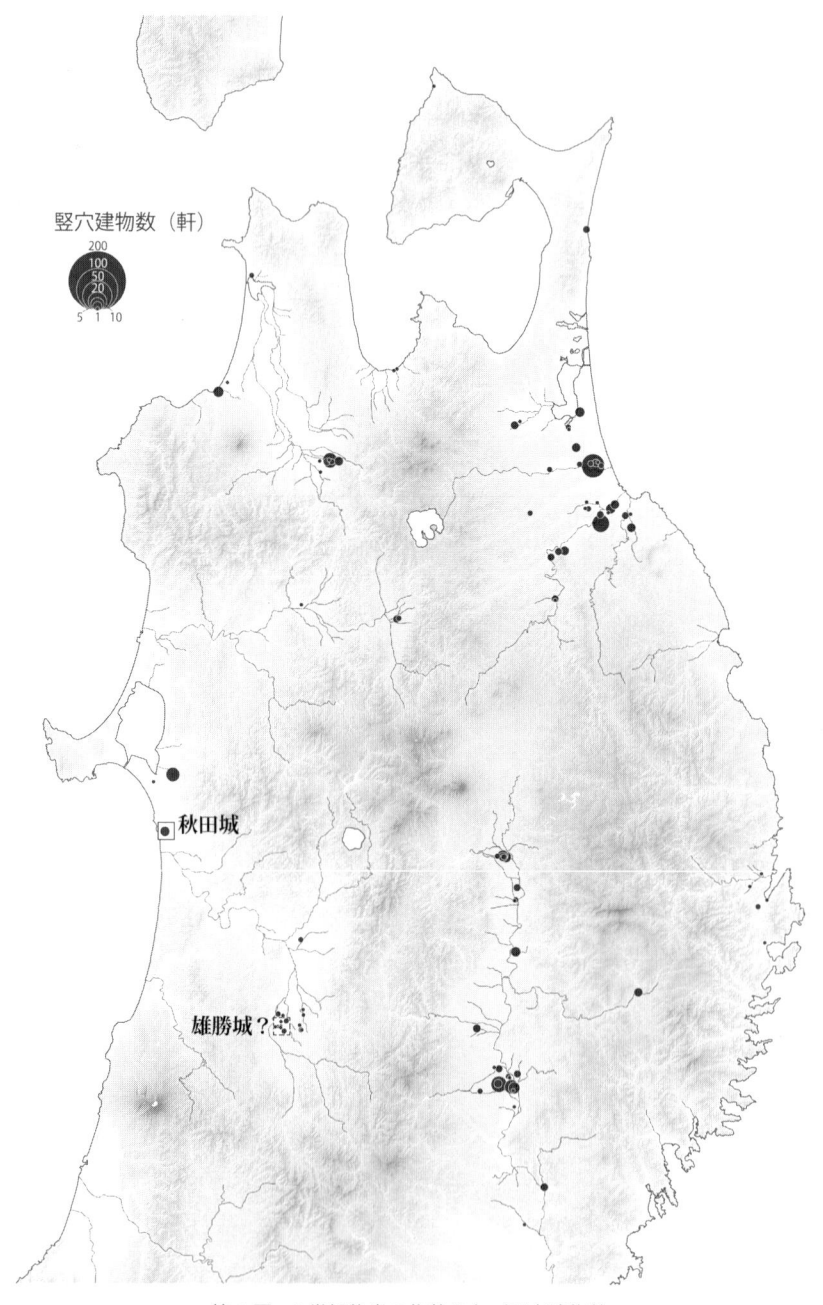

竪穴建物数（軒）

秋田城

雄勝城？

第 5 図　8 世紀後半の集落分布／竪穴建物数

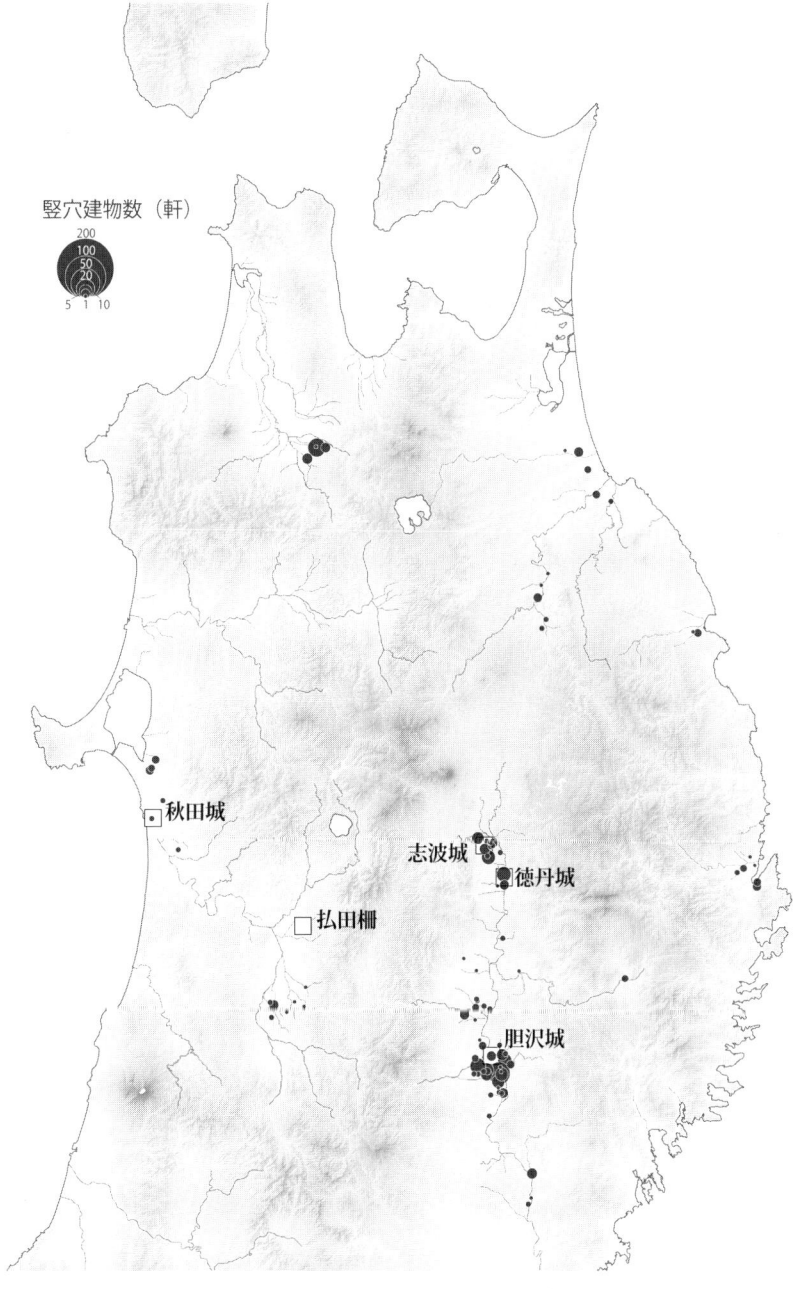

竪穴建物数（軒）

秋田城

志波城

徳丹城

払田柵

胆沢城

第6図　9世紀前葉の集落分布／竪穴建物数

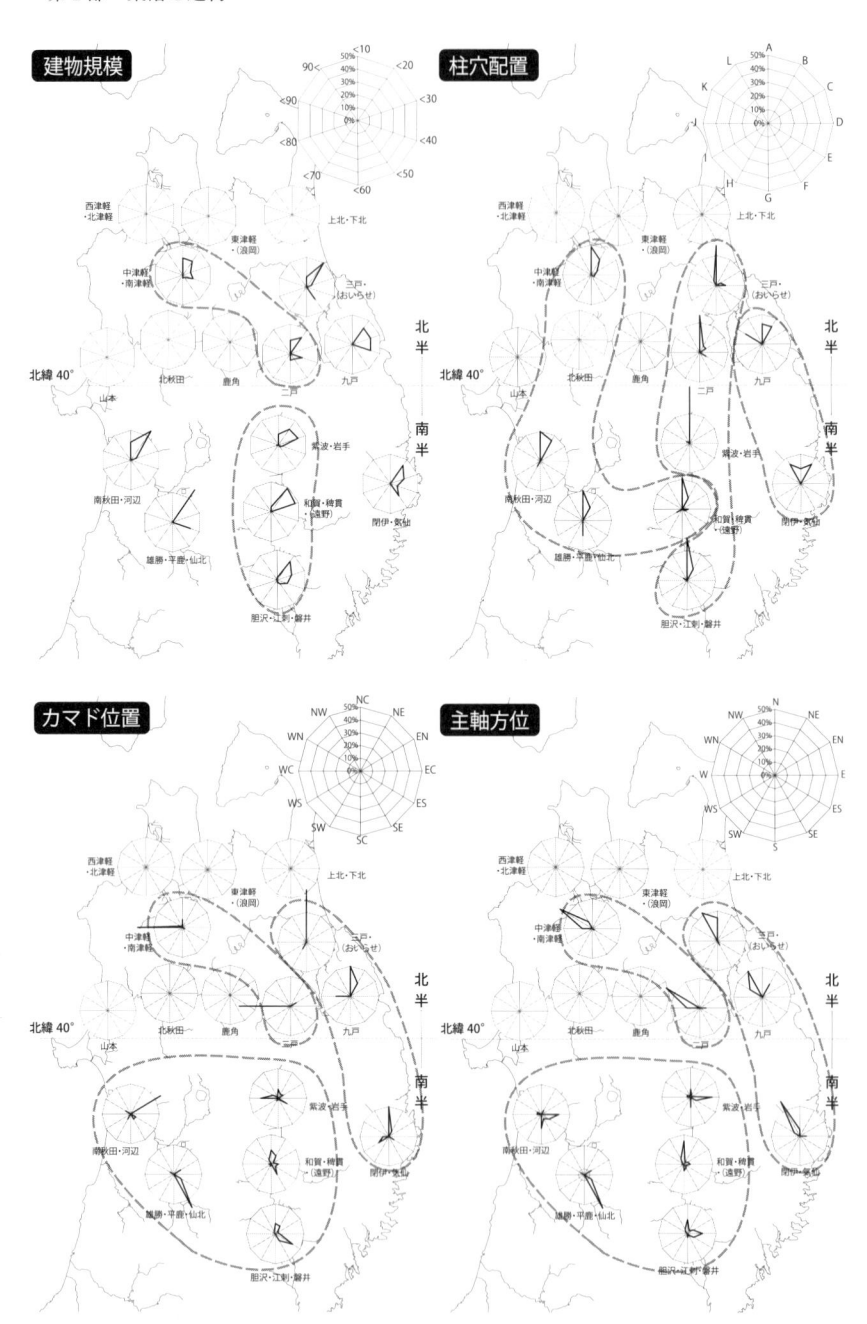

第 7 図　9 世紀前葉の竪穴建物属性比率（点線内は，類似度が高いことを意味する）

域を中心とした三戸の落ち込みが激しい。このように南半域で急増，北半域で急減となって相殺されるため，北奥全体では集落・建物数ともに横這いで推移する。

継続状況　南半域では当該期 76 集落のうち，18 集落(24%)のみが 8 世紀後半からの継続で，58 集落(76%)は新たに拓かれる集落である[第 20 図 02]。一方北半域では，当該期 16 集落のうち，継続 10 集落(63%)，新規が 6 集落(38%)であり，総集落数・新規集落ともに南半域とは異なる様相を見せる[03]。もっとも，当該期の中規模以上の集落については，跡呂井遺跡(奥州市)・館畑遺跡(紫波町)・李平下安原遺跡(平川市)など，南北を問わず前代から継続するものも認められる。また，当該期の約半数の集落が 9 世紀中葉に継続する。

集落規模　一集落当たりの平均竪穴建物数約 4 軒[第 19 図 01]，1 〜 2 軒集落の比率58%，10 軒以上の集落比率10%であり，集落構成比率については前代からほぼ横這いで推移する[04]。

集落立地　基準点 ±10 m の範囲に収まる集落比率が，南半域においては約 20 ポイント減少し[第 20 図 08]，居住環境の急激な拡大がうかがわれる一方，北半域では大きな変化がみられない。平均比高は南半域では 5 m 近く上昇，北半域においては逆に 5 m 下降し，対照が際立つ[04]。

建物属性[第 7 図]　建物面積について，南半域においては概ね 30㎡未満にまとまるのに対し，北半域では 20㎡未満と 30㎡以上に二分化する傾向にある。カマド位置や主軸方位については，南半域では従前の北壁中央カマド(NC)優位が崩れ多様化の状況が認められる一方，北半域では依然として北・西方向が卓越し，伝統が墨守されている様子が看取される[第 21 図 07・08 参照]。

概　要　南半域においては，城柵設置・郡制施行など政治的な大転換期に位置づけられるが，集落動態・立地，建物属性など各種の生活様式についても前代との断絶がみられる。居住空間が水平・垂直方向に拡大するとともに，新規集落や新形式の建物群が急増するのである。一方，集落・建物が急減・低地化する北半域では，前代から継承されている部分も少なからず認められるなど，郡制施行域との差異が目立つ。

(6) 9 世紀中葉[第 8 図]

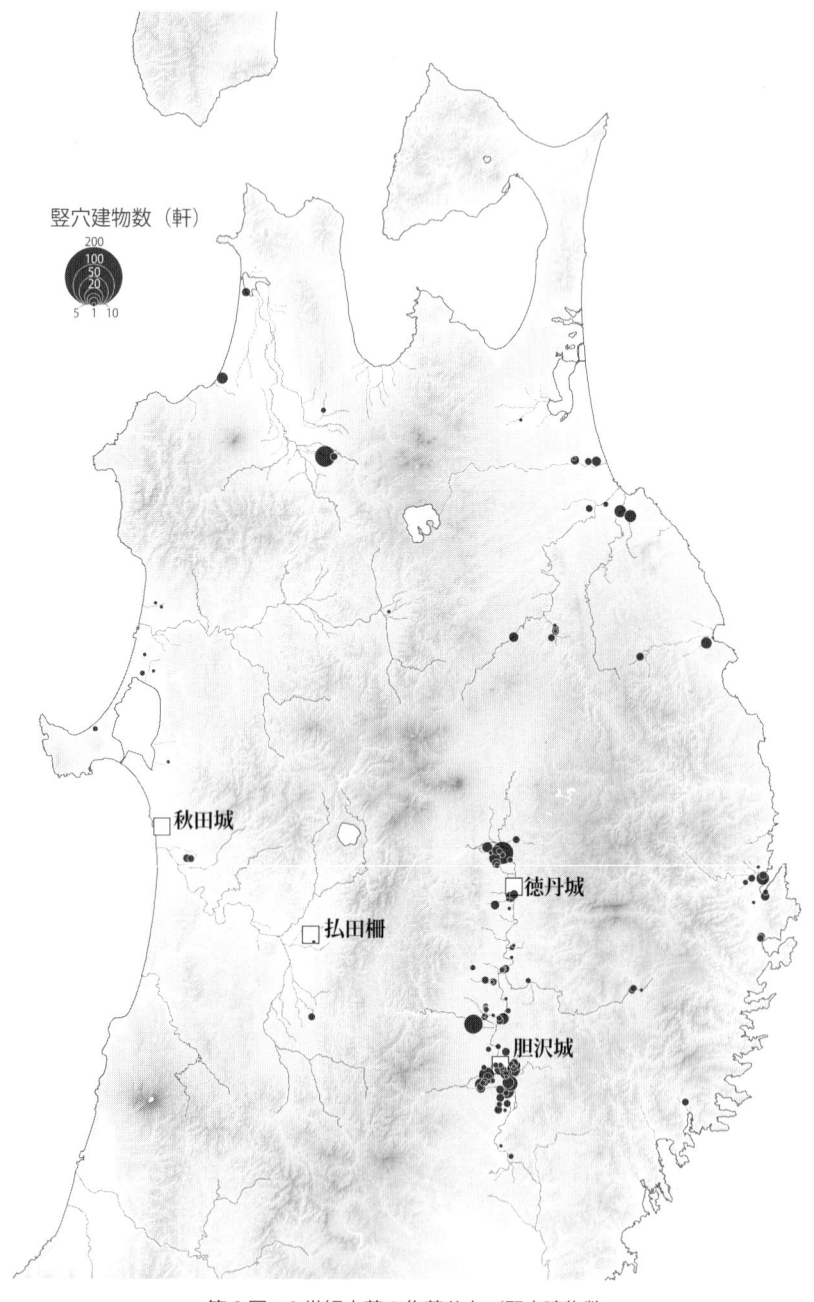

竪穴建物数（軒）

秋田城

徳丹城

払田柵

胆沢城

第 8 図　9 世紀中葉の集落分布／竪穴建物数

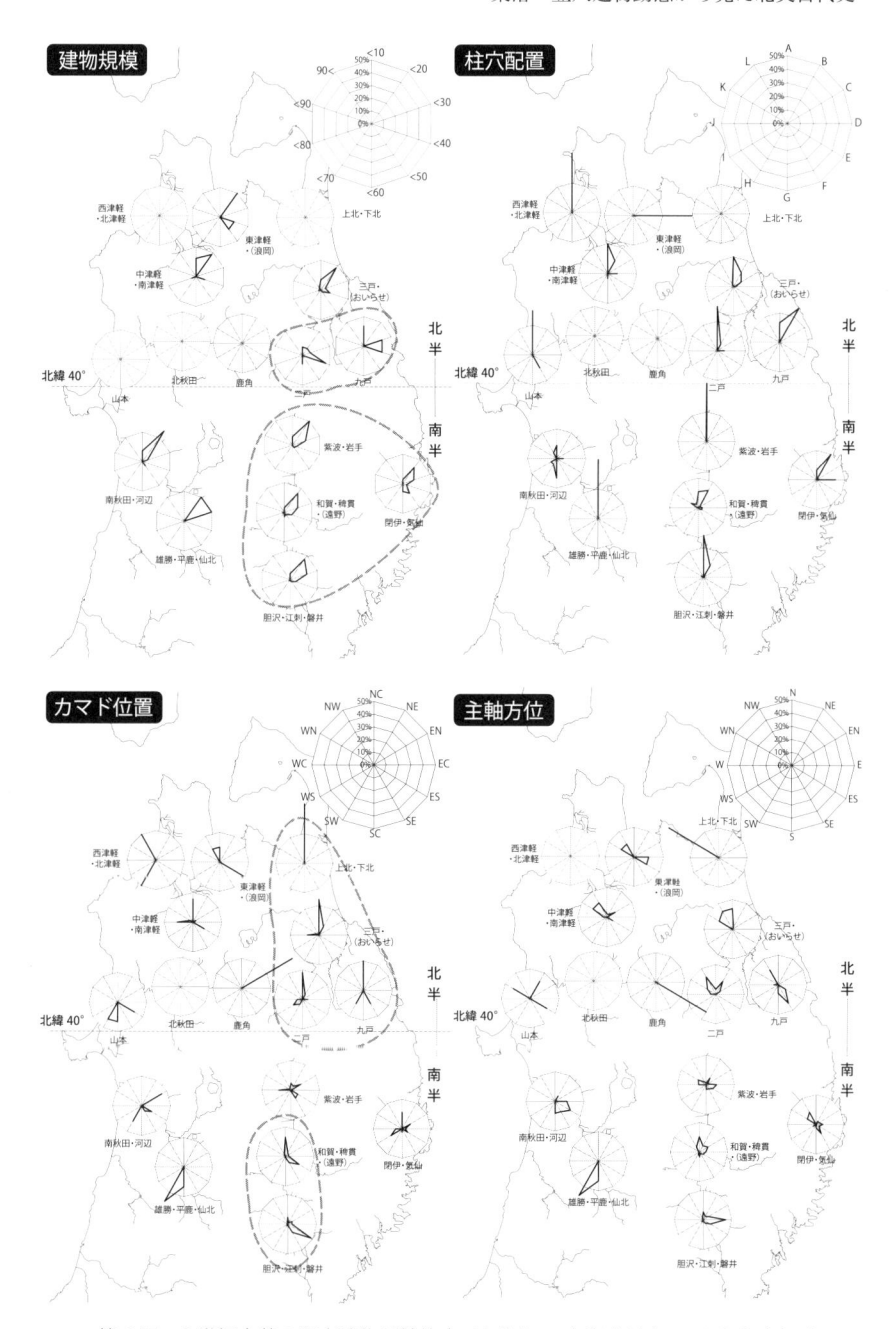

第9図　9世紀中葉の竪穴建物属性比率（点線内は，類似度が高いことを意味する）

推移・分布　前代倍増した北上川流域を中心に，集落・建物数が引き続き増加する[第18図01・03]。前代急減した北半域においても増加に転じ，従来稀薄であった米代川下流(山本)や岩木川中流域(浪岡)に集落が出現するなど，日本海側において集落分布の拡大が認められる。一方，7世紀後半以降，安定的に集落が運営されてきた雄物川流域(平鹿，南秋田)で急減し，閑散となる状況が見られる。

継続状況　当該期128集落中，前代からの継続48集落(38%)，新規80集落(63%)である[第20図01]。また，当該期集落の3/4が9世紀後葉へ継続し，同期の集落急増の一端を担っている。

集落規模　一集落当たりの平均竪穴建物数は，約4軒で横這いである[第19図01]。1～2軒集落の比率49%，10軒以上の集落比率6%といずれも下降する一方，相対的に3～5軒で構成される集落比率が急増する[04]。

集落立地　全域で平均比高の上昇が認められ，これらの傾向は10世紀中葉まで継続する[第20図04]。とくに北半域では一気に7mも上昇するなど，高地への急速な進出がうかがわれる。

建物属性[第9図]　全域において小型・大型建物の比率が増加する[第21図02・03]。北半域においては，建物面積の二分化が継続するものの，平均面積の急激な縮小や[01]，カマド位置・主軸方位の多様化がみられるようになるが，三戸周辺域においては依然として北壁中央カマド(NC)が優勢である[第21図07・08参照]。

概　要　集落・建物の増加とともに，集落分布・居住環境の拡大が進行し，生業構造の多様化が看取される。これらの動向に伴って，建物の小型化やカマド方向・主軸方向の流動化などの現象が北半域に波及し，集落形態・社会体制転換の兆候がうかがわれる。

(7) 9世紀後葉[第10図]

推移・分布　北奥全域で集落・建物が急増し，ともに数倍以上となる[第18図01・03]。170軒が検出された台太郎遺跡(盛岡市)をはじめ，岩崎台地群遺跡(北上市)・島田II遺跡(宮古市)・田向遺跡(八戸市)・中野平遺跡(おいらせ町)など，太平洋側を中心に50軒を超える巨大集落や中～大規模集落が増加する。日本海

竪穴建物数（軒）

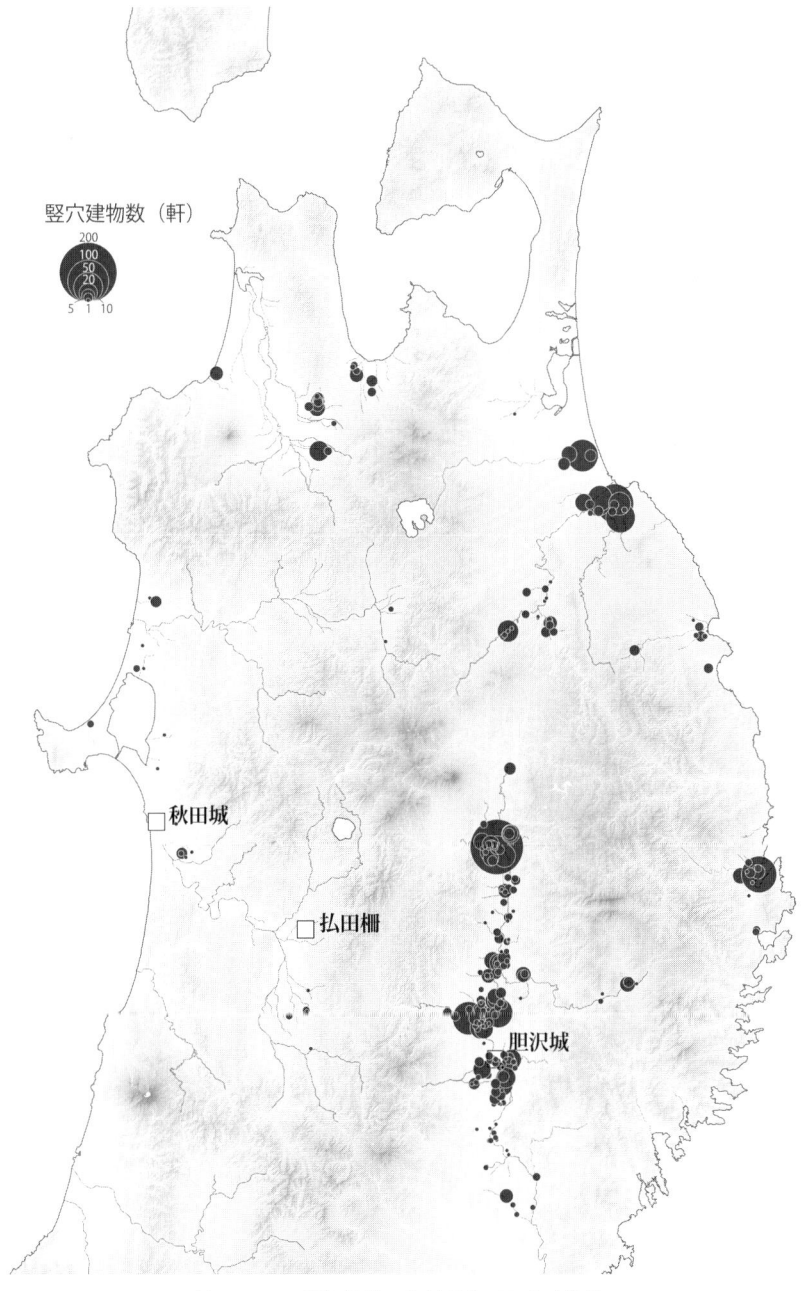

第 10 図　9 世紀後葉の集落分布／竪穴建物数

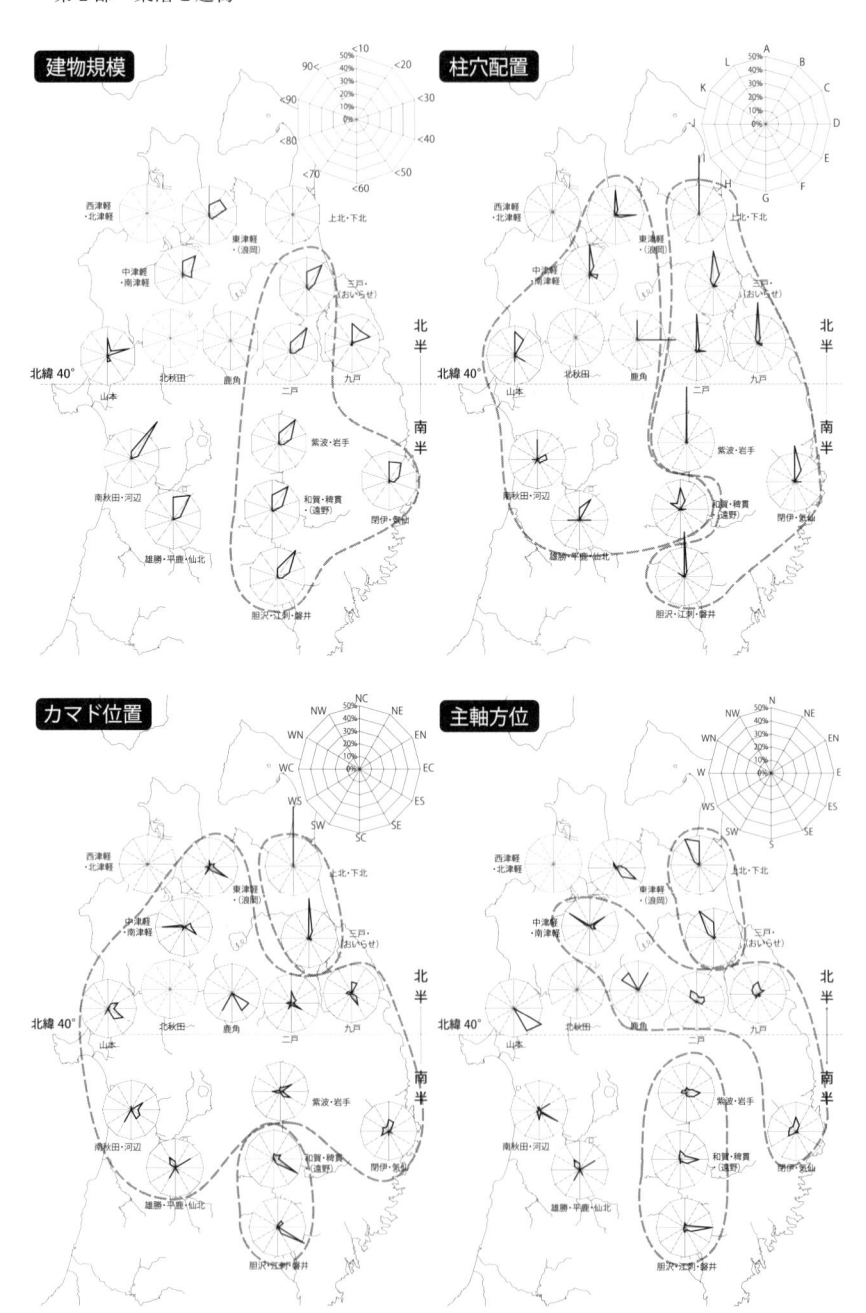

第 11 図　9 世紀後葉の竪穴建物属性比率（点線内は，類似度が高いことを意味する）

側においても，雄物川流域で再び増加に転じるほか，従来閑散としていた浪岡・青森平野(東青森)では一気に集落・建物が展開する。

継続状況　南半域では当該期 188 集落に急増し，うち継続 75 集落(40％)，新規 113 集落(60％)［第 20 図 02］，北半域は 67 集落中，継続 20 集落(30％)，新規 47 集落(70％)であり［03］，両地域ともに当該期新たに拓かれた集落が卓越する。また，南半域では当該期集落の 62％，北半域では 81％が 10 世紀前葉に継続する。

集落規模　集落の大規模化を反映して，1 〜 2 軒集落の比率が 42％に急下降する一方，10 軒以上の集落比率は一気に 13 ポイント上昇し，19％となる［第 19 図 04］。結果として，前代まで 3 〜 6 軒で推移した一集落当たりの平均建物数は，8 軒(南半 7 軒・北半 9 軒)に跳ね上がる［01］。

集落立地　北半域においては，集落立地の基準点平均比高は一気に 10 m 上昇＋ 26 mとなるほか，南半域においても高地化の流れが継続する［第 20 図 04］。

建物属性［第 11 図］　小型建物の比率が急増する反面［第 21 図 02］，大型建物の比率が急減する［03］。これらの現象と関連して，南半域で建物平均面積の急激な縮小が認められるほか［01］，従来建物面積の二分化が顕著であった北半域においても小型建物へ集約される傾向がみられる。

　柱穴配置については，無柱穴(A)が卓越する太平洋側と，側柱(DEFGH)が定量出現する日本海側に二分される［第 21 図 04 参照］。カマド位置については多様化が継続するものの，ほぼ北壁中央カマド(NC)で構成される三戸周辺域を除いて，東・南壁寄カマドが優勢になりつつある［07 参照］。

概　要　前代看取された社会転換の萌芽が一斉に開花し，小型主体の建物が高地をはじめとする多様な居住環境・生業戦略を志向して凝集，中〜大規模集落を形成する時期ととらえたい。集落継続率を見る限り，それらの潮流は新たな集落も併せつつ，奔流となって次代に流れ込むと考えられる。

(8) 10 世紀前葉［第 12 図］

推移・分布　前代に急増した岩手県域や三戸地域ではやや頭打ち傾向であるが，それ以外の地域では，集落・建物の急増や分布の拡大が認められ，いずれも前代の数倍以上に達する［第 18 図 01・03］。台地・山間・低地・海岸部など，従来利用の少なかった地点にも集落が拓かれ，とくに北半の米代川流域，津軽地域，

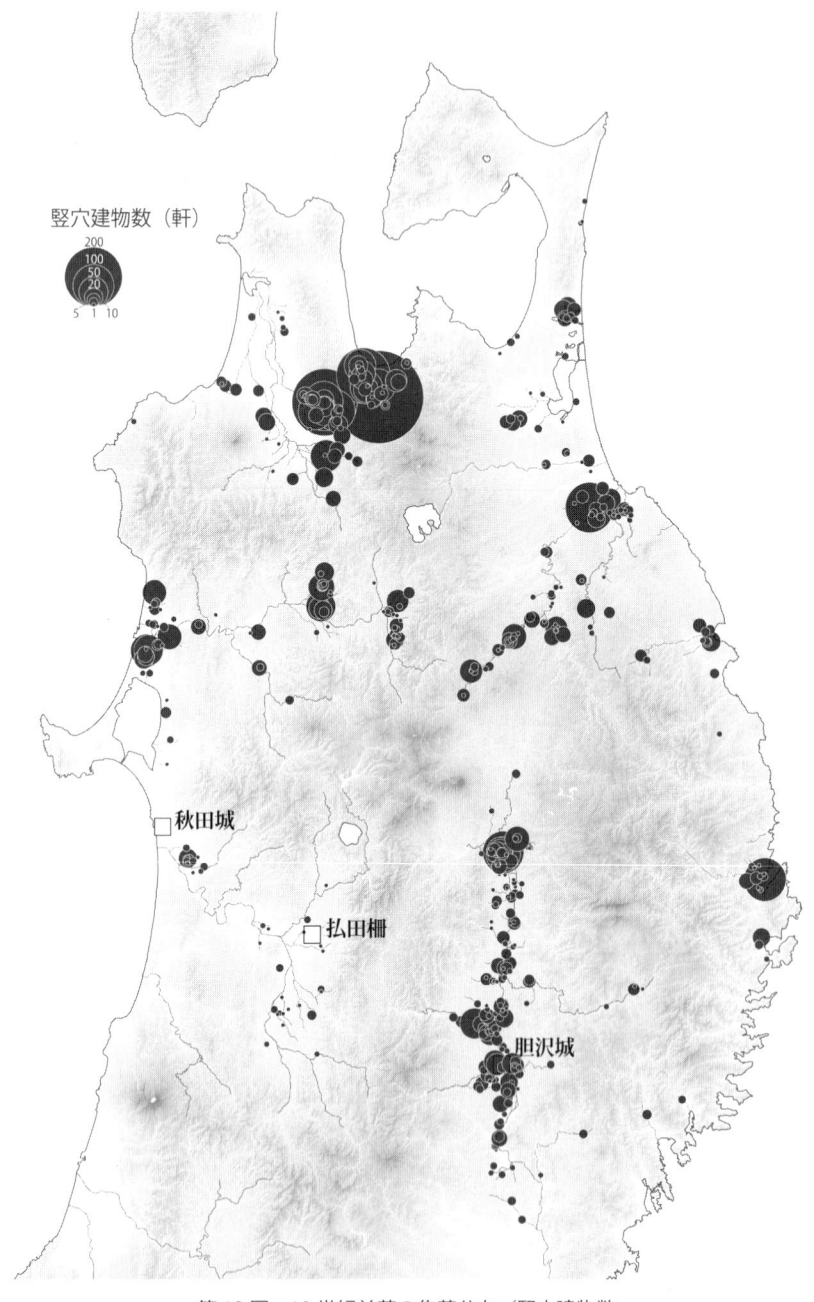

竪穴建物数（軒）

秋田城

払田柵

胆沢城

第 12 図　10 世紀前葉の集落分布／竪穴建物数

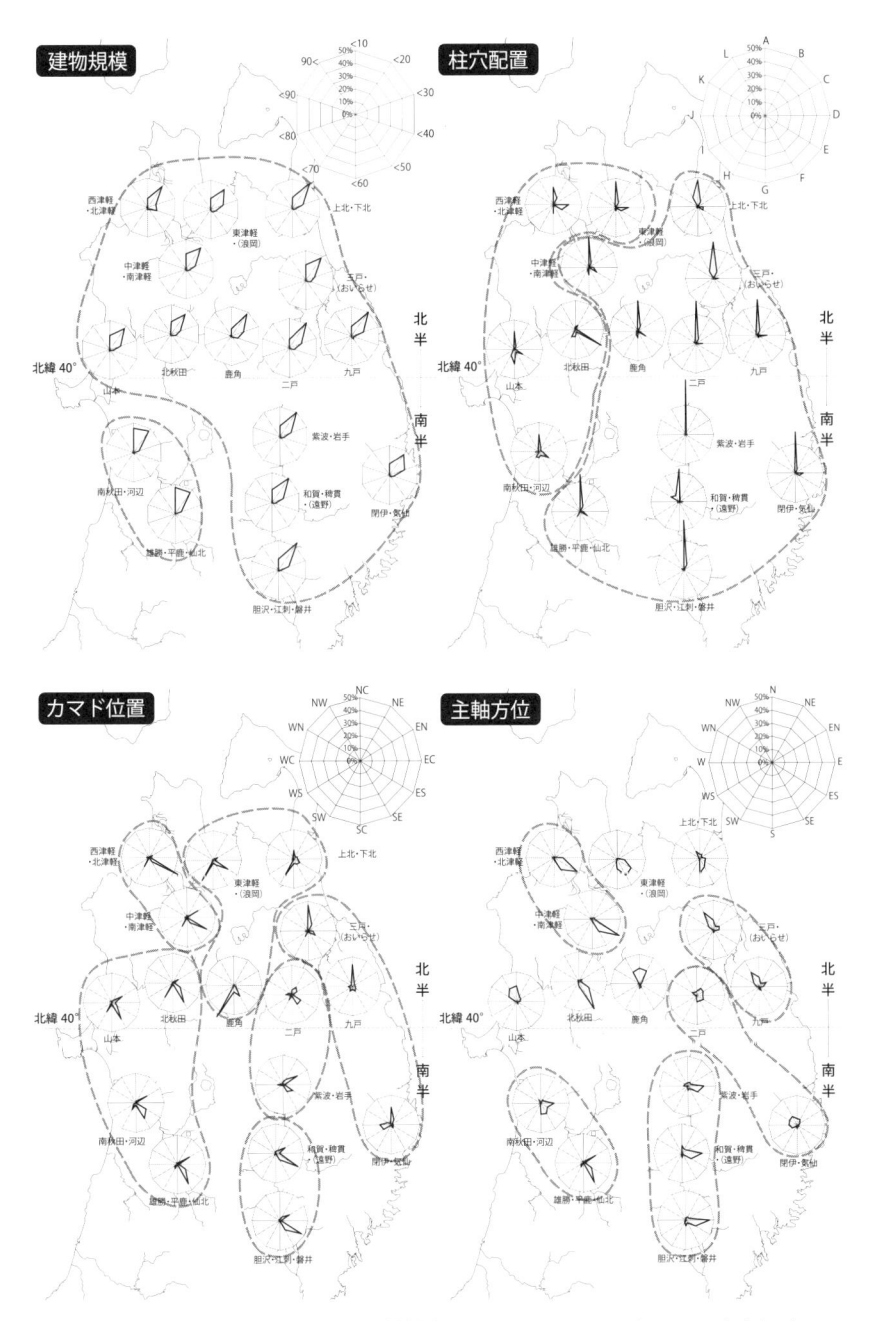

第13図　10世紀前葉の竪穴建物属性比率（点線内は，類似度が高いことを意味する）

上北地域では，10 倍以上の伸び率であり，470 軒が検出された野木(1)遺跡(青森市)を筆頭に，野尻(4)遺跡(青森市)・近野遺跡(青森市)など広大な空間に 100 軒以上の建物が点在する超巨大集落や，50 軒以上の巨大集落が林立する。

継続状況　南半域では当該期 225 集落のうち，117 集落(52%)が 9 世紀後葉からの継続，108 集落(48%)が新たに拓かれる集落である[第 20 図 02]。北半域では，当該期 272 集落のうち，継続 54 集落(20%)に比して，新規は 218 集落(80%)に及び，爆発的な増加の状況が看取される[03]。一方，10 世紀中葉に継続する集落は 1/3 程度(南半 28%・北半 38%)であり，9 世紀中葉頃から急増した集落の大半は当該期に終焉を迎えることになる。

集落規模　南半域の集落構成比率は前代とさほど変わらないが，集落の急激な巨大化が進行する北半域では，10 軒以上の集落比率が 29% [第 19 図 06]，一集落当たりの平均建物数が 14 軒に急伸する[03]。

集落立地　前代に引き続き基準点平均比高が上昇し，高地化傾向が継続する[第 20 図 04]。

建物属性[第 13 図]　建物平均面積，小型・大型建物比率は前代同様であり，小型志向が継続するが[第 21 図 01 ～ 03]，日本海側においては側柱(EFGH)の建物が急増し，以降主流となる[04・06]。カマド位置・主軸方位については，地域毎にまとまる傾向にあるが，北壁中央カマド(NC)優勢の三戸・九戸地域を除いて，東・南壁寄カマドが支配的となる[07・08 参照]。

概　要　当該期は前代の太平洋側に引き続き，日本海側において集落・建物の激増と分布拡大が認められ，古代を通じて最大値となる。9 世紀前葉に始まる新たな潮流，すなわち集落の巨大化と高地化，建物の構造変化と小型化などの現象がピークに達すると理解される。

(9) 10 世紀中葉[第 14 図]

推移・分布　北奥全体では，前代よりも集落数が半減，建物数は 1/3 以下に落ち込み，とくに胆沢・江刺，和賀・稗貫，平鹿・仙北，南秋田など，南半城柵周辺域の減少率が著しい[第 18 図 01・03]。北半域においても，前代の 1/7 ～ 1/10 に縮減する野木(1)遺跡(青森市)・野尻(4)遺跡(青森市)など，50 軒以上で構成される巨大集落が急減する反面，砂子遺跡(八戸市)・歌内遺跡(鹿角市)・源常

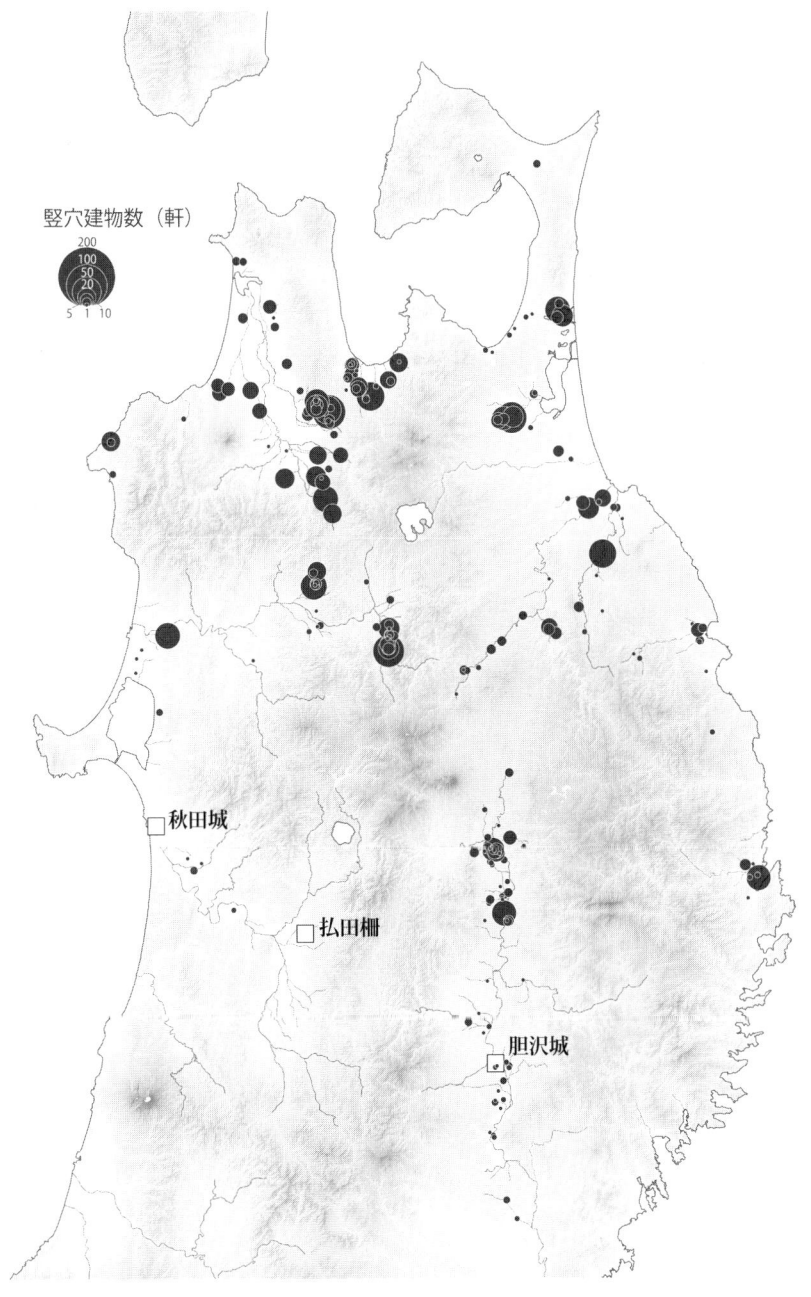

竪穴建物数（軒）

第14図　10世紀中葉の集落分布／竪穴建物数

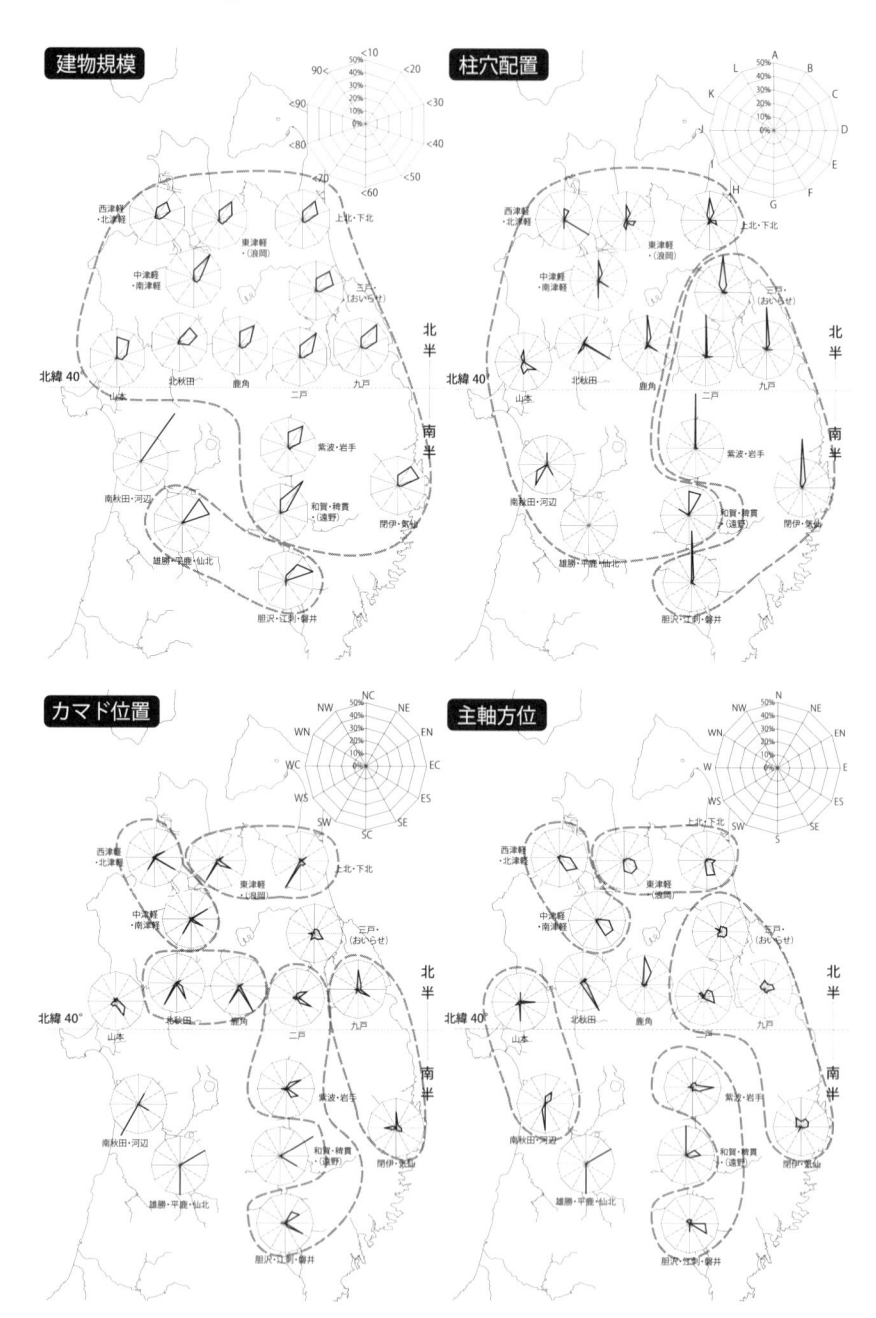

第15図　10世紀中葉の竪穴建物属性比率（点線内は，類似度が高いことを意味する）

平遺跡(青森市)・大平遺跡(大鰐町)などの山間集落ほか，低地集落が中・大規模化する傾向も認められる。

継続状況　南半域では，当該期 75 集落に急減するが，ほとんど(62 集落；83％)が前代からの継続集落であり，新規集落(13 集落；17％)の造営は低調である[第20 図 02]。北半域では，157 集落中，継続 104 集落(66％)・新規 53 集落(34％)である[03]。また，南北地域ともに，10 世紀後葉へと継続する集落は 1/4 程度であり，大半は当該期で終焉を迎える。

集落規模　集落構成比率は，北半域では変化がないものの，南半域では，1〜2 軒集落の比率が 65％に急上昇，10 軒以上集落比率が 9％に落ち込む[第19 図05]。一集落当たりの平均建物数は，南半域 4 軒，北半域 10 軒といずれも落ち込み，中・大規模〜巨大集落の解体・分散が進行する様相がうかがわれる[02・03]。

集落立地　南北地域ともに，基準点平均比高が古代を通じて最高位となり[第20 図 04]，高地化が極限に達した状況がうかがわれる。

建物属性[第15 図]　小型建物の比率が低下し[第21 図 02]，建物平均面積が上昇に転じる[01]。北半域では側柱建物(EFGH)の比率が急増し 50％に達するが[04・06]，とくに日本海側において卓越する。カマド位置・主軸方位については前代同様の傾向であるが，三戸地域では従来堅持してきた北カマドが急減し多様化が進む[07・08 参照]。

概　要　9 世紀前葉以降，上昇基調にあった集落・建物が下降に転じ，同ムーブメントの退潮期ととらえられる。一方，巨大集落の解体と小規模集落の増加，山間・低地集落の盛行，建物の大型化への転換などにみられるような新生活様式到来の兆候も垣間見られる。

⑽ 10 世紀後葉[第16 図]

推移・分布　米代川流域，南津軽，三戸地域を除いて集落がさらに減少する。とくに南半域は閑散とした状況となるが，北半域では，186 軒が検出された林ノ前遺跡(八戸市)や 155 軒の古館遺跡(平川市)，高館(1)遺跡(黒石市)など，空壕や土塁で囲繞された限定空間に多数の竪穴建物が密集する「区画集落(いわゆる「防御性集落」)」が盛行することもあって，北奥全域の建物数は横這いで推移す

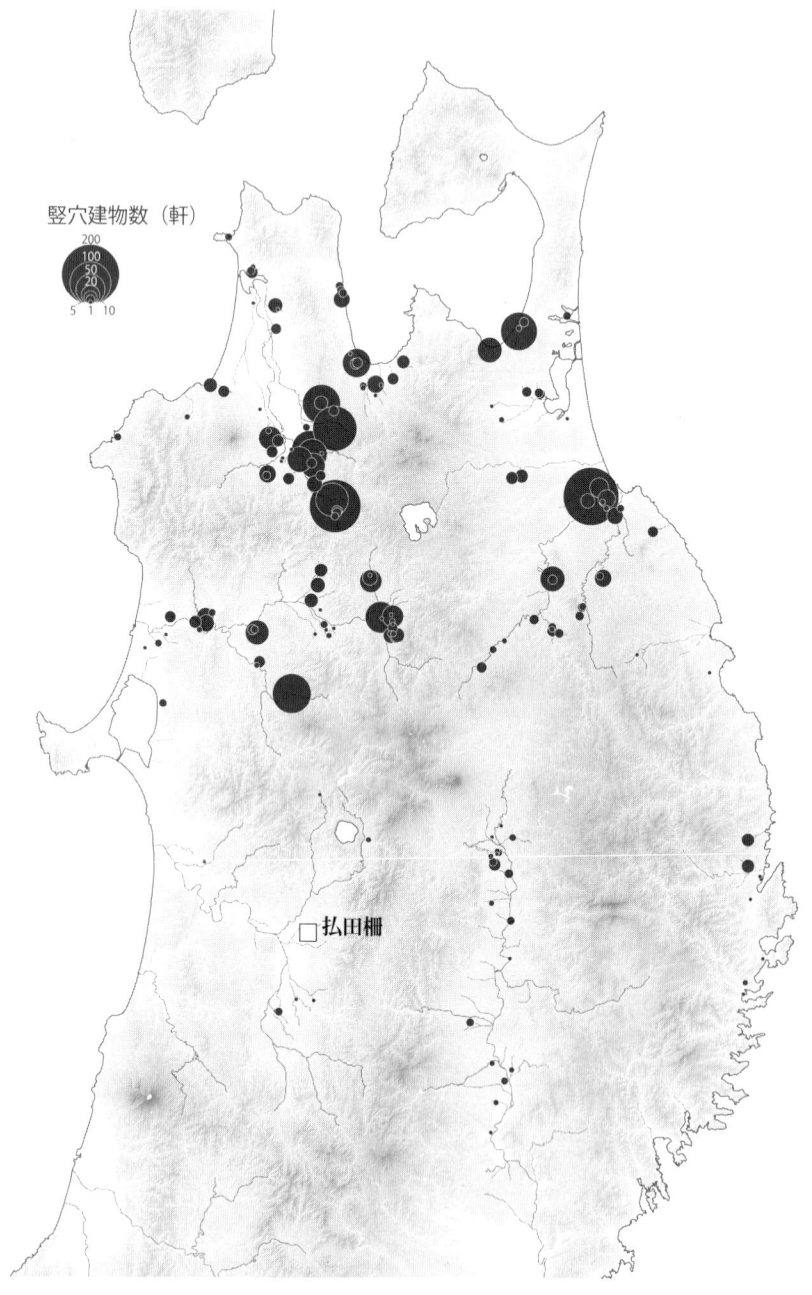

竪穴建物数（軒）

200
100
50
20
5　1　10

□ 払田柵

第 16 図　10 世紀後葉の集落分布／竪穴建物数

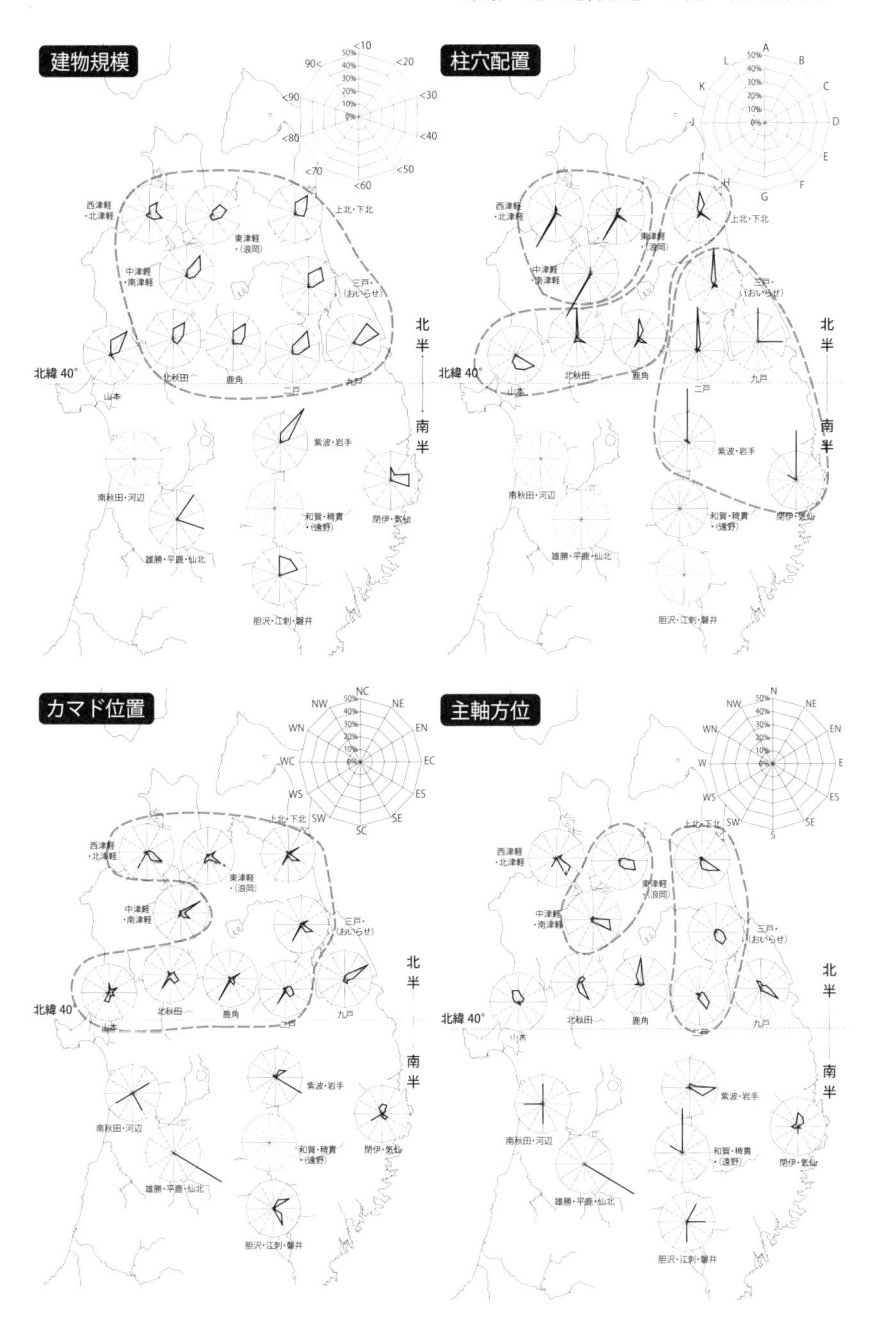

第 17 図　10 世紀後葉の竪穴建物属性比率（点線内は，類似度が高いことを意味する）

る[第18図01・03]。

継続状況　南半域では，当該期35集落に半減し，うち継続18集落(49%)，新規17集落(51%)である[第20図02]。北半域では，当該期133集落中，継続が43集落(32%)で，新規が90集落(68%)と卓越する[03]。「区画集落」をはじめとする当該期集落の大半が，新たに形成された集落であることが理解される。

集落規模　南半域は，1〜2軒集落の比率66%，10軒以上の集落比率3%[第19図05]，一集落当たりの平均建物数は2軒であり[02]，ほとんどの集落が1〜4軒で構成される。北半域では，1〜2軒集落の比率30%，10軒以上の集落比率31%[06]，一集落当たりの平均建物数は14軒と古代を通じて最大となり[03]，「区画集落」等への凝集化が看取される。

集落立地　「区画集落」ほかの当該期集落は，台地・丘陵部ほか，新田(1)・(2)遺跡(青森市)のように沖積低地に立地するものもみられることから，基準点平均比高は前代よりも低下する[第20図04]。

建物属性[第17図]　建物平均面積は，南半域・北半域とも最大となり，建物の大型化がピークに達する[第21図01]。北半域では小型建物の比率が50%を割り込む一方[02]，大型建物比率は9%に達し，10軒中1軒が大型建物ということになる[03]。

　また，側柱建物(EFGH)の比率が古代を通じて最大となり，北半域においては70%近くを占める[04・06]。なかでも津軽地域は，壁際に多数の柱穴が並ぶHタイプがほとんどとなる。カマド位置・主軸方位については，東方向の建物が増加傾向にある[07・08参照]。

概　要　北半域においては，前代の変調を受けて，新たな生活様式が定着する。いわゆる「区画集落」や「低地集落」が盛行し，新たな地点に集落が開かれる場合も少なくない。竪穴建物は側柱構造の大型建物が普及し，カマドのほか炉が用いられる例や，掘り込みの浅い平地式住居などもみられる。

2. 古代集落・竪穴建物動態が意味するもの

(1) 集落・竪穴建物動態の多変量解析

　北奥の集落・建物について，短期的あるいは小地域的な動向は，1/3〜1/2

01 集落数推移

地域	7C前	7C後	8C前	8C後	9C前	9C中	9C後	10C前	10C中	10C後
東津軽・（浪岡）	0	0	0	2	0	1	15	51	38	18
西津軽・北津軽	0	0	1	3	0	2	1	18	16	12
南津軽・中津軽	0	1	3	7	4	2	3	18	13	26
鹿角	0	1	1	2	0	1	2	24	18	15
北秋田	0	0	0	1	0	0	0	22	14	15
山本	0	0	0	0	0	6	5	30	5	10
南秋田・河辺	0	1	1	3	6	4	8	15	3	1
雄勝・平鹿・仙北	0	7	6	15	7	2	6	22	1	5
上北・下北	0	2	4	9	0	1	2	30	21	13
三戸・（おいらせ）	4	26	36	22	5	8	15	29	10	9
二戸	9	14	11	2	5	6	20	39	12	10
九戸	2	2	5	0	2	2	7	17	12	7
紫波・岩手	13	22	23	8	14	16	38	56	41	12
和賀・稗貫・（遠野）	8	13	9	3	13	27	68	58	6	2
胆沢・江刺・磐井	6	19	15	14	30	40	54	51	15	5
閉伊・気仙	0	8	12	5	6	11	12	18	7	8
計	42	116	127	96	92	129	256	498	232	168

05 集落数推移グラフ

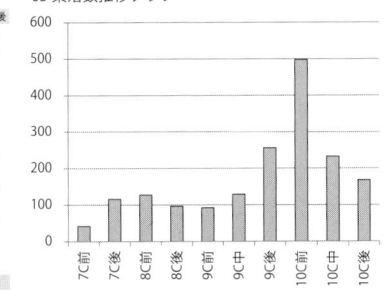

02 集落増加率推移

地域	7C前	7C後	8C前	8C後	9C前	9C中	9C後	10C前	10C中	10C後
東津軽・（浪岡）					-1.0		14.0	2.4	-0.3	-0.5
西津軽・北津軽				2.0	-1.0		-0.5	17.0	-0.1	-0.3
南津軽・中津軽			2.0	1.3	-0.4	-0.5	0.5	5.0	-0.3	1.0
鹿角			0.0	1.0	-1.0		1.0	11.0	-0.3	-0.2
北秋田					-1.0				-0.4	0.1
山本							-0.2	5.0	-0.8	1.0
南秋田・河辺			0.0	2.0	1.0	-0.3	1.0	0.9	-0.8	-0.7
雄勝・平鹿・仙北			-0.1	1.5	-0.5	-0.7	2.0	2.7	-1.0	4.0
上北・下北			1.0	1.3	-1.0		1.0	14.0	-0.3	-0.4
三戸・（おいらせ）		5.5	0.4	-0.4	-0.8	0.6	0.9	0.9	-0.7	-0.1
二戸		0.6	-0.2	-0.8	1.5	0.2	2.3	1.0	-0.7	-0.2
九戸		0.0	1.5	-1.0		0.0	2.5	1.4	-0.3	-0.4
紫波・岩手		0.7	0.0	-0.7	0.8	0.1	1.4	0.5	-0.3	-0.7
和賀・稗貫・（遠野）		0.6	-0.3	-0.7	3.3	1.1	1.5	-0.1	-0.9	-0.7
胆沢・江刺・磐井		2.2	-0.2	-0.1	1.1	0.3	0.4	-0.1	-0.7	-0.7
閉伊・気仙			0.5	-0.6	0.2	0.8	0.1	0.5	-0.6	0.1
平均		1.8	0.1	-0.2	0.0	0.4	1.0	0.9	-0.5	-0.3

06 集落増加率推移グラフ

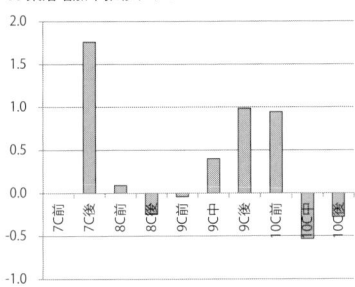

03 竪穴建物跡数推移

地域	7C前	7C後	8C前	8C後	9C前	9C中	9C後	10C前	10C中	10C後
東津軽・（浪岡）	0	0	0	2	0	1	95	1874	397	227
西津軽・北津軽	0	0	2	10	0	13	11	103	127	51
南津軽・中津軽	0	1	5	26	33	28	30	200	176	649
鹿角	0	2	1	5	0	1	3	120	192	175
北秋田	0	0	0	1	0	0	0	228	94	184
山本	0	0	0	0	0	7	14	318	44	60
南秋田・河辺	0	1	7	19	17	9	16	53	6	5
雄勝・平鹿・仙北	0	25	9	20	14	4	10	40	2	10
上北・下北	0	1	5	0	0	1	10	172	248	164
三戸・（おいらせ）	6	121	246	101	14	34	357	308	116	264
二戸	26	114	69	4	9	15	77	253	63	76
九戸	13	13	31	0	4	11	27	112	39	34
紫波・岩手	45	291	180	29	61	80	440	474	193	32
和賀・稗貫・（遠野）	15	57	23	14	23	66	469	355	9	4
胆沢・江刺・磐井	66	73	76	56	155	158	255	323	23	7
閉伊・気仙	0	54	31	6	13	35	119	181	50	24
計	171	755	693	317	344	464	1933	5115	1777	1965

07 竪穴建物跡数推移グラフ

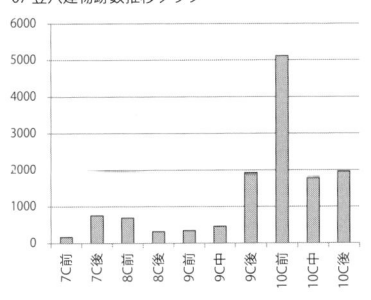

04 竪穴建物跡増加率推移

地域	7C前	7C後	8C前	8C後	9C前	9C中	9C後	10C前	10C中	10C後
東津軽・（浪岡）					-1.0		94.0	18.7	-0.8	-0.4
西津軽・北津軽				4.0	-1.0		-0.2	8.4	0.2	-0.6
南津軽・中津軽			4.0	4.2	0.3	-0.1	0.1	5.8	-0.1	2.7
鹿角			-0.5	4.0	-1.0		2.0	39.1	0.6	-0.1
北秋田					-1.0				-0.6	1.0
山本							1.0	21.7	-0.9	0.4
南秋田・河辺			6.0	1.7	-0.1	-0.5	0.8	2.2	-0.9	-0.2
雄勝・平鹿・仙北			-0.6	1.2	-0.3	-0.7	1.5	3.0	-1.0	4.0
上北・下北			3.3	0.9	-1.0		9.0	16.2	0.4	-0.3
三戸・（おいらせ）		19.2	1.0	-0.6	-0.9	1.4	9.6	-0.1	-0.6	1.3
二戸		3.4	-0.4	-0.9	1.7	0.6	4.2	2.3	-0.8	0.2
九戸		0.0	1.4	-1.0		1.5	1.4	3.2	-0.7	-0.1
紫波・岩手		5.5	-0.4	-0.8	1.1	0.3	4.5	0.1	-0.6	-0.8
和賀・稗貫・（遠野）		2.8	-0.6	-0.4	0.7	1.9	6.1	-0.2	-1.0	-0.5
胆沢・江刺・磐井		0.1	0.0	-0.3	1.8	0.0	0.6	0.3	-0.9	-0.7
閉伊・気仙			-0.4	-0.8	1.2	1.7	2.4	0.5	-0.7	-0.5
小計		3.4	-0.1	-0.5	0.1	0.3	3.2	1.6	-0.7	0.1

08 竪穴建物跡増加率推移グラフ

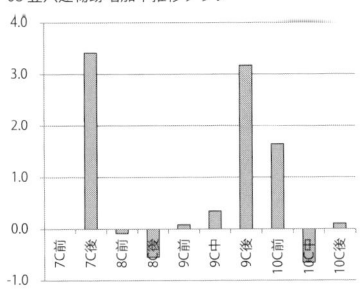

第18図　北奥における古代集落・竪穴建物数推移1

01 一集落当たりの建物数平均推移【北奥】

時期	7C前	7C後	8C前	8C後	9C前	9C中	9C後	10C前	10C中	10C後
集落数	42	116	127	96	92	128	255	497	232	168
竪穴建物数	170.5	755.0	692.5	316.5	348.7	455.5	1922.3	5115.1	1777.5	1965.5
一集落当たり平均	4.1	6.5	5.5	3.3	3.8	3.6	7.5	10.3	7.7	11.7

02 一集落当たりの建物数平均推移【北奥南半】

時期	7C前	7C後	8C前	8C後	9C前	9C中	9C後	10C前	10C中	10C後
集落数	27	70	66	48	76	102	188	225	75	35
竪穴建物数	125.5	501.0	325.5	143.0	283.1	355.7	1312.8	1439.9	285.2	82.4
一集落当たり平均	4.6	7.2	4.9	3.0	3.7	3.5	7.0	6.4	3.8	2.4

03 一集落当たりの建物数平均推移【北奥北半】

時期	7C前	7C後	8C前	8C後	9C前	9C中	9C後	10C前	10C中	10C後
集落数	15	46	61	48	16	26	67	272	157	133
竪穴建物数	45.0	254.0	367.0	173.5	65.5	99.8	609.5	3675.2	1492.3	1883.1
一集落当たり平均	3.0	5.5	6.0	3.6	4.1	3.8	9.1	13.5	9.5	14.2

04 集落構成建物比率推移【北奥】

時期	7C前	7C後	8C前	8C後	9C前	9C中	9C後	10C前	10C中	10C後
1棟	50.0%	31.9%	32.0%	38.9%	25.0%	25.0%	23.9%	23.5%	23.3%	22.0%
2棟	19.0%	18.1%	19.5%	22.1%	32.6%	24.2%	17.6%	17.5%	21.1%	15.5%
3棟	4.8%	9.5%	10.2%	12.6%	7.6%	17.2%	11.8%	8.8%	8.6%	9.5%
4棟	0.0%	5.2%	6.3%	4.2%	6.5%	9.4%	5.9%	7.2%	6.5%	7.1%
5棟	0.0%	3.4%	4.7%	7.4%	3.3%	6.3%	6.7%	5.4%	7.3%	4.8%
6棟	2.4%	6.0%	3.1%	4.2%	8.7%	3.1%	5.1%	3.6%	2.2%	5.4%
7棟	2.4%	0.9%	1.6%	3.2%	3.3%	1.6%	3.5%	4.2%	3.0%	3.6%
8棟	4.8%	2.6%	2.3%	1.1%	2.2%	5.5%	3.5%	3.2%	3.4%	4.8%
9棟	2.4%	1.7%	1.6%	0.0%	1.1%	1.6%	2.7%	2.8%	1.3%	2.4%
10棟	4.8%	5.2%	2.3%	0.0%	2.2%	0.8%	1.2%	1.4%	0.9%	3.0%
11棟以上	9.5%	14.7%	16.4%	6.3%	7.6%	5.5%	18.0%	22.3%	22.4%	22.0%
1～2棟	69.0%	50.0%	51.5%	61.0%	57.6%	49.2%	41.5%	41.0%	44.4%	37.5%
10棟～	14.3%	19.9%	18.7%	6.3%	9.8%	6.3%	19.2%	23.7%	23.3%	25.0%

05 集落構成建物比率推移【北奥南半】

時期	7C前	7C後	8C前	8C後	9C前	9C中	9C後	10C前	10C中	10C後
1棟	55.6%	32.9%	39.4%	43.8%	23.7%	22.5%	25.0%	27.6%	36.0%	40.0%
2棟	11.1%	17.1%	15.2%	22.9%	35.5%	28.4%	18.1%	19.1%	29.3%	25.7%
3棟	3.7%	8.6%	10.6%	6.3%	7.9%	15.7%	13.8%	8.9%	10.7%	8.6%
4棟	0.0%	7.1%	6.1%	6.3%	5.3%	10.8%	5.9%	9.8%	4.0%	14.3%
5棟	0.0%	1.4%	4.5%	4.2%	2.6%	5.9%	5.3%	5.8%	5.3%	2.9%
6棟	0.0%	4.3%	3.0%	4.2%	7.9%	2.9%	5.3%	2.7%	1.3%	0.0%
7棟	3.7%	0.0%	3.0%	4.2%	2.6%	1.0%	2.7%	4.4%	1.3%	0.0%
8棟	3.7%	1.4%	0.0%	2.1%	2.6%	5.9%	3.2%	2.2%	2.7%	2.9%
9棟	3.7%	4.3%	0.0%	0.0%	1.3%	0.0%	2.1%	2.7%	0.0%	2.9%
10棟	7.4%	5.7%	4.5%	0.0%	2.6%	1.0%	1.6%	1.3%	0.0%	2.9%
11棟以上	11.1%	17.1%	13.6%	6.3%	7.9%	5.9%	17.0%	15.6%	9.3%	0.0%
1～2棟	66.7%	50.0%	54.5%	66.7%	59.2%	51.0%	43.1%	46.7%	65.3%	65.7%
10棟～	18.5%	22.9%	18.2%	6.3%	10.5%	6.9%	18.6%	16.9%	9.3%	2.9%

06 集落構成建物比率推移【北奥北半】

時期	7C前	7C後	8C前	8C後	9C前	9C中	9C後	10C前	10C中	10C後
1棟	40.0%	30.4%	24.2%	34.0%	31.3%	34.6%	20.9%	19.9%	17.2%	17.3%
2棟	33.3%	19.6%	24.2%	21.3%	18.8%	7.7%	16.4%	15.8%	17.2%	12.8%
3棟	6.7%	10.9%	9.7%	19.1%	6.3%	23.1%	6.0%	9.2%	7.6%	9.8%
4棟	0.0%	2.2%	4.8%	2.1%	12.5%	3.8%	6.0%	5.1%	7.6%	5.3%
5棟	0.0%	6.5%	4.8%	10.6%	6.3%	7.7%	10.4%	5.1%	8.3%	5.3%
6棟	6.7%	8.7%	3.2%	4.3%	6.3%	3.8%	4.5%	4.4%	2.5%	6.8%
7棟	0.0%	2.2%	1.6%	2.1%	6.3%	3.8%	6.0%	4.0%	3.8%	4.5%
8棟	6.7%	4.3%	4.8%	0.0%	0.0%	3.8%	4.5%	4.0%	3.8%	5.3%
9棟	0.0%	0.0%	3.2%	0.0%	0.0%	7.7%	4.5%	2.9%	1.9%	2.3%
10棟	0.0%	4.3%	0.0%	0.0%	0.0%	0.0%	0.0%	1.5%	1.3%	3.0%
11棟以上	6.7%	10.9%	19.4%	6.4%	12.5%	3.8%	20.9%	27.9%	28.7%	27.8%
1～2棟	73.3%	50.0%	48.4%	55.3%	50.0%	42.3%	37.3%	35.7%	34.4%	30.1%
10棟～	6.7%	15.2%	19.4%	6.4%	12.5%	3.8%	20.9%	29.4%	29.9%	30.8%

07 一集落当たりの建物数平均推移グラフ

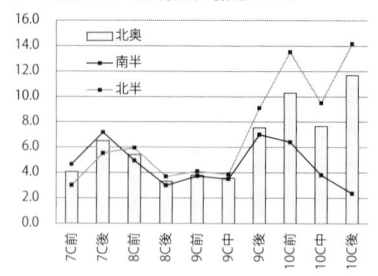

08 集落構成建物比率推移グラフ【北奥】

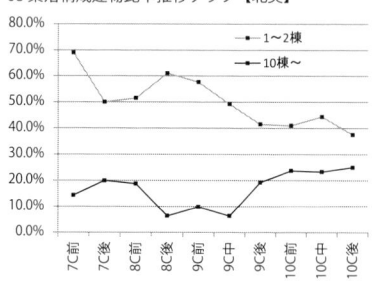

09 集落構成建物比率推移グラフ【北奥南半】

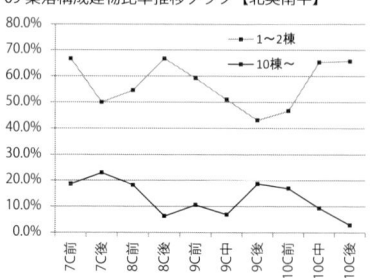

10 集落構成建物比率推移グラフ【北奥北半】

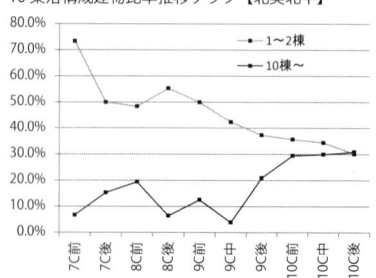

第 19 図　北奥における古代集落・竪穴建物数推移 2

世紀という時間幅や，直径40kmの空間域に埋もれてしまうことが予想されるものの，大局的には7世紀後半〜8世紀後半をピークとする波(第1の波)と，9世紀後葉〜10世紀前葉をピークとする波(第2の波)の二波が観察され，後者がより高くうねりも大きい[第22図01・02]。ピーク時期や波の強弱など多少の揺らぎはあるものの，こうした二峰性推移の在り方は各地域において共通してみられる。ただし，最初のピークは東西差(太平洋側・日本海側)[02]，二つ目のピークについては南北差(南半域・北半域)[01]が顕著であり，太平洋側あるいは南半域で集落・竪穴建物の増減や集落構成の変化が生じ，やや遅れて日本海側もしくは北半域に同様の変化が起きるようにも見える。このことは，自然・社会・政治・経済・技術等に関わる何らかの動因が前者の地域にもたらされて集落変動を惹起し，若干の時差をもって後者の地域に波及するという構図を予測させる。

それらの図式をより鮮明にするため，集落数・竪穴建物数ほか，一集落当たりの平均建物数(集落規模)・基準点平均比高(立地点)・建物平均面積(9世紀以降分)各項目の推移を変量とする多変量解析を行った。

項目間の相関分析では，集落数・竪穴建物数・集落規模間に高い正の相関が認められた[第22図03]。集落数・建物数・集落規模は同期することがうかがわれるが，南半域についてはこれらの動態と建物平均面積との間に高い負の相関，北半域については立地点との間に高い正の相関が認められた。各項目間の因果関係は不明であるが，集落・建物数の増加と中・大規模集落の比率上昇(集村化)，それらの減少と小規模集落の比率上昇(散村化)は表裏一体の現象とみなすことができる。

加えて南半域においては，相関分析にも表れているように，増加期に竪穴建物平均面積の縮小，減少期に拡大の傾向がみられる[第21図01]。平均面積の縮小は小型建物比率の増加[02]，拡大は大型建物比率の増加[03]ともほぼ同期することから，増加期に建物の小型化，減少期に大型化が進行するといってよいであろう。平均面積の増減幅は最大でも±30%前後に止まるが，ある程度家族構成の変化等が反映されている可能性がある。

また北半域については，集落・建物の増減と建物平均面積がさほどリンクしない一方，増加期に集落の高地化，減少期に低地化という立地点との相関が認

01 継続／新規集落数推移【北奥】

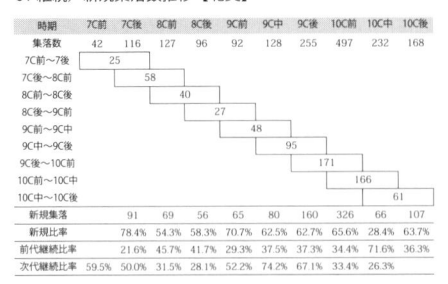

時期	7C前	7C後	8C前	8C後	9C前	9C中	9C後	10C前	10C中	10C後
集落数	42	116	127	96	92	128	255	497	232	168
7C前〜7後	25									
7C後〜8C前		58								
8C前〜8C後			40							
8C後〜9C前				27						
9C前〜9C中					48					
9C中〜9C後						95				
9C後〜10C前							171			
10C前〜10C中								166		
10C中〜10C後									61	
新規集落		91	69	56	65	80	160	326	66	107
新規比率		78.4%	54.3%	58.3%	70.7%	62.5%	62.7%	65.6%	28.4%	63.7%
前代継続比率		21.6%	45.7%	41.7%	29.3%	37.5%	37.3%	34.4%	71.6%	36.3%
次代継続比率	59.5%	50.0%	31.5%	28.1%	52.2%	74.2%	67.1%	33.4%	26.3%	

05 継続／新規集落数推移グラフ【北奥】

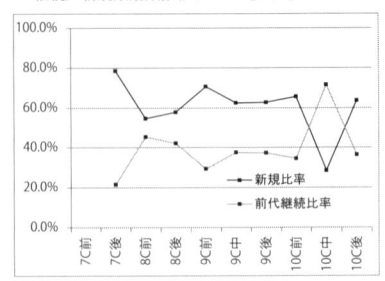

02 継続／新規集落数推移【北奥南半】

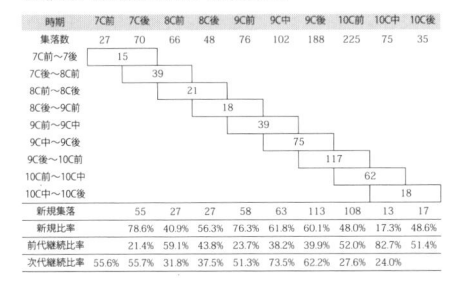

時期	7C前	7C後	8C前	8C後	9C前	9C中	9C後	10C前	10C中	10C後
集落数	27	70	66	48	76	102	188	225	75	35
7C前〜7後	15									
7C後〜8C前		39								
8C前〜8C後			21							
8C後〜9C前				18						
9C前〜9C中					39					
9C中〜9C後						75				
9C後〜10C前							117			
10C前〜10C中								62		
10C中〜10C後									18	
新規集落		55	27	27	58	63	113	108	13	17
新規比率		78.6%	40.9%	56.3%	76.3%	61.8%	60.1%	48.0%	17.3%	48.6%
前代継続比率		21.4%	59.1%	43.8%	23.7%	38.2%	39.9%	52.0%	82.7%	51.4%
次代継続比率	55.6%	55.7%	31.8%	37.5%	51.3%	73.5%	62.2%	27.6%	24.0%	

06 継続／新規集落数推移グラフ【北奥南半】

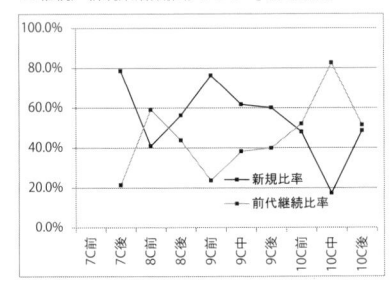

03 継続／新規集落数推移【北奥北半】

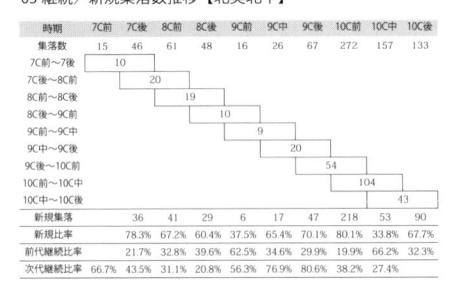

時期	7C前	7C後	8C前	8C後	9C前	9C中	9C後	10C前	10C中	10C後
集落数	15	46	61	48	16	26	67	272	157	133
7C前〜7後	10									
7C後〜8C前		20								
8C前〜8C後			19							
8C後〜9C前				10						
9C前〜9C中					9					
9C中〜9C後						20				
9C後〜10C前							54			
10C前〜10C中								104		
10C中〜10C後									43	
新規集落		36	41	29	6	17	47	218	53	90
新規比率		78.3%	67.2%	60.4%	37.5%	65.4%	70.1%	80.1%	33.8%	67.7%
前代継続比率		21.7%	32.8%	39.6%	62.5%	34.6%	29.9%	19.9%	66.2%	32.3%
次代継続比率	66.7%	43.5%	31.1%	20.8%	56.3%	76.9%	80.6%	38.2%	27.4%	

07 継続／新規集落数推移グラフ【北奥北半】

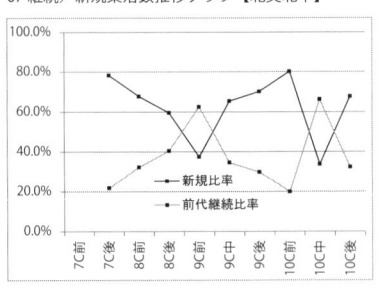

04 基準点との平均比高推移グラフ

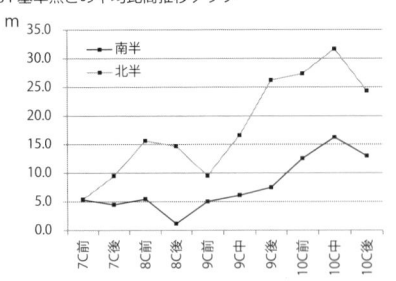

08 基準点±10m内立地集落比率推移グラフ

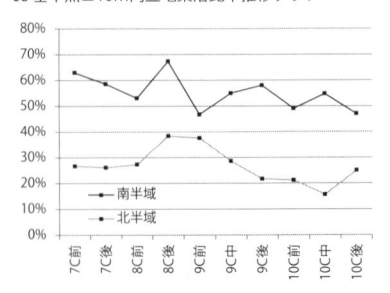

第 20 図　北奥における古代集落・竪穴建物数推移 3

められる。集落立地が生業，あるいは自然環境や社会情勢と不可分の関係にあるとすれば，集落・建物数増減の背景として，それらの変化に留意する必要がありそうである。

地域毎の集落数推移を変量とするクラスター分析では，近接地域が相似した動態を示すことによって，一部交錯がみられるものの，大きくは日本海側と太平洋側の2グループ，細分すると北半日本海側・南半日本海側・北半太平洋側・南半太平洋側の4グループに分類された[第22図04]。また，地域毎の竪穴建物数を変量とするクラスター分析では，北上川流域と津軽地域を対極として，それ以外の地域が一括りにまとめられた[05]。

地域毎の集落数推移を変量とする主成分分析では，とくに第2主成分得点(負荷量)において明瞭な地域差が認められ，＋方向に南半域，－方向に北半域の各地域が集中し，しかも南から北へおおむね緯度に沿って分布するように見える[第23図01]。±が逆転するものの，竪穴建物数推移を変量とする主成分分析についても同様の傾向がみられる[02]。第2主成分の解釈は困難であるが，先に予測した南からの要因の場合であっても，そのベクトルは北上するにしたがって減衰し，北緯40度ラインを変曲点として逆方向へ増幅する性質を帯びているらしい。あるいは，単方向ではなく北発信のベクトルを措定し，北緯40度ライン付近で南発信のベクトルと交錯するという双方向性の構図で理解すべきなのかもしれない。

いずれにしても，以下ではこうした南北差・東西差や各項目の相関関係の在り方を前提として，古代集落並びに竪穴建物の消長と背景について検討することにしたい。

(2) 集落・竪穴建物動態からみた古代北奥

7世紀前後，あたかも古墳時代の熾火に再び火が点るように，北上川〜馬淵川流域や三陸沿岸に古代集落が成立する。太平洋側に著しく偏ったその分布状況に，かつて古代王権あるいは古墳文化圏との間に培ったネットワークの再興を読み取りたい。胆沢・紫波・二戸・三戸といった拠点地域に中〜大規模集落がみられるものの，大半は1〜2軒で構成される小規模集落である。しだいに比率を減じるとはいえ，基本的には10世紀後葉に至るまでこうした最小単位

01 竪穴建物跡平均面積推移グラフ

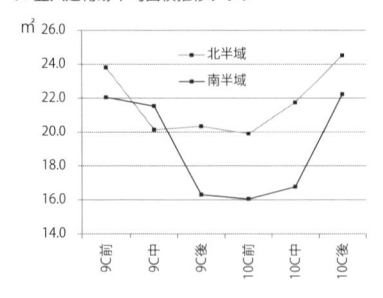

02 小形竪穴建物跡（＜20㎡）比率推移グラフ

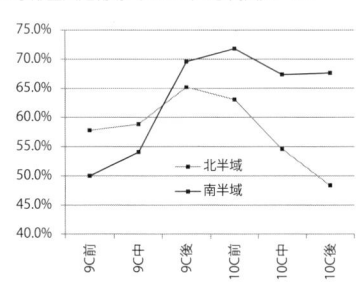

03 大形竪穴建物跡（50㎡＜）比率推移グラフ

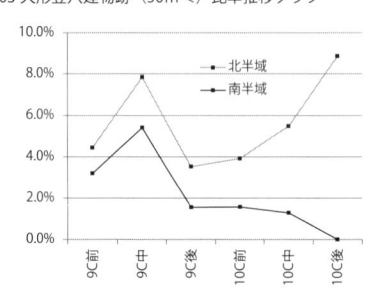

04 柱穴配置模式図（北東北古代集落遺跡研究会 2014 を改変）

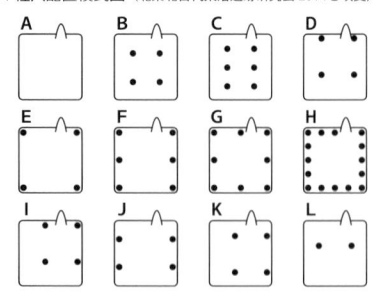

05 竪穴建物跡柱穴配置（A）比率推移グラフ

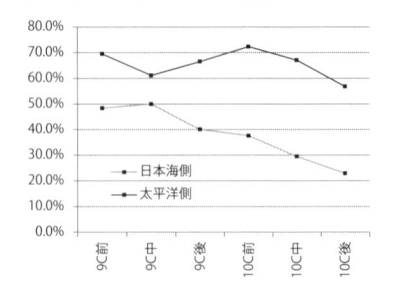

06 竪穴建物跡柱穴配置（E・F・G・H）比率推移グラフ

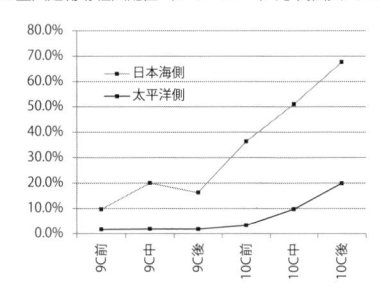

07 カマド方向の表記（北東北古代集落遺跡研究会 2014 を改変）

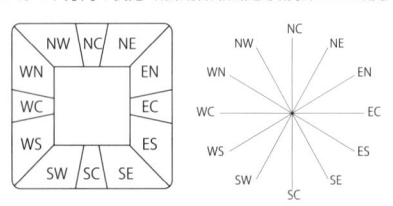

08 主軸方位の表記

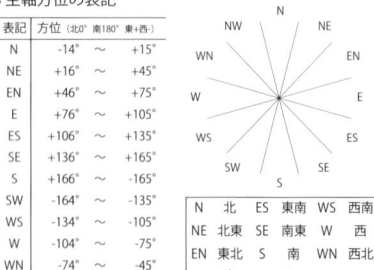

第 21 図　北奥における古代集落・竪穴建物数推移 4

集落が主体を占めることから［第19図04］，古代を通じて単婚家族単位の小規模集落が基本であり，散村的景観が普通であったと考えられる。

　比較的大型の建物を主体とする当該期の集落は河川や低地に近接して立地するものが卓越し，中核集落や近隣集落と協業しながらも，水田稲作を主体とする生業を個別的に営んでいたと想定される。生活様式や集落構成は折々に変化を遂げるが，集落立地の低地選好は古代を通じて一貫しており，とくに南半域においてその傾向が強い［第20図04・08］。古代集落が，基本的に水田稲作志向であることの表れであろう。もっとも北半域においては，次代以降，高地に立地するものも多く見られる。このような南北差は古代を通じて保持されるが，おそらくは生業構造を軸とした集落編成・政治体制の違いが反映されているものと推定される。

　続く7世紀後半〜8世紀前半には，太平洋側で集落・建物が急増し，日本海側や津軽海峡を挟んだ北海道においても古代集落が成立する。また，中〜大規模集落が増加すると同時に，建物の小型化が進行する。小規模集落と並行して，複数もしくは多数の家族から構成される半ば組織的な経営集落が伸張していく様子が看取される。また，北半域太平洋側では立地点の上昇が見られる。高地に拓かれた集落の担い手は，水田稲作に限らず，畑作や狩猟，手工生産など複合型の生業を営んでいたと考えられる。

　この頃，北奥の集落・竪穴建物数は，最初のピークを迎えるが，その時期は地域によって遅速がみられる。岩手県域が7世紀後半，三戸・九戸周辺が8世紀前半，それ以外の地域が8世紀後半となり，ほぼ古代集落成立の順序に対応しているようにも見える。だとすれば，第1の波は，それぞれ古代集落成立から約1世紀を経て，水田稲作に代表される食料増産が順調に進展し，人口が増加したことの反映とも考えられる。

　ピークに達した波はやがて下降に転じるが，退潮の時期もまた地域によってずれが生じている。8世紀後半における太平洋側の急減は，従来の拠点地域における中〜大規模集落の解体・拡散を伴っており，律令国家と北上川中流域の蝦夷の抗争「三十八年戦争」，ならびに戦中戦後の帰降蝦夷の内地移住政策「諸国移配」の影響も想定される（熊谷2007）。しかしながら，当該域での減少はそれ以前の8世紀前半から一部の地域で既に始まっており，必ずしも時期が一致

01 竪穴建物跡数推移グラフ（南北）

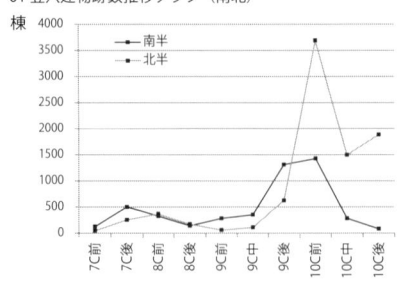

02 竪穴建物跡数推移グラフ（東西）

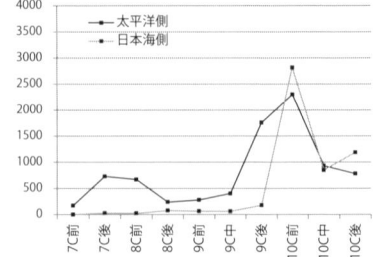

03 分析項目相関　＊EXCEL 2010 データ分析－相関－による

全域	集落数	竪穴建物数	集落平均建物数	基準点平均比高	建物平均面積
集落数	1.00				
竪穴建物数	0.98	1.00			
集落平均建物数	0.68	0.78	1.00		
基準点平均比高	0.66	0.69	0.80	1.00	
建物平均面積	-0.72	-0.55	-0.05	-0.17	1.00

全域	集落数	竪穴建物数	集落平均建物数	基準点平均比高	建物平均面積
集落数	1.00				
竪穴建物数	高い相関	1.00			
集落平均建物数	相関	高い相関	1.00		
基準点平均比高	相関	相関	高い相関	1.00	
建物平均面積	高い負の相関	負の相関			1.00

南半域	集落数	竪穴建物数	集落平均建物数	基準点平均比高	建物平均面積
集落数	1.00				
竪穴建物数	0.97	1.00			
集落平均建物数	0.63	0.76	1.00		
基準点平均比高	0.27	0.23	-0.07	1.00	
建物平均面積	-0.75	-0.77	-0.81	-0.44	1.00

南半域	集落数	竪穴建物数	集落平均建物数	基準点平均比高	建物平均面積
集落数	1.00				
竪穴建物数	高い相関	1.00			
集落平均建物数	相関	高い相関	1.00		
基準点平均比高				1.00	
建物平均面積	高い負の相関	高い負の相関	高い負の相関	負の相関	1.00

北半域	集落数	竪穴建物数	集落平均建物数	基準点平均比高	建物平均面積
集落数	1.00				
竪穴建物数	0.98	1.00			
集落平均建物数	0.86	0.88	1.00		
基準点平均比高	0.77	0.71	0.80	1.00	
建物平均面積	-0.25	-0.18	-0.05	-0.33	1.00

北半域	集落数	竪穴建物数	集落平均建物数	基準点平均比高	建物平均面積
集落数	1.00				
竪穴建物数	高い相関	1.00			
集落平均建物数	高い相関	高い相関	1.00		
基準点平均比高	相関	高い相関	高い相関	1.00	
建物平均面積					

04 集落動態クラスター分析

05 竪穴建物動態クラスター分析

北半日本海側	南半日本海側	北半太平洋側	南半太平洋側
サンプル名	サンプル名	サンプル名	サンプル名
東津軽・（浪岡） 西津軽・北津軽 南津軽・中津軽 鹿角 北秋田 上北・下北	山本 南秋田・河辺 仙北・平鹿・雄勝 九戸 閉伊・気仙	三戸・（おいらせ） 二戸 岩手・紫波	稗貫・和賀・（遠野） 胆沢・江刺・磐井

＊EXCEL 多変量解析
Ver7.0による
サンプル間の距離計算：基
準値のユークリッド距離
クラスター間の距離計算：
ウォード法

その他	北上川流域	津軽地域
サンプル名	サンプル名	サンプル名
西津軽・北津軽 鹿角 北秋田 山本 南秋田・河辺 仙北・平鹿・雄勝 上北・下北 二戸 九戸 閉伊・気仙	三戸・（おいらせ） 岩手・紫波 稗貫・和賀・（遠野） 胆沢・江刺・磐井	東津軽・（浪岡） 南津軽・中津軽

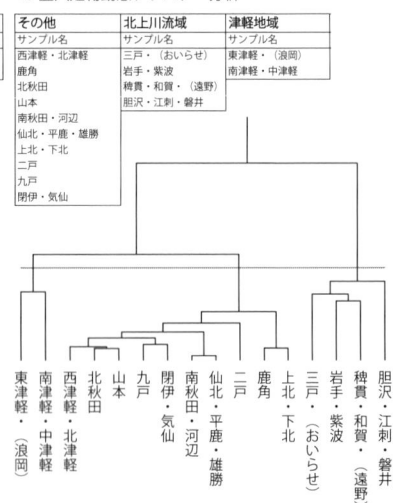

第 22 図　北奥における古代集落動態 1

しない。また，抗争の主舞台となった胆沢・江刺地域では微減にもかかわらず，むしろ以北の和賀・稗貫，紫波・岩手，二戸，九戸，三戸の減少幅が大きい点もいささか説明がつきにくいところである。

田中禎昭は，下総国大嶋郷の古代戸籍を用いた人口シミュレーションにより，8世紀前半における乳幼児人口の減少を析出するとともに，当該期が災異記録の頻出時期とかさなり，なおかつ自然科学分析による低温期に相当することから，東アジア全域に広がる気候寒冷化が災害・飢饉・疫病等の災異を多発させ，人口減少を引きおこしたものと想定している(田中 2013)。

8世紀前半における南半域の減少は，これらの状況に連動する可能性があるが，北半域は生業の複合等により影響が小さかったとも考えられる。六国史をはじめとする史料には，古代北奥における地震・噴火・洪水・大風等の自然災害ほか，凶作や飢饉に関する記事が頻出する。当該域にみられる同時的・広域的な集落・建物動態は，それらを一次的要因とする場合や，その反動による増減の可能性もあるだろう。米に依存した社会は，急速に人口が増加する反面，飢饉等によって一気に人口が失われる事態も想定され，その場合増減の振幅は大きくならざるを得ない。

8世紀後半の減少や集落継続率の低下についても，太平洋側の広範囲にわたることから，「三十八年戦争」等の人為的な要因ではなく，自然環境の変化によるものとみる説がある(八木 2011)。一方，当該期の日本海側では，集落・建物ともに倍増するとともに，沿岸部に小規模集落が出現する。その背景としては，雄勝郡・平鹿郡(・雄勝城?)の設置，出羽柵から秋田城への改称に見られるような秋田城体制の強化や，北海道への秋田産須恵器流入(鈴木 2016)などにうかがわれる秋田城交易の盛行が想定される。沿岸部の集落は，それらの中継港としての機能を担っていた可能性がある。

9世紀前葉には，南半域北上川流域に胆沢城・志波城等の城柵が新規に造営され，郡制が施行される。また既存の秋田城についても，大改修を経て官衙・生産機能の拡充が図られる(伊藤 2007)。これらの地域では，払田柵周辺を除いて集落・建物ともに一斉に増加に転じ，居住空間も水平・垂直方向に拡大する。それらの主体を担うのは，城柵周辺域の影響を蒙ったとみられる新形式の建物群から構成される新たな集落である。

01 集落動態主成分分析 ＊EXCEL 多変量解析 Ver7.0 による

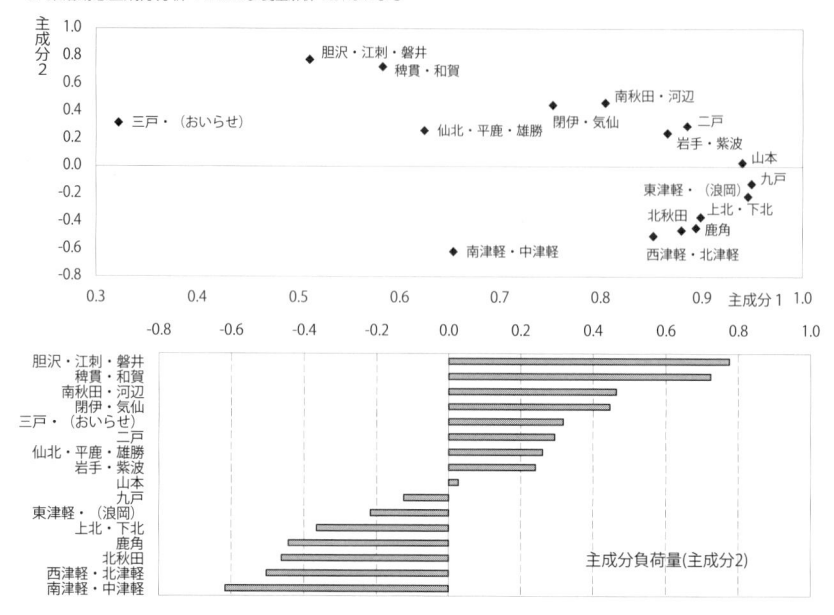

02 竪穴建物動態主成分分析 ＊EXCEL 多変量解析 Ver7.0 による

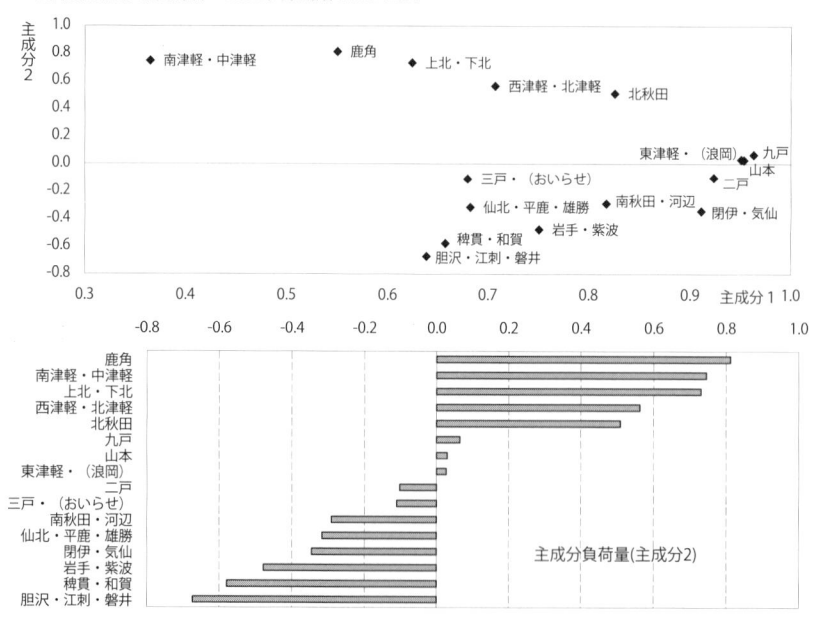

第 23 図　北奥における古代集落動態 2

　一方，北半域においては，高地集落を中心とした集落・建物の急減期に相当し，低地への回帰が鮮明となる。文室綿麻呂等による「爾薩体・弊伊(本稿の二戸・九戸・三戸・閉伊に相当ヵ)」征討，その前後の蝦夷移配策など，国家の支配強化の影響も考えられるが，前代から継続する集落では，ロクロ土師器や須恵器など新たな食器様式の一部は受容しながらも，建物構造をはじめとする生活様式や集落構成等については伝統的な在地社会の在り方が保持されている様子がうかがわれる。また，当該期の減少は太平洋側の二戸・三戸に止まらず，鹿角・北秋田，津軽・下北の沿岸集落など，北半全域に及んでいることから，より広域的な要因を求める必要があろう。

　9世紀前葉の北奥社会を単純化すれば，城柵設置や建郡を契機として新たな社会が到来する南半域と，従来の伝統が継続する北半域といった構図であるが，9世紀中葉には後者にも転機が訪れる。北半域では集落・建物が増加に転じるとともに，前代南半域で認められた新形式の建物出現や建物の小型化，集落立地の上昇といった諸々の現象が波及する。ロクロ整形坏の漸増や丸底タタキ調整のいわゆる出羽型甕，土馬・斎串等律令的祭祀に関わると考えられる遺物なども含めて，城柵や城柵周辺域との交流によって在地伝統に変容がもたらされたものととらえられる。また当該期，秋田城・払田柵を擁する雄物川流域では，集落・建物の急減がみられるが，この頃六国史ほかに頻出する出羽国における自然災害や凶作・飢饉，「国内黎氓，苦来苛政，三分之一，逃入奥地。」(『日本三代実録』元慶三年三月二日条)にみられるような出羽国公民の逃亡などが反映されている可能性もある。

　9世紀以降の竪穴建物の主軸方位については，おおまかに東(E)志向の北上川流域，北(N)・北西(NW)志向の馬淵川流域・閉伊・鹿角(10世紀中葉頃東南(ES)に転換)，南(S)・南東(SE)志向の秋田・米代川中下流域，東南(ES)志向の岩木川流域(西北(WN)から9世紀後葉頃東南(ES)に転換)に分類される。こうした地域性は基本的には10世紀後葉に至るまで維持されるが，当該期前後は北奥全域で主軸の流動化や転位が認められ[第9図]，次代における大躍進の萌芽期ととらえられる。

　続く9世紀後葉〜10世紀前葉は，第2の波がピークに達し，爆発的とも形容される新規集落・建物数の急増と集落規模・立地点(水平・垂直方向)の拡大，

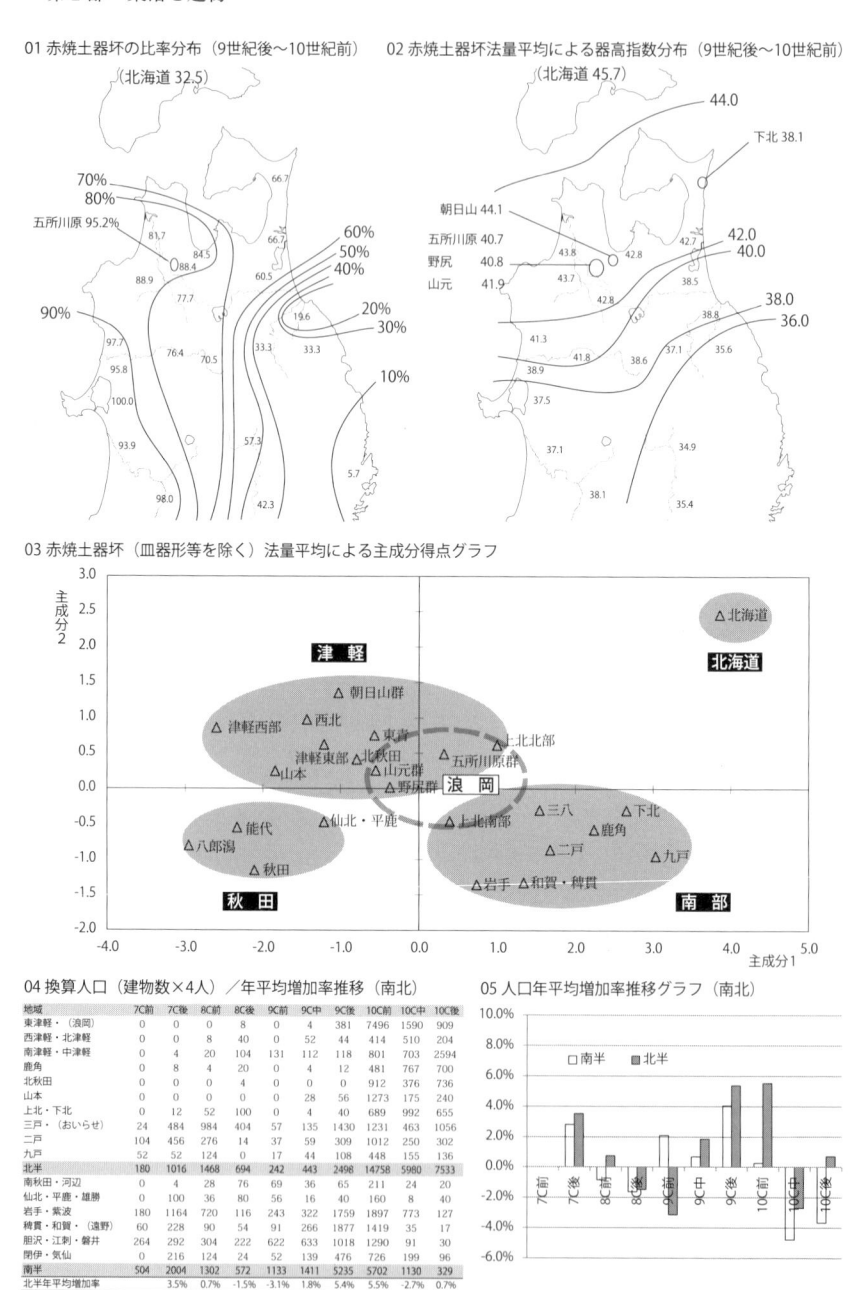

01 赤焼土器坏の比率分布（9世紀後〜10世紀前）

02 赤焼土器坏法量平均による器高指数分布（9世紀後〜10世紀前）

03 赤焼土器坏（皿器形等を除く）法量平均による主成分得点グラフ

04 換算人口（建物数×4人）／年平均増加率推移（南北）

05 人口年平均増加率推移グラフ（南北）

第 24 図　北奥における古代集落動態 3

中〜大規模集落比率の急上昇，建物の小型化・側柱建物の普及などが認められる。これらの現象については，「元慶の乱(878)」や「十和田 a 火山灰降下(915 ヵ)」などに伴う人口移動の結果と解釈されることが多いが(三浦 2007，丸山 2011 ほか)，当該期の増加現象は北奥一円で生じており，9 世紀後葉に太平洋側の和賀・稗貫，三戸地域，10 世紀前葉にそれ以外の地域で第 2 のピークを迎える。

　局地的な動向が，連鎖的に北奥全域に拡大することも想定し得るが，少なくとも土器分析上からは，浪岡など一部の地域を除いて各属性が東西あるいは南北に漸移的に推移しており(齋藤 2016)［第 24 図 01 〜 03］，先にみた集落・竪穴建物の動態クラスター・主成分分析結果とも調和的である。そこからは，東(西)から西(東)へ，あるいは南(北)から北(南)へといった大規模な人口移動や混乱の姿は見えてこない。第 2 のピークを演じたのも，基本的には以南の生活様式・文化を広範に受容しながらも，在地伝統を継承した人々と考えたい。

　ただし，当該期の集落・建物急増現象を，自然増のみで説明することが困難であるのは確かである。当該期の急増現象を主導する東津軽・(浪岡)では，500軒弱の野木(1)遺跡，250 軒余りの野尻(4)遺跡ほか，集落が極大化する時期である。それまでさほど利用されてこなかった地点に大挙して建物が現れ，「白頭山 - 苫小牧火山灰降下」前後の 10 世紀中葉にはほぼ終焉を迎える。その後現代に至るまで，居住域として利用されてこなかった地点もみられることからも明らかなように，元々水田稲作に適さない立地の集落が少なくない。生業の大部分は集落周囲の広大な台地・丘陵を利用した畑(焼畑)・狩猟・採集，あるいは山林資源を活用した鉄・木工・土器生産，あるいはそれらの生産物の交易に依存していたであろう。

　再生産力の低い土地における人口集中と生活消費は，たちまちのうちに飽和を迎え，資源の枯渇をもたらしたと想定される。結果として，短期間での集落移動や建物の建替を余儀なくされ，それらの生活サイクルの累積が，見かけ上の集落・建物数を肥大化させた可能性も考えられる。建物・土器の在地性(浪岡など一部地域を除く)や存続期間の短時性を踏まえれば，遠方からの集団移動というよりも，近隣あるいは中距離内に生活していた人々の一時的・臨時的な凝集ととらえたほうが，当該期の変異を解釈しやすいように思われる。すなわち，当該期の状況は，人口急増というよりは，何らかの要因によって建物の一時

的凝集と建替頻度の上昇がもたらされたことによって生じたものと推定したい。当該期の突出をそのように説明できるとすれば，北奥の古代社会は，7 世紀前葉から 10 世紀後葉にかけて，自然増減と若干の社会増減によって振幅を繰り返しながら，順調に成長を続けたとも解釈しうる［第 18 図 05・07］。

　10 世紀中葉〜後葉の急減は，このころ城柵の機能が停止する南半域が主導する。西日本では 9 世紀前半，東日本では 9 世紀後半〜 10 世紀前半に古代集落が一斉に衰退することを勘案すれば（坂井 2008），やや遅れるものの南半域の減少も，平地式建物や掘立柱建物等への移行も含めて，そうした律令内の汎的な在り方に連なるものともとらえられる。北半域においても，巨大集落の解体と同時に，集落・建物数の急減，居住域の拡散・建物の大型化等の現象が認められるが，そうした極端な揺り戻し現象は，建替頻度の上昇を伴う一時的凝集の終了と反動を意味するのであろう。

　10 世紀後葉北半域では，溝・壕等の区画施設を有する「区画集落（いわゆる「防御性集落」）」が盛行する。それらの特殊集落を招来した要因が如何なるものであったかは想像の域を出ないが，水田稲作・穀類への依存度の高まりが遠因の一つではないだろうか。それらの多くは水田稲作に適した沖積地に近接し，9 世紀後葉〜 10 世紀前葉にみられる凝集的集落とは質的に異なった集村的景観を呈する。区画集落は，単なる個別経営体の集合ではなく，共同経営体ととらえられ，しかも小河川ごとの集落共同さえも看取される（齋藤 2007）。個別分散的な経営の在り方から，灌漑・水田の複雑化，大規模化に伴う協業・集約的な農耕生産段階へ到達したことを予想させるものであり，区画集落の成立を考えるにあたっては，そうした新たな集落体制の成立と農耕社会の深化にも留意する必要がある。これらの集落は，中世城館や近世村落に展開する場合も往々にして見られることから，むしろその後の動態の起点と理解すべきである。

　北奥の古代集落は，おおむね 11 世紀代のうちに終焉を迎え，以後の動向については集落・建物・土器ともに不詳となり，考古学的古代文化の終焉，もしくは中世社会の始まりに位置付けられる。

おわりに

　以上，紙幅を費やして北奥における 7 〜 10 世紀間の集落・竪穴建物の分布や推移を検討した。もちろんこれらはあくまで現状の遺跡分布・調査に依拠した考察であって，地理的要因や調査地点・原因の偏向に伴うバイアスに留意する必要があるのは当然である。

　例えば，第 24 図 04・05 は，竪穴建物 1 軒当たり 4 人で換算したものであるが，これらから導かれた人口年平均増加率は − 4.8％〜＋ 8.9％となる[7]。ちなみに，古記録の出挙稲数や田積数等から古代人口を推計した鬼頭宏は，陸奥国（青森・岩手・宮城・福島）が 725 年 206,500 人，800 年 186,000 人，900 年 372,900 人，出羽国（秋田・山形）が 725 年 78,000 人，800 年 80,300 人，900 年 189,300 人としているが（鬼頭 2000），これらの年平均増加率は − 0.14％〜＋ 0.86％の比較的低い数値となる。また，正倉院所蔵の「大宝二年御野（美濃）国加毛郡半布里戸籍」を基に大宝 2 年（702）の人口を解析したファリスの試算では，1 年あたりの出生率 51.21‰（5.1％）−死亡率 40.21‰（4.0％）＝成長率 11‰（年平均増加率；＋ 1.1％）となっている（今津 2010）。

　これらと比較した場合，先に推計した北奥の年平均増加率は，増減ともに明らかに過大である。今後の検出例の増加にしたがって，増減幅が適正値に収束することが予想されるとともに，竪穴建物を対象とした動態論の成立自体への疑義も提起されよう。それでも，現時点の理解では，古代北奥の一般集落の主体を占めるのは竪穴建物である。建物推移が人口動態を相対的に表現するものと措定しておきたい。

　集落・建物の動態パターンからは，北緯 40 度付近を境界とする南北差，奥羽山脈を境界とする東西差という都合 4 グループに分類されたが，それらは土器属性の分析結果とも調和的である。南奥と対置される北奥地域であるが，その内実は決して等質ではなく，政治体制も含めた社会の在り方がグループ毎に異なっていたことが予想される。

　南半域においては，7 世紀前後の古代集落成立当初から，水田稲作を志向した集落と社会が大勢を占める。太平洋側（陸奥国）では，その成熟段階に相当す

る 9 世紀前葉に城柵・郡が設置され，周辺域は新形式の建物から構成される集落が増加する。日本海側(出羽国)においても，平鹿周辺はそうした傾向に連なるが，秋田城・払田柵については必ずしも集落動向と同期しない側面もみられる。八木光則氏は，奥羽両国間の城柵について，選地や細部構造の相違点から機能の違いを論じているが(八木 2016)，周辺集落との関係についても同様の差異が認められる。

　北半域においては，二戸・三戸地域を中心とした太平洋側では，いち早く 7 世紀前後に古代集落が成立するとともに，複合型生業を営んでいたと想定される高地集落もみられる。古墳時代から継起する南半域とのネットワークを通じてある程度以南の文化を受容している様子がうかがわれるが，在地伝統は後代まで色濃く遺存する。一方，津軽地域を中心とする日本海側では，一段階遅れて 7 世紀後半〜 8 世紀前半に水田稲作を主体とする集落が出現するが，南半域との交流を通じて比較的早く在地性が失われ，新形式の建物構造が普及する。

　城柵・郡設置を契機とした新たな潮流は，9 世紀後葉〜 10 世紀前葉にかけてピークを迎えるが，その直後に退潮を迎え，南半域は古代集落の終焉，北半域においては区画集落を主体とした新たな集落体制が成立する。以上を俯瞰するならば，7 〜 8 世紀にかけて北奥各地に古代前期集落が成立し，9 世紀前葉の城柵・建郡期を経て中期集落が出現・拡大，10 世紀後葉城柵体制の終焉前後に後期集落が成立，11 世紀代に中世的集落・建物へ転換するという流れが読み取れる。

　本稿では，集落・竪穴建物のマクロな動態を概観し，集落・建物構造ほか種々の視点からその意味を検討することによって，北奥の古代史復元を試みた。しかしながら，単なる推移の記述に終始し，それらの動態をもたらした要因や動機の根拠が脆弱という憾みがある。より精細な考古学的属性をベースに，文献史学の成果や自然[8]・社会現象等に関わるパラメータを加味した方法論を模索し，仮説モデルを構築しながら総合的に検討することによって，それらを克服する必要があろう。

註
1)　本稿では，陸奥国・出羽国北部(青森・岩手・秋田 3 県)の意味で用いる。また，おおむね北緯 40 度以南の地域を「南半域」，以北の地域を「北半域」，あるいは奥羽山脈以東を「太

平洋側」，以西を「日本海側」とも称する。「閉伊・気仙」については，歴史的経緯からすれば北半域に含めるべきであるが，本稿では緯度に基づき南半域に含めた。

2) 9世紀以降については，北東北古代集落遺跡研究会 2014 付属データに基づき，竪穴建物跡の形態・属性等の動態についても述べることにする。

3) 円面積は，竪穴建物数(整数)に正比例する。なお，按分等に伴う小数点以下は切り上げて，整数値とした。

4) ほぼ徒歩による一日の移動距離に相当する。したがって，域内の周辺から周辺まで，もしくは中心－周辺間の往復が1日で可能な領域ということになる。

5) 本稿で述べる集落規模は，各時期 1/3 ～ 1/2 世紀間に存在する竪穴建物数に基づいており，必ずしも同時存在を意味するわけではない。あくまでも見かけ上の集落規模ということになる。

6) 古代集落ならびに旧市町村役場の標高については，国土地理院が提供する「数値標高モデル 10 mメッシュ」より取得したため，実際の標高と一致しない場合がある。また，急傾斜地ほど誤差が大きくなることが予想される。

7) 年平均増加率は，以下の EXCEL 計算式で求めたものである。時期差については7・8世紀 50 年，9世紀以降 33 年で計算した。なお，本稿では竪穴建物1軒当たりの居住人員を4人として換算したが，居住人員を変更しても年平均増加率はさほど変わらない。

年平均増加率 ＝ (前代人口 / 後代人口) ^ (1/時期差) -1

8) 炭素同位体等を用いた自然科学による古代気温復元研究は，近年急速に精度を増しており，考古学的現象に関する解釈に際しても大きな役割を果たすことは間違いないが，本稿では最小限の活用に留めた。というのも，考古学的に気候変動の影響を裏付ける方法論が限定される現段階では，仮に集落や竪穴建物の減少といった現象が，寒冷期に相当すれば凶作や飢饉，温暖期に相当すれば旱魃や多雨洪水の影響といった，循環論・結果論に陥らざるを得ないからである。

引用文献

伊藤武士 2007 「九世紀の城柵」『九世紀の蝦夷社会』髙志書院

今津勝紀 2010 『時空間情報科学を利用した古代災害史の研究』平成 19 年度～平成 21 年度科学研究費補助金(基盤研究(C)課題番号 19520574)研究成果報告書

北東北古代集落遺跡研究会 2014 『9 ～ 11 世紀の土器編年構築と集落遺跡の特質からみた，北東北世界の実態的研究』

鬼頭宏 2000 『人口から読む日本の歴史』講談社

熊谷公男 2007 「蝦夷俘囚移配策の変遷とその意義」『九世紀の蝦夷社会』髙志書院

齋藤淳 2007 「北奥における生業活動の地域性について」『古代蝦夷からアイヌへ』吉川弘文館

齋藤淳 2016 「土器からみた地域間交流」『考古学リーダー 25 北方世界と秋田城』六一書房

坂井秀弥 2008 『古代地域社会の考古学』同成社

鈴木琢也 2016 「須恵器からみた古代の北海道と秋田」『考古学リーダー 25 北方世界と秋田城』六一書房

田中禎昭 2013 「古代戸籍にみる人口変動と災害・飢饉・疫病－8世紀初頭のクライシス－」『環境の日本史 2』吉川弘文館

丸山浩治 2011 「テフラを指標とした古代集落研究の方法－青森県の平安時代集落を例に－」『弘前大学大学院地域社会研究科年報』第 8 号

三浦圭介 2007 「津軽地方における古代社会の変質とその様相－特に九世紀後半から十世紀前半にかけ

　ての変質について－」『古代蝦夷からアイヌへ』吉川弘文館

八木光則 2011「古代北日本における移住・移民」『海峡と古代蝦夷』高志書院

八木光則 2016「城柵構造からみた秋田城の特質」『考古学リーダー 25 北方世界と秋田城』六一書房

竪穴・掘立柱併用建物の成立と展開

高 橋 　 学

はじめに

　古代の竪穴建物には，これと接続あるいは並列する位置に掘立柱建物が建ち，両者が一体となって機能したであろう遺構がある。本例は，1987 年に発掘調査された青森県上北郡六ヶ所村の発茶沢(1)遺跡で「竪穴住居跡に付随する掘立柱建物跡」として最初に注目された(青森県埋文 1988)。建築史学者の高島成侑は，同遺跡の報告書において「これまでに知られていないような形の住居跡が検出されたことは，建築史の面からも極めて興味のある事例」(高島 1989)と評した。その後，同種の遺構については若干の論考(高橋 1989，木村 2000，高橋 2001 など)が示され，2010 年には文化庁記念物課が監修した『発掘調査のてびき－集落遺跡発掘編－』において，初めて「竪穴・掘立柱併用建物」との名称が与えられた。

　竪穴・掘立柱併用建物跡は，北海道，東北，北陸(新潟・富山・石川)で確認され，北は北海道石狩低地帯(札幌市)，南は福島県中通り南部(矢吹町)，西は石川県北加賀(白山市)にある[1]。抽出した遺跡数は 141，遺構検出数は 611 棟である。構築の時期は 1 棟のみ 4 世紀，他は 7 世紀初頭から 11 世紀代に収まる。分布の中心は青森県西部の津軽地域に求められ，棟数では全体の 55%（336/611）を占める。次いで北緯 40 度以北の東北北部にあたる青森県東部(上北・八戸)，岩手県北部(二戸)，秋田県北部(米代川流域)に広がりをもつ。津軽を含む東北北部での棟数は，全体の 78%（476/611）に達する。

　本稿は，竪穴・掘立柱併用建物(以下では，併用建物と略記)と命名された遺構に着目し，建物構造や機能を推定した上で，その成立と展開について私見を整理するものである。

1.　形態分類とその特徴

　併用建物を観察すると，竪穴に付設されたカマドと掘立柱の配置や付帯施設（外周溝，周堤）の有無でいくつかの型に分けられる。最初に竪穴のカマドと掘立柱(H)の位置関係から 3 分別する。

　　H1 型：カマドの設置される竪穴壁面側に掘立柱が接続あるいは並列

　　H2 型：カマド設置壁の相対する壁面側に掘立柱が接続あるいは並列

　　H3 型：カマド設置壁に隣り合う壁面側に掘立柱が接続あるいは並列

　接続とは文字どおり両者が結合・連結した建物，並列は近接するものの別棟として並存した建物を想定しているが，接続と並列の明確な分離はできない。なお，カマドの位置が不明確・未確認である場合も便宜的に H1 型に含めている。

　次いで，併用建物の外側に溝(外周溝：G)を巡らせるものは HG，盛土(周堤：S)を築くものは HS とする。HG・HS 共に掘立柱は，1 例を除いてカマド設置壁側に接続する H1G・H1S 型である。

　なお H1・H2 型には，まれに掘立柱内に竪穴の一部が入り込む検出例があり，H1N・H2N 型として第 1 表の備考欄に示した。また，掘立柱の内側に竪穴が入れ子状に納まる事例もあり，これを H0N 型とした。本型は接続・並列という分別基準から逸脱するが，掘立柱内に高低差のある 2 種類の床面空間が存在することから抽出したものである。これには「竪穴外柱穴をもつ竪穴建物跡」(桐生 2005)とされる遺構の一部を含む [2]。

　一方，併用建物が確認された遺跡には，竪穴を掘立柱に置き換えた掘立柱 2 連棟の建物跡が混在することがあり HH 型とした。本型を抽出したのは，後述する青森県の野尻(3)遺跡での検出例を受けてのことである。ただし，遺跡内で掘立柱 2 連棟のみが確認された場合，本型として抜き出してはいない。

　次に分類毎に抽出した併用建物の分布，時期と特徴についてまとめる。以下における遺跡名の次の[　]内数字は，第 1 図と第 1 表に示した遺跡番号と同じであり，文末の【併用建物検出遺跡所収文献】番号とも合致させている。

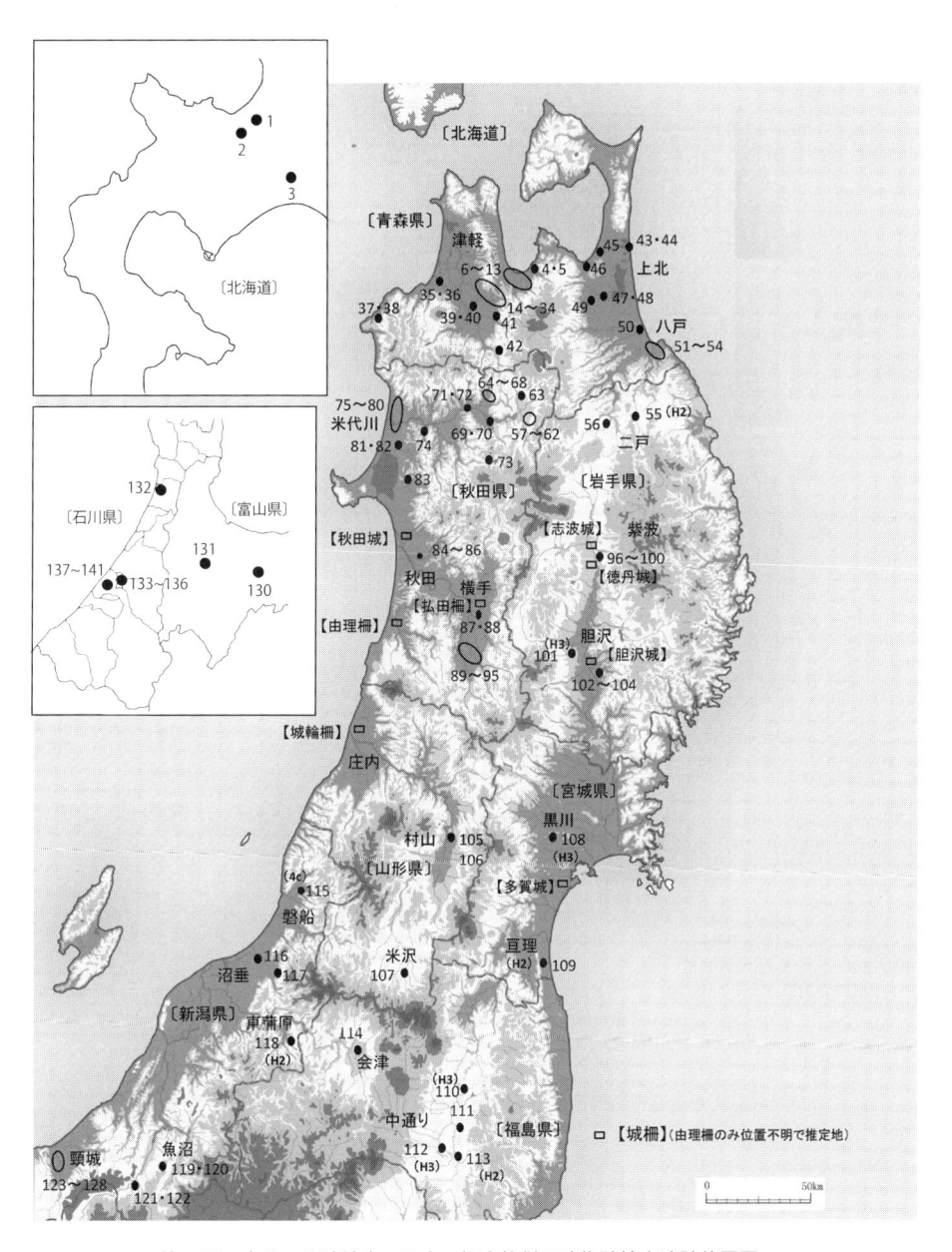

第1図　東北・北陸地方の竪穴・掘立柱併用建物跡検出遺跡位置図

第2部 集落と建物

第1表 併用建物跡検出遺跡一覧

道県名	市町村	地域	番号	遺跡名	遺構数	H1	H1G	H1S	HON	H2	H3	HH	時期	備考
北海道	札幌市	石狩低地	1	H519	3	2	1						10c前~後	建物北
			2	C504	1			1					8c後~9c前	カリンバ型柱穴配置
	千歳市		3	キウス9	1				1				8c後	カマド北壁中央
青森県	青森市	浪岡地区 津軽	4	宮田館	3	3							10c前~後	
			5	山下	1								10c前	
			6	岩渡小谷(2)	1		1						10c前	
			7	朝日山(2)	2	1	1						10c中~後	
			8	朝日山(3)	10		10						10c前~中	斜面上位側にのみ外周溝
			9	野木(1)	6	2	2			2			10c前	
			10	近野	20	6	13					1	9c後~10c前	H1の1棟のみ建物北(総柱)
			11	三内丸山	1	1							10c前	
			12	高間(1)	1	1							10c前	
			13	新城平岡(4)	1	1							10c前	
			14	山元(1)	1	1							10c中	
			15	山元(2)	4	2				2			10c前	H2はカマド南壁中央(建物北)
			16	山元(3)	1	1							10c前	
			17	野尻(1)	42	2	40						9c後~10c前	H1G1棟のみ9c後、他は9c末以降
			18	野尻(2)	2		1			1			9c中~10c前	H2が9c中でカマドは北壁
			19	野尻(3)	18	2	15						10c前~後	H1の1棟が10cで、他は10c前
			20	野尻(4)	109	5	104						9C後~10c中	H1G1棟のみ10c中、他は9c末以降、H1G棟のみ建物北
			21	羽黒平(1)	13	5	8						10c前~後	
			22	松元	1		1						10c	
			23	山本	1		1						10c前	
			24	高屋敷館	9	7	2						9c後~10c後	H1の1棟のみ9c後、他は10c前~後
			25	中平	26	11	15						9c末~10c後	H1型竪穴1棟にロクロピット
			26	上野	3	3							10c前~後	
			27	熊沢溜池	8	6	2						10c前~後	
			28	松山	2		2						10c前	
			29	源常平	1				1				10c前	
			30	下石川平野	6	6							10c前	
	五所川原市		31	隈川(3)	2		2						10c前	
			32	隈川(4)	5	1	3			1			10c前	竪穴4棟にロクロピット
			33	隈無(8)	2		2						10c前	
	つがる市		34	八重菊(1)	2	1				1			10c中	
	鰺ヶ沢町		35	外馬屋前田(1)	2	1							10c前	H1は総柱建物
			36	金沢街道沢(1)	1	1							10c後	
	深浦町		37	尾上山	1	1							10c中	竪穴内から製塩土器
			38	蘆野	3	2	1						10c中	
	弘前市		39	下恋塚	1	1							10c前	
	黒石市		40	宇田野(2)	5	5							10c前	カマド隣壁に出入口
	平川市		41	赤坂	9	5	4						10c前~中	
			42	永野	10	10							10c前~後	
	六ヶ所村	上北	43	上尾駮(2)	1								10c前	H1N型
	野辺地町		44	発茶沢(1)	10	4		6					10c前	
			45	向田(35)	14	7		7					10c後	カマド側壁に出入口
			46	坊ノ塚(2)	1	1							10c前	
	東北町		47	赤平(2)	5	5							10c中	
			48	赤平(3)	4	4							10c中	1棟は竪穴内に鍛冶炉
	七戸町		49	倉越(2)	9	9							10c中	
	下田町	八戸	50	中野平	5	1				4			9c後、10c前	H2が9c後でカマド北壁中央、H1のカマドは南壁
	八戸市		51	櫛引	1					1			10c前	
			52	岩ノ沢平	5					4	1		9c後~10c前	H2はカマド北壁か東壁の中央
			53	牛ヶ沢(4)	1					1			9c後	
			54	田面木	1					1			9c後~10c前	
岩手県	二戸市	二戸	55	上田面	1				1				8c	カマド北壁中央
			56	飛鳥台地Ⅰ	1	1							9c後	
秋田県	鹿角市		57	北の林Ⅰ	3	2					1		10c中	
			58	北の林Ⅱ	3	3							10c中	
			59	中の崎	1	1							10c前	
			60	一本杉	1					1			10c前~中	あるいはH3
			61	柴内館	2	2							10c前	
			62	物見坂Ⅱ	2	2							10c前	
	小坂町	米代川	63	はり米館	3	2					1		11c	H2は建物内に鍛冶炉
秋田県	大館市		64	粕田	1	1							10c中	建物総柱、カマド位置不明
			65	大館野	5	3			2				10c前~後	
			66	釈迦内中台Ⅰ	7	7							10c前~中	
			67	狼穴Ⅲ	2	2							10c中	
			68	扇田道下	19	19							10c前	
			69	片貝	5	5							10c初	1棟の竪穴から棒状稟(錘石)
			70	片貝家ノ下	1	1							10c初	915年の火山泥流堆積物で埋没

県名	市町村	地域	番号	遺跡名	遺構数	H1	H1G	H1S	HON	H2	H3	HH	時期	備考
秋田県	北秋田市	米代川	71	からむし岱I	2	2							10c後	H1N型1棟
			72	小勝田館	1	1							9c末	
			73	地蔵岱	1							1	11c	竪穴内に鍛冶炉
	能代市		74	烏野	2	2							10c前	
			75	腹鞍の沢	2	2							9c末	
			76	ムサ岱	1	1							10c前	
			77	福田	1				1				10c前	H2N型、建物北
			78	十二林	1	1							10c前	建物内に土器焼成遺構
			79	上の山II	7	5		1			1		10c前	H1N1棟、H1とH3各1棟が建物北
	八峰町		80	湯ノ沢岱	4	3			1				10c前	竪穴内に鍛冶炉
			81	扇田谷地	1				1				10c前	
	三種町		82	狐森	1	1							11c	竪穴から内耳鉄鍋
			83	小林	2						1	1	10c前	竪穴内に鍛冶炉
	秋田市	秋田	84	深田沢	1	1							9c中	
			85	地蔵田A	2	2							10c前	
			86	黒沼下堤下館	1	1							10c後	竪穴から棒状礫（錘石）
	大仙市	横手	87	払田柵	1	1							9c中	城柵（801年頃創建）
	美郷町		88	根子荒田I	2	2							9c中	払田柵の南西約4.5km
	横手市		89	田久保下	1		1						9c中	掘立側斜面上位のみに外周溝
			90	赤川沼頭	4		3						9c前	
			91	大見内	1	1							9c前	
			92	水尻	2	1							9c中	
			93	柄内	1	1							9c中	
			94	会塚田中B	11	5						6	9c初～前	建物内に土師器焼成遺構
			95	中村I	3	2						1	9c前～後	
岩手県	盛岡市	紫波	96	志波城	1	1								城柵（803年創建）
			97	大島	2					2			8c中、9c後	1棟はH2G型、志波城の南東約3.5km
			98	台太郎										H2、H3の可能性もあり、志波城の東約2.5km
			99	小幡	1	1							9c後～10c初	志波城の東約0.8km
	矢巾町		100	館	1	1								城柵（徳丹城）東側隣接地、建物北
	北上市	胆沢	101	岩崎台地	3						3		9c中～10c初	
	奥州市		102	伯済寺	1	1					1		9c後	城柵（胆沢城）南側隣接地
			103	矢中I	1		1						9c前～後	胆沢城の南東約3km
			104	林前南館	1					1			9c末～10c前	あるいはH3
山形県	村山市	村山	105	西原C	4	2						2	9c前～中	HHのうち1棟はHHG型
	東根市		106	沼袋	1	1							8c中	西原Cの南約3km
	米沢市	米沢	107	西谷地b	4	3		1					8c末～9c前	
宮城県	大衡村	黒川	108	亀岡	1								10c初	
	山元町	亘理	109	熊の作	1					1				掘立柱内に被熱面あり
福島県	郡山市	中通り	110	皆屋敷	1						1		9c	
	須賀川市		111	沼平東	3	3							9c中	いずれもカマドなし
	天栄村		112	芹沢	1								8c	
	矢吹町		113	小又	1					1			9c中	カマド西壁中央
	会津坂下町	会津	114	能登	1								8c中	土器構成は北陸の影響
新潟県	村上市	磐船	115	下新保高田	1	1							4c	カマドなし
	聖籠町	沼垂	116	山ノ三賀II	4	4							8c前～末	H1N1棟
	新発田市		117	坂ノ沢C	1				1				9c後～10c前	H1N型
	阿賀町	東蒲原	118	向大浦	1					1			9c後～10c前	カマド東壁北寄、建物北
	南魚沼市	魚沼	119	糸屋	1								10c末～11c初	
	十日町市		120	馬場上	3	3							9c中	H1N2棟
	津南町		121	大割野谷内田B	1	1							9c前	
			122	相吉	1	1							10c末～11c前	
	上越市	頸城	123	延命寺	2		2						7c初～前	カマド未確認
			124	等仙寺	1	1							9c前	
			125	三角田	1		1						8c前	HHG型、カマド未確認
			126	栗原	3	2			1				8c前～後	頸城郡衙推定地
	妙高市		127	倉田	2	2							7c、8c前	
	糸魚川市		128	東沖	3	3							8c前～9c前	
				岩野下	1					1			9c末～10c前	栗原の西約35km、第1図幅外
富山県	富山市	婦負	130	亡倉D	1	1							9c後	H1N型
	砺波市	砺波	131	泉	2	1							8c後	
石川県	宝達志水町	能登	132	宮向山	2					2			8c前後	
	野々市市	北加賀	133	栗田	8	1			6				8c前～9c後	H2は建物北
			134	下新庄アラチ	8	2			6				8c前～9c前	栗田の南約0.5km、H1の1棟はH1N型
			135	上林新庄	4	3			1				7c初～9c前	下新庄アラチの南約0.2km、H1の1棟が建物北
			136	上新庄ニシウラ	2	1			1				8c	上林新庄の南約0.4km、H1はH1N型で建物北
	白山市		137	北安田北	6	2				1	1	2	7c後～8c中	4棟が建物北
			138	法仏	1	1							9c前	北安田北の南約1km
			139	中村ゴウデン	1	1							9c前	北安田北の南東約1.5km
			140	源波	1	1							8c前	北安田北の東約1.5km、建物北
			141	三浦・幸明	6	1			3	1	1		7c後～8c後	北安田北の南約3.5km、H1・2・3の3棟は建物北
					611	265	241	14	27	29	21	14		※建物北＝竪穴の北側に掘立部が位置

⑴ H1 型・H1G 型・H1S 型

　H1 型は対象域内に広く分布し，検出総数のうち 43％（265/611）に達する（第 2 図）。このうち 73％（194/265）は東北北部に集中する。構築時期は 4 世紀〜11 世紀代に及ぶものの，明確にカマドを伴う事例は，8 世紀前半が最古となる[3]。これは，石川・北加賀の北安田北 [137] にあり（第 17 図⑤），併用建物分布域の西限に位置する。

　H1 型のうち，掘立柱内に竪穴の一部が入り込む H1N 型は 10 例あり（第 5 図①〜④），東北北部（青森・上北，秋田・米代川）と北陸（新潟・沼垂と魚沼，富山・婦負，石川・北加賀）でのみ確認された。前者は 3 遺跡 3 例で 10 世紀代，後者は 6 遺跡 7 例で 8 世紀前半〜9 世紀前半となる。

　H1G 型は総数の 39％（241/611）を占める（第 3 図）。そのうちの 95％（230/241）は青森・津軽での検出例である。同型は津軽で，竪穴＋掘立＋外周溝のいわゆる「三点セット」と称される。外周溝は両建物を取り囲んで全周するものはないが，竪穴の三方を巡らせ，掘立柱側に開口部をもつ事例が多い。構築時期は，新潟・頸城の延命寺 [123] での 7 世紀初頭〜前半を初出とするが，カマドは未確認である（同①）。カマドが確認できる例では，山形・米沢の西谷地 b [107] の 8 世紀末〜9 世紀初頭がある（同②）。一方，津軽では 9 世紀後半〜10 世紀後半の構築である（同④〜⑥）。

　H1S 型は分布が限定され，北海道と青森・上北 2 地域の 3 遺跡から 14 棟が確認されたのみである（第 4 図）。前者は C504 [2] の 1 棟であり，竪穴側三方に二重の周堤が巡る（同①）。8 世紀後半〜9 世紀前半の構築とされる。後者は発茶沢⑴ [44] で 10 棟のうち 6 棟が H1S 型（同②），他が H1 型であり，向田㉟ [45] では 14 棟のうち，7 棟が H1S 型（同③），他が H1 型であった。これらの周堤は竪穴側三方あるいは二方に認められるが，いずれも一重の配置である。構築時期は発茶沢⑴が 10 世紀前半〜中頃，向田㉟は 10 世紀後半とされる。

　以上，カマドの設置される竪穴壁面側に掘立柱が接続する H1・H1G・H1S 型は総数の 85％（520/611）を占めている。

⑵ H0N 型

　掘立柱内に竪穴が納まる H0N 型は総数 27 棟であり（第 5 図③〜⑧，第 17 図③），

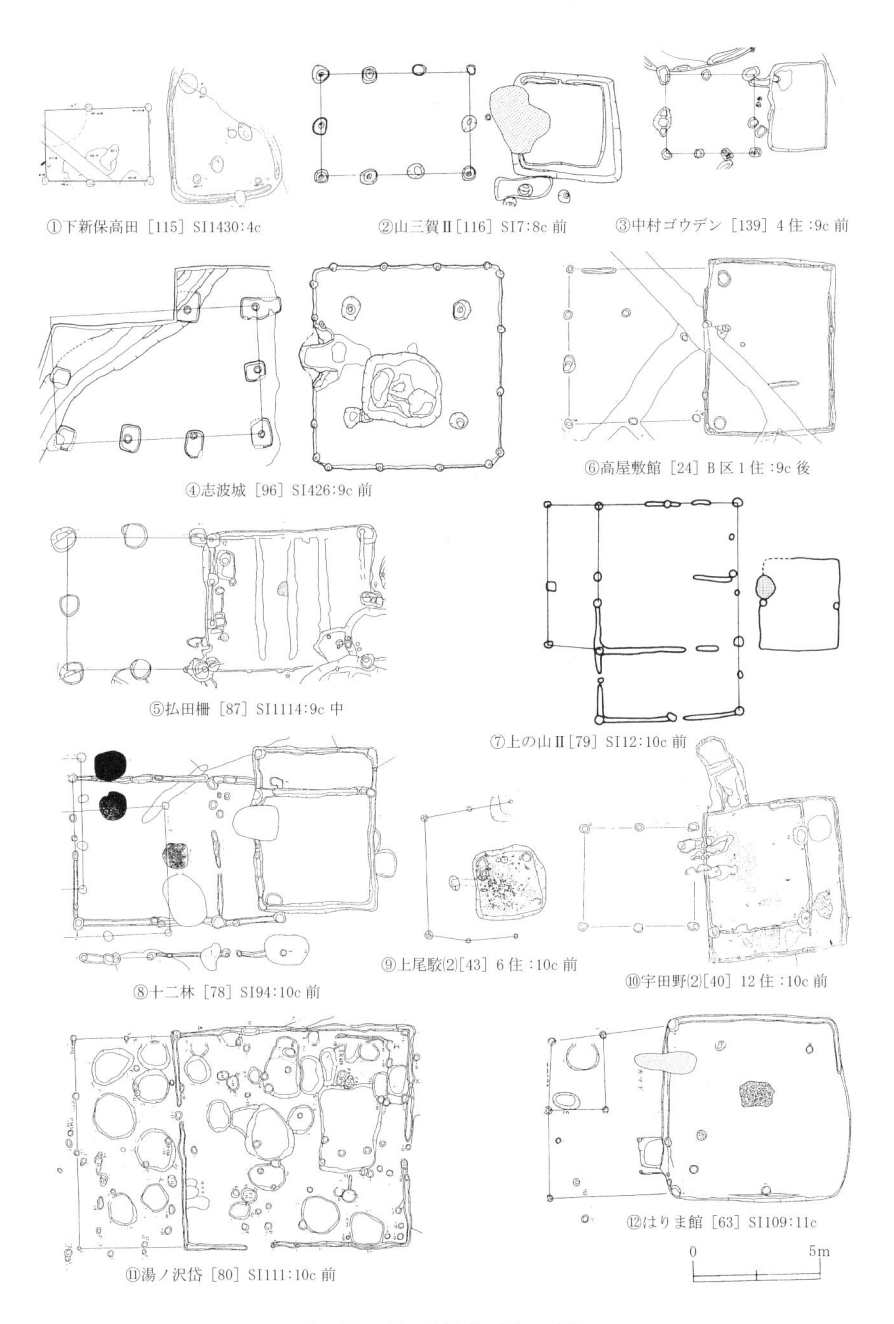

①下新保高田［115］SI1430:4c

②山三賀Ⅱ［116］SI7:8c 前

③中村ゴウデン［139］4 住：9c 前

④志波城［96］SI426:9c 前

⑥高屋敷館［24］B 区 1 住：9c 後

⑤払田柵［87］SI1114:9c 中

⑦上の山Ⅱ［79］SI12:10c 前

⑧十二林［78］SI94:10c 前

⑨上尾駮(2)［43］6 住：10c 前

⑩宇田野(2)［40］12 住：10c 前

⑪湯ノ沢岱［80］SI111:10c 前

⑫はりま館［63］SI109:11c

0   5m

第 2 図　併用建物跡（1）H1 型

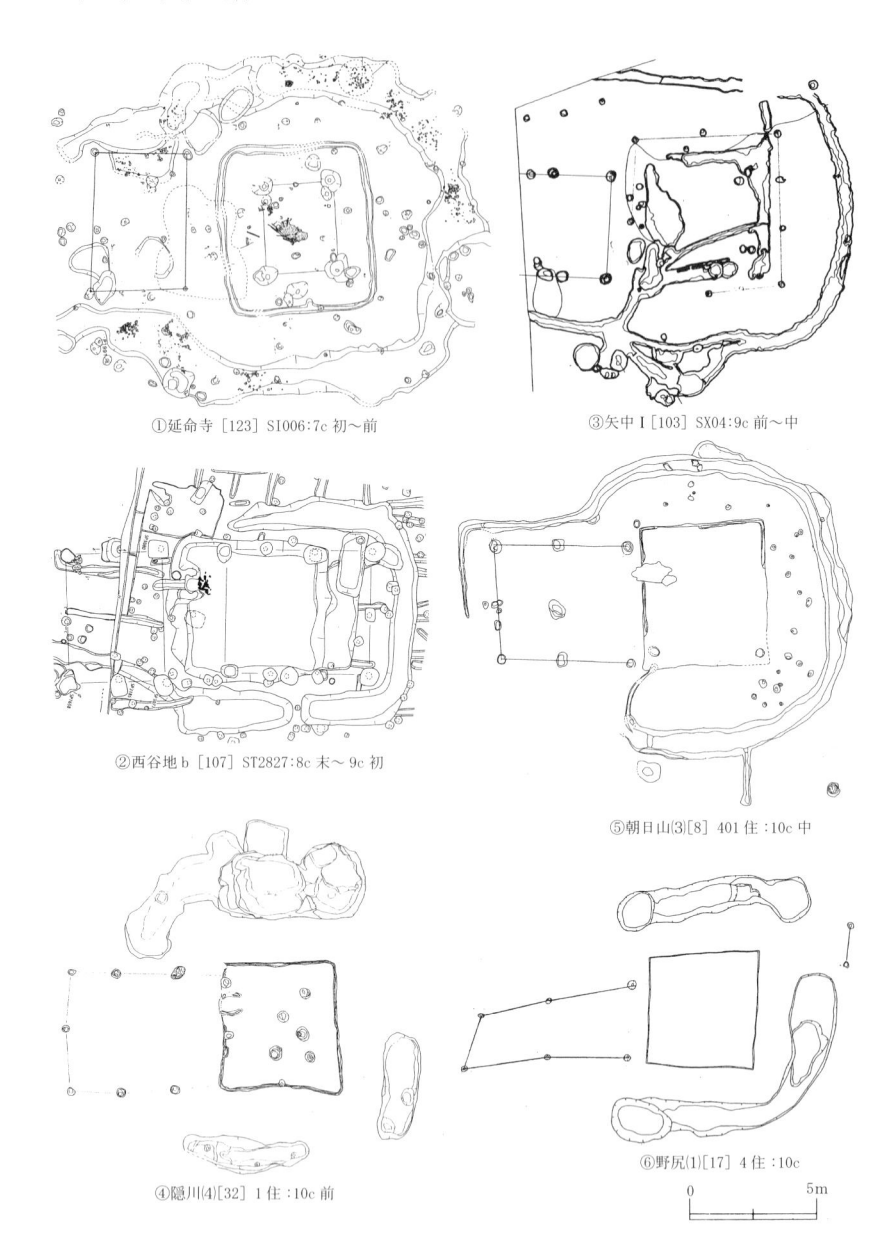

①延命寺［123］SI006：7c 初〜前

③矢中Ⅰ［103］SX04：9c 前〜中

②西谷地 b［107］ST2827：8c 末〜9c 初

⑤朝日山(3)［8］401 住：10c 中

④隠川(4)［32］1 住：10c 前

⑥野尻(1)［17］4 住：10c

0　　　　　　5m

第3図　併用建物跡（2）H1G 型

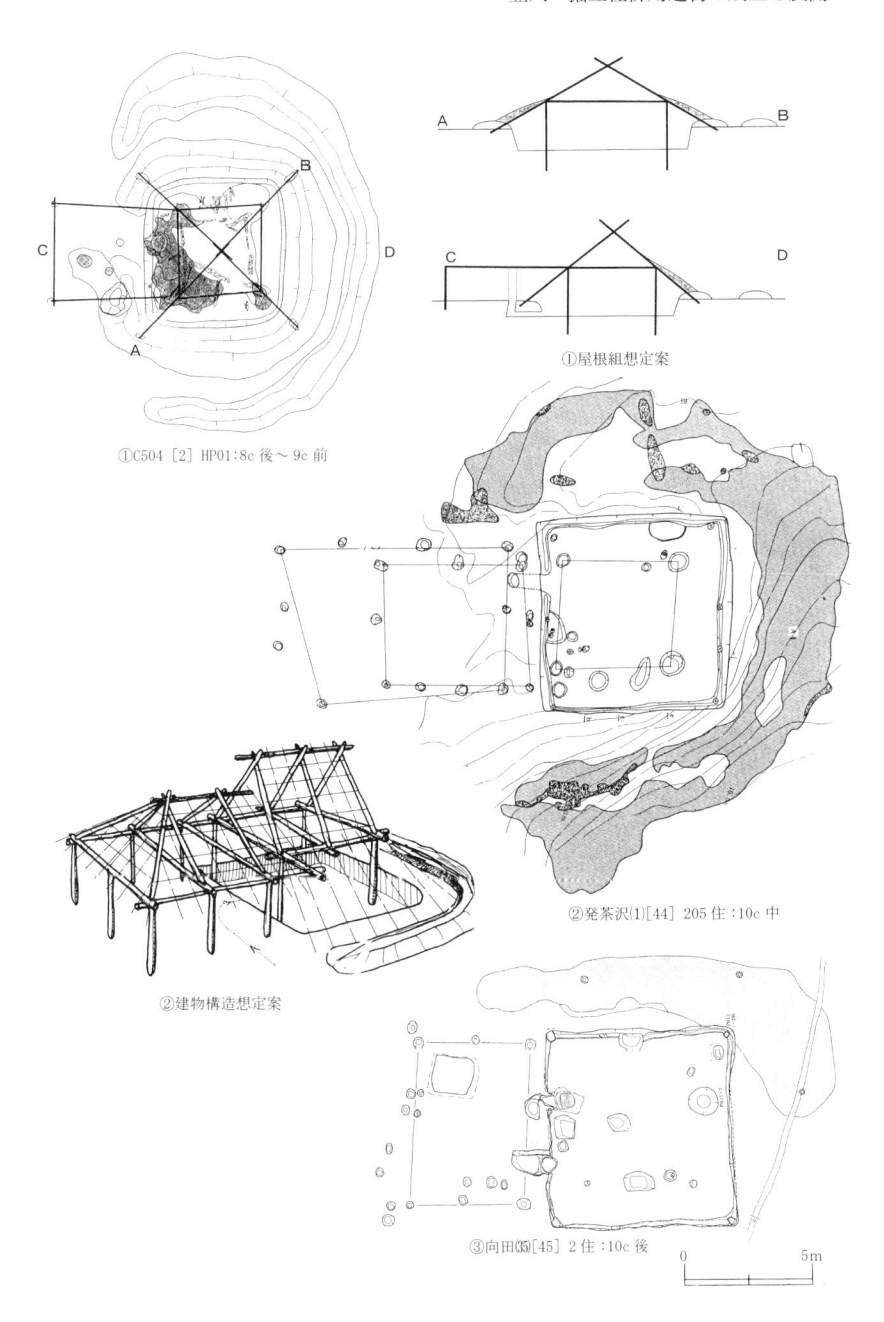

①C504［2］HP01：8c 後～9c 前

①屋根組想定案

②発茶沢(1)［44］205 住：10c 中

②建物構造想定案

③向田㉟［45］2 住：10c 後

0　　　　　　　　　5m

第4図　併用建物跡（3）H1S 型

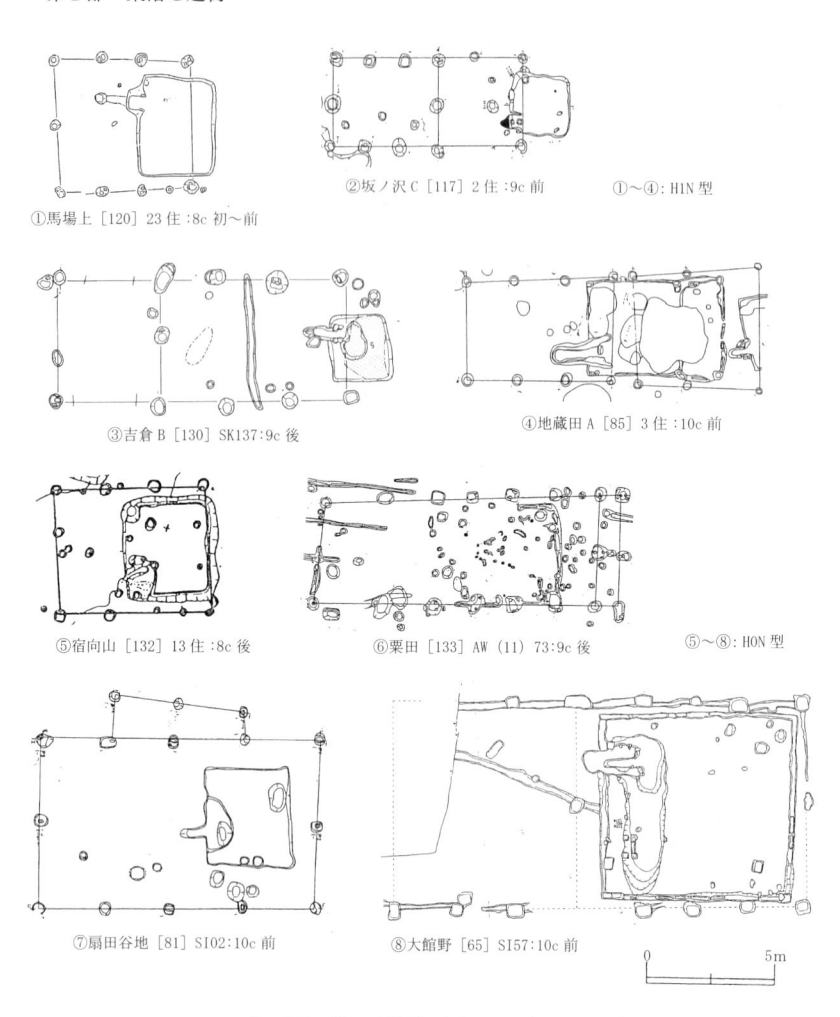

①馬場上 [120] 23 住：8c 初〜前

②坂ノ沢 C [117] 2 住：9c 前

①〜④：H1N 型

③吉倉 B [130] SK137：9c 後

④地蔵田 A [85] 3 住：10c 前

⑤宿向山 [132] 13 住：8c 後

⑥栗田 [133] AW (11) 73：9c 後

⑤〜⑧：H0N 型

⑦扇田谷地 [81] SI02：10c 前

⑧大館野 [65] SI57：10c 前

0　　　　　5m

第 5 図　併用建物跡（4）H1N 型・H0N 型

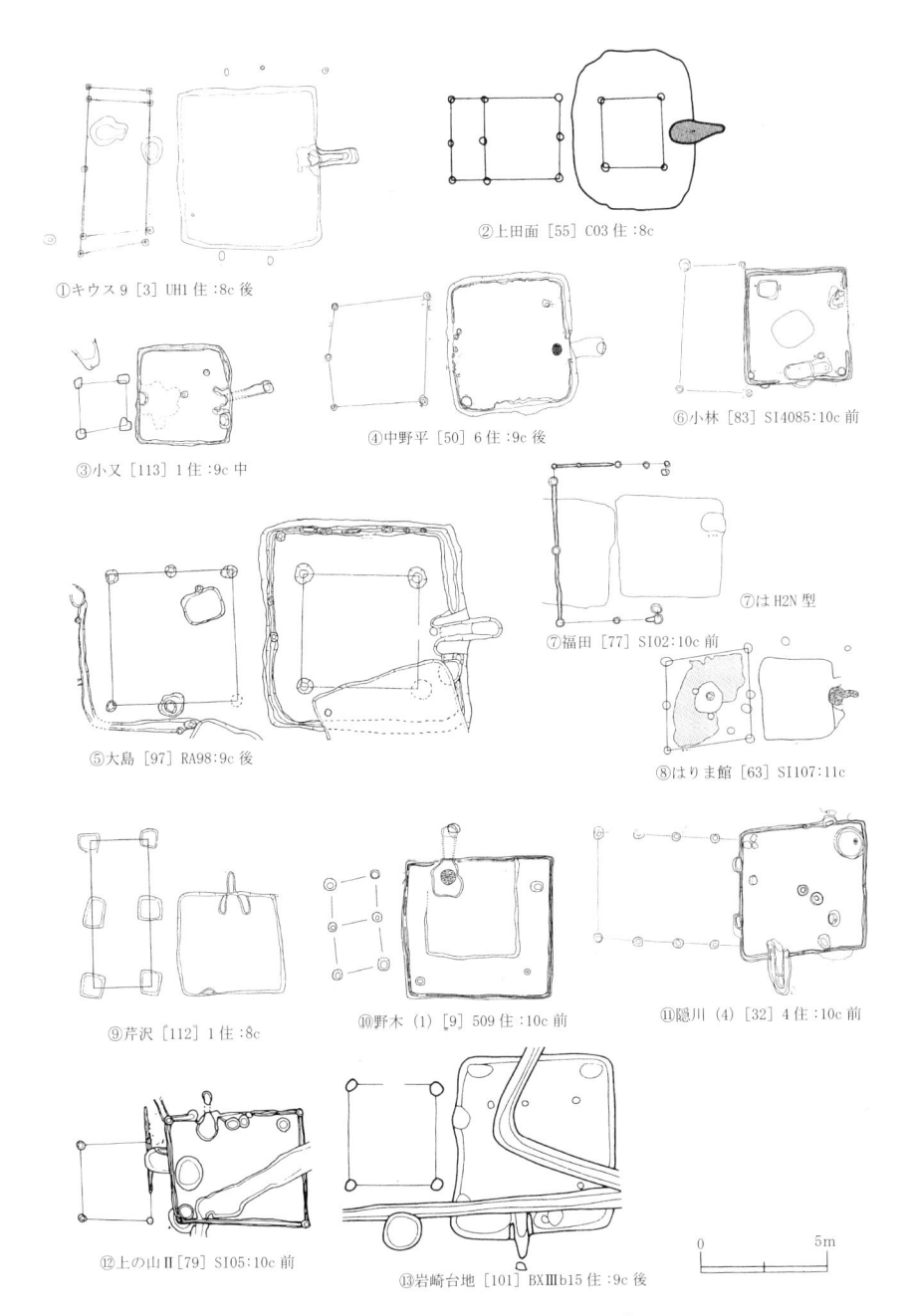

②上田面［55］C03 住：8c

①キウス 9［3］UH1 住：8c 後

④中野平［50］6 住：9c 後

③小又［113］1 住：9c 中

⑥小林［83］SI4085：10c 前

⑦は H2N 型

⑦福田［77］SI02：10c 前

⑤大島［97］RA98：9c 後

⑧はりま館［63］SI107：11c

⑨芹沢［112］1 住：8c

⑩野木（1）［9］509 住：10c 前

⑪隠川（4）［32］4 住：10c 前

⑫上の山Ⅱ［79］SI05：10c 前

⑬岩崎台地［101］BXⅢb15 住：9c 後

0　　　　　　5m

第6図　併用建物跡（5）H2・H3 型

分布域は秋田・米代川の4遺跡5棟，新潟西部の頸城から富山・石川にかけての9遺跡22棟と二分される。構築時期は前者が10世紀前半〜中頃に限定され，後者は7世紀後半〜9世紀後半である。後者のうち7世紀後半と9世紀後半が各1棟，他は8世紀前半〜9世紀前半に属する。

⑶ H2型・H3型

H2型は，全体の5％（29/611）の棟数に留まるが，分布域内に広く点在する（第6図①〜⑧）。構築時期は7世紀後半〜11世紀に及ぶものの，7・8世紀代に限定すれば，北海道（キウス9 [3]：第6図①），岩手・二戸（上田面[55]：同②）と紫波（大島[97]），石川・北加賀（栗田[133]，北安田北[137]：第17図①，三浦・幸明[141]）といった主たる分布域の外縁に位置する。青森・八戸では検出された5遺跡13棟のうち10棟がH2型であり，構築時期はいずれも9世紀後半〜10世紀前半となる（中野平[50]：第6図④）。大島[97]のうち1棟は，掘立柱外側に溝が巡るH2G型であり，9世紀後半の構築となる（同⑤）。秋田・米代川の福田[77]（同⑦）では，掘立柱内に竪穴が入り込むH2N型である。

H3型も全体の3％（21/611）にあたる棟数のみであるが，北海道を除く各地に点在する（第6図⑨〜⑬）。構築時期は石川・北加賀の北安田北[137]（第17図②）が7世紀末，福島・中通りの芹沢[112]（第6図⑨）で8世紀代であり，他地域では9世紀前半以降となる。

なお，H2型は21遺跡，H3型は17遺跡から検出例があるが，同一遺跡内より両型が抽出されたのは，青森・八戸の岩ノ沢平[52]，石川・北加賀の北安田北[137]と三浦・幸明[141]の3遺跡のみである。各6棟の併用建物が抽出された北安田北と三浦・幸明は，これにH1型とH0N型が混在する。

⑷ カマドの設置壁面と位置

3分別した併用建物は，各型ごとに選択される竪穴のカマド壁面やその位置が異なる。

H1型（H1G・H1S型を含む）におけるカマドの設置壁面は，北面2％（7/352），西面1％（4/352），南面46％（163/352），東面51％（178/352）と圧倒的多数が東や南壁面に設置している。その位置は，壁面の中央部付設が7％（25/352）のみ，他

は壁面中央部を避けた隅寄りに認められる。

　一方，H2型では北面54％（15/28），西面7％（2/28），南面18％（5/28），東面21％（6/28）となり，主に北側壁面を選択する。付設位置は，壁面中央部が71％（20/28）を占めており，H1型とは明らかに異なる設置の指向性が見てとれる。

　H3型は，北面20％（4/21），西面15％（3/21），南面25％（5/21），東面40％（9/21），壁面の中央付設が19％（4/21）である。

2. 併用建物の構造

　地下に掘り込みを伴う竪穴と，平地式の掘立柱が一体となる遺構を併用建物と規定しているが，その外観や建物構造は明確ではない。両者が接続していたであろう建物は，竪穴の柱穴配置や掘立柱の棟方向から少なくとも2種類の建物構造が予測される。

　古代の竪穴建物は，床面上に柱穴が確認できない無柱穴，もしくは配置が不明確な例を除くと，床面中央に主柱が4本を基調とする"4本柱型"と壁際に主柱が位置する"側柱型"に大別される。それぞれの上屋構造は，模式的に記せば，前者は屋根を形成する垂木が竪穴外周縁まで達する"伏屋式"に，後者は屋根と地面の間に壁をもつ"壁立式"となる。これを掘立柱と接続させると，前者は構造の異なる二施設が合体し，後者は類似の構造を採る二者であることから一体化した建物外観も想起される。

⑴ 伏屋式竪穴に接続する建物

　伏屋式の竪穴に掘立柱建物が取り付く構造復元は，冒頭に紹介した高島による青森・上北の発茶沢(1)[44] 205住居を基にした想定図がある(H1S型，第4図②)。竪穴の構造は「主柱穴に立つ柱に梁桁を渡し，扠首組による小屋を上げ，三方を葺下ろしの屋根とし，竈跡側の壁を立ち上げる」とし，掘立柱は「その柱に梁桁を渡して扠首を組む」とする(高島1989)。

　北海道・C504 [2]では，床面内外の柱穴配置や覆土の状況から，竪穴は4本の主柱を梁で結び，主柱上を通って中央で交差する4本の隅木が屋根組を構成する伏屋構造とし，その南東側に掘立柱が取り付く。隅木の角度は30度，土

葺屋根とする復元案が示されている(第4図①)。

　また,本構造をもつと推測される建物跡の発掘事例は,秋田・米代川の片貝家ノ下[70]にある。同遺跡は西暦915年とされる十和田火山(秋田・青森県境に位置する十和田湖)噴火に伴う降下軽石と火山泥流堆積物で埋没した集落跡である。2015・16年に実施した確認調査により竪穴建物跡13棟,掘立柱建物跡3棟,併用建物跡1棟,板塀跡や水田跡・水路跡等が検出され,遺跡の推定面積は約60,000㎡に達する。各種建物のうち少なくとも5棟は,建ったままの状態で埋没しており,壁材や柱,屋根の一部も空洞,シミ状の痕跡,あるいは土壌として確認できた(村上2017)。この併用建物は,竪穴カマド設置壁側に掘立柱が取り付くH1型であり,竪穴の屋根下端は当時の表土・周堤に達する伏屋構造と目視された。ただし,竪穴内は未精査であり,床面の状況や柱穴配置等は不明である。掘立柱は径26cmの柱痕跡や柱間には板壁痕跡も認められた。

(2) 壁立式竪穴に接続する建物

　壁立式の竪穴に掘立柱建物が接続する例は,秋田・横手の払田柵[87](H1型,第2図⑤)を典型とできよう。ここでは竪穴と掘立柱の柱筋が桁行方向で連続し,竪穴の柱穴間には板壁痕跡も認められることから,壁立式の建物が2棟連結して構築され,一つの構造物のような外観を見せていたのかもしれない。竪穴床面には梁行方向に溝が3条掘り込まれ,これを根太の痕跡と見れば床板が敷かれていたのであろう。

　壁立式竪穴は,先の片貝家ノ下[70]と同様の火山泥流堆積物で埋没したとみられる家屋の図絵や記録文からも確認することができる。

　文化14年(1817年),小勝田村(現在の秋田県北秋田市)から埋没していた家屋が現れた。このニュースは話題を呼んだらしく,紀行家・菅江真澄(1754頃〜1829)や久保田(秋田)藩士の岡見知康(1762〜1833),長崎七左衛門(1731〜1820)など複数の人物が現地を訪れている。菅江が訪れた時に家屋は失われていたようであり,写実的な図絵(第7図左)は,実際の家屋を見た人からの聞き書きとされる(内田1973)。一方の岡見は実見しており,それを久保田藩出身の国学者である平田篤胤(1776〜1843)が『皇国度制考』に図を含めた岡見の見聞記を転載している(同右,平田2001)。長崎は,小勝田村に隣接する七日市村の肝煎であり「文

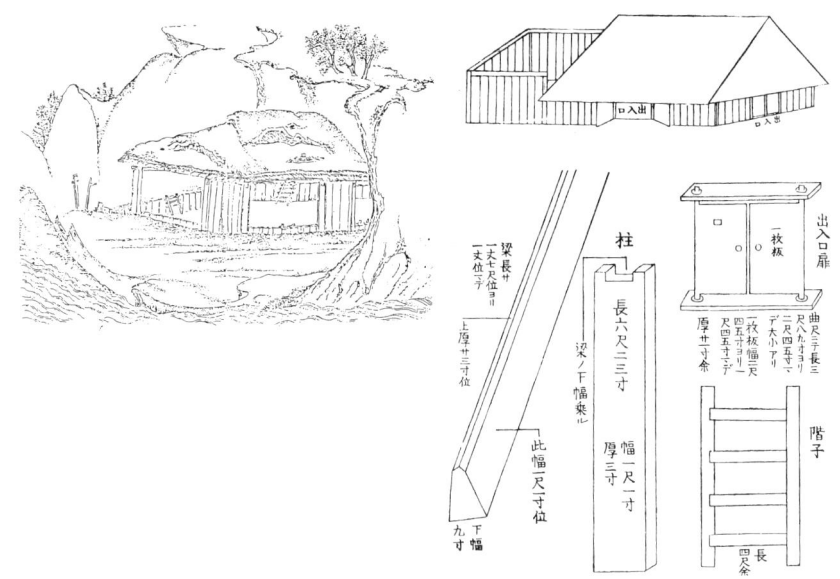

第 7 図　小勝田の埋没家屋

化十四年丑六月洪水記録」を残しているが，家屋自体の図示はない（長岐 1993）。

　長崎の記録によると文化 14 年 6 月，7 日間続いた洪水で小勝田村の米代川側の崖が崩れ落ちて，そこから 2 棟の家屋が見つかった。1 棟は多助畠の土中 8 尺程下から発見され，梁間 5 間，桁行 9 間の規模である。床は土を 4 尺程掘り下げており板敷はなく，3 尺余の梯子で出入りする。戸口は長さ 3 尺 9 寸，幅 3 尺 1 寸の二枚戸である。5 間に 9 間のうち，5 間に 5 間には屋根が掛かるが，残りの 4 間に 5 間部分は 7 尺位の柱に桁をかけて竪板の造作をしている。もう 1 棟は，与十郎田の地下から見つかった。3 間に 6 間の規模であり，建っている形は先の家屋と同じようであるが，非常に粗末で小屋だろうかとする。

　5 間と 9 間の家屋は，岡見の図（第 7 図右）に対応すると見られ，その形状や長崎による造作の記述から竪穴建物に掘立柱が接続し，壁立 2 連棟の併用建物であったと推察される [4]。

(3) HH 型の併用建物

　壁立 2 連棟で地下に掘り込みを伴わない併用建物は，本稿で HH 型と類別した。青森・津軽の野尻(3)[19]は，軸線を揃えた併用建物が整然と並ぶ 10 世

紀代の集落跡である（第8図）。このなかでH1G型である13建物と4建物に挟まれた11建物は，竪穴に相当する施設が掘立柱となり，掘立柱＋掘立柱の配置を示し，外周溝が取り付くことからHHG型を呈する。遺構配置図を見ると外周溝をもたないHH型がもう1棟（8掘立＋5掘立）あり，H1型の併用建物には竪穴が掘立柱に置き換えられた施設も存在するようである。

　同様の事例は，秋田・横手の会塚田中B［94］にもある。ここでは9世紀前半を中心とする集落内から併用建物跡11棟を含む竪穴建物跡26棟，掘立柱建物跡50棟や土師器焼成遺構等が検出された。併用建物は，軸線を揃えてH1型とHH型が混在する形で確認された。HH型には建物内あるいは2棟の建物間に焼土面が残され，一方の建物が火処をもつ居住施設と推定される（第9図④⑤）。報告書では遺構配置と出土遺物から，併用建物は9世紀初頭にH1型が構築され，まもなくHH型

第8図　野尻(3)遺跡の遺構配置図（文献19より）

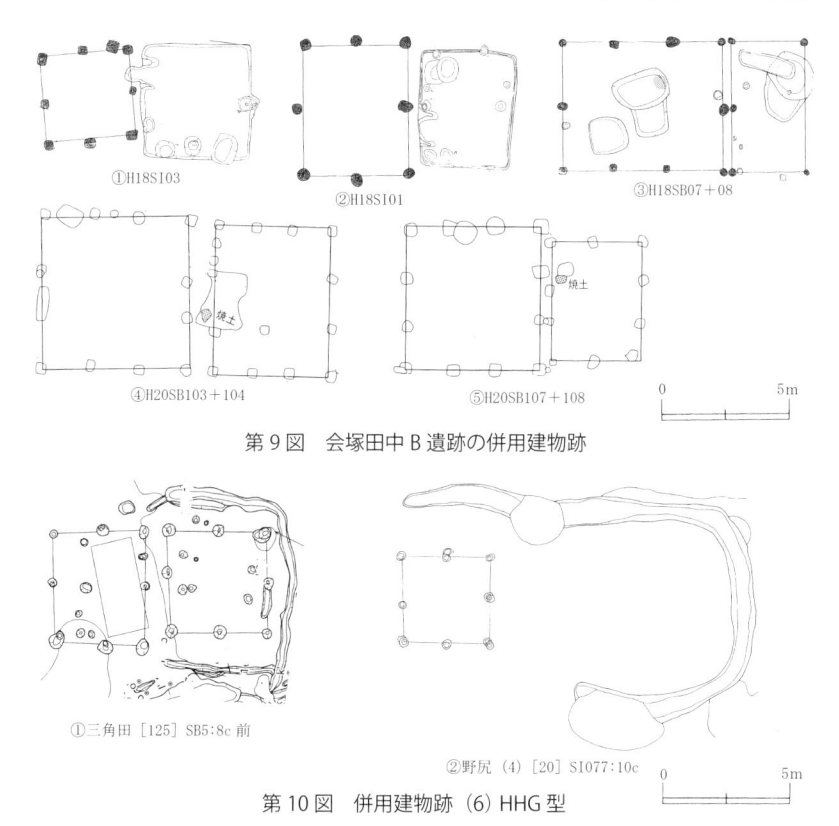

①H18SI03

②H18SI01

③H18SB07＋08

④H20SB103＋104

⑤H20SB107＋108

焼土

焼土

0　　　　　　5m

第9図　会塚田中B遺跡の併用建物跡

①三角田［125］SB5:8c 前

②野尻（4）［20］SI077:10c

0　　　　　　5m

第10図　併用建物跡（6）HHG型

に移行したと考察している。

　この他に，竪穴に相当する箇所において遺構が認められず，おそらく地下に掘り込みを伴わない土台建物あるいは平地式建物[5]に掘立柱が接続したであろう例もある。これは青森・津軽の野尻(4)[20]での外周溝をもつ型での遺構配置から推測が可能となった（第10図②）。

　このように見ると，併用建物には，床面に高低差をもつ竪穴＋掘立柱を基本とするものの，床面レベルに差のない掘立柱あるいは土台・平地建物＋掘立柱という構造を採る建物の存在も確実視される。

⑷ 棟方向が一連とならない併用建物

　本項で紹介してきた併用建物は，竪穴と掘立柱の棟方向が一連となることを共通とするが，少数ながら両者の棟方向が連続せず，直交あるいは並列する建

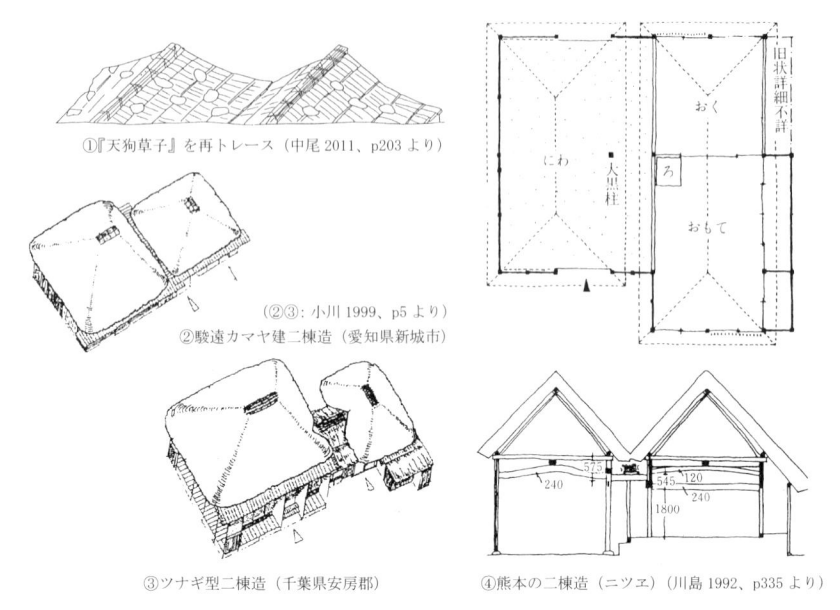

①『天狗草子』を再トレース（中尾 2011、p203 より）

（②③: 小川 1999、p5 より）
②駿遠カマヤ建二棟造（愛知県新城市）

③ツナギ型二棟造（千葉県安房郡）　　④熊本の二棟造（ニツエ）（川島 1992、p335 より）

第 11 図　絵巻物や民家にみる建物構造

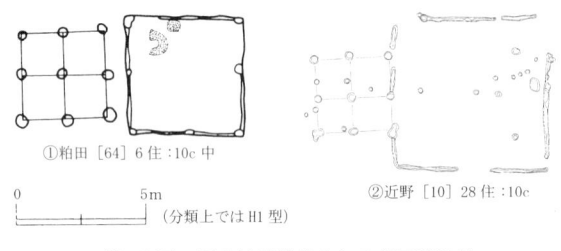

①粕田［64］6 住 :10c 中

②近野［10］28 住 :10c

0　　　　　5m
（分類上では H1 型）

第 12 図　掘立柱が総柱となる併用建物跡

物も存在する。直交の可能性があるのは，秋田・米代川の上の山 II［79］（H1 型，第 2 図⑦）や会津の能登［114］（H1 型）に，並列では福島・中通りの芹沢［112］（H3 型，第 6 図⑨）にある。後者は次項で紹介する別棟型に類別されるのかもしれないが，中世の絵巻物に描かれた「2 棟が平行に接合した屋根」（第 11 図①，中尾 2011）のような構造だったとすれば並列接続となろう。

　2 棟が連結した家屋は，民俗建築学では，分棟型・二棟造型や二ッ家などと称される。本型は，「床部分と竈を持つ土間部分が独自の屋根を持ち，屋根と床の部分とそれぞれが独自の単位 one set として併列するもの」とし，「日本民家の原型」とする見解がある（小川 1999，第 11 図②〜④）。二棟造とする民俗的理由としては，「火の神聖さと清浄を保つ」ためにカマドをもつ施設（竈屋）と居住

棟を分けたとされる(川島1992)。同型民家の分布は九州西部〜南部と南西諸島に広く認められ，加えて高知，愛知東部〜静岡西部，千葉・房総半島の太平洋岸と北関東(茨城〜栃木)の山間部に点在するようである。

3. 併用建物の機能

　竪穴と掘立柱，前者の多くがカマドを有することからここを居住空間とすれば，後者は非居住空間としての位置づけができる。他方，掘立柱を主たる居住空間と見なすことが可能な建物もある。

(1) 竪穴を居住空間とする建物

　竪穴を居住空間と推定した場合の掘立柱の機能については，次の報告例がある。青森・上北の上尾駮(2)[43]で「家畜を飼う柵」(第2図⑨)，同・発茶沢(1)[44]で厩，秋田・米代川のはりま館[63]，同・湯ノ沢岱[80](同⑪)，同・小林[83]で鉄生産関連，秋田・米代川の十二林[78](同⑧)，同・横手の会塚田中B[94]で土師器生産関連，同・田久保下[89]で須恵器生産関連とする。はりま館では，掘立柱で囲まれた内部中央に鍛冶炉が位置する(第6図⑧)。なお，発茶沢(1)の厩は，それを裏付ける遺構・遺物の確認はできなかったものの，遺跡周辺が歌枕に登場する「尾駮の牧」の比定地であることからの推定である。

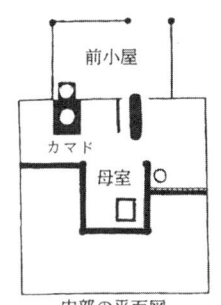

前小屋

カマド

母室

内部の平面図

　掘立柱は側柱構造となるものが主体を占めるが，秋田・米代川の粕田[64](第12図①)や青森・津軽の近野[10](同②)は2×2間の総柱建物であり，居住部と高床式倉庫を並列させた構築例と言えよう。

　また，北海道・C504[2](第4図①)は，掘立柱の形状・規模やカマドの位置も考慮すれば，アイヌの冬期用住居「トイチセ(穴居家屋)」のカマド前面に付される前小屋のような機能も想定される(第13図)。前小屋は，猟具や食糧の置き場で，母室(竪穴)への出入口も兼ねている(馬場1979)。さらに，青森・津軽の

上図の外観

第13図　樺太アイヌの冬季
用住居「トイチセ」

野尻(1)[17]（第3図⑥）では掘立柱の柱穴配置と平面形状，多雪地帯という地理的要因も加味すれば「竪穴部の出入り口に通じる通路（張出玄関）」との推定がなされる（木村2000）。

　なお，掘立柱内の機能を推測する調査事例として，先に紹介した片貝家ノ下[70]を再度取り上げる。竪穴のカマド燃焼部は未調査であり明確ではないが，煙道は掘立柱床面上に粘土を逆U字状になるように貼り付けており，その粘土面内側は被熱により赤変・硬化している（村上2017）。煙道の構造は，カマドの熱を掘立柱に導くためのオンドルのような機能をもたせ[6]，竪穴を居住空間とすれば，掘立柱は熱源を必要とする作業空間と見なすこともできよう。

(2) 掘立柱を居住空間とする建物

　青森・津軽の隠川(4)[32]では，竪穴床面上にロクロピットが設置されていた（第3図④，第6図⑪）。土器製作に係わる作業が竪穴内で行われていたとすれば，主たる居住空間は掘立柱となることも十分に推測される。竪穴にロクロピットが認められるのは，同・中平[25]にも1棟ある。

　石川・北加賀の北安田北[137] SI419（第17図⑤）は，掘立柱の面積が13㎡，竪穴は6.1㎡である。竪穴は床面空間のうち1/2がカマド及びその炭・灰の掻き出しで占められることから，竪穴全体が調理空間（竈屋）として利用されていたと報告がある。このことから隣接する掘立柱が居住空間であった可能性が高い。両者間は約2.5 m離れて位置することから，棟方向は一連となるが，別棟で並列していたと見られ，同遺跡のSI423やSI434もSI419と同様の機能分担であったと推測される（同②④）。新潟・沼垂の山三賀Ⅱ[116]（第2図②）や同・坂ノ沢C [117]（第5図②），富山・婦負の吉倉B [130]（同③），秋田・米代川の上の山Ⅱ[79]（第2図⑦）も掘立柱を居住空間，竪穴を竈屋として利用していた可能性が高い。坂ノ沢Cは掘立柱が25㎡，竪穴面積が6㎡，吉倉Bで56㎡と6㎡，上の山Ⅱで55㎡と11㎡である。

　一方，福島・中通りの沼平東[111]では，掘立柱の南東側にカマドや炉，柱穴の認められない竪穴が3棟，斜面上位側から下位に向かって等間隔で配置されている（第15図）。両者の規模や竪穴内の状況から類推すれば，掘立柱を居住空間として，隣接する竪穴を倉庫として利用していた可能性も考えられる。

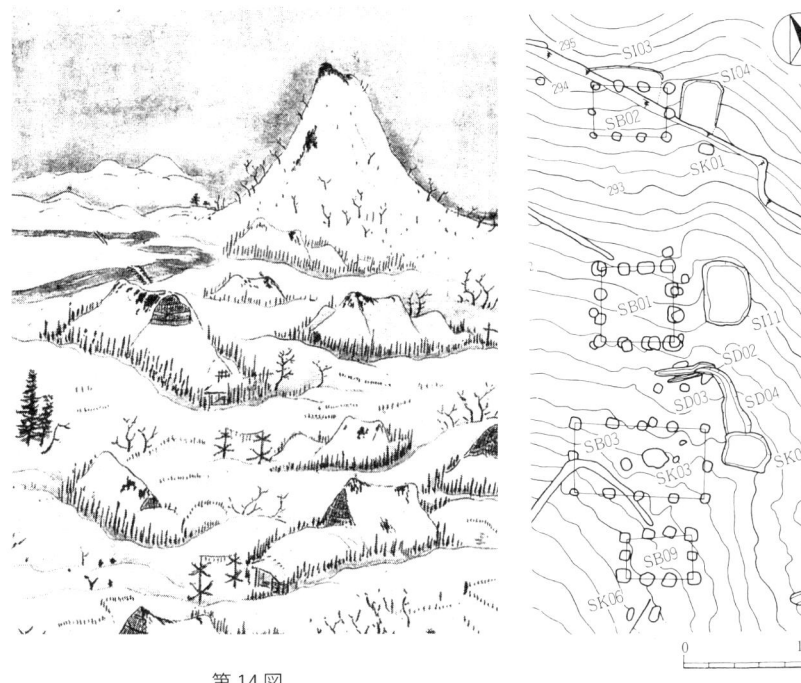

第 14 図
菅江真澄が描いた家屋（内田 1989、p205 より）

第 15 図
福島県沼平東遺跡の併用建物跡

(3) 外周溝や周堤の機能

　竪穴・掘立柱の外周に付される溝や周堤の機能はどのように見ることができるのか。これらは主たる分布域が青森県の津軽や上北に偏在することが鍵となりそうである。

　外周溝の機能について，青森県の木村高は「主として竪穴部への浸水防止・排水の施設」とし，溝に付属する土坑（第 3 図④など）は「融雪池」の可能性を想定しており，外周溝をもつ建物は「降雪期から融雪期にかけて最も効力を発揮した家」とする（木村 2000）[7]。

　一方，周堤については，北海道・C504 遺跡[2]の報告書で，地形も考慮して，「雨水対策も一因と考えられるが，詳細は不明」としている。

4. 併用建物の成立と展開

　3 分別した併用建物は，構築時期や分布範囲，竪穴カマドの付設壁面等を比較すると，それぞれが別系譜として成立,展開していたように推測される。他方，各型が同一遺跡内から検出された石川・北加賀の北安田北[137]や三浦・幸明[141]の事例は，構築時期も含め各型とも同じ系譜のもと成立したかのようである。以下では，各型毎及び北加賀地域の状況を整理して，その成立と展開について言及する。

(1) H1 型併用建物

　本型は構築時期から，7 世紀段階の石川・北加賀(上林新庄[135])や新潟・頸城(延命寺[123]，倉田[127])のある北陸西部に初現を求めることができよう。8 世紀前半には北加賀(北安田北[137])，頸城(三角田[125]，栗原[126]，東沖[128])に加え，東方の新潟・魚沼(馬場上[120])や沼垂(山三賀Ⅱ[116])でも構築される。内陸の魚沼へは沿岸の頸城から陸路で，沿岸の沼垂へは北加賀あるいは頸城から海路や陸路での伝播が予想される(第 16 図)。8 世紀中頃には福島・会津(能登[114])で検出例が認められるのは，沼垂方面からの移入と見ることができる。実際に能登遺跡の出土土器組成は北陸からの影響とされる。同時期に山形・村山(沼袋[106])，次いで 8 世紀末の同・米沢(西谷地 b [107])に至り，これは会津方面からの波及である可能性が高い。

　7 ～ 8 世紀代の併用建物の分布域は，側柱竪穴建物のそれと重複する。側柱竪穴建物は，その系譜を朝鮮半島に求めることができ，7 世紀後半には近江の日本海側，丹波，越前，加賀に分布し，8 世紀前半には能登や越中，越後に広がる。北加賀の北安田北[137]集落は，建物構造や出土遺物から丹波の近畿北部系移民が主体となって編成されていたようである(望月 2007)。

　H1 型(H1G・H1S を含む)のうち竪穴の柱配置は，無柱穴や不明を除くと，4 本柱型が 13 %（51/384），4 本柱＋側柱 23 %（90/384），側柱型が 64 %（243/384）となり，側柱型が主体を占めている。

　9 世紀に入ると山形・村山以北での構築が開始される。9 世紀初頭～前半で

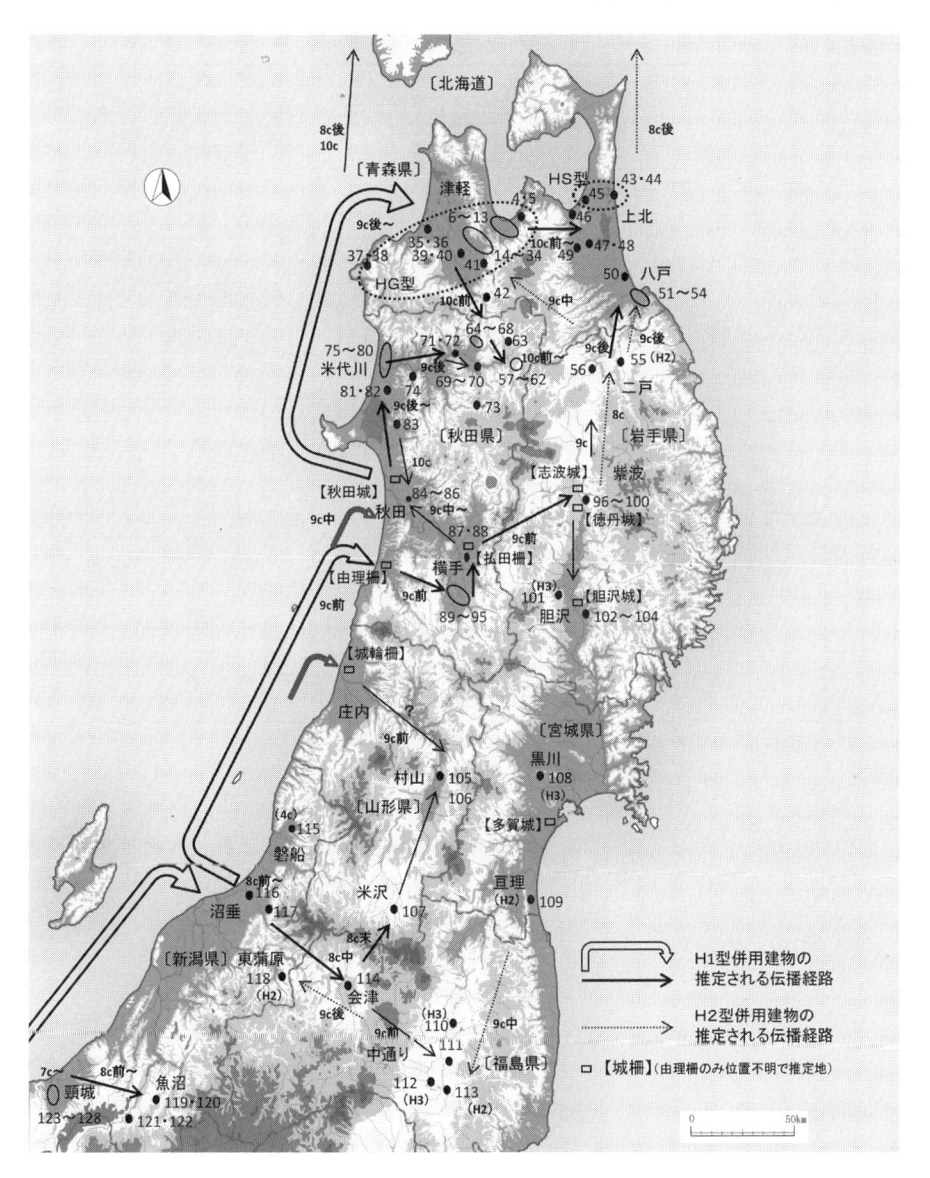

第16図　推定される併用建物の伝播経路図（試案）

第 2 表　竪穴・掘立柱併用建物跡の形態分類と構築時期

地方名	県名	地域名	遺跡数	遺構棟数	H1	H1G	H1S	H0N	H2	H3	HH	4C	7C前	7C中	7C後	8C前	8C中	8C後	9C前	9C中	9C後	10C前	10C中	10C後	11C	第1図遺跡番号
北海道		石狩	3	5	2	1	1		1									H2								1~3
東北北部	青森	津軽	39	336	95	230			3	5	3								H2							4~42
		上北	7	44	31		13																			43~49
		八戸	5	13	2				10	1																50~54
	岩手	二戸	2	2	1				1									H2								55・56
	秋田	米代川	27	81	68			5	4	4																57~83
東北中部	秋田	秋田	3	4	4																					84~86
		横手	9	26	13	4					9															87~95
	岩手	紫波	5	6	4				2									H2			H2					96~100
		胆沢	4	8	1	2			1	4																101~104
東北南部	山形	村山	2	5	3						2															105・106
		米沢	1	4	3	1																				107
	宮城	黒川	1	1					1																	108
		亘理	1	1	1																					109
	福島	中通り	4	6	3				1	2								H3								110~113
		会津	1	1	1																					114
北陸	新潟	磐船	1	1	1																					115
		沼垂	2	5	5																					116・117
		東蒲原	1	1					1																	118
		魚沼	4	6																						119~122
		頸城	7	13	8	3		1	1																	123~129
	富山	婦負	1	1	1																					130
		砺波	1	2	1			1																		131
	石川	能登	1	2				2																		132
		北加賀	9	37	12			18	3	4																133~141
		計	141	611	265	241	14	27	29	21	14															

太平洋側(陸奥)

の分布は，山形・村山(西原 C［105］)，秋田・横手(根子荒田 I［88］，大見内［91］，会塚田中 B［94］)，岩手・紫波(志波城［96］，館畑［100］)にある。これは 8 世紀末〜9世紀初頭・前半において，出羽，陸奥北半の 5 城柵(秋田城・払田柵・城輪柵，志波城・徳丹城)が大改修あるいは新設される時期に重なることと関係するのではないか。実際に併用建物は横手では払田柵周辺，紫波では志波城内や徳丹城近辺で認められる。

　越後から出羽・陸奥北半への動きは史料上からも確認される。『日本紀略』延暦 21 年(802)正月条に「越後国米一万六百斛，佐渡国塩一百廿斛，毎年運送出羽国雄勝城，為鎮兵粮」とあり，同書の延暦 22 年(803) 2 月条に，「令越後国米三十斛，塩卅斛，送造志波城所」とある。9 世紀の雄勝城は，払田柵に比定する見解が有力である。この段階で秋田城下周辺の併用建物が未確認であることも考慮すれば，越後から日本海沿岸を北上して城輪柵，由理柵(780 年史料初見，所在地不明)を経由し，内陸部の横手盆地にある払田柵，そして奥羽山脈

を越えて陸奥側・志波城下に併用建物の構築技術が伝わったと推測が可能となる。

9世紀中頃になると，秋田城下の秋田平野内には併用建物が確認できるようになる。秋田城内での併用建物の検出例は認められないものの，城跡出土の「死亡帳」とされる第16号漆紙文書には，「高志公」や「江沼臣」のウジ名が明記されている。高志は越後国頸城郡・古志郡を，江沼は加賀国江沼郡を示すと見られることから，越後や加賀を本拠とする集団が，出羽国・秋田城下へ移住していたことを示す史料と言える（平川2000）。本文書の作成時期は嘉祥年間（848〜851）とされる。

9世紀後半には，青森・津軽を中心に爆発的に増加する。津軽への本型併用建物の導入は，先行する秋田城下から日本海側を北上したルートが想定される。ただし，津軽におけるH1型の構築時期は，総数325棟（H1:95棟，H1G:230棟）のうち，明確に9世紀後半段階に遡るのは，青森市浪岡地区の3棟（野尻(1)[17] H1G型，野尻(4)[20] H1G型，高屋敷館[24] H1型の各1棟）のみであり，他は9世紀末以降であることに留意する必要があろう。

(2) H2・H3型併用建物

H2型最古の構築例は，7世紀後半の石川・北加賀の北安田北[137]にある。次いで8世紀代には，同・北加賀（粟田[133]，三浦・幸明[141]），岩手（二戸の上田面[55]，紫波の大島[97]），北海道・キウス9 [3]に認められる。他地域では，青森・津軽と八戸，秋田・米代川，岩手・胆沢，宮城・亘理，福島・中通り，新潟・東蒲原と頸城に点在するが，早くとも9世紀中頃の構築である。

H1型が日本海沿岸部・出羽側を北上するような分布を示す一方で，H2型は石川や新潟の北陸にも点在するものの，陸奥を中心とする分布と見てとれる。本型29棟のうち，16棟が陸奥側（青森・上北と八戸，岩手，宮城・亘理，福島・中通り）から確認されている。陸奥南端，中通りの小又[113]では，9世紀中頃に構築された1棟が検出されている。同遺跡の集落様相については，非在地系土師器の出土から「東北北部に影響を受けたもの」と報告され，H2型の陸奥北半から南半への人とモノ・技術移入も想定される。

また，青森・津軽ではH1・H1G型325棟を数えるが，H2型は2遺跡3棟

のみである。後者のうち1棟は浪岡地域の野尻(2)[18]にあり，9世紀中頃の構築とされる。本地域での最古例がH2型であることは，後に主流を占めるH1型と別系譜で導入された可能性が高い。しかも，構築時期と分布から見て本型は陸奥側である岩手北部周辺からの移入と予測される。

　このように見てくると，本型展開の起点は陸奥北半(岩手中部〜北部域)に求めることもできそうである。

　H3型も最古事例は北加賀の北安田北[137]にあり，7世紀後半〜末である。次いで8世紀には，同地域の三浦・幸明[141]と福島・中通りの芹沢[112]，9世紀には同・中通りの皆屋敷[110]，岩手・胆沢(岩崎台地[101]，伯済寺[102])，宮城・黒川の亀岡[108]，石川・北加賀の法仏[138]で確認される。青森・津軽や秋田・米代川では10世紀前半以降となる。本型もH2型と同様に北加賀を除くと陸奥側が先行した分布状況であることから，H1型とは異なる展開をしていたと考えられる。

⑶ 北加賀の併用建物を通して見えてくること

　併用建物分布域の西限にあたる石川・北加賀地域からは，9遺跡37棟が抽出された。各遺跡の所在地は，野々市市と白山市(旧松任市域)に二分されるものの，両者とも加賀平野の中央にあたる手取川扇状地上に立地し，前者は白山山系寄りの東部(手取川中流域)に，後者は日本海寄りの西部(同下流域)に位置する。東部の粟田[133]と西部の北安田北[137]は直線距離にして約6kmと近接する。

　北安田北遺跡では，各型6棟の併用建物が検出された(第17図①〜⑥)。構築順に，7世紀後半(① H2型 SI451)→7世紀後半〜末(② H3型 SI423，③ H0N型 SI447)→8世紀前半(④ H1型 SI419，⑤ H3型 SI434)→8世紀中頃〜後半(⑥ H1型 SI430)となる。下線を付した3棟は，掘立柱を居住空間とし，竪穴を竈屋として附属させる並列・別棟型の併用建物である。カマドの位置からH3型とH1型に分けてはいるが，いずれも竈屋竪穴の北側に居住建物が配置される共通点があり[8]，類似する建物外観をもって存在していたはずである。このことは，H1型に代表される接続型は，掘立柱側にカマドが付設されるか否かが要点であり，対する別棟型においてカマドの位置は不問と言えるのかもしれない。その上で，北安田北のH1接続型(⑥ SI430)の存在は，別棟型から接続型への展開を示唆する

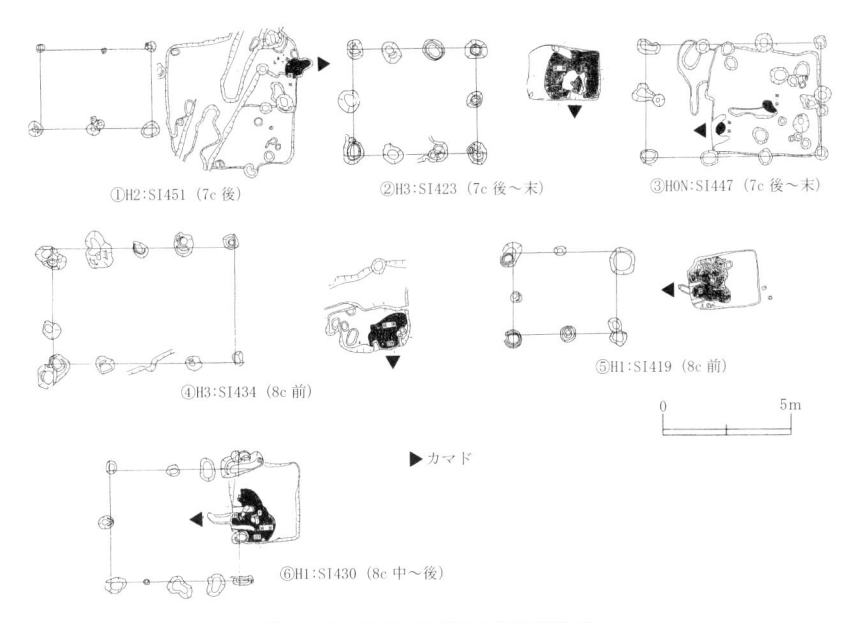

①H2:SI451（7c 後）　　②H3:SI423（7c 後～末）　　③HON:SI447（7c 後～末）

④H3:SI434（8c 前）　　　　　　　　　⑤H1:SI419（8c 前）

0　　　　　　5m

▶カマド

⑥H1:SI430（8c 中～後）

第17図　北安田北遺跡の併用建物跡

のではないか。日本民家の二棟造型（二ッ家）は，別棟分離形→二ッ家→一ツ家に変化するという。一ツ家は「二ッ家がさらに合着の度合いをすすめたもの」（小野 1963）とされ，これは北安田北集落内での併用建物の成立から展開を裏付ける資料にもなると思われる。

　石川県内では，6世紀後半～7世紀代に掘立柱建物からなる集落跡が散見されるものの，その多くは竪穴建物で構成される。これが8世紀には居住施設が竪穴建物から掘立柱建物に転換し始める。ただし，ある時期一斉に切り替わるのではなく，居住施設としての両者が併存することが知られる（前田 1994）。竪穴の規模（床面積）は，7世紀代は6㎡～45㎡まで多様であるが，8世紀に入ると30㎡を超す中・大型は認められなくなり，8世紀後半には10㎡台の小型が主流をなす。9世紀中頃に竪穴は集落内から姿を消して掘立柱建物を居住施設として利用する（川端 1995）。富山県砺波地方でも竪穴建物から掘立柱建物への転換期は8世紀前半とし，9世紀前半まで両者の共存が想定される（河西 1995）。

　このように整理してみると，別種の居住施設である竪穴建物と掘立柱建物が前者から後者へ転換する過程において，二者を一体化させた新たな居住施設を

創出したことが併用建物の成立に繋がったのかもしれない。ここには竪穴が小型化する時流のなかで，その機能が居住から竈屋に転化することを容易にした。そして一体化のバリエーションのなかに，掘立柱建物内に竪穴を納めた H1N 型や H0N 型を含んだ根拠には，北安田北遺跡での検出事例を証左とできよう。

おわりに

　併用建物は 9 世紀後半以降，津軽を含む北緯 40 度以北の東北北部において数多く取り入れられる。その発端には，城柵の北進政策という国家側の強い働きかけがあったのであろう。しかしながら，竪穴建物を含め爆発的とも形容される建物数を念頭に置くとき，いわゆる蝦夷と呼ばれた人々が積極的に併用建物を受容した要因があったはずである。

　東北北部では 7 世紀代を通してカマドをもつ竪穴建物を主とする集落が形成される。ただし，それは陸奥側の岩手・二戸や青森・八戸周辺に限定され，出羽側の津軽や米代川流域（特に河口域の能代地区周辺）では皆無に等しい。当該地域に一定数の集落が成立するのは 8 世紀後半まで待たなければならない。津軽や能代といった日本海沿岸域にそれまで人々は住んでいなかったのか。史料上には次の記録がある。

　『日本書紀』斉明天皇 4 年（658）7 月条に，渟代郡の大領・沙尼具那と津軽郡の大領・馬武に冠位が授けられ，沙尼具那には蝦夷の人口調査が命じられた。渟代（野代）は米代川河口域にある能代を，津軽は「津刈蝦夷六人冠各二階」として初出（『日本書紀』斉明天皇元年（655）7 月条）する青森県西部域であろう。

　この記述に従えば，両地域は遅くとも 7 世紀中頃に朝廷側から「渟代郡」「津軽郡」という認識がなされ，郡域を治めていた大領の存在は，一定数の蝦夷がここに居住していたことを示す。ところが，考古学的資料から住居や集落は抽出できない。このことは，地面に掘り込みを伴わない平地・伏屋式の家屋等で構成される集落が存在していたとしか考えられない。彼らの生業は明確ではないが，簡易な住居構造は流動性に対応したものとすれば，縄文・続縄文期以来の狩猟・採集・漁労，それに舟を利用した交易等が想定される。

　8 世紀後半以降，津軽や米代川流域に新規に集落が成立することは，今まで

の流動的生活から新たな生業を獲得し，定住への道を選択したことを意味する
とも言えよう。その竪穴建物は，側柱構造を積極的に受け入れる[9]。そして，
9世紀後半に入ると集落内に併用建物が導入され始める。北東北の陸奥側で主
体を占める4本柱型の正方形竪穴建物は，四方に屋根が葺下される，いわば1
棟完結構造であるのに対し，側柱型は桁行方向で延長や連結が可能であること
も出羽・日本海側で併用建物が広く展開した一因であろう。

　新たな生業とは，掘立柱の機能として紹介した鉄生産や土器生産，あるいは
木工といった手工業生産が一定の割合を占めていたと考えられる。これらは山
林資源を活用することを前提とする。それを可能にしたのは，前代までこれら
資源を積極的に利用する生業形態ではなく，山林が良好に保全されていたこと
も意味するのかもしれない。二室構造の併用建物は，手工業生産工房兼住居と
して最適と判断されたことが棟数の増大に結びついたと考えられる。

註
1)　明示した分布域以外にも併用建物が確認される可能性は極めて高い。たとえば，栃木
　県真岡市の伊勢崎II遺跡では，東壁面にカマドをもつSI22竪穴外の南側に柱穴が3本検
　出され，この範囲内に硬化面を確認したと報告がある。H2型，10世紀前半（栃木県教委
　1999）。また，群馬県前橋市の日輪寺観音前（前橋市0903）遺跡の遺構配置図を見る限りでは，
　北壁面にカマドをもつD区15号住居の西側に4号掘立柱建物（及び住居寄りの柱穴）が接
　続しているように観察できる。H3型，9世紀末～10世紀前半（群馬県埋文2017）。
2)　桐生直彦による竪穴外柱穴をもつ竪穴建物跡のうち，壁立式で「竪穴外屋内が幅（奥行）
　70cm以上と広く，「高い床面」として利用できる」「竪穴外屋内空間W型」の一部は，本
　稿のH0N型に含まれるであろう。
3)　遺構配置を見る限り併用建物の最古例は，春日真実の指摘（春日2016）にあるように，新
　潟・磐船の下新保高田[115]に求められる。第2図①の竪穴にカマドはなく，床面中央北
　側に炉が認められる。掘立柱を含め出土遺物は未確認であるが，両者の遺構検出面や同一
　の層序内出土の土器類から，古墳時代前期後半（4世紀）に属すると報告されている。併用
　建物とされる一群のうち，本例のみが突出し〔古い段階に位置づけられることから，現況
　では7世紀以降の遺構群との系譜等についての言及を留保しておきたい。
4)　米代川南岸にあたる小勝田の埋没家屋の正確な位置は不明確であるが，現在「小ケ田埋
　没家屋」として遺跡登録されている。地図上ではH1型1棟が検出された小勝田館[72]の
　東約500mに所在する。
5)　土台建物や平地式建物の検出例は，片貝家ノ下[70]と同様に，西暦915年とされる十和
　田火山噴火に伴い埋没した秋田県米代川流域の遺跡で確認できる。
　　前者は，北秋田市胡桃館遺跡にある。同遺跡では弧状に配置された木柵列の内側から4
　棟の土台建物や掘立柱建物等が発見された。うち，B2建物は土台の上に井籠状に幅25～

30cm，厚さ 5cm程度のスギ材の横板を組む板校倉構造であった。その規模は，桁行 8.8 m × 梁行 6.7 mで北面を除く 3 面に内開きの戸がある。床は板張りと見られるが南西部の一角のみ土間とし，ここに炉が置かれていた（北秋田市教委 2008）。なお，B2 建物の北側に近接する B1 建物は，掘立柱で柱間には幅 20cm，厚さ 2cm程の板を立て並べ地面に突き刺す構造であった。この 2 棟は，いわば土台建物＋掘立柱建物が別棟で並存していた HH 型と言えよう（本書，船木論文第 6 図参照）。

　　後者は，大館市道目木遺跡にある。ここでは旧表土面上に直接床板材を敷いた平地式建物が発見された。床板材は全てスギであり，幅 26 ～ 30cm，厚さ 2 ～ 3cmに製材され，一部床面上にはスギ皮が敷かれていた。建物は床板材の配置と間仕切り板材の存在から 2 室以上に分けられ，その全体規模は一辺が 6 m以上となる。外壁は，板を校倉状に重ね矢板状の縦板や木杭で押さえる構造のようだが詳細は不明である。その他の建築部材では，窓枠の下部材も見つかっている（板橋 2000）。

6)　望月精司は，これを「オンドル状遺構」と称し，竪穴建物のカマド煙道が「L」字に奥壁際を巡ることから，「朝鮮半島などに見られる床暖房を兼ね備えた竈，「温突」に準えて付けられた考古学用語」とする（望月 2000）。片貝家ノ下遺跡では調査状況から煙道が「L」字に延びていた可能性もあるが，その設置箇所が竪穴内ではなく，隣接する掘立柱建物内床面上であることに特徴がある。

7)　江戸時代の紀行家・菅江真澄が日記「つがろのつと」に掲載した家屋図（第 14 図）は，「トイチセ」や尻(1)遺跡併用建物の外観に通ずるものがあると思われる。これは，真澄が寛政 10 年（1798）1 月に滞在していた童子集落（青森県東津軽郡平内町）を描いたもの（内田 1989）。

8)　併用建物の遺構配置を確認すると，竪穴の北側や西側（北東・北西を含む）に掘立柱が位置するのは，全棟数のわずか 4%（26/611）に過ぎず，圧倒的多数は竪穴の東側や南側に掘立柱が構築される。26 棟のうちの 11 棟は，北安田北[137]の 4 棟，三浦・幸明[141]の 3 棟を含めた北加賀に集中し，その構築時期は 7 世紀から 8 世紀後半である。

9)　9 ～ 11 世紀代の竪穴建物跡の柱穴配置は，無柱穴や不明を除くと次のように分けられる（北東北研 2014）。津軽では 4 本柱型 36%（505/1415），側柱型 64%（910/1415），米代川流域で前者 18%（122/688），後者 82%（566/688）である。ちなみに，太平洋側である青森東部（上北・八戸）では 4 本柱型 70%（297/426），側柱型 30%（129/426），岩手北部（二戸・九戸）で 86%（75/87）と 14%（12/87）の比率となる。

参考文献

小野重朗 1963「民家の構造と周圏論」『日本民俗学会報』29　日本民俗学会

内田武志・宮本常一 1973「埋没家屋(仮題)」『菅江真澄全集』第 9 巻　未来社

馬場脩 1979『北方民族の旅』北海道出版企画センター

青森県埋文 1988「竪穴住居跡に付随する掘立柱建物跡について－発茶沢(1)遺跡－」『埋文あおもり』第 7 号

高島成侑 1989「発茶沢(1)遺跡の建築跡について」『発茶沢(1)遺跡Ⅳ』青森県教委　青森県埋蔵文化財調査報告書第 120 集

高橋 学 1989「竪穴住居と掘立柱建物が併列して構築される遺構について」『秋田県埋蔵文化財センター研究紀要』第 4 号

内田ハチ 1989「つがろのつと」『菅江真澄民俗図絵』中巻　岩崎美術社

川島宙次 1992「分棟型の民家」『美しい日本の民家 2』ぎょうせい

長岐喜代次 1993『秋田の古文書研究 (1) 古代の謎「埋没家屋」』

前田清彦 1994「竪穴住居・竈・掘立柱建物－住居構造転換の一視点－」『石川考古学研究会々誌』第 37 号　石川考古学研究会

川畑誠 1995「石川県内の古代建物に関する基礎的考察－掘立柱建物の平面プランを中心にして－」『石川県埋蔵文化財保存協会年報』6

河西健二 1995「富山県の竪穴遺構と建物空間(1)－古墳から古代まで－」『大鏡』第 17 号　富山考古学会

小川 徹 1999「日本民家の形式とその系譜」『駒澤地理』No.35

栃木県教委 1999『伊勢崎Ⅱ遺跡(古墳・奈良・平安時代編)』県 225

平川 南 2000「秋田城跡第七二次調査出土漆紙文書について」『秋田城出土文字資料集Ⅲ』秋田城跡調査事務所

木村 高 2000「津軽地方における平安時代の住居跡」『考古学ジャーナル』462

板橋範芳 2000「道目木遺跡埋没家屋調査概報」『大館郷土博物館研究紀要 火内』創刊号

望月精司 2000「小松市額見町遺跡の調査－北陸の古代村落と渡来人の役割－」『日本歴史』第 621 号　吉川弘文館

高橋玲子 2001「平安時代東北地方における掘立柱施設付竪穴住居について」『秋田考古学』第 47 号

平田篤胤 2001「皇国度制考」『新修平田篤胤全集』補遺 3 名著出版

桐生直彦 2005『竈をもつ竪穴建物跡の研究』六一書房

望月精司 2007「北陸西部地域における飛鳥時代の移民集落」『日本考古学』第 23 号

北秋田市教委 2008『胡桃館遺跡埋没建物部材調査報告書』市 10 集

中尾七重 2011「古渡路遺跡の掘立柱建物」『古渡路遺跡』新潟県埋文 221

北東北古代集落遺跡研究会 2014『9 ～ 11 世紀の土器編年構築と集落遺跡の特質からみた，北東北世界の実態的研究』

高橋 学 2015「竪穴・掘立柱併用建物」『季刊考古学』第 131 号　雄山閣

春日真実 2016「古代越後の竪穴・掘立柱併用建物」『三面川流域の考古学』第 14 号　奥三面を考える会

群馬県埋文 2017『日輪寺観音前(前橋市 0903)遺跡』県 622

村上義直 2017「十和田平安噴火に伴う火山泥流罹災遺跡の様相～秋田県片貝家ノ下遺跡の概要～」『火山灰考古学の新展開－火山噴火罹災遺跡からの視点－』日本考古学協会 2017 年度宮崎大会資料集

【併用建物跡検出遺跡所収文献】（文献番号は第 1 図，第 1 表の遺跡番号と一致）

[北海道] 1 札幌市教委 2006『H 519 遺跡』市 80 ／ 2 札幌市教委 2005『C 504 遺跡』市 77 ／ 3 北海道埋文 2008『千歳市 キウス 9 遺跡』道 252 ／ [青森県] 4 青森県教委 2002『宮田館遺跡』県 322 ／ 5 青森県教委 1998『山下遺跡・上野尻遺跡』県 258 ／ 6 青森県教委 2001『岩渡小谷(2)遺跡』県 300 ／ 7 ① 青森県教委 2002『朝日山(2)遺跡Ⅴ』県 324，② 青森県教委 2003『朝日山(2)遺跡Ⅵ』県 349 ／ 8 ① 青森県教委 1995『朝日山(3)遺跡』県 167，② 青森県教委 1997『朝日山(3)遺跡』県 215 ／ 9 ① 青森市教委 2001『野木遺跡発掘調査報告書Ⅱ』市 54，② 青森県教委 2000『野木遺跡Ⅲ』県 281 ／ 10 ① 青森県教委 2004『三内丸山(5)遺跡Ⅱ・近野遺跡Ⅶ』県 370，② 青森県教委 2005『近野遺跡Ⅷ』県 394，③ 青森県教委 2007『近野遺跡Ⅹ』県 432 ／ 11 青森市教委 1994『三内丸山(2)・小三内遺跡発掘調査報告書』市 23 ／ 12 青森市教委 2013『石江遺跡群発掘調査報告書Ⅵ』市 113-3 ／ 13 青森市教委 2012『石江遺跡群発掘調査報告書Ⅴ』市 112-1 ／ 14 青森県教委 2005『山元(1)遺跡』県 395 ／ 15 青森県教委 1995『山元(2)遺跡』県 171 ／ 16 青森県教委 1994『山元(3)遺跡』県 159 ／ 17 ① 青森県教委 1998『野尻(1)遺跡Ⅰ』県 234，② 青森県教委 2000『野尻(1)遺跡Ⅲ』県 277，③ 青森県教委 2003『野尻(1)遺跡Ⅴ』県 351 ／ 18 青森県教委 1995『野尻(2)遺跡』県 172 ／ 19 ① 青森県教委 1996『野尻(2)遺跡Ⅱ・野尻(3)遺跡発掘調査報告書』県 186，② 青森県教委 2006『野尻(3)遺跡Ⅱ』県 414 ／ 20 ①

浪岡町教委 2004『野尻(4)遺跡』町 10, ②青森県教委 1996『野尻(4)遺跡発掘調査報告書』県 186, 青森市教委 2018『野尻(4)遺跡発掘調査報告書Ⅱ』市 123 ／ 21 青森県教委 1995『松山・羽黒平(1)遺跡』県 170 ／ 22 青森県教委 1979『松元遺跡』県 46 ／ 23 青森県教委 1987『山本遺跡』県 105 ／ 24 青森県教委 2005『高屋敷館遺跡Ⅲ』県 393 ／ 25 ① 青森県教委 2009『中平遺跡』県 474, ②青森県教委 2010『中平遺跡Ⅱ』県 490 ／ 26 ①青森県教委 2010『上野遺跡Ⅱ』県 486, ②青森県教委 2018『熊沢溜池遺跡 上野遺跡Ⅲ 郷山前村元遺跡』県 591 ／ 27 青森県教委 2018『熊沢溜池遺跡 上野遺跡Ⅲ 郷山前村元遺跡』県 591 ／ 28 青森県教委 1995『松山・羽黒平(1)遺跡』県 170 ／ 29 青森県教委 1978『源常平遺跡発掘調査報告書』県 39 ／ 30 ① 青森県教委 2015『下石川平野遺跡』県 556, ②青森県教委 2016『下石川平野遺跡Ⅱ・旭(1)遺跡・旭(2)遺跡』県 569 ／ 31 青森県教委 1997『隠川(3)遺跡』県 210 ／ 32 青森県教委 1998『隠川(4)遺跡・隠川(12)遺跡Ⅰ』県 244 ／ 33 青森県教委 2002『隈無(8)遺跡』県 313 ／ 34 森田村教委 2003『八重菊(1)遺跡Ⅲ・鶴喰(6)遺跡・鶴喰(9)遺跡』村 9 ／ 35 青森県教委 1998『外馬屋前田(1)遺跡』県 242 ／ 36 青森県教委 2016『金沢街道沢(1)遺跡・新沢(1)遺跡・新沢(2)遺跡』県 563 ／ 37・38 青森県教委 2003『尾上山遺跡・薭野遺跡』県 347 ／ 39 弘前市教委 1997『下恋塚遺跡発掘調査報告書』／ 40 青森県教委 1997『宇田野(2)遺跡・宇田野(3)遺跡・草薙(3)遺跡』県 217 ／ 41 ① 青森県教委 2010『赤坂遺跡』県 487, ②青森県教委 2013『赤坂遺跡Ⅱ』県 531, ③青森県教委 2015『赤坂遺跡Ⅲ』県 552 ／ 42 青森県教委 1980『永野遺跡発掘調査報告書』県 56 ／ 43 青森県教委 1987『上尾駮(2)遺跡発掘調査報告書Ⅱ』県 115 ／ 44 青森県教委 1988『発茶沢(1)遺跡発掘調査報告書Ⅳ』県 120 ／ 45 青森県教委 2004『向田㉟)遺跡』県 373 ／ 46 野辺地町教委 2003『坊ノ塚(2)遺跡』町 12 ／ 47・48 青森県教委 2007『赤平(2)遺跡・赤平(3)遺跡』県 438 ／ 49 ① 青森県教委 2005『倉越(2)遺跡・大池館遺跡』県 389, ②青森県教委 2006『大沢遺跡・寒水遺跡・倉越(2)遺跡Ⅱ・大池館遺跡Ⅱ』県 417 ／ 50 青森県教委 1990『中野平遺跡－古代編－』県 134 ／ 51 青森県教委 1999『櫛引遺跡』県 263 ／ 52 青森県教委 2000『岩ノ沢平遺跡』県 287 ／ 53 八戸市教委 2004『牛ヶ沢(4)遺跡Ⅲ』市 104 ／ 54 八戸市教委 2015「田面木遺跡第 43 地点」『八戸市内遺跡発掘調査報告書 32』市 149 ／ ［岩手県］55 岩手県埋文 1981「上田面遺跡」『二戸バイパス関連遺跡発掘調査報告書』県 23 ／ 56 岩手県埋文 1988『飛鳥台地Ⅰ遺跡発掘調査報告書』県 120 ／ ［秋田県］57 秋田県教委 1982「北の林Ⅰ遺跡」『東北縦貫自動車道発掘調査報告書Ⅲ』県 89 ／ 58 秋田県教委 1982「北の林Ⅱ遺跡」『東北縦貫自動車道発掘調査報告書Ⅳ』県 90 ／ 59 秋田県教委 1984「中の崎遺跡」『東北縦貫自動車道発掘調査報告書Ⅶ』県 106 ／ 60 秋田県教委 1983「一本杉遺跡」『東北縦貫自動車道発掘調査報告書Ⅵ』県 99 ／ 61 秋田県教委 2003『柴内館跡』県 355 ／ 62 鹿角市教委 2006『物見坂Ⅱ遺跡(2)・物見坂Ⅰ遺跡』市 86 ／ 63 秋田県教委 1990『はりま館遺跡発掘調査報告書』県 192 ／ 64 大館市教委 1974『粕田遺跡発掘調査報告書』／ 65 大館市教委 2012『大館野遺跡発掘調査報告書』市 5 ／ 66 秋田県教委 2008『釈迦内中台Ⅰ遺跡』県 426 ／ 67 秋田県教委 2008『狼穴Ⅲ遺跡』県 427 ／ 68 大館市教委 2013『扇田道下遺跡発掘調査報告書』市 8 ／ 69 秋田県埋文 2016『片貝遺跡見学会資料』／ 70 秋田県教委 2017「片貝家ノ下遺跡」『遺跡詳細分布調査報告書』県 507 ／ 71 秋田県教委 2002『からむし岱Ⅰ遺跡』県 339 ／ 72 秋田県教委 2015『小勝田館跡』県 500 ／ 73 秋田県教委 2008『地蔵岱遺跡』県 434 ／ 74 二ツ井町教委 1994『烏野遺跡第 5 次発掘調査概報』町 5 ／ 75 秋田県教委 1982『腹鞁の沢遺跡発掘調査報告書』県 97 ／ 76 秋田県教委 2005『ムサ岱遺跡』県 396 ／ 77・78 秋田県教委 1989「福田遺跡」「十二林遺跡」『一般国道 7 号八竜能代道路建設事業に係る埋蔵文化財発掘調査報告書Ⅱ』県 178 ／ 79 ① 秋田県教委 1984『此掛沢Ⅱ遺跡 上の山Ⅱ遺跡』県 114 集, ②秋田県教委 1986『上の山Ⅱ遺跡第 2 次発掘調査報告書』県 137 ／ 80 秋田県教委 1998『湯ノ沢岱遺跡』県 273 ／ 81 秋田県教委 1999『扇田谷地遺跡』県 283 ／ 82 秋田県教委 2002『狐森遺跡』県 345 ／ 83 秋田県教委 2004『小林遺跡Ⅱ』県 376 ／ 84 秋田市教委 1985『下堤 E 遺跡・下堤 F 遺跡・坂ノ上 F 遺跡・狸崎 A 遺跡・湯ノ沢 D 遺跡・深田沢遺跡』／ 85 秋田市教委 1993『狸崎 B 遺跡・地蔵田 A 遺跡』／ 86 秋田県教委 2011『黒沼下堤下館跡』県 470 ／ 87 秋田県教委 1995『払田柵跡－第 98 ～ 101 次調査概要－』県 258 ／ 88 美郷町教委 2007『根子荒川Ⅰ遺跡』町 4 ／ 89 秋田県教委 1992「田久保下遺跡」『秋田ふるさと村(仮称)建設事業に係る埋蔵文化財発掘調査報告書』県 220 ／ 90 横手市教委 2017『赤川沼頭遺跡』市 42 ／ 91 秋田県教委 2004『大見内遺跡』県

374／92・93 雄物川町教委 2005『水尻遺跡・柄内遺跡』町 8／94① 横手市教委 2007『会塚田中 B 遺跡』市 7，②横手市教委 2010『上大見内遺跡・樋向遺跡・石塚上台遺跡・会塚田中 B 遺跡』市 14／95 横手市教委 2006『中村Ⅰ遺跡』市 2／［岩手県］96 盛岡市教委 1986『志波城跡－昭和 60 年度発掘調査概報－』／97 盛岡市教委 1999『大島遺跡 第 1・2 次発掘調査現地説明会資料』／98 盛岡市教委 2014『台太郎遺跡』（第 77 次調査）／99 岩手県埋文 1996『小幡遺跡第 2 次発掘調査報告書』県埋文 244／100 矢巾町教委 1999『館畑遺跡』町 24／101 岩手県埋文 1995『岩崎台地遺跡群発掘調査報告書』県埋文 214／102 奥州市教委 2013『伯済寺跡発掘調査報告書』市 6／103 奥州市埋文 2007『矢中Ⅰ遺跡』市埋文 1／104 水沢市埋文 2003『林前南館跡』市埋文 16／［山形県］105 村山市教委 1996『西原 C 遺跡発掘調査報告書』市 4／106 山形県教委 2015『沼袋遺跡』県 216／107 山形県教委 2015『西谷地 b 遺跡』県 215／［宮城県］108 大衡村教委 1995『亀岡遺跡』村 1／109 宮城県教委 2016『熊の作遺跡ほか』県 243／［福島県］110 福島県教委 1980『皆屋敷遺跡』『東北新幹線関連遺跡発掘調査報告Ⅱ』県 81／111 福島県教委 1981『沼平東遺跡』『母畑地区遺跡発掘調査報告Ⅶ』県 96／112 福島県教委 1980「芹沢遺跡」『東北新幹線関連遺跡発掘調査報告Ⅰ』県 80／113 福島県教委 1998「小又遺跡」『福島空港・あぶくま南道路遺跡発掘調査報告 2』県 353／114 福島県教委 1990「能登遺跡」『東北横断自動車道跡調査報告 10』県 242／［新潟県］115 新潟県教委 2010「下新保高田遺跡」『日本海沿岸東北自動車道関係発掘調査報告書ⅩⅩⅩⅤ』県 218／116 新潟県教委 1989「山三賀Ⅱ遺跡」『新新バイパス関係調査報告書』県 53／117 新発田市教委 2001『坂ノ沢 C 遺跡Ⅱ（平安時代編）』市 32-2／118 新潟県教委 2011『向大浦遺跡・上空野中丸遺跡』県 222／119 新潟県教委 1985「金屋遺跡」『関越自動車道発掘調査報告書』県 37／120 十日町市教委 2003『馬場上遺跡発掘調査報告書』市 22／121 津南町教委 2008『大割野谷内田 A 遺跡・大割野谷内田 B 遺跡』町 53／122 津南町教委 1995『相吉遺跡』町 20／123 新潟県教委「延命寺遺跡」『上越三和道路関係発掘調査報告書Ⅵ』県 201／124 清里村教委 1999『等仙寺・梶木・山崎塚遺跡』／125 新潟県教委 2006『三角田遺跡』県 154 集／126 新井市教委 1984『栗原遺跡 第 7 次・第 8 次発掘調査報告書』／127 妙高市教委 2013『倉田遺跡』市 5／128 妙高市教委 2013『東沖遺跡』市 4／129 新潟県教委 1987「岩野下遺跡」『北陸自動車道糸魚川地区発掘調査報告書Ⅱ』県 46／［富山県］130 富山市埋文 1994『吉倉 B 遺跡』『富山県総合運動公園内遺跡発掘調査報告(4)』／131 砺波市教委『久泉遺跡発掘調査報告Ⅲ』／［石川県］132 石川県埋文 1987『宿向山遺跡』／133① 石川県埋文保存協会 1991『粟田遺跡発掘調査報告書，②野々市町教委 2008『粟田遺跡(第 12・15 次調査)』，③野々市町教委 2010『粟田遺跡(第 11・13・15 次調査)』，④野々市町教委 2009『粟田遺跡(第 16 次調査)』，⑤野々市町教委 2000『粟田遺跡藤平地区・清金アガトウ遺跡』／134 野々市町教委 1999『下新庄アラチ遺跡』／135 野々市町教委 2000『上林新庄遺跡』／136 野々市町教委 1998『上新庄ニシウラ遺跡』／137 松任市教委 1992『松任市北安田北遺跡Ⅳ』／138 松任市教委 1991『松任市法仏遺跡 第 7 次発掘調査報告』／139 松任市教委 1989『松任市中村ゴウデン遺跡』／140 松任市教委 1990『松任市源波遺跡』／141① 松任市教委 1992『松任市幸明遺跡』，②松任市教委 1996『松任市三浦・幸明遺跡』

竪穴建物の周堤
—古代北東北地方における周堤のあり方の考察—

五十嵐 祐介

はじめに

　人が生活していく上で欠くことのできない重要な生活の基礎に「衣食住」があげられる。とりわけ「住」は発掘調査によって遺構として多く検出され，研究される分野でもある。北東北地方(青森県・秋田県・岩手県)では9世紀から11世紀を対象に，835遺跡から11,882軒もの竪穴建物跡が集成[1]されており(北東北古代集落遺跡研究会2014)，発掘調査において最も普遍的に検出される遺構の一つとなっている。しかし，竪穴建物の検出事例は増加の一途をたどっているものの，その用途や，全景，また，内部の状況など，最も興味を持たれ，最も検討されるべき事項の検証が，実例に追いついていない。

　そのような状況の中で，平成27年に秋田県大館市片貝家ノ下遺跡において十和田火山泥流によって埋没し，屋根構造が残った状態の竪穴建物が検出された(秋田県教委2016)。かつて桐生直彦は奈良県の山田寺跡東回廊が検出された例を踏まえて，「災害などによりパックされた遺存状態の良い遺跡で，近い将来，竪穴建物が上部構造ごと発見されることを決して否定することはできない」と予測していたが(桐生2007)，まさにそのような遺構が検出されたのである。片貝家ノ下遺跡のように上屋構造が明確となる事例が検出されるとともに，竪穴部と上屋の接点となる周堤の存在がより重要な研究指標になってきた。

　筆者はこれまでに竪穴建物内部の空間利用や，廃絶に至る過程を検討する上で，この周堤のあり方にふれてきたが(五十嵐2008・2009・2017)，検出されること自体が稀なこの施設は，これまであまり検討されてきておらず，漠然とあることが予測され，その根本的なあり方が議論されてこなかった。本論では，上述した北東北古代集落遺跡研究会の成果(北東北古代集落遺跡研究会2014)を参考に

しながら，古代北東北地方を中心に，周堤のあり方とその意義を検討したい。

1. 周堤研究の現状と課題

(1) 周堤の定義

はじめに，竪穴建物における「周堤」とはなにかを明確にしたい。文化庁が示す『発掘調査のてびき―集落遺跡発掘編―』（文化庁文化財部記念物課 2010）でも竪穴建物の構成要素の一つとして取り上げられているもので，本論でもそれに従って定義する。まとめると以下の通りとなる。

周堤とは竪穴建物の外周にみられる土手状の高まりを指す。雨水の侵入を防ぐため，竪穴を掘った土などを盛って外周に堤状にめぐらしたもので，幅は 1 ～ 5 m と様々であるが，必ずしも竪穴壁上端に近接してつくられるとは限らず，竪穴壁の上端と周堤の間に平坦部を設けたものもある（文化庁文化財部記念物課 2010）と記載される。簡単に要約すると，竪穴建物の竪穴部の周りに土を盛って構築された土手状の高まりである。なお，本施設については，これまで「周堤帯」として記載されることもあるが，本論では上記文献に沿って，「周堤」という用語で統一する。

時代や地域を問わず検出され，縄文時代での検出例も認められる。しかし，後世の削平が前提の発掘調査において周堤が検出されることは稀であり，洪水や火山噴火などの大規模な災害によって埋没した遺跡での検出例が多い。代表例を挙げるならば，弥生時代では大阪府八尾南遺跡，古墳時代では群馬県黒井峯遺跡などが著名であり，東北地方でも，福島県中平遺跡などがある。さらに，竪穴建物が埋没しきらない遺跡の場合には，竪穴部周囲の高まりが確認される例が多く，秋田県高野遺跡や青森県向田(35)遺跡などでも見られる。

(2) 周堤研究の現状

竪穴建物に周堤が伴うことは明治期の日本考古学黎明期から知られていた。

竪穴部が埋没しきらず，くぼ地化した竪穴建物が調査される中で，竪穴周囲に土手状の高まりがあることに触れられるものである。この周堤に最も初期に言及したのは，管見の限りジョン・ミルンである[2]。ジョン・ミルンは1878

年の北海道小樽市での竪穴調査にて，くぼ地化した竪穴を実見し，周堤とその成因について以下のように言及している。

「竪穴は直径約8フィート，深さ3フィートのほぼ円錐形の穴である。ある例では，これらの竪穴は本来長方形であったものが，側壁が崩れて現在の円錐形になった可能性がある。それらの周りに，一種の急造の防壁をなして，普通マウンドか畝がある。これらの畝は竪穴を掘っている間，投げ出される土によって造られたものであろう」（吉岡・長谷部1993を筆者一部改）

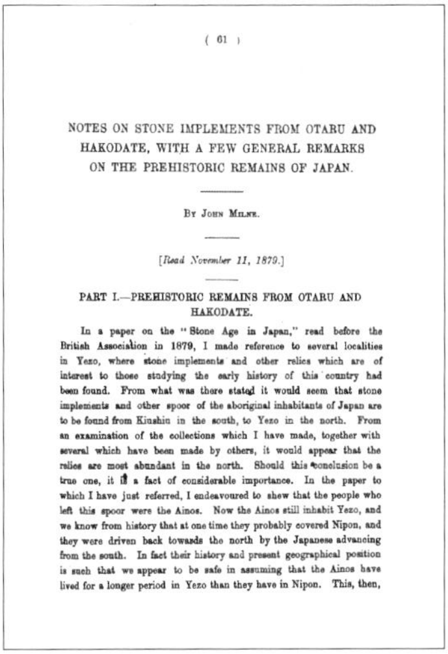

(61)

NOTES ON STONE IMPLEMENTS FROM OTARU AND
HAKODATE, WITH A FEW GENERAL REMARKS
ON THE PREHISTORIC REMAINS OF JAPAN.

By John Milne.

[Read November 11, 1879.]

PART I.—PREHISTORIC REMAINS FROM OTARU AND
HAKODATE.

In a paper on the "Stone Age in Japan," read before the British Association in 1879, I made reference to several localities in Yezo, where stone implements and other relics which are of interest to those studying the early history of this country had been found. From what was there stated it would seem that stone implements and other spoor of the aboriginal inhabitants of Japan are to be found from Kinshin in the south, to Yezo in the north. From an examination of the collections which I have made, together with several which have been made by others, it would appear that the relics are most abundant in the north. Should this conclusion be a true one, it is a fact of considerable importance. In the paper to which I have just referred, I endeavoured to shew that the people who left this spoor were the Ainos. Now the Ainos still inhabit Yezo, and we know from history that at one time they probably covered Nipon, and they were driven back towards the north by the Japanese advancing from the south. In fact their history and present geographical position is such that we appear to be safe in assuming that the Ainos have lived for a longer period in Yezo than they have in Nipon. This, then,

第1図　J.Milne1880の表紙

「The pits are more or less conically shaped holes, about eight feet in diameter and three feet in depth. In some cases it is possible that these pits were originally rectangular, and that their present conical form is due to the falling in of their sides. Lying at the side of them, and forming a kind of breastwork, there is usually a mound or ridge. These ridges may have been made by the earth which was thrown out during the excavation of the pits.」（J.Milne 1880）。

ここで指摘される「a mound or ridge」が周堤を指すと考えられ，竪穴の周囲には周堤が存在すること，その周堤は竪穴の掘削土を周囲に投げ積んで形成されたという特筆すべき指摘をしている。

　現在でこそ一般的になりつつあるこの考え方は，都出比呂志が「竪穴の掘削によって得られた排土を利用して周堤を築き」と提唱して以降その認識が深まったと言える（都出1975）。竪穴建物に関するジョン・ミルンの一連の業績は後に三宅米吉（三宅1886）や鳥居龍三（鳥居1901）も紹介し，一定の評価を得るが，周堤のみならず，その成因を推察している点は特筆に値する。

　国内の研究に目をむけると佐藤伝蔵による指摘が初期のものとして確認できる。青森県森田村（現つがる市）で，くぼ地化した竪穴を発見し，その中で「周囲は多少高くなり所謂土手を築きたるものの如きもの多し。而して此高まりの

多くは東南若くは東に面する部分欠け，所謂入口を明け居りし者の如し」と周堤のみならず，その開口部を入り口として認識している(佐藤 1898)。その後喜田貞吉は岩手県一方井村(現岩手町)の竪穴群の見学を踏まえて「竪穴の周囲に小土堤を設けてあって」と記述し，さらに秋田県飯詰村(現美郷町)の竪穴群を見て「穴の周堤」(喜田 1924)と指摘している。石野博信は喜田によるこの指摘を竪穴建物の構造に関する初期のものと位置付けている(石野 1987)。

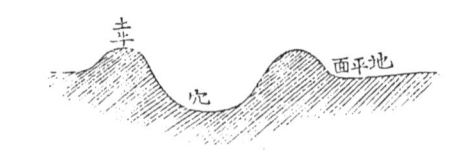

第2図　佐藤による周堤の指摘

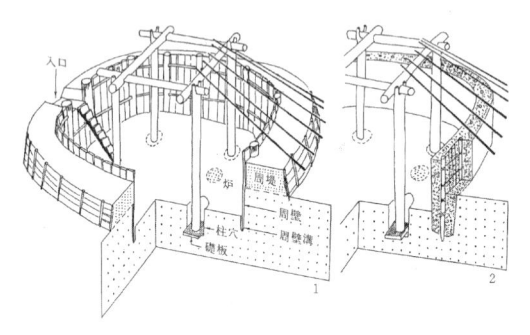

第3図　都出よる周堤の提唱

　以上のように，国内における周堤の指摘は，明治から大正期にかけて竪穴建物に周堤が伴う事例が報告され，竪穴の周囲には土手があるという認識がなされていたことがわかる。とりわけ北東北地方のくぼ地化した竪穴建物跡を実見することによって指摘されたもので，周堤研究における北東北地方の位置付けが重要である。しかし，その構造までを取り上げて詳しく分析するまでにはいたらなかった。上述したように，竪穴建物には周堤が伴うことを，一般的にしたのは都出比呂志による指摘(都出 1975・1989)以後である。都出の指摘は黒井峯遺跡で周堤が検出されたことに伴って，より認識が深まることとなり，現在では広く知られている。その結果，各地でその検出事例が増加するのである。

　しかし具体的に周堤がどのような構造であるのかについては，具体的に議論されてこなかった。国内で検出される竪穴建物跡のほとんどは周堤が削られて，もしくは崩れて，確認できない状況で検出されることがほとんどであるためであろう。近年での研究成果に触れると，岡本茂史による八尾南遺跡で検出された周堤を有する竪穴建物の検討を踏まえた論考があり，周堤に関する研究史だけでなく，西日本を中心とした周堤について検討されている(岡本 2006, 大

阪府文化財センター 2008)。また及川良彦は，周堤を構築位置から「壁周堤」，「近接周堤」，「独立周堤」に分類し，垂木尻の設置位置と，上屋が伏屋式か壁立式かによって分類の上，検討している。その上で，周堤はほとんどの場合，「本来存在したが，その後の人為的なあるいは自然的な営為によりなくなった可能性が高い」（及川 2007）ことを指摘している。また，筆者も竪穴建物内部にできる空間である竪穴外屋内空間の分析を行う上で，その広さを規定する周堤との関わりに触れ，周堤の構築位置と竪穴部の関係性を論じた（五十嵐 2008）。

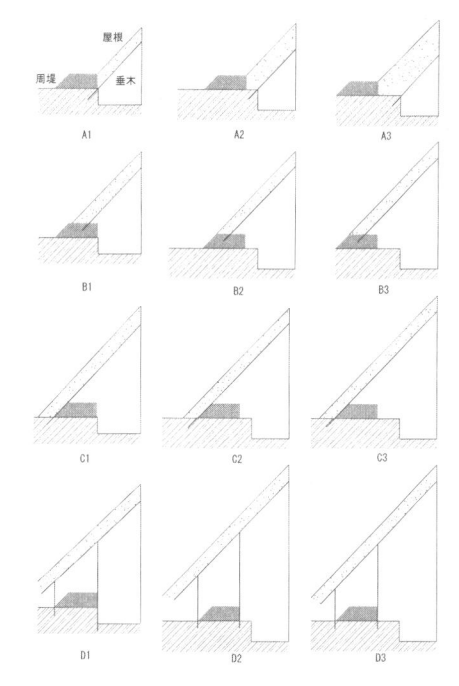

第4図　及川良彦による周堤と上屋の模式図案

(3) 周堤研究の課題

　竪穴建物の周堤については根本的問題が存在する。及川も指摘しているが（及川 2007），すべての竪穴建物に周堤が伴っていたのかという問題である。火山噴出物や洪水などの災害によって埋没した遺跡において検出される事例が増加しているものの，後世の土地改変が進んだ現在の発掘調査において，周堤が検出されること，それ自体が非常に稀な例と言わざるを得ない。しかし，近年では竪穴壁面沿いから検出される土層が周堤由来土として認識され，崩落土から周堤の存在が示唆される例が見られるなど，事例は増加する傾向にある。また，前述した片貝家ノ下遺跡などのように火山泥流によって埋没した竪穴建物（秋田県教委 2016）や中平遺跡のように洪水によって埋没した竪穴建物（会津坂下町教委 2003）など，災害により極めて短時間に埋没した事例については，ほとんどの場合周堤が伴う。さらにはくぼ地化した状態で残っている竪穴建物などにおいても周堤が伴う事例が多く確認されている（秋田県教委 2012）。しかし，根本的に竪穴建物に周堤が必須の構築物であるかの議論はまだ途上である。

　また，周堤構築位置について議論が深められていない。竪穴の立ち上がりからそのまま周堤が盛られるのか，やや離されるのかでは，上屋の垂木尻の埋設位置の問題もあるが，屋内空間の利活用が大きく異なってくる。さらには形状の問題もある。底面幅も狭いものから広いものまで存在し，周堤そのものの高さも一定ではない。周堤幅は建物全体の広さを規定し，隣接する建物との距離の問題もはらんでいる。また，高さは竪穴建物本来の深さの問題にも直結する重要な事項である。

　以上の点から周堤は建物構造のみならず，集落景観や屋内空間の問題を考える上で非常に重要な施設の一つであることが指摘できる。しかし，これまで周堤が「本来はあった」というあいまいな前提の下，きちんとした分析や議論がなされてこなかった。

　そのため本論では，古代北東北地方を中心に全国の検出された周堤の事例も踏まえて，周堤のあり方について検討する。

2.　竪穴建物の周堤

⑴ 周堤検出要因と古代北東北地方の周堤

　竪穴建物機能時の旧地表面が削平されている場合が多い日本の発掘調査において，全国的に周堤が検出される要因には主として2種の埋没要因が想定される。一つは八尾南遺跡や群馬県中筋遺跡等に代表される，洪水や火山の噴火によって竪穴そのものがパックされたように埋没する事例である。もう一方は明治期以来，北海道や北東北地方を中心に報告例がある，くぼ地として視認できる竪穴の周囲が盛り上がっている事例である。本論では前者を「災害埋没型周堤」，後者を「くぼ地埋没型周堤」と分類して論を進める。

　北東北地方で周堤が確認される場合，そのほとんどがくぼ地埋没型周堤である。発掘調査されたものに限定されるものの，北東北古代集落遺跡研究会の集成成果から抽出すると，16遺跡61軒の周堤が確認されている。全体の集成数からみると，極めてわずかであり，周堤がいかに残りにくい施設の一つであるかが明確である。また，その所在地は下北半島が最も多く，時期的には9世紀末から10世紀後葉まで確認される。しかし，前述したように北東北地方では

明治期以降，くぼ地化した埋まりきらない竪穴建物跡の調査に基づいて，周堤の存在が指摘されてきた。それは同時に，くぼ地化した竪穴建物跡には周堤が伴うという意識が生じた結果であろうか，本当の意味での周堤となるか疑問のある例も周堤として報告される場合も散見される。本論を進める上で，必ずしも上記61軒を全て分析対象としているものではないことをあらかじめお断りしておく。また，周堤のあり方を考える上で欠くことのできない遺跡は，地域や時代を問わず取り上げる。

(2) 北東北地方の周堤—くぼ地埋没型周堤—

　本節では北東北地方のくぼ地埋没型周堤を有する竪穴建物跡に触れる。特に着目している点は，「周堤幅」，「周堤高」，「垂木等の埋設痕跡」，「周堤構築位置」である。

家ノ前遺跡 第1号竪穴住居跡　青森県六ケ所村に所在する10世紀前葉の竪穴建物跡である。周堤は幅約2m，高さは約10cmであり，カマドを有する壁面部が開口している。垂木を設置した柱穴等の痕跡については触れられていない。また，竪穴立ち上がり部と周堤の間は約50cm離れている（青森県教委1993）。

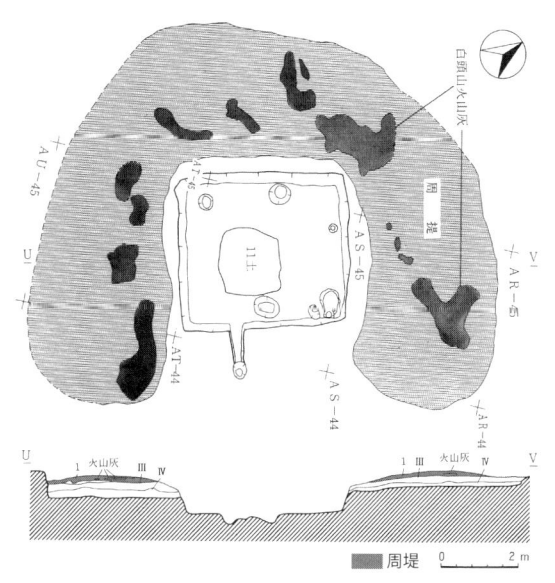

第5図　家ノ前遺跡 第1号竪穴住居跡

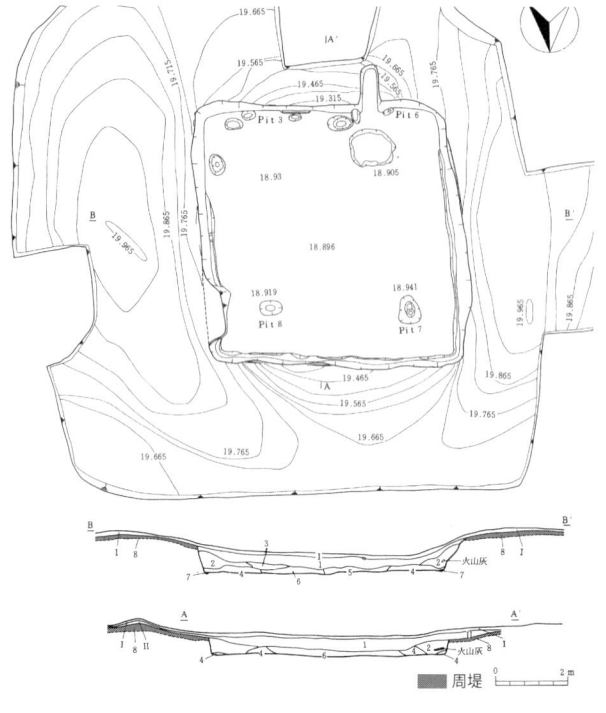

第6図　アイヌ野遺跡第2号竪穴住居跡

第7図　沖附(1)遺跡　第21号竪穴住居跡

184

アイヌ野遺跡第 2 号住居跡　青森県東通村に所在する 10 世紀前葉の竪穴建物跡である。周堤幅は不明であるが，高さは 20 〜 30cmであり，竪穴部を全周囲う周堤である。垂木を設置した柱穴等の痕跡については触れられていない。周堤は竪穴部立ち上がり直上から盛られ，竪穴壁の掘削に合わせて削られている（青森県教委 1982）。

沖附(1)遺跡第 21 号住居跡　青森県六ヶ所村に所在する 10 世紀中葉の竪穴建物跡である。周堤幅は平面図から計測すると最大で約 5 m，高さは約 30cmであり，竪穴部を全周囲う周堤である。しかし，平面図と断面図における周堤の理解が必ずしも一致していない。また垂木を設置した柱穴等の痕跡については触れられていない。周堤は竪穴部立ち上がり直上から盛られ，一部は竪穴壁の掘削に合わせて削られている（青森県教委 1986）。

向田(35)遺跡 第 5 号・第 9 号住居跡　青森県野辺地町に所在する 10 世紀後葉の竪穴建物跡である。

　第 5 号住居跡は，平面図から計測した周堤幅が約 2.5 〜 4.0 m で高さが 10cmであり，カマドのある壁面が開口している。竪穴立ち上がり部と周堤の間は約 50cm離れており，さらに，開口部側には掘立柱建物跡が確認され，いわゆる竪穴・掘立柱併用建物跡である。

　第 9 号住居跡は，平

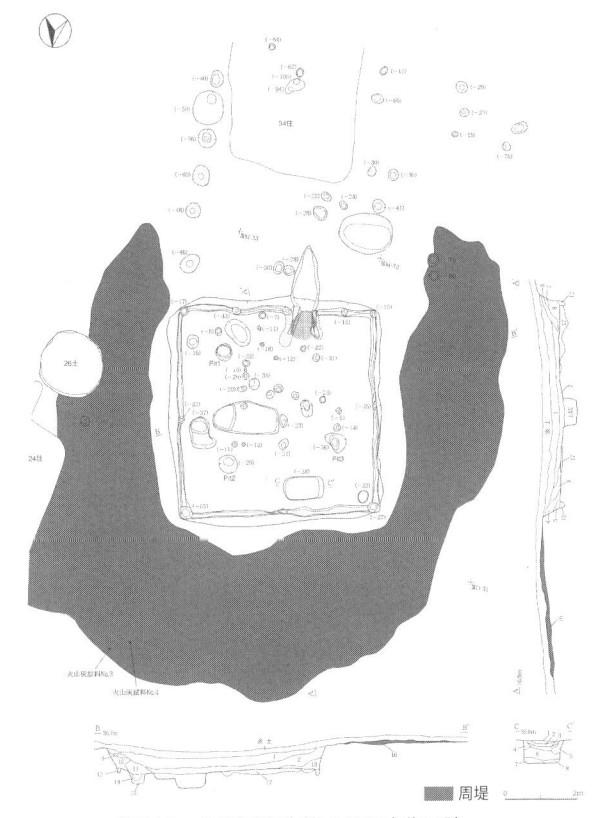

■周堤

第 8 図　向田(35)遺跡 第 5 号竪穴住居跡

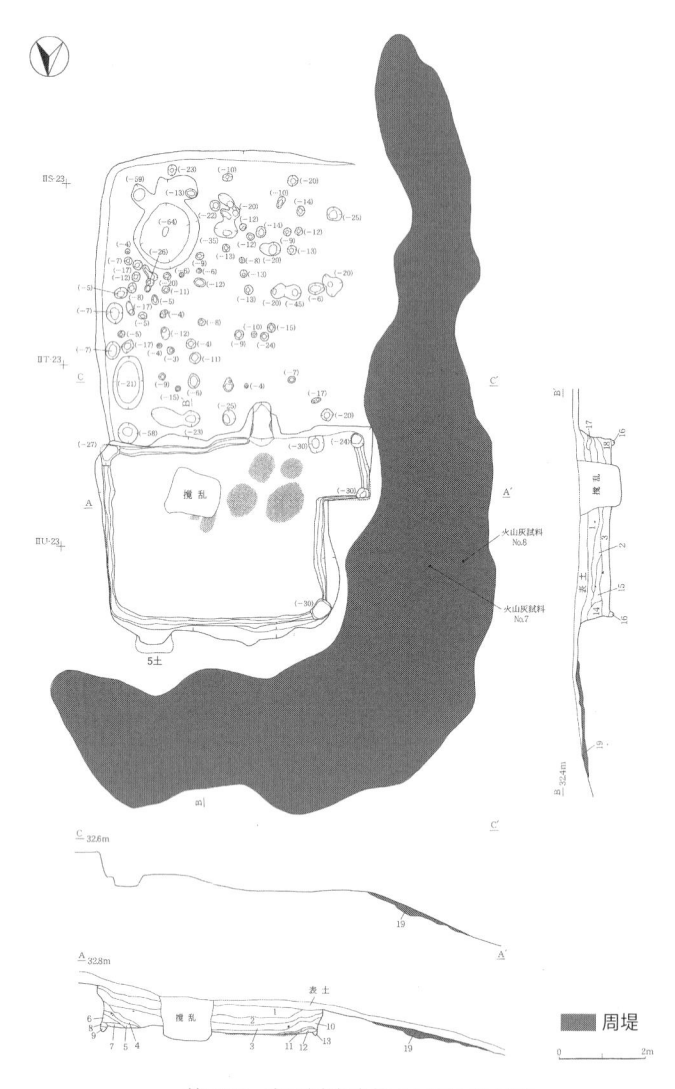

第 9 図　向田(35)遺跡 第 9 号竪穴住居跡

面図から計測した周堤幅が約 2.0 ～ 4.0 m で高さが約 10cm であり，南側，東側
が開口している。傾斜地に造られた建物で，東側が高く，西側が低い。そのた
めであろうか，周堤土は東側からは確認されていない。竪穴立ち上がり部と周
堤の間は約 1 m 離れている。いずれの周堤上からも垂木を設置した柱穴等の痕
跡は確認されていない(青森県教委 2004)。

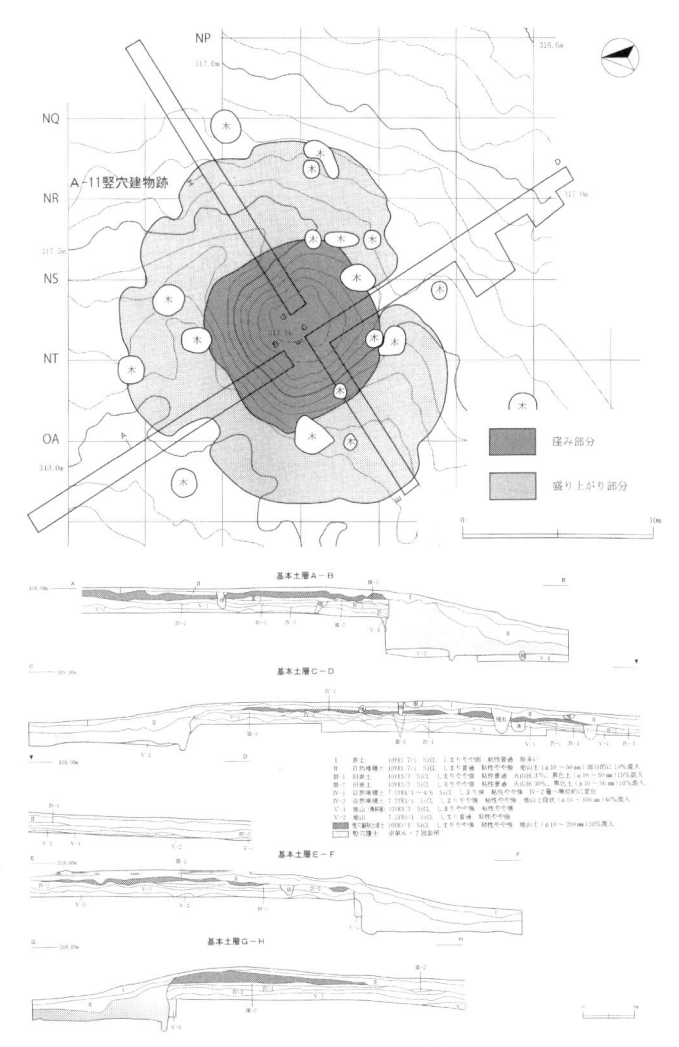

第 10 図　高野遺跡 A-11 竪穴建物跡

高野遺跡 A-11・B -27 竪穴建物跡　秋田県仙北市に所在する 10 世紀後葉の竪穴建物跡である。A -11 竪穴建物跡は，周堤幅 2.5 ～ 5.0 m，高さは約 20㎝であり，南東側の壁面部が一部開口している。B -27 建物跡は周堤幅 3 ～ 4.5 m，高さは約 20㎝であり，カマドを有する壁面部が一部開口している。いずれの周堤上及びその下部からも垂木尻と地表面との関係性を示す柱穴やくぼみ等は確認されていない（秋田県教委 2012）。

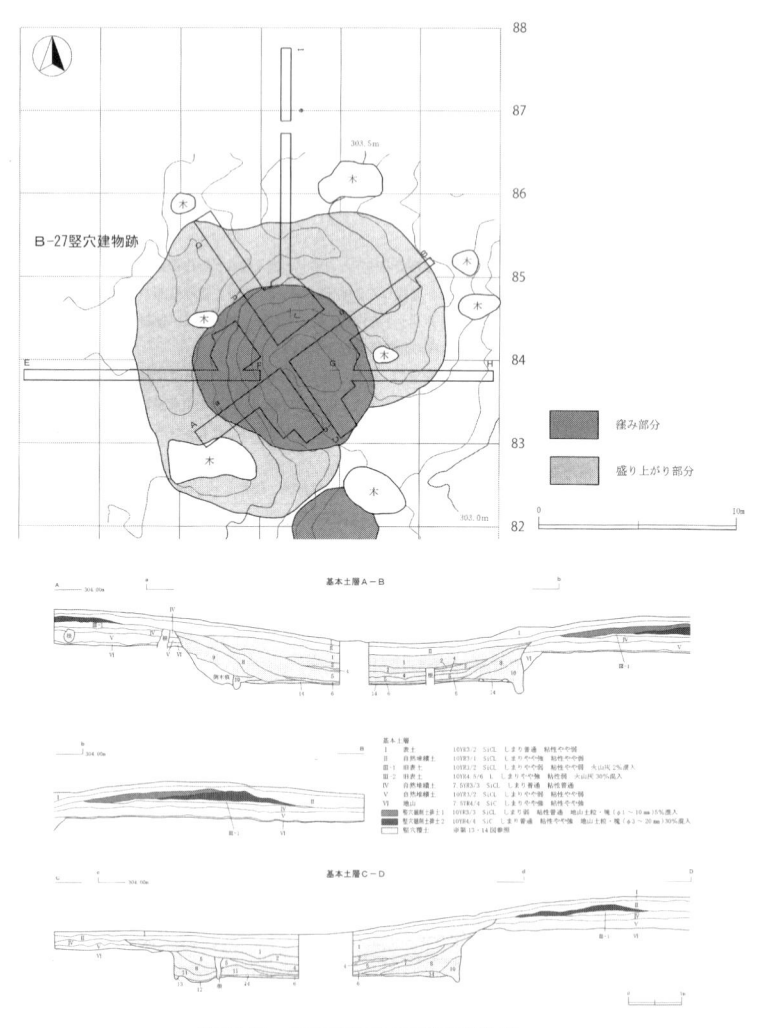

第 11 図　高野遺跡 B-27 竪穴建物跡

黒山の昔穴遺跡 9 号竪穴住居跡　岩手県九戸村に所在する 10 世紀後葉の竪穴建物跡である。周堤幅は不明であるが，高さは 10cmである。垂木を設置した柱穴等の痕跡については触れられていない（九戸村教委 2005）。周堤は竪穴部立ち上がり直上から盛られていると推測される。また，旧表土とされる土層そのものが湾曲を示しており，東西壁における比高の差を勘案して，竪穴掘削以前の旧地形は若干のくぼ地状を呈していた可能性が考えられる。

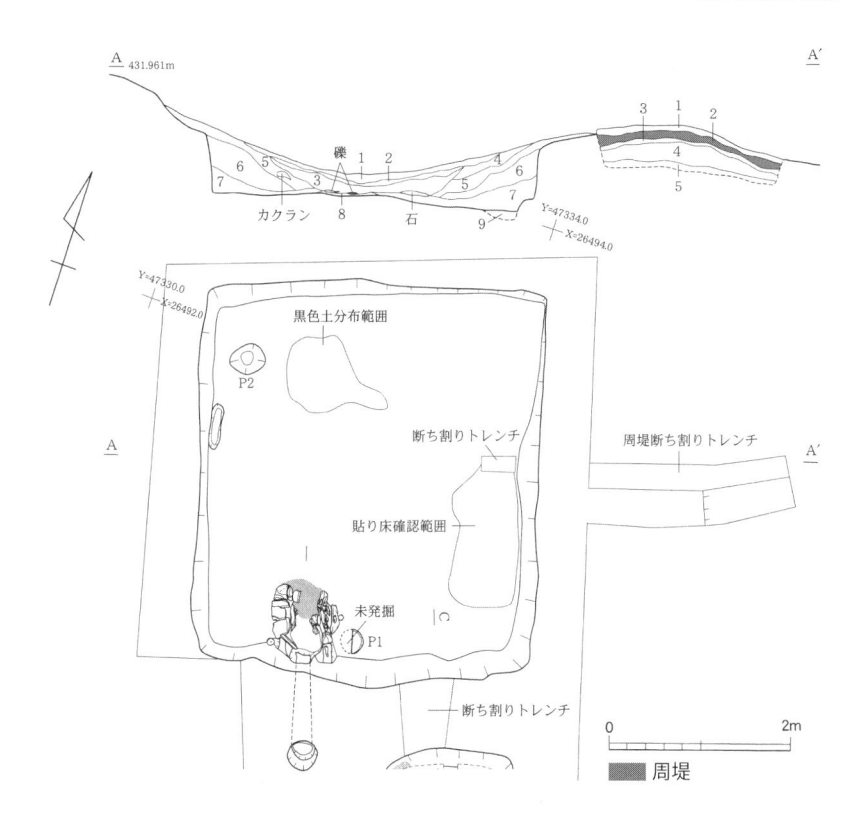

第 12 図　黒山の昔穴遺跡第 9 号竪穴住居跡

(3) 北東北地方の周堤—災害埋没型周堤—

　秋田県では近世期より，菅江真澄や平田篤胤などによって，「埋没家屋」という建物が確認される特殊な地域であった[3]。しかし，これまで明確な竪穴建物及び周堤は確認されていなかったが，片貝家ノ下遺跡で見つかった竪穴建物は北東北地方唯一の災害埋没型周堤を有する。

片貝家ノ下遺跡 SI01・SI03　秋田県大館市に所在する 10 世紀前葉の竪穴建物跡である。十和田火山噴火に伴う火山泥流堆積物によって埋没したとされ，伏屋式と推定される上屋構造がそのまま埋没した状態で検出された，極めて異例の残存状況を残す遺跡である。

　SI01 の周堤は最大高約 70cm であるが，トレンチによる調査であるため，幅

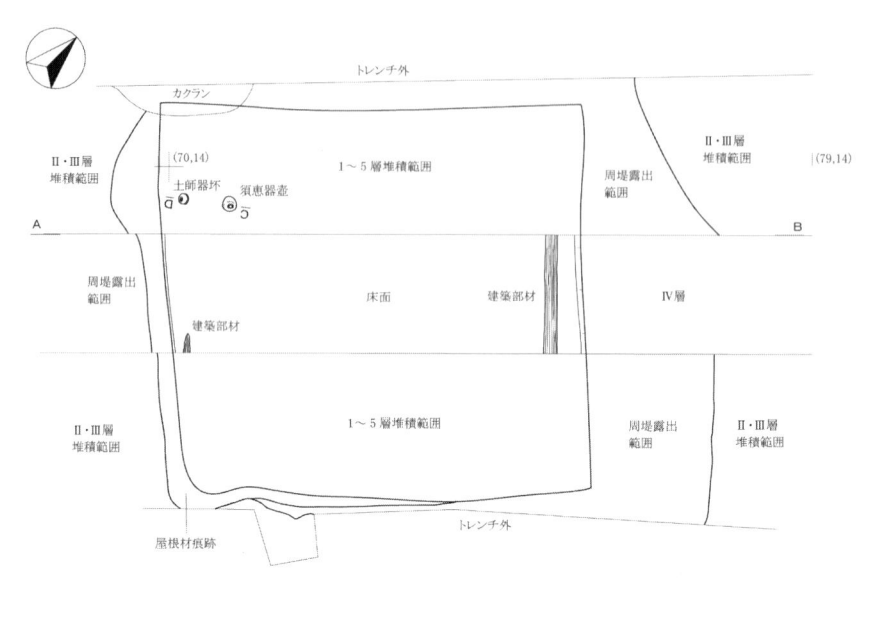

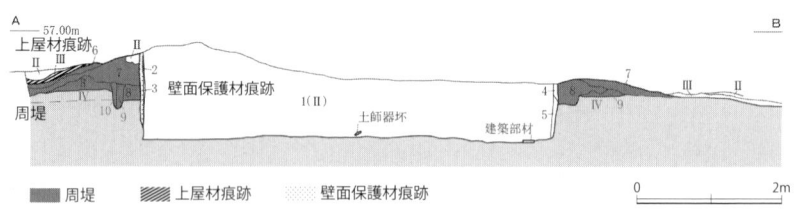

第13図　片貝家ノ下遺跡 SI01

や開口部の有無等は不明である。周堤は竪穴部立ち上がり直上から盛られ，竪穴壁の掘削に合わせて削られている。竪穴壁には壁面保護材の痕跡と考えられる土層が確認されており，その保護材によって周堤がおさえられている状況を示す。旧地表面から床面までの掘り込み深さは50cmであるが，周堤の存在によって全体として120cmほどの深さを有する。西側壁面の周堤上には上屋材の痕跡と考えられる土層が確認されているが，現位置を保ったものかは定かではない。

　SI03は伏屋式と推定される上屋構造がそのまま埋没した状態で検出された竪穴建物跡である。周堤は最大高約30cmであるが，トレンチによる調査であ

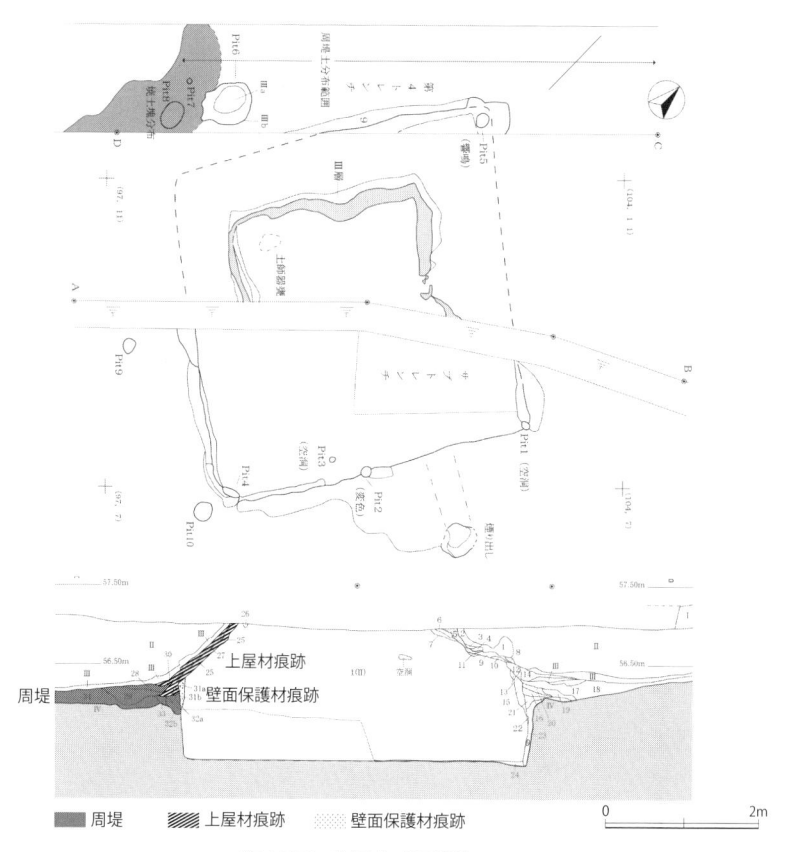

第 14 図　片貝家ノ下遺跡 SI03

るため，幅や開口部の有無等は不明である。SI01 と同様に周堤は竪穴部立ち
上がり直上から盛られ，竪穴壁には壁面保護材の痕跡と考えられる土層が確認
されており，その保護材によって周堤がおさえられている状況を示す。旧地表
面から床面までの掘り込み深さは 60cmであるが，周堤の存在によって全体と
して 90cmほどの深さを有している。上屋の傾斜角は 40°前後で，周堤内に上
屋構造を示すと考えられる土層が確認されている。ただし，垂木や屋根材質の
差異などについての結論は出ていない(秋田県教委 2016・2017) [4]。

⑷ 全国的な周堤のあり方

　前節では北東北地方の周堤について，遺跡の発掘調査によって確認された事例を紹介した。その多くはくぼ地埋没型の周堤であり，どの検出例からも周堤上に垂木を埋めたと推定される痕跡が確認されていない。

　しかし，災害埋没型周堤として唯一確認される片貝家ノ下遺跡では，垂木が周堤上に置かれ，さらに上から土をかぶせたような状況が確認できる。間接的に周堤に埋められたような状況が確認されたのである。また，くぼ地埋没型周堤の多くは，周堤が竪穴立ち上がり部直上からはじまるものと，やや間隔を空けてはじまるものがあり，遺構により，周堤が全周するものや，開口するもの，一部しか確認できないものがある。

　周堤の基底幅は 2 〜 3 m以上が多く，高さは 20 〜 30cmほどがほとんどであることなど，得られる情報は大きい。次節で詳細に触れるが，これらの周堤の形状は周堤崩壊後の様相を示していると考えている。

　全国的にみると，くぼ地埋没型周堤については，北東北以南では極めて稀であるが，北海道でも多く確認されている。中でも周堤を掘り込んで隅垂木を埋めた柱穴が確認されているオサツ2遺跡 IH-26 などは，そのあり方が注目される遺構である。

　時代や地域を問わずに全国的な周堤の状況を概観すると，そのほとんどは災害埋没型周堤である。洪水によって埋没した弥生時代の大阪府八尾南遺跡竪穴建物 9，古墳時代の福島県中平遺跡第 10 号竪穴建物跡，古代では長野県砂原遺跡 1 号竪穴住居跡などが著名であり，さらには火山噴火によって埋没した，古墳時代の群馬県中筋遺跡 1 号住居，吹屋恵久保遺跡 H-5 号住居などが知られる。

　これらの遺跡は周堤研究には欠くことのできない遺跡であり，得られている情報も大きいため，概要を触れておく。

八尾南遺跡 竪穴建物 9　大阪府八尾市に所在する弥生時代後期中葉の竪穴建物跡で，遺構面全面が厚い洪水堆積層で覆われ，旧地表面がほぼそのまま残されていた遺跡である。

　周堤は旧地表面の上に竪穴排土とされるシルト質土を盛り上げて形成される。断面が台形状で幅 1.5 〜 2.9 m，高さが 25 〜 40cmで，周堤上面からの深さは

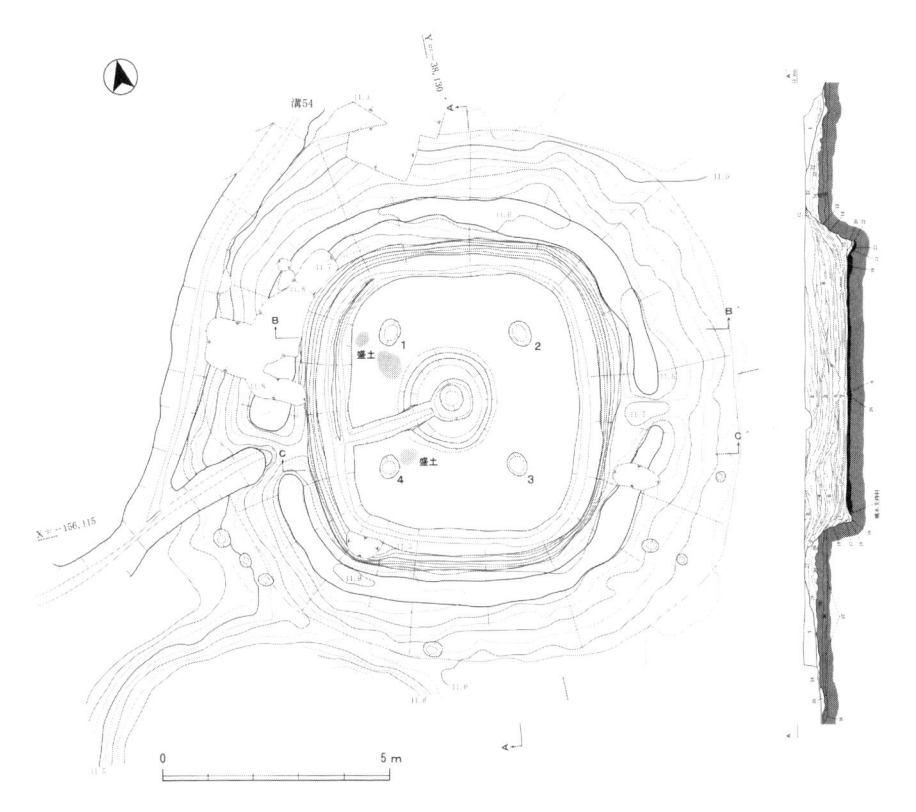

第 15 図　八尾南遺跡 竪穴建物 9

約 90cmである。竪穴の壁溝部では周堤盛土の崩落, 流入と考えられる土層の堆積が確認されており, 周堤の高さは本来もう少し高かったことが指摘されている。

　本遺跡からは総計で 9 軒の竪穴建物跡が検出されており, 周堤上に地割れなどの損傷が見られなかったこと, 周堤外縁で屋根構造と関連すると想定される多数の小穴が確認された例があることから, 屋根の下端が周堤を越えて, 外側に位置していた可能性を指摘している(岡本 2006, 大阪府文化財センター 2008)。

中平遺跡 第 10 号竪穴建物跡　福島県会津坂下町に所在する古墳時代後期の竪穴建物跡で, 遺構面が厚い洪水砂層で覆われ, 良好な状態で検出されている。周堤は幅約 1.2 m, 高さは最大で約 22cmである。開口部はないが, 隣接する竪穴建物の周堤と重複関係がある。上屋構造は, 竪穴内堆積土の検討から土屋根

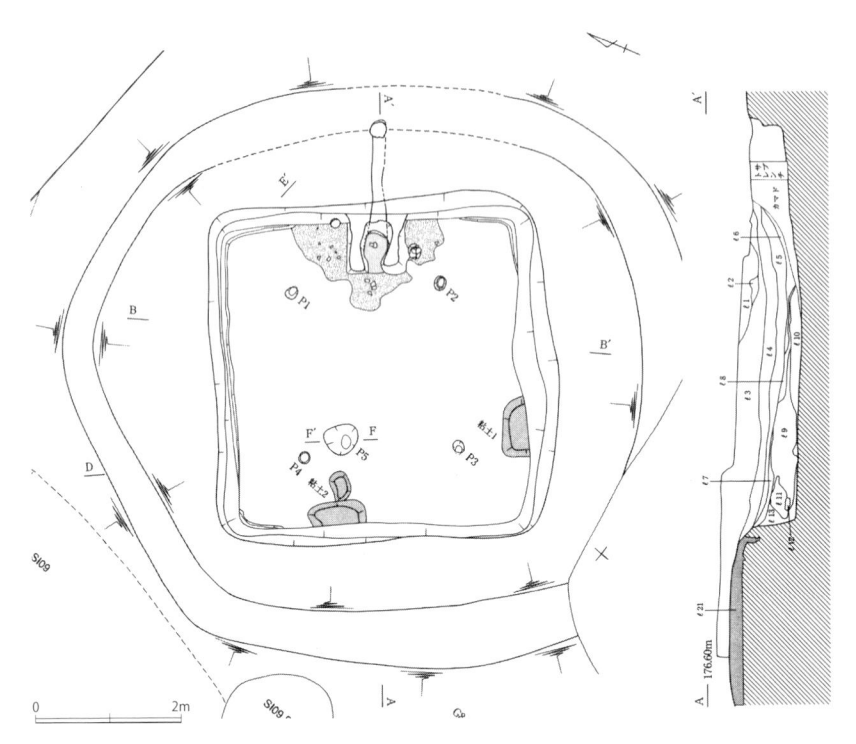

第 16 図　中平遺跡 第 10 号竪穴建物跡

であることが指摘されている。本遺跡からは総計で 8 軒の竪穴建物跡が検出されており，周堤上から地割れや柱穴などは見られないと報告されている（会津坂下町教委 2003，吉田 2015）。

砂原遺跡 1 号竪穴住居跡　長野県佐久市に所在する 9 世紀第 4 四半期に位置付けられる竪穴建物跡で，洪水砂層によって埋没した遺構である。周堤は幅約1.5 m，高さが最大で約 20cmあり，周堤頂部から床面までの深さは約 60cmある。また，開口部はなく，垂木の痕跡も確認されていない（長野県埋文 1998）。

中筋遺跡 1 号住居　群馬県渋川市に所在する古墳時代中期の竪穴建物跡である。6 世紀初頭の榛名山の火山爆発における火砕流と火山灰により埋没した竪穴建物で，国内の遺跡として初めて，土を用いた屋根構造（植物＋土＋植物によるサンドイッチ状の構造）が確認された。周堤幅は不明であるが，開口部がなく，隣接する他の竪穴建物跡と共有する。高さは約 70cmあり，頂部から床面までの

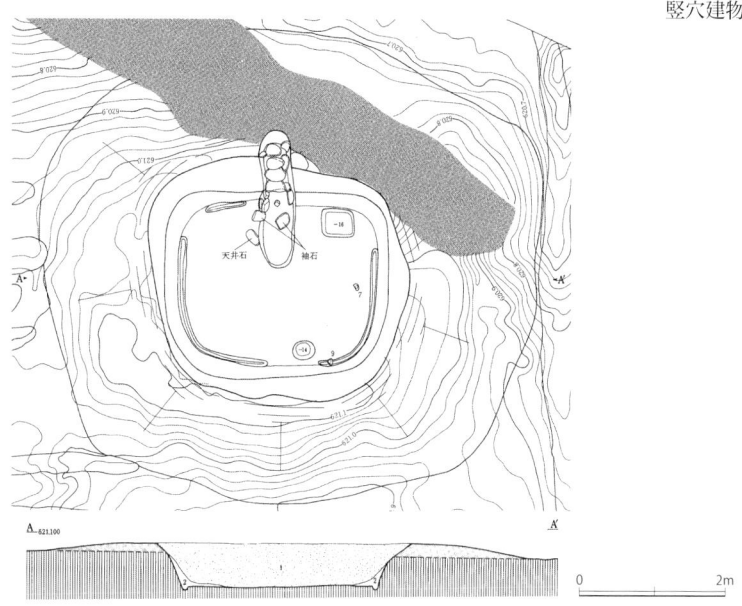

第 17 図　砂原遺跡 1 号竪穴住居跡

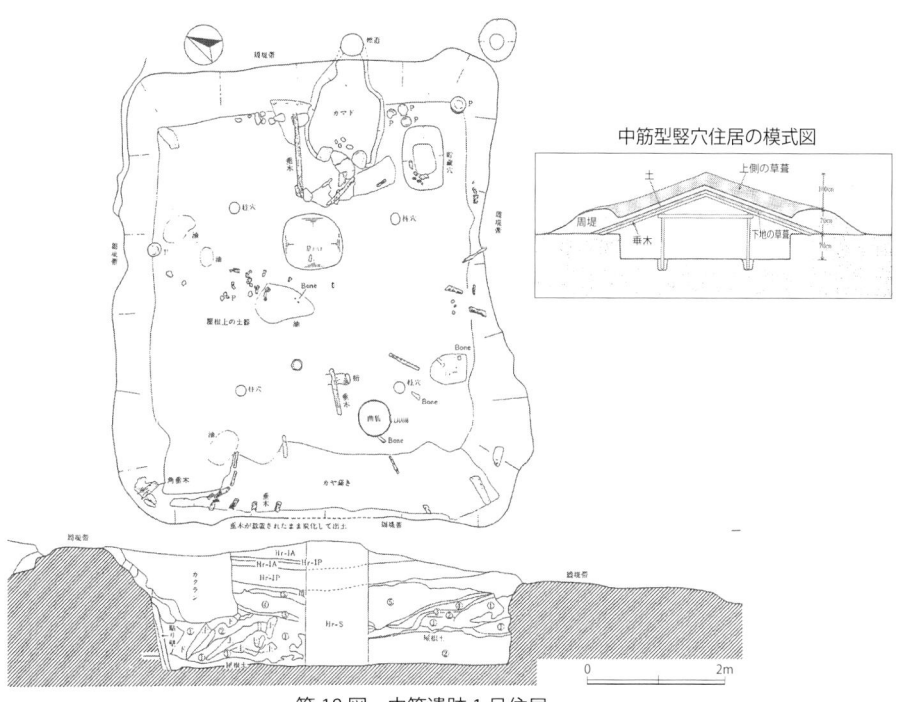

中筋型竪穴住居の模式図

第 18 図　中筋遺跡 1 号住居

深さが約 1.5 m となる。また，直径 10cmの垂木が 30cm間隔で旧表土上に設置され，上屋の崩壊に伴って垂木尻が周堤を突き破ることでできる地割れも合わせて確認されている。これらの構造の竪穴建物は「中筋型竪穴住居」とされ，これまでの竪穴建物研究に大きな影響を与えた事例となっている（大塚 1998）。

吹屋恵久保遺跡 H-5 号住居　群馬県渋川市に所在する古墳時代後期の竪穴建物跡である。6 世紀中頃の榛名山の火山爆発による軽石災害により埋没したため，良好な遺存状態で検出された。周堤は幅が 2.5 m 〜 2.9 mで，出入口付近は 3.6 mと広くなり，カマド煙道部と出入口部が開口している。高さは平均で 25cm，出入口付近で 65cmと高くなる。竪穴部と周堤の間には奥行き約 58cm〜 84cmの竪穴外屋内空間が確認されており，そこから坏が出土している。さらに竪穴隅部からは柱穴を伴う直径 16cmの垂木が確認され，隅部以外では直径 7cm

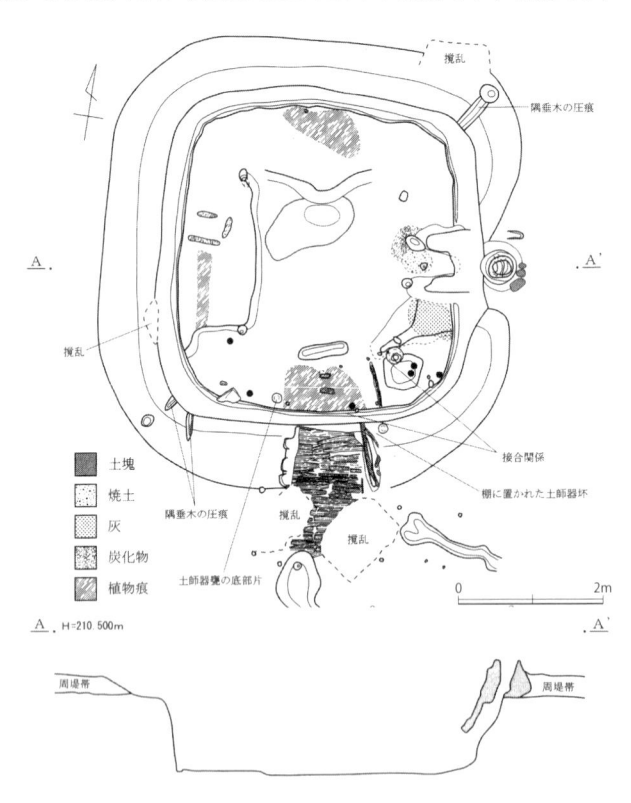

第 19 図　吹屋恵久保遺跡 H-5 号住居

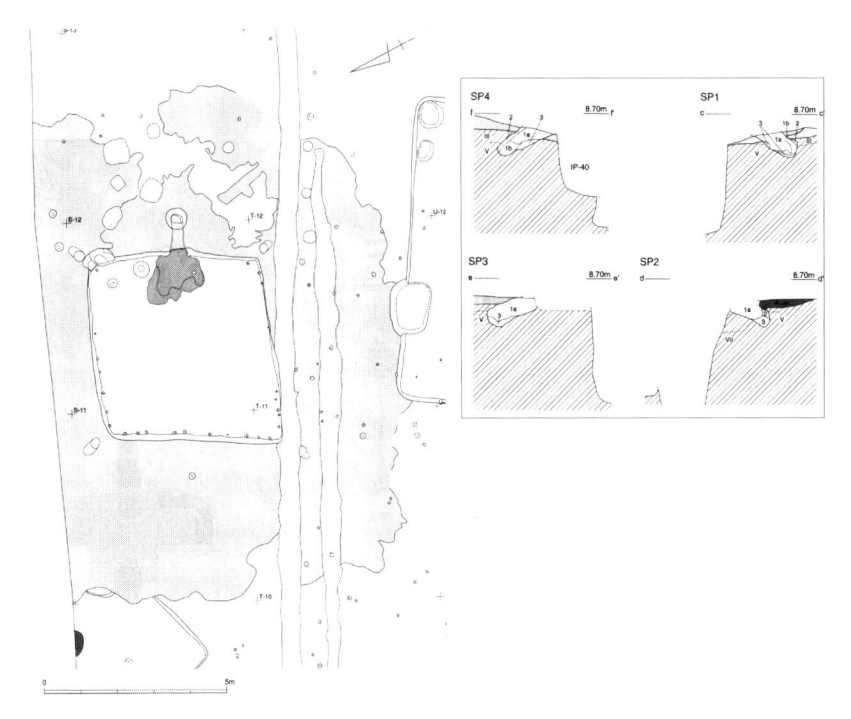

第 20 図　オサツ 2 遺跡　IH-26

のやや細い垂木が 30 〜 40cm間隔で検出されている（渋川市教委 2006）。

オサツ 2 遺跡 IH-26　北海道千歳市に所在する擦文文化期の竪穴建物跡であ
る。本遺跡からは同時期の埋まりきらない竪穴建物跡が 5 軒報告されている。
周堤は幅約 3.5 〜 4.5 mで，高さは 5 〜 10cmである。開口部はない。4 隅の周
堤上に，竪穴壁の立ち上がりから 20 〜 50cmほど離れて，斜めに掘り込まれた
隅垂木と推定される柱穴が 4 基確認されている。それらは周堤を掘り込んで掘
削されていることが土層断面の観察から確認することができ，そこから復原さ
れる上屋の角度は約 35°である。しかし，その他の垂木の痕跡等は見られない
（千歳市教委 2002，五十嵐 2008）。

3. 竪穴建物建設と周堤

(1) 周堤と垂木の関係性

　周堤を考える上で，重要な指標となるのは垂木尻の位置である。伏屋式の上屋構造を有する竪穴建物について，垂木尻の設置位置は旧表土上に垂木尻がある Case1 と周堤上に垂木尻がある Case2 が考えられる。竪穴建物の上屋構造については，宮本長二郎による構造形式の分類(宮本 1996)が著名であるが，前者が伏屋 B 式，後者が伏屋 C 式と同様である。伏屋 A 式構造が想定される事例は古代北東北地方では確認できない。北東北地方において，確実に分類できる事例は片貝家ノ下遺跡 SI03 が唯一であり，Case2 に分類される。また，本地域では見られないものの，中筋遺跡では Case1 が想定されている。

　Case2 において，片貝家ノ下 SI03 では，周堤上に垂木を置いたと推定されることに触れたが，全国的に事例を概観すると，一部に周堤を掘り込んで垂木が設置されていた事例を確認できる。吹屋恵久保遺跡 H-5 住居跡やオサツ 2 遺跡 IH-26 では，周堤上から隅垂木の柱穴が確認されている。しかし，隅以外の垂木の柱穴は発掘調査の所見から見出されていない。同様に，くぼ地埋没型周堤を有する高野遺跡など，一部周堤を旧表土面まで掘り下げて確認しているものの，垂木を設置したと考えられる柱穴は確認されていない。ここで，垂木は周堤を掘り込んで埋められていたのかという根本的な問いを提示したい。周堤は竪穴部を掘削した際の排土であることが研究史上も指摘されており，筆者も同意できる。しかし，周堤を掘り込んで垂木が設置されたと仮定すると，竪穴部を掘削し，その排土を竪穴周辺に積み上げ，形を整形し，垂木を埋めるために掘削する段階で，ある程度土が固まっている必要がある。軟弱な掘削土の状態で，垂木を埋設するだけの柱穴を掘り込むことができたかどうか疑問が残

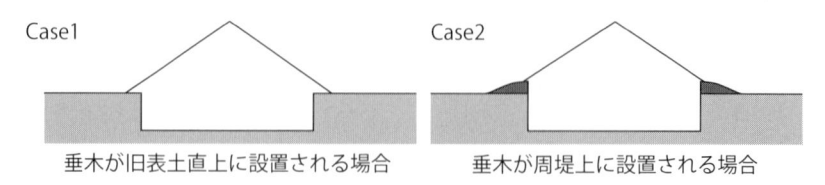

Case1	Case2
垂木が旧表土直上に設置される場合	垂木が周堤上に設置される場合

第 21 図　想定される垂木尻の設置位置

る。また，上屋の建築工程を考えても，柱穴を掘って埋めたことは考えにくく，軟弱な状態の周堤に突き刺した可能性は残るものの，柱穴を掘って埋めたとは考えにくい。

　そこで，先に触れた片貝家ノ下遺跡 SI03 竪穴建物跡を詳細に確認する。本遺跡は上屋がそのまま残された状態で検出された極めて貴重な竪穴建物跡である。報告された遺構の断面図を見ると，旧表土（第IV層図）上に周堤が盛られており，その直上に降下火山灰層（第14図III層）が堆積している。先の層と火山泥流堆積層（第14図II層）に挟まれる層（第14図25・27・30層）が上屋材の痕跡と想定される。上屋材は周堤と連結された構造となっており，25，30層下部に周堤土がかかっていることを踏まえると，周堤や旧表土を掘り込むのではなく，周堤上に置かれた上屋材下部を周堤土によって押さえている状況である。つまり周堤の一部は屋根葺き材の一部として同化していたことが指摘できる。この事例から考えると，Case2 において，上屋の垂木は必ずしも周堤や旧表土を掘り込んで埋設される必要はなかった可能性が指摘できる。同様に Case1 においては，中筋遺跡での所見でも同様の方法が示されている。周堤を掘り込んで埋設していないため，垂木の倒壊もしくは取り外しに伴って，その痕跡も確認できなくなってしまうのではないだろうか。古代北東北地方だけでなく，全時代を通して，また，列島全体的な周堤の調査所見を見ても，垂木の埋設痕跡が確認できないのは，上記のような手法によるためであろうと考えられる。竪穴部掘削後，垂木は必ずしも周堤及び旧表土を掘り込んで埋設するのではなく，旧表土上ないしは周堤上にそのまま置き，垂木下部に周堤土をかぶせることで，その加重によって垂木を固定していた可能性を指摘できる。つまり，いわゆる土屋根の下端と周堤は区別し難い構造をしていたことが考えられる。

(2) 竪穴掘削前の旧地形と周堤の関係性

　周堤については，これまでの研究史を踏まえて，竪穴部の掘削土を盛り上げて周堤を築いた点においては，大方の共通理解となっているものの，これまで全く考慮されてこなかった視点がある。それは竪穴部掘削前の旧地形の把握である。建物建設前のどのような微地形を選地して掘削を開始したのか，元来あまり検討されず，漠然と平坦地であったことが想定されるのみであった。しか

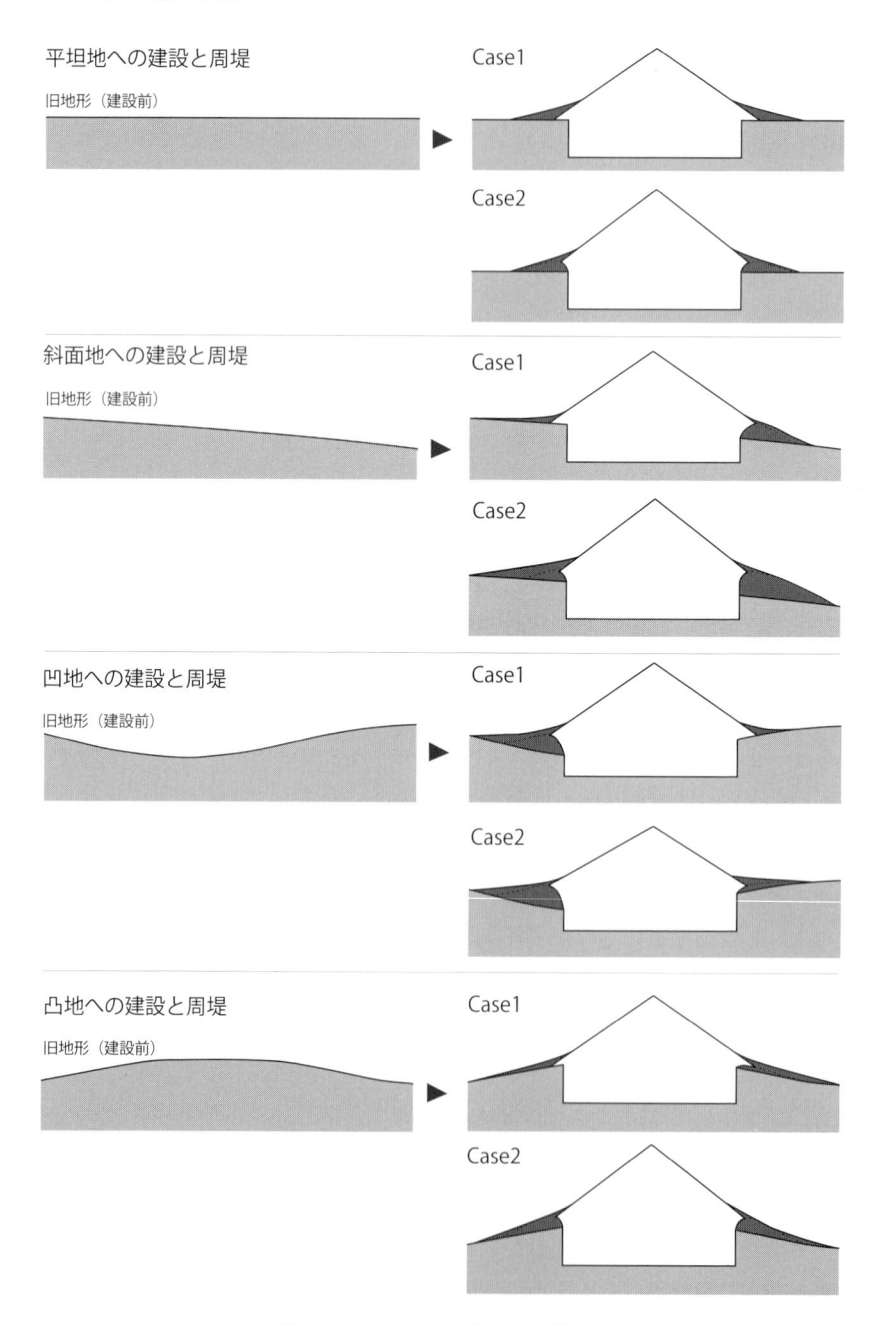

平坦地への建設と周堤

旧地形（建設前）

Case1

Case2

斜面地への建設と周堤

旧地形（建設前）

Case1

Case2

凹地への建設と周堤

旧地形（建設前）

Case1

Case2

凸地への建設と周堤

旧地形（建設前）

Case1

Case2

第 22 図　旧地形と周堤の関係模式図

し，周堤の形状を考える上で，この旧地形の把握は重要な意味を持つものと考えられる。なぜならば，前述した垂木尻の位置は2パターンが想定されることを述べたが，旧地形の形状によっては，必ずしも2パターンで収まらず，片方の垂木尻はCase1として考えられても，もう一方はCase2にならざるを得ないことも想定されるからである。そこで竪穴建物建設前の旧地形について，平坦地，斜面地，凹地，凸地の4パターンを想定した。それぞれの旧地形に，前述した垂木の設置分類をかけると総計で8パターンの周堤分類が可能となる。この基本的なパターンに，周堤の崩壊，埋没過程及び後世の削平の影響を加味することで，発掘調査所見とすり合わせることができるようになると考えている。

　周堤土と旧地形のあり方を踏まえて考えると，周堤の機能の一つとして，外構整備の一環であったことも指摘できる。特に斜面地やくぼ地の場合，片一方の低い地形を，竪穴排出土によって，できるだけ平坦に近づけることで，様々な利点が生じる。屋内空間の高さを維持することができるし，垂木材の長さの不足を補うことができる。さらにそれは建物外観にも影響すると考えられる。そのような意図で用いられた周堤として捉えることができれば，多くのくぼ地埋没型事例において，不整形が多い周堤の形が理解可能となる。

　実際の発掘調査例を踏まえると，家ノ前遺跡第1号住居跡，アイヌ野遺跡第2号住居跡，向田(35)遺跡第5号住居跡は平坦地への建設と考えられ，沖附(1)遺跡第21号住居跡，向田(35)遺跡第9号住居跡，高野遺跡A-11竪穴建物跡，B-27竪穴建物跡は傾斜地への建設，黒山の昔穴遺跡9号竪住居跡は凹地への建設であることが断面図から読み取れる。向田(35)遺跡第9号住居跡では，東側の標高が高い側は周堤が確認されず，西側の低い地形側のみ確認されており，基底幅も広い。後世の削平の影響も加味すると，東側の立ち上がりの標高に合わせて，周堤を盛っていた可能性も考えられる。さらに南北断面を確認するとほぼ平坦な地形を活用しているものの，北側の旧地形の凹凸に周堤土を充填した様子が伺える。高野遺跡B-27竪穴建物跡では，周堤直下の旧地形が西から東にかけて緩く傾斜して，低い方の東側の周堤土がやや高めに盛られている。また，黒山の昔穴遺跡9号竪穴住居跡では東側の旧地形がやや低い側で周堤土が確認されている。さらに，弥生時代の例ではあるものの，八尾南遺跡の調査においても「旧地表面の低い側を他よりも高く盛り上げている傾向を看取することがで

きた」と所見を記している(大阪府文化財センター 2008)。

　以上のように旧地形の凹凸に合わせて，周堤土を盛り上げていることが考えられ，今後の調査においては，旧表土と周堤の関係性を考慮し，地ならしや外構整備的側面からも検討する必要があると考える。さらに発掘調査の際には，これらの周堤のあり方が，崩壊や埋没，削平によって，より複雑な状態で検出されることは言うまでもない。

(3) 周堤の構築位置と形状，崩落の関係性

　竪穴部掘削前の旧地形と周堤の関係性について述べたが，建物機能時の周堤の構築位置と形状について試論を述べる。発掘調査によって明らかとなっている周堤の構築位置について，竪穴壁と連続する周堤と連続しない周堤の 2 パターンあることがわかる。前者の場合，周堤が壁の一部を構成することとなり，周堤土が屋内に露出しているか，もしくは，壁面保護材によって隠されているかのどちらかとなる。竪穴部をより深くするための加工であり，それは同時に竪穴部の掘り込みを浅く済ませる手法の一つである。これを Pattern1 とする。後者の場合，周堤は竪穴部と独立した一つの施設となり，これを Pattern2 とする。

　Pattern1 の周堤は，かつて都出が想定した周堤(都出 1975)と同様に，竪穴壁の一部として，掘り込み部壁面と同時に整形されるもの(Pattern1-A)と竪穴壁から連続して半円形状に盛られるもの(Pattern1-B)に細分される。Pattern1-A の明

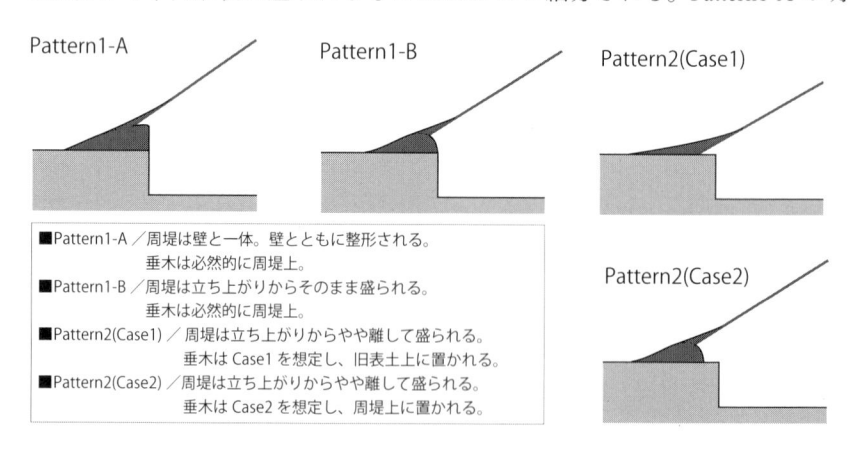

Pattern1-A　　　Pattern1-B　　　Pattern2(Case1)

Pattern2(Case2)

■Pattern1-A ／周堤は壁と一体。壁とともに整形される。
　　　　　　　　垂木は必然的に周堤上。
■Pattern1-B ／周堤は立ち上がりからそのまま盛られる。
　　　　　　　　垂木は必然的に周堤上。
■Pattern2(Case1)／周堤は立ち上がりからやや離して盛られる。
　　　　　　　　垂木は Case1 を想定し，旧表土上に置かれる。
■Pattern2(Case2)／周堤は立ち上がりからやや離して盛られる。
　　　　　　　　垂木は Case2 を想定し，周堤上に置かれる。

第 23 図　周堤の構築位置と形状の想定模式図

確な事例としては，くぼ地埋没型周堤ではアイヌ野遺跡第 2 号住居跡，沖附(1)遺跡第 21 号住居跡で確認できる。また，災害埋没型周堤では，片貝家ノ下遺跡 SI01，SI03 が本様相を示す。特に片貝家ノ下遺跡例では，竪穴部の掘り込みが 50cm ほどであるにも関わらず，周堤の積み上げによって，90 ～ 120cm ほどの深さの建物となっているのである。また，壁面には保護材の痕跡も確認されており，排出土の積み上げ，壁面の整形，壁面保護材の設置という段階を踏んで建築されていることがわかる。さらに着目すべきは，本例は上屋が残された状態で埋没していることが明らかで，周堤の崩壊が進んでいない事例であるということである。そのため，周堤の本来の形状を示している可能性が高い。Pattern1-B はくぼ地埋没型周堤では高野遺跡 A-11 竪穴建物跡で検出されており，八尾南遺跡竪穴建物 9，中平遺跡第 10 号竪穴建物跡，砂原遺跡 1 号竪穴住居跡など災害埋没型の多くの周堤が示す。しかし，八尾南遺跡，砂原遺跡では建物の廃絶から埋没までに一定の時間を有していたことが指摘されている。この場合，Pattern1-A の周堤が崩壊して，1-B の様相を示すようになった可能性が高い。

　Pattern2 の周堤は家ノ前遺跡第 1 号住居跡，向田(35)遺跡第 5 号，第 9 号住居跡，高野遺跡 B-27 号竪穴建物跡などのくぼ地埋没型周堤で多く確認されている。災害埋没型周堤では，吹屋恵久保遺跡 H-5 住居で確認される。壁と周堤の間の空間は竪穴外屋内空間となっており，坏型土器が 1 点放置された状態で出土している。本パターンの場合，竪穴部立ち上がりから周堤までの間の空間は，吹屋恵久保遺跡のように竪穴外屋内空間として，屋内空間の一部に取り込まれたと考えられるが，垂木下部に盛られていた周堤が，垂木の倒壊に伴う周堤の崩壊によって，Pattern1-B として検出される可能性がある。

　次に周堤の形状について検討する。現在の発掘調査で検出される周堤の多くは，一定の崩壊を経たものであることに疑いはない。くぼ地埋没型周堤は，その過程を示すものであり，災害埋没型周堤は比較的本来の形状に近い様相を示している。周堤の崩壊を前提に，崩壊前の周堤の形状を推察する。周堤の形状は，台形状や低平な半円形状をしていた可能性が示されてきた。台形状の代表的な例は八尾南遺跡竪穴建物 9 であり，半円形では中筋遺跡 1 号住居があげられる。また，多くの遺跡では低平な半円形が多い。上述したパターンとして考

■Pattern1-A の周堤が崩壊して Pattern1-B 化する過程

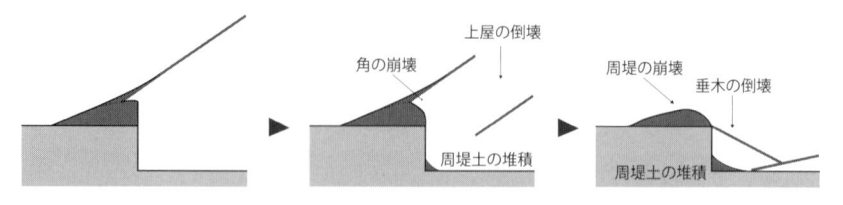

■Pattern2（Case1）の周堤が崩壊して Pattern1-B 化する過程

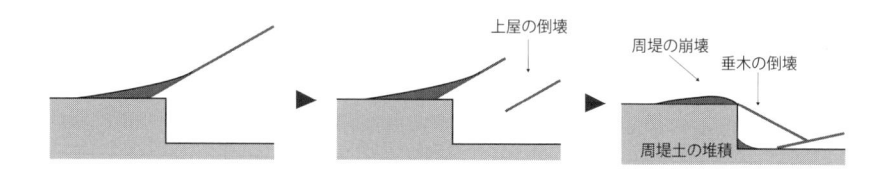

■Pattern2（Case2）の周堤が崩壊して Pattern1-B 化する過程

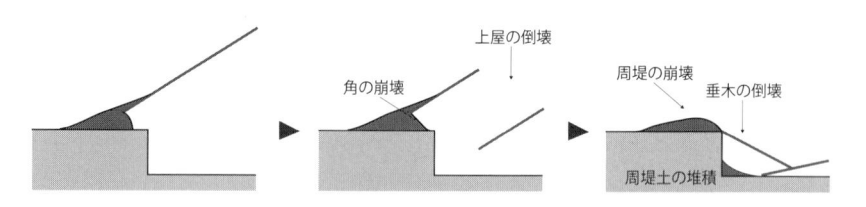

第 24 図　周堤の崩壊想定模式図

えると，Pattern1-A の場合，台形状を示し，Pattern2 の場合には半円形状にな
る可能性が高い。問題は Pattern1-B の半円形状の周堤である。筆者はこのパタ
ーンについて，Pattern1-A 及び Pattern2 の周堤が崩れたものであると考えている。

　発掘調査で周堤が確認されることは極めて稀であるが，竪穴内部の土層断面
観察において，周堤の崩落に由来する土層が報告されることは多い。しかし，
この崩落が周堤のどの部分の崩落によるものであるのかは，未検討事項である。

　周堤由来土層は壁際のいわゆる三角堆積層として確認される場合が多く，八
尾南遺跡の調査所見では，「竪穴の周壁際では周堤盛土の崩落・流入土と考え
られる土層の堆積が認められることから，本来の堤の上端はもう少し上位で
あった可能性が高い」とされるなど（大阪府文化財センター 2008），主として，周
堤上部からの崩落が考えられることが多い。しかし，建物廃絶後の比較的初

期に堆積したものであることや，竪穴部全体に及ぶ多量の土層が検出されないことから，Pattern1-A の周堤角部が崩落したことに起因する土層の可能性が最も高い。その結果，発掘調査では，Pattern1-B 化して検出されることとなるのではないかと考えられる。こう捉えることができれば，Pattern1 の周堤は本来 Pattern1-A を基本としていた可能性が高くなる。そして，その最も良好な事例として，片貝家ノ下遺跡 SI01 や SI03 があり，台形というよりは扇形に近い形状が周堤本来の形状だったのではないかと推察されるのである。さらに踏み込んで述べるならば，建物の廃絶から埋没までの時間的経過が少ない災害埋没型周堤では Pattern1 が多いことを考えると，竪穴建物の周堤の多くは本来 Pattern1-A のように竪穴壁と連続した扇形に似た形状であった可能性が指摘できる。

　Pattern2 については，垂木尻が旧表土上か周堤上かのいずれかに設置されることとなるが，後者の場合，周堤が竪穴外屋内空間として屋内に露出するため，空間確保を目的に整形されることが考えられる。その結果扇形に近い形状になることが予測される。そして前者の場合には，周堤を半円形を維持する合理性がない。そして，先に垂木の固定を目的として垂木下部に周堤土をかぶせたことを指摘した。つまり，垂木下部にかけられた周堤土は扇形状となり，その垂木の倒壊とともに，周堤土も崩落した結果，半円状の，Pattern1-B 化して検出されることが予測できる。本パターンはくぼ地埋没型周堤に多いが，現段階では本モデルが机上の仮説であることは否めない。今後の発掘調査において，竪穴の掘り込みに近い側の周堤下から垂木と想定される木材が腐食せずに残存する例が検出される可能性を指摘しておく。その上で，最終的に実際の発掘調査では，埋没後の削平や自然営力の影響を受けて，より複雑な形となり，基底幅が広く，低平で不整形な周堤が検出されることは言うまでもない。

　最後に周堤の崩壊について，触れなければならない現象がある。上屋の倒壊に伴って垂木が跳ね上がることにより，周堤上に亀裂が生じる事例である。この亀裂は中筋遺跡でのみ確認されており，他の検出例では確認されていない。八尾南遺跡や中平遺跡では丹念に探されているものの，未検出である。唯一例外として確認されている中筋遺跡での周堤亀裂の事例は，垂木の倒壊と埋没がほぼ同時に起こった事例であるため，確認できたと考えられる。通常の埋没，

倒壊過程においては，垂木上の周堤ごと崩壊するため，その後の風化によって，崩壊の痕跡そのものが均されて，発掘調査では確認できなくなってしまうと考えられる。

おわりに

　古代北東北地方の周堤を伴う竪穴建物を中心に，周堤のありかたについて検討してきた。本論で指摘したことをまとめると，以下の通りである。

　まず，片貝家ノ下遺跡で確認されたように，垂木尻は必ずしも周堤や旧表土を掘り込んで埋設されたのではなく，直上にそのまま置かれて，垂木下部に周堤土をかぶせることで固定していた。つまり，周堤の一部は屋根材と同化していたと考えられるのである。次に，周堤のあり方は竪穴掘削前の旧地形との関係性を考慮する必要があり，地ならしや外構的側面も有していた。今後の発掘調査においては，周堤が検出された場合，旧地形との関係性を明確にし，そのあり方を検討する必要がある。最後に，周堤は多くの場合，竪穴部掘削土の壁外への排出の後，竪穴部側は壁と一体となって整形されたと考えられ，扇形に近い形状であったと考えられるということである。そして，多くの遺構で事例がある，竪穴内での周堤由来土層は，竪穴壁として整形された周堤の角部の崩落と垂木にかぶされた周堤土が，垂木の倒壊によって崩落したことに起因するものもあったと捉えることができた。そして，その後の崩壊と埋没，削平等によって，多くの遺構で確認されるように基底幅が広くなる一因となり，低平で半円形の複雑な形状の周堤として，発掘調査で確認されるということである。

　しかし，周堤の良好な実例が少なく，可能性の域を出ない。さらに本来は時期的，地域的な差も考慮すべき問題である。弥生時代と平安時代の竪穴建物では，構造上大きく異なっていた可能性が高い。しかし，片貝家ノ下遺跡など，これまでとは比較しえない良好な遺跡が見つかるなど，周堤はより詳細に検討されるべき時期を迎えている。本論で古代北東北地方の周堤を残す竪穴建物について，一つの方向性を見出すことができたのではないかと考えている。

　現在国内の様々な遺跡で竪穴建物が復原されている。これらの復原された竪穴建物の多くには実際の発掘調査での検出に関わらず，規模の大小はあるもの

の周堤が復原されている。多くの研究者が竪穴建物には本来は周堤があったものと考えていることがわかる。また，竪穴掘削排土の行方などの問題もあり，上屋構造のいかんにもよるであろうが，及川良彦も指摘するように（及川2007）伏屋による上屋構造の竪穴建物には周堤が本来は伴っていた可能性が高い。本論はその本来的なあり方に対する一つの仮説を提示するものである。

　周堤は竪穴建物のわずか一部の構造上の特質かもしれないが，建築から廃絶，埋没までを考える上で，重要な施設の一つであると考えている。今後，片貝家ノ下遺跡のように，より明確な周堤が検出されることに期待したい。そして埋没家屋という特殊な遺跡を含め，多くの竪穴建物が報告されている北東北地方での検討は重要である。本地方の竪穴建物のあり方は汎列島的な研究の進展に重要な指標となるであろう。

註
1)　本数値は，北東北古代集落遺跡研究会2014『9〜11世紀の土器編年構築と集落遺跡の特質から見た，北東北世界の実態的研究』により公開されている竪穴建物跡集成データを筆者が独自に再集計したものである。本再集計による錯誤等は全て筆者の責に帰せられる。なお，北東北古代集落遺跡研究会による成果は，インターネット上にて公開し，誰もが利用できるようになっている（https://sites.google.co m /site/kitatohokukodaisyuraku/）。
2)　ジョン・ミルンは1850年にイギリスで生まれた。地震学の研究者として著名であると同時に日本の先史時代に関する研究業績も大きい。その足跡や業績については，いくつかの論考があり，本論ではその詳細に触れることはできない（岡田1926，阿部1984，吉岡・長谷川1993）。しかし，ミルンの先史時代の業績に関しては，人種論的観点による研究が取り上げられることが多いが，本論では，竪穴建物に関する指摘を紹介した。竪穴建物研究史において，より評価されるべき業績であり，1880年という時代背景を考えても，特筆されるべき考察であると考えている。
3)　埋没家屋とは915年と考えられる十和田湖噴火に伴う泥流で埋没した遺跡から見つかる建物跡である。重要文化財に指定される胡桃館遺跡の建築材などに代表され，これまでの発掘調査からは到底確認されえない貴重な情報を有している遺構である。そのため，秋田県内では，木製建築部材が出土した遺跡は「埋没家屋」として安易に取り上げられる傾向にあったが，近年その位置づけの見直しも図られている（五十嵐2010，秋田県教委2011）。本論で触れる片貝家ノ下遺跡も，いわゆる「埋没家屋」の一例である。
4)　片貝家ノ下遺跡の所見について，基本的には発掘調査報告書を参考とした。しかし調査を担当された秋田県埋蔵文化財センターの村上義直氏からの教示をもとに，一部所見は，筆者の私見も含んでいる。そのため本論での考え方についての誤解があれば，全て筆者に責がある。

引用・参考文献

会津坂下町教育委員会 2003『会津坂下町内遺跡発掘調査報告書 II 中平遺跡 男壇遺跡』会津坂下町文化財調査報告書第 54 集

青森県教育委員会 1982『下北地点原子力発電所建設予定地内埋蔵文化財試掘調査報告書』青森県埋蔵文化財報告書第 71 集

青森県教育委員会 1986『沖附(1)遺跡』青森県埋蔵文化財報告書第 100 集

青森県教育委員会 1987『弥栄平(4)(5)遺跡』青森県埋蔵文化財報告書第 106 集

青森県教育委員会 1993『家ノ前遺跡・幸畑(7)遺跡 II』青森県埋蔵文化財調査報告書第 148 集

青森県教育委員会 2004『向田(35)遺跡』青森県埋蔵文化財調査報告書第 373 集

秋田県教育委員会 2011『小谷地遺跡』秋田県文化財調査報告書第 472 集

秋田県教育委員会 2012『秋田県重要遺跡調査報告書 III—高野遺跡—』秋田県文化財調査報告書第 477 集

秋田県教育委員会 2016『遺跡詳細分布調査報告書』秋田県文化財調査報告書第 502 集

秋田県教育委員会 2017『遺跡詳細分布調査報告書』秋田県文化財調査報告書第 507 集

浅川滋男・西山和宏・高田和徳 2001「縄文集落遺跡の復原—御所野遺跡を中心に—」『竪穴住居の空間分節に関する復原研究』平成 10 ～ 12 年度科学研究費補助金【基盤研究 C】課題番号 10650643

阿部朝衛 1984「ジョン・ミルン論」『縄文文化の研究』10 雄山閣

五十嵐祐介 2008「竪穴建物跡の屋内空間—竪穴外屋内空間の構造—」『秋田考古学』第 52 号 秋田考古学協会

五十嵐祐介 2009「竪穴建物跡の廃屋化—土器の出土状況から廃屋を探る」『秋田考古学』第 53 号 秋田考古学協会

五十嵐祐介 2010「「埋没家屋」再考—男鹿市小谷地遺跡を中心に—」『北方世界の考古学』すいれん舎

五十嵐祐介 2014「竪穴建物跡の床—生活面としての板敷の床—」『秋田考古学』第 58 号 秋田考古学協会

五十嵐祐介 2017「竪穴建物の空間利用—床，天井空間と竪穴外屋内空間」『岩手考古学第 49 回研究大会 古代の竪穴建物跡—機能と構造—』岩手考古学会

石川直章 1993「手宮公園下遺跡の研究史」『手宮公園下遺跡』小樽市教育委員会

石川直章 1997「手宮洞窟関係文献一覧」『手宮洞窟シンポジウム記録集』小樽市教育委員会

石野博信 1987「研究史　竪穴住居の屋内区分利用」『横田健一先生古稀記念文化史論叢』創元社（後に石野博信 1990『日本原始・古代住居の研究』吉川弘文館に再録）

上屋真一 1991「第 2 号住居址（カリンバ型住居址）について」『南島松 1 遺跡・南島松 4 遺跡』恵庭市教育委員会

大阪府文化財センター 2008『八尾南遺跡』(財)大阪府文化財センター調査報告書第 172 集

大塚昌彦 1998「土屋根をもつ竪穴住居—焼失家屋の語るもの—」『奈良国立文化財研究所シンポジウム報告 先史日本の住居とその周辺』同成社

岡田健蔵 1926『ジョン，ミルン博士の生涯』ミルン博士追想記念會

岡本茂史 2006「周堤を巡らした建物—弥生時代の住居構造—」『2004 年度共同研究成果報告書』(財)大阪府文化財センター

及川良彦 2007「竪穴建物の周堤—カマドをもつ竪穴建物跡を中心に—」『月刊考古学ジャーナル』No.559 ニューサイエンス社

北東北古代集落遺跡研究会 2014『9 ～ 11 世紀の土器編年構築と集落遺跡の特質からみた，北東北世界の実体的研究』

喜田貞吉 1924「竪穴住居の址」『中央史壇』第 9 巻第 4 号 国史講習会

桐生直彦 2007「総論 注目されるカマドをもつ竪穴建物」『月刊考古学ジャーナル』No.559 ニューサイエンス社

九戸村教育委員会 2005『黒山の昔穴遺跡発掘調査報告書』九戸村文化財調査報告書第 8 集

佐藤伝蔵 1898「日本本州に於ける竪穴発見報告」『地学雑誌』Vol.10 東京地学協会

渋川市教育委員会 2006『吹屋恵久保遺跡』

千歳市教育委員会 2002『ユカンボシ C2 遺跡・オサツ 2 遺跡における考古学的調査』千歳市文化財調
　査報告書ⅩⅩⅦ

都出比呂志 1975「竪穴式住居の周堤と壁体」『考古学研究』第 22 巻第 2 号 考古学研究会

都出比呂志 1989「竪穴式住居の立体構造」『日本農耕社会の成立過程』岩波書店

鳥居龍蔵 1901「北千島に存在する石器時代遺跡遺物は抑も何種族の残せしものか」『東京人類学会雑誌』
　第 17 巻第 187 号

長野県埋蔵文化財センター 1998『北陸新幹線埋蔵文化財発掘調査報告書 1』㈶長野県埋蔵文化財セン
　ター発掘調査報告書 30

文化庁文化財部記念物課 2010「竪穴建物」『発掘調査のてびき―集落遺跡発掘編―』

三宅米吉 1886『日本史学提要』第一編普及社（木代修一 1974『日本考古学選集 1　三宅米吉集』築地
　書館に再録）

宮本長二郎 1996『日本原始古代の住居建築』中央公論美術出版

村上義直・山田祐子 2016「大館市片貝家ノ下遺跡の調査概要」『十和田火山泥流と片貝家ノ下遺跡』
　秋田県埋蔵文化財センター

村上義直 2017「秋田県大館市 片貝家ノ下遺跡の概要」『考古学研究』64-1 考古学研究会

吉岡郁夫・長谷部学 1993『J. ミルンの日本人種論　アイヌとコロポクグル』雄山閣出版

吉田博行 2015「周堤が発見された竪穴建物」『季刊考古学』第 131 号 雄山閣

J.Milne 1880「Notes on stone implements from Otaru and Hakodate, with a few general remarks on the
　prehistoric remains of Japan」『Transactions of the Asiatic Society of Japan』Vol. Ⅷ

第3部　土器様相の変遷

古代北東北における高台付供膳具

福島 正和

はじめに

　現在の青森県・秋田県・岩手県の北東北三県は，古代律令が施行された日本列島において，しばしば律令社会からみた周縁あるいは外縁社会として捉えられている。ただし，北東北の地は8～9世紀，律令政治による城柵の相次ぐ設置によって政治的に律令国家の版図に組み込まれるとされている。主要な城柵遺跡として，秋田県域では払田柵跡，秋田城跡，岩手県域では胆沢城跡，志波城跡，徳丹城跡などが挙げられる。さらに，城柵の置かれなかった青森県域では大規模な集落遺跡の調査が進んでいる。しかし，その頃の北東北の社会を具体的に描き出すことは，様々な分野からのアプローチが欠かせず，一朝一夕に解決できることではない。したがって，本稿では，考古学的な物質資料である土器，なかでも高台を有する土器供膳具を対象に，北東北の特質を導き出し，社会情勢の像をいくらかでもつむぎ出すことにつとめたい。

　古代北東北における高台付供膳具は，岩手県域・秋田県域・青森県域のいずれの地域にも出土が認められ，律令の先進地域で用いられた土器の模倣や技術伝播などを経て，この地域に出現し，拡散するようである。北東北における高台付供膳具の出現と消長は，奈良～平安時代の城柵や在地社会との関係性を現す指標になると考えられる。出

第1図　北東北地図

土分布の偏りと出土量の多寡は，社会的な背景の相違や，各地域の特質を知る上で重要である。

1.　高台付供膳具の器種

　古代東北地方の高台を有する器種は土師器・須恵器を問わず，いくつか挙げられるが，概して土師器供膳具に多く認められる。これら高台を有する供膳具を大別すると皿・杯(坏)・椀(埦)という各器種が想定され，土器の寸法により器種分類することが望ましい。しかし，集落遺跡より出土するこれらの器種分類を広い地域を対象とした場合には，客観的数値のみで区分することは困難であると筆者は考える。同様のジレンマは齋藤淳が器高指数での区分が困難であることを述べている(斎藤2011)。数値による分類が曖昧であるというジレンマから抜け出すためには，当時の人々が持つ器形のイメージを意識せざるを得ない。これは供膳具に対する大まかな規格性は存在するものの，作り手あるいは使い手がフォルムのイメージを強く意識していたという気がしてならないからである。ただし，これによったとしても，その区分の曖昧さを完全に克服できないのも事実である。本稿では図に示す通り，大まかなフォルムのイメージによる器種分類を提示した。数値や文言ではなく，あくまでも器形のイメージである。皿・杯・椀の順に容量が大きくなり，外形に丸みが増す傾向である。以上のように，北東北の集落における土器は，律令的な様式に準じながらも生産および使用に際して，ある程度，規格の自由度が付与されているとみることもできる。

　次に，焼成方法の違いにより，酸化焔焼成と還元焔焼成に区分できるが，一般的な理解として前者は土師器，後者は須恵器である。焼成方法以外では，

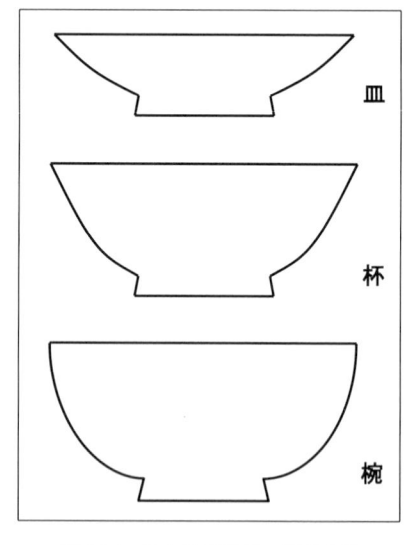

第 2 図　高台付供膳具の器種分類

ロクロの回転力を用いる須恵器に対してロクロの回転力を用いない土師器という技術的な違いもある。しかし，北東北においては酸化焔焼成される土師器においても9世紀頃よりロクロの回転力が土器製作に用いられており，その二分を難しくしている。さらに，北東北では赤褐色土器，あかやき土器などと称される中間的な土器を設定することがしばしばある。このような3区分は地域や時期，器種などによって異なるためその区分は容易ではない。また，北東北では伝統的に土師器供膳具を内面黒色処理する。これは8世紀末〜9世紀初頭以降に登場するロクロを用いた供膳具においても引き継がれ，内面あるいは外面を黒色処理する酸化焔焼成の供膳具はロクロの使用に関わらず，土師器として区分されている。もちろん，黒色処理されない還元焔焼成の供膳具は須恵器という呼称で大方の一致はみられよう。しかし，内外面ともに黒色処理されない供膳具のうち，酸化焔焼成された土器をどのように呼称するかは意見の分かれるところである。本稿では，これら第3の土器とも言うべき一群も土師器と呼称し，焼成の仕上げの差異によって須恵器・土師器を単純化した。

　酸化焔焼成の土師器は，黒色処理の有無によって分けることとした。これにより高台付供膳具は土師器有高台椀・杯・皿，須恵器有高台杯・皿などと分類できる。用途については不明であるが，高台を持たない土器が供膳具の主体となっていることを考えると，高台付供膳具は催事や祭祀等の非日常的な使用方法が想定されよう。

2. 系譜と模倣

第一の系譜(杯B指向)

　北東北では8世紀前半に須恵器高台付供膳具が城柵より出土する。これは都城の須恵器杯Bの系譜を引く須恵器有高台杯であり，まずは秋田城で出現する。器形，寸法ともに杯Bと共通しており，須恵器という規格性の高い製品の特性によって遠く離れた都城と城柵の土器が組成あるいは形態的一致をみるのである。律令的土器様式の展開が一定量をもって認められる最北の事例である。この須恵器有高台杯は陸奥側においても9世紀初頭成立の胆沢城・志波城で認められ，その後成立する徳丹城でも同一系譜のものが出土する。しかし，

これら須恵器有高台杯は，城柵の外での出土はかなり乏しく，城柵周辺集落への浸透・拡散までは至らないようである。窯業経営を母体とする須恵器生産が城柵の支配下にあり，なおかつ，城柵への製品供給に終始した背景が想定される事象である。さらに，この器種は土師器での模倣がほとんど企図されないという特色がある。一方，高台を持たない杯 A 類似の須恵器も城柵内で併存しているが，その後継器種については，その後も城柵の置かれた周辺地域の集落に，ある程度の拡散が認められる。さらに，土師器への転換も図られ，黒色処理器や非黒色処理器へと同一器形・同一寸法で転換がなされる。こうして須恵器の供膳具は，高台の有無によってその後の道を分かつこととなるのである。

第二の系譜（施釉陶器指向）

　第二の系譜として掲げるのは，施釉陶器を指向する高台付供膳具である。施釉陶器の椀や皿といった供膳具の模倣が北東北で認められる。北東北の城柵では，東日本の官衙と同様に施釉陶器も移入される。東海地方で集約的に生産される施釉陶器供膳具の東日本への供給は，関東で減少し，さらに東北地方も北へ進むほど大きく減少する。この事実は東北地方の9世紀前半における施釉陶器の数量的な欠乏を暗示している。第二の系譜とした高台付供膳具は，その不足分を補った可能性が高い須恵器や土師器である。

　施釉陶器と須恵器・土師器との接点を示す資料については，数少ないながらも存在する。このことについて，先学の優れた論考で紹介されている（小笠原1976，伊藤1984）。これら論考では，胆沢城へ須恵器や瓦を生産・供給したとされる瀬谷子窯跡群（岩手県奥州市江刺区）で灰釉陶器を模倣する動きが出土資料から看取できるという。両論考に加え，管見に触れた資料を追加して図示した（第3図）。図下段は広岡前遺跡（岩手県奥州市江刺区）の出土資料である。遺跡は胆沢城の対岸に位置し瀬谷子窯跡群に程近い集落であり，施釉陶器に酷似した須恵器有高台杯（施釉陶器ならば椀）が出土している。口縁部は極度に外反し，角高台を有する器形である。形態的な特徴から9世紀前半の黒笹14〜90段階の施釉陶器椀を指向しているものと思われる。釉薬が施されれば施釉陶器そのものであるが，無釉である。広岡前遺跡は瀬谷子窯跡群に距離的にも近い集落であるため，瀬谷子のいずれかの窯で焼成されたと考えられ，ここでは須恵器生産を

おこなう傍らで施釉陶器供膳具の忠実な形態模写がおこなわれていたことが推測される。図左上段は，伊藤の論考で紹介されている土師器供膳具である。いずれも黒色処理器であるが，施釉陶器に酷似する有高台の椀と皿である。これらは9世紀前半の黒笹14〜90段階における施釉陶器供膳具の形態そのものであり，施釉陶器供膳具の主要器種構成そのものである。図右上段は小笠原の論考で紹介されている土師器段皿である。体部に極端な屈曲が作り出される段皿

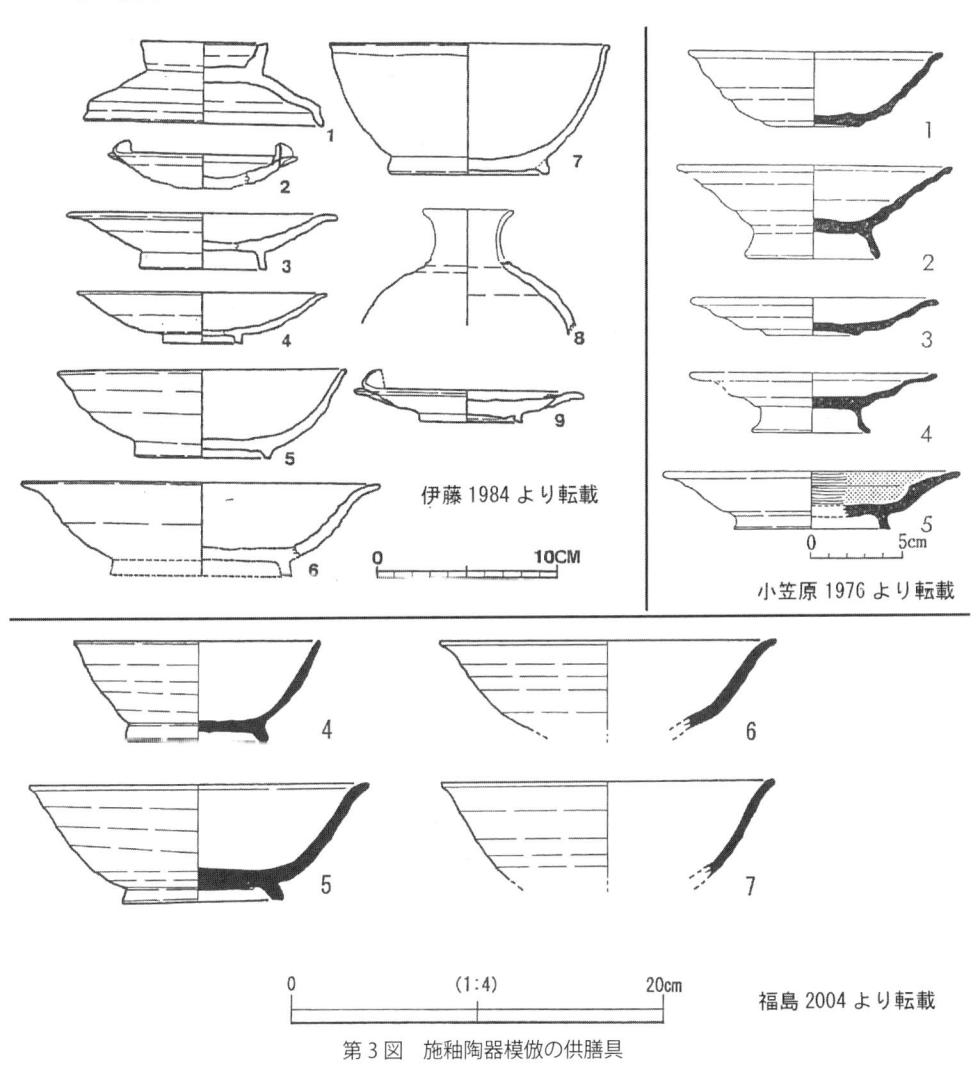

伊藤 1984 より転載

小笠原 1976 より転載

福島 2004 より転載

第3図　施釉陶器模倣の供膳具

も，やはり 9 世紀前半の黒笹 14 〜 90 段階に多くみられる施釉陶器特有の器形である。

　以上のように，胆沢城やその周辺では施釉陶器供膳具を忠実に模倣した製品が出現する。これらの製品製作には，その祖型となる施釉陶器の実物を手にした経験を有する人間が関わっているとみられる。しかし，この忠実な模倣製品は胆沢城や瀬谷子窯跡群周辺でのみ確認でき，9 世紀前半と思われる形態の製品に限定される。このことは施釉陶器の忠実な模倣製品が，少量だけ狭い地域で流通し，短期間で終焉したことを示している。ここに当時の胆沢城が求めた施釉陶器の代用品について，生産の模索と帰結が見え隠れしているのである。

模倣の果て

　これまで高台付供膳具における第一の系譜は，律令的土器様式の範疇で城柵内に定量供給されるが，それ以上の拡散は認められないとした。次に第二の系譜も胆沢城周辺でその姿を現すものの少量で短期間のうちに終わるとした。そして，模倣は次の段階へと進む。施釉陶器の影響を受けた土師器高台付供膳具の出現である。これらは器種構成・形態において比較的施釉陶器に似ているが，第二の系譜で紹介した製品とは一線を画し，在地で前代より受け継がれてきた黒色処理器として再登場する。当然これらは先行する模倣とは異なり，高台の貼り付け手法など製作面でも異質であるため，施釉陶器を目にすることはあっても，手にすることのなかった人間が生産に関わっているものと推測される。

　具体的には，土師器有高台杯と土師器有高台皿がこれに当たる。土師器有高台杯は，内面黒色処理器・内外面黒色処理器・非黒色処理器がみられる。陸奥では，施釉陶器を忠実に形態模写した第二の系譜の土師器が，黒色処理器で占められており，やはり土師器黒色処理器が後続し，非黒色処理器はさらに後出する傾向にあると考えられる。出羽では比較的早い段階で非黒色処理器が存在しており，東西の地域差が看取される。出土数は少ないものの，津軽や三八地域にも次第に普及する。

　以上のような模倣の諸段階を経て，高台付供膳具は北東北に浸透していく。その過程において各城柵が生産に関与し，余剰生産物の発生を契機として周辺在地集落へと普及し，その後徐々にではあるが在地社会で生産・供給されるの

であろう。その結果として，北東北の在地社会では施釉陶器との間接的な接触が，高台付供膳具を通じて可能となったのである。

　その後，陸奥を中心に10世紀中葉〜後葉に入ると新たな器形の土師器有高台椀が見られ始める。しかし，北東北での灰釉陶器出土が軒並み減少することを考慮すると，灰釉陶器の直接的な写しではないと考えられ，在地化した有高台杯からの型式変化もやや不自然である。なお，この時期汎日本的に越州窯青磁椀の影響を受けた椀が姿を現す事象が注目される。畿内の黒色土器椀，東海地方の施釉陶器椀，関東の土師質土器椀などいずれも供膳具の中に腰が張り，深みのある椀器形が重宝される時代が到来するのである。北東北でも同じような器形が同時代に認められ，9世紀に在地化した土師器高台付供膳具が，何らかの理由で10世紀に汎日本的な器形変化の大きなうねりに巻き込まれた可能性があると考えられる。そういう意味で，土師器椀の出現は土器様式の重要な転機であると想定している。

3. 編年試案

高台部の形態変化

　北東北における高台付供膳具の外的な要因からみた大まかな変遷過程は先述した通りである。ここでは，型式学的な分類と変遷による詳細な編年を提示する。なお，型式学的な器形の変化については岩手県盛岡市の盛南地区における資料を対象とした拙論（福島 2011）を基礎としている。高台付供膳具が量的に豊富な陸奥での型式学的変遷は高台部の形態変化を重視したものである。高台部形態1〜6に分類しており，高台部形態1から順に形態変化するものと想定し，高台部が短く直立す

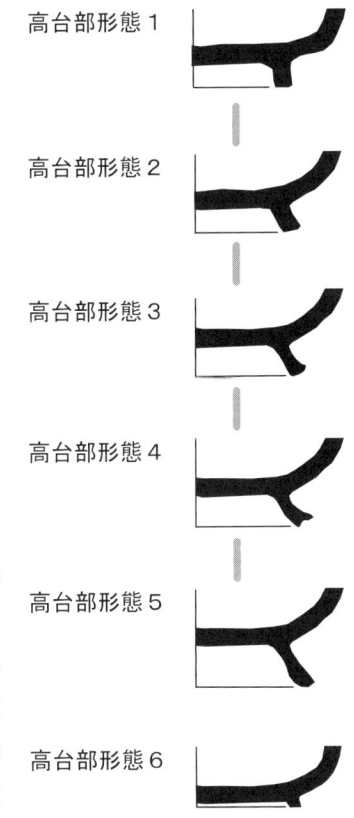

高台部形態1

高台部形態2

高台部形態3

高台部形態4

高台部形態5

高台部形態6

第4図　高台付供膳具の形態分類

る形態から「ハ」の字形に長く伸びる形態へと変化すると考えた(第4図)。こ
れは皿・杯に通有の形態変化であることを確認している。初現的な形態は施釉
陶器の影響を考える必要があり，その後独自の型式変化を見出すことができる。
なお，高台の低い高台部形態6については高台部形態5からの型式変化の漸移
的な連続性を考えることができない。さらに付け加えると，この高台部形態6
は器形が椀に限定される点においても，それ以前の形態的な変化とは一線を画
するものである。特に体部器形は丸く腰の張った形態になり，高台はしばしば
底部の糸切り範囲のさらに外周に貼り付けられている点で，その他の高台のあ
り方と異なっている。

高台付供膳具の型式編年

　形態変化を基準に出土資料を並べると，有高台皿・有高台杯・有高台椀の3
器種が認められ，それぞれ型式学的変遷を辿ることができる。有高台皿は内
面黒色処理器で構成され，9世紀前葉〜後葉にかけて型式変化しつつ存在する。
次に有高台杯は9世紀前葉から概ね10世紀中葉頃まで存続する。土師器高台
付供膳具は，9世紀前葉に成立し，有高台杯と有高台皿の2器種で構成されるが，
9世紀代で黒色処理された皿は減少傾向となり，10世紀前半にはほとんど姿を
消す。なお，新たに非黒色処理の有高台皿が胆沢城などで出現するが，型式の
断絶があり，在地社会には拡散しない。その後，10世紀後葉には黒色処理さ
れた有高台椀が定量認められる。これらは大半が陸奥で認められ，内外面とも
に黒色処理が施される個体が多く認められる。

　次に，高台付供膳具の地域的な様相についても小地域の編年を交えながら述
べることとする。

岩手県(胆沢・江刺地区)

　胆沢・江刺は現在の岩手県奥州市域にあり，陸奥国胆沢郡・江刺郡に相当す
る。胆沢平野と江刺平野を分断するように北上川が南流し，西から東へ流れる
胆沢川は北上川に合流するが，合流地点に程近い南岸に801（延暦21)年，胆沢
城が造営される。その後，胆沢城には陸奥国鎮守府が置かれ，10世紀後半に
は機能を停止するとみられている。

　先述した通り，この地域では第二の系譜とした，比較的忠実な施釉陶器模倣

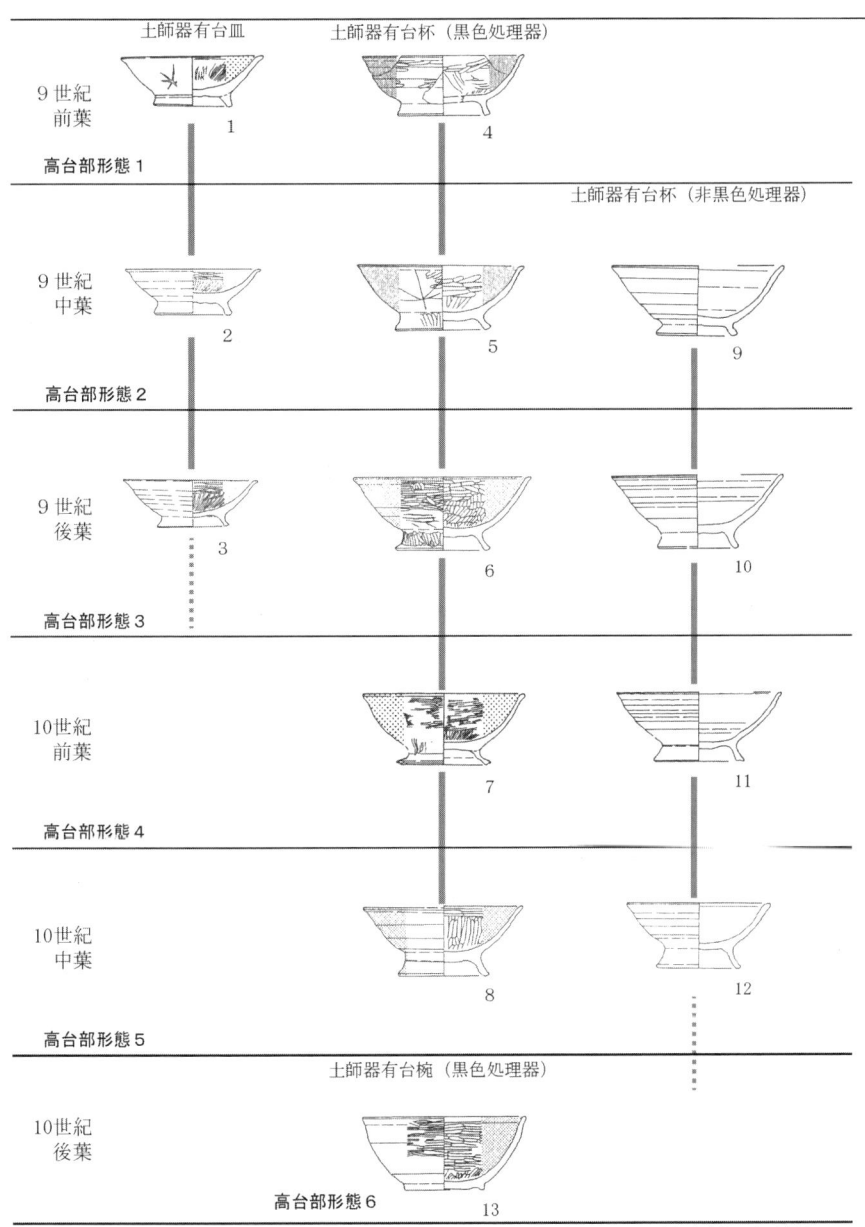

第5図　高台付供膳具の編年試案

1：細谷地遺跡第8次（盛岡市）　　2・3・7：細谷地遺跡第4・5次（盛岡市）　　4：台太郎遺跡第26次（盛岡市）　　5：台太郎遺跡第23次（盛岡市）　　6・8・12：細谷地遺跡13・14次（盛岡市）　　9：野古遺跡A12次（盛岡市）　　10・11：台太郎遺跡第18次（盛岡市）　13：細谷地遺跡第9・10次（盛岡市）

の高台付供膳具が 9 世紀前葉に認められる地域である。9 世紀代の高台付供膳具については，編年試案と共通するが，10 世紀になると胆沢城およびその周辺で有高台杯の体部器高が浅くなるという変化が認められ，フォルムによる杯と皿の区分が曖昧となる現象がみられる。この変化の過程は，杯の消滅から椀・小皿のセットに向かう様相と関連する可能性を現段階では想定している。

岩手県（和賀・稗貫地区）

　和賀・稗貫は現在の岩手県金ケ崎町・北上市・花巻市が該当し，陸奥国和我郡・薭縫郡である。北上川が南流し，和賀川や豊沢川がそれぞれ西から北上川に合流する。古代の集落は北上川西岸域に多く認められ，胆沢城，志波城・徳丹城，脊梁を越えて存在する払田柵などの城柵に囲まれた地域である。

　北上川流域の中では 10 世紀以降の資料がやや少ないが，編年試案と共通する型式変化が認められる。

岩手県（志波・岩手地区）

　志波・岩手は現在の岩手県紫波郡，盛岡市，滝沢市周辺で，陸奥国志波（斯波）郡・岩手郡に相当する。北上川が南流し，西から東へ流れる雫石川は盛岡市で北上川に合流する。この雫石川南岸には胆沢城造営間もない 803（延暦 22）年，志波城が造営となる。志波城はその後約 10 年で機能停止となり，約 10km 南に徳丹城が造営される。志波城周辺は，近年の大規模な開発で古代の集落が多く調査され，他地域より集落の具体像がより鮮明な地域であり，今回提示した基礎的な編年試案はこの地域の資料に基づいたものである。

秋田県（仙北・平鹿・雄勝地区）

　古代の山本郡・平鹿郡・雄勝郡に相当する地域である。現在の湯沢市，横手市，大仙市，仙北市，雄勝郡東鳴瀬村・羽後町，仙北郡美郷町を範囲とする雄物川水系の諸地域を指す。759（天平宝字 3）年に雄勝城の造営および雄勝郡・平鹿郡が設置されたとされている。また，発掘調査では払田柵が 9 世紀前半から 10 世紀後半まで機能していたと考えられる。

　高台付供膳具は，陸奥側に比べると少量である。器種は皿・杯・椀ともに認められるが，9 世紀代に位置付けられる皿が稀少である。陸奥側の形態変化の特徴であった高台の長伸化は顕著ではないが，9 世紀から 10 世紀にかけて高台が「ハ」の字形に開く傾向は認められる。

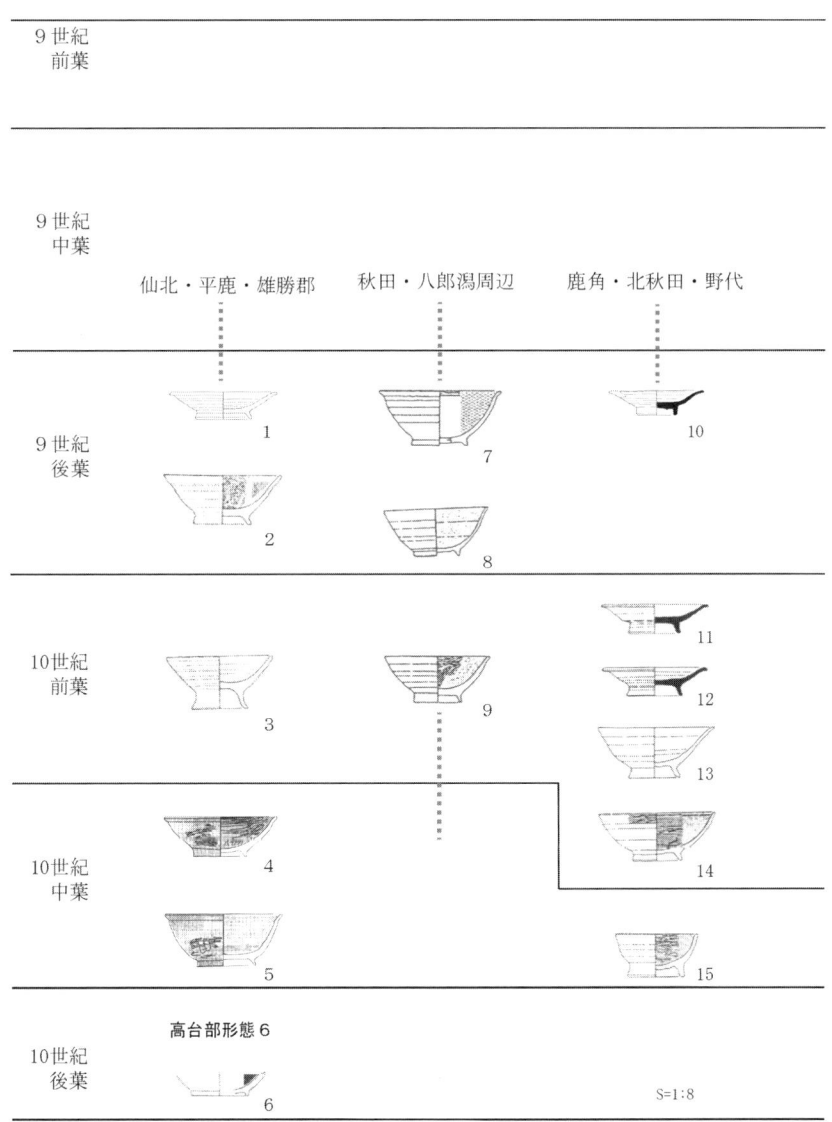

第6図　秋田県の主な高台付供膳具

1：樋向遺跡（横手市）　　2・3：八卦遺跡（横手市）　　4・5：内村遺跡（仙北郡美郷町）　　6：大鳥井山遺跡
（横手市）　7：山崎遺跡（秋田市）　　8・9：諏訪遺跡（秋田市）　10：鹿角沢Ⅱ遺跡（鹿角市）　11：上の山
Ⅱ遺跡第2次（能代市）　12・14：福田遺跡（能代市）　13：鴨巣遺跡（能代市）　15：鴨巣Ⅱ遺跡（能代市）

秋田県(秋田・八郎潟周辺地区)

　現在の秋田市周辺地域であり，秋田市，男鹿市，潟上市など雄物川河口付近の低地帯を中心とした地域である。733(天平5)年に秋田城が設置された出羽国の中心域の一つである。古代集落の調査事例が少なく，様相が判然としない。

　高台付供膳具は，9世紀前葉および10世紀後半以降の資料が僅かである。器種も杯に限定される。しかし，第一の系譜とした杯Bを指向した須恵器は，すでに8世代に秋田城で出土する。また，土師器高台付供膳具にやや大振りの個体が混じる傾向があり，津軽地域とも共通する。

秋田県(鹿角・北秋田・能代地区)

　秋田県北部，米代川流域に相当する地域である。現在の能代市，八峰町，北秋田市，大館市，鹿角市，小坂町などが該当する。古代は上津野，火内，野代，榲淵の4村に比定される。

　高台付供膳具は，9世紀前半および10世紀後半以降の資料を欠くが，皿・杯・椀の各器種が認められる。9世紀後半の有高台皿に須恵器の施釉陶器模倣製品が認められる点が注目される(宇部2011)。

青森県(下北・上北・三八地区)

　青森県の東半部で，いわゆる南部地方に相当する。むつ市などが所在する下北地区，十和田市・三沢市・おいらせ町，七戸町，野辺地町などが所在する上北地区，三戸郡域と八戸市を合わせた三八地区である。

　高台付供膳具は，9世紀代のものが極めて少ないが，10世紀には有高台杯と有高台皿が確認できる。資料が少ないため高台付供膳具のセット関係も不明であるが，概ね他地域と同様であると推測される。この地域で注目されるのは，10世紀後半の資料が豊富なことである。土師器有高台椀がまとまって見つかっている。それまで低調であった高台付供膳具が，一挙に拡大する点で他地域とは大きく異なる。これが安倍氏と関連付けて語られることの多い林ノ前遺跡(青森県八戸市)で多数みられることは，北上川流域の勢力との関わりを示唆しているのかもしれない。

青森県(津軽地区)

　津軽半島の西側にある岩木川流域に広がる津軽平野および陸奥湾に面する青森平野を中心とする地域で，現在のつがる市・青森市・五所川原市・弘前市な

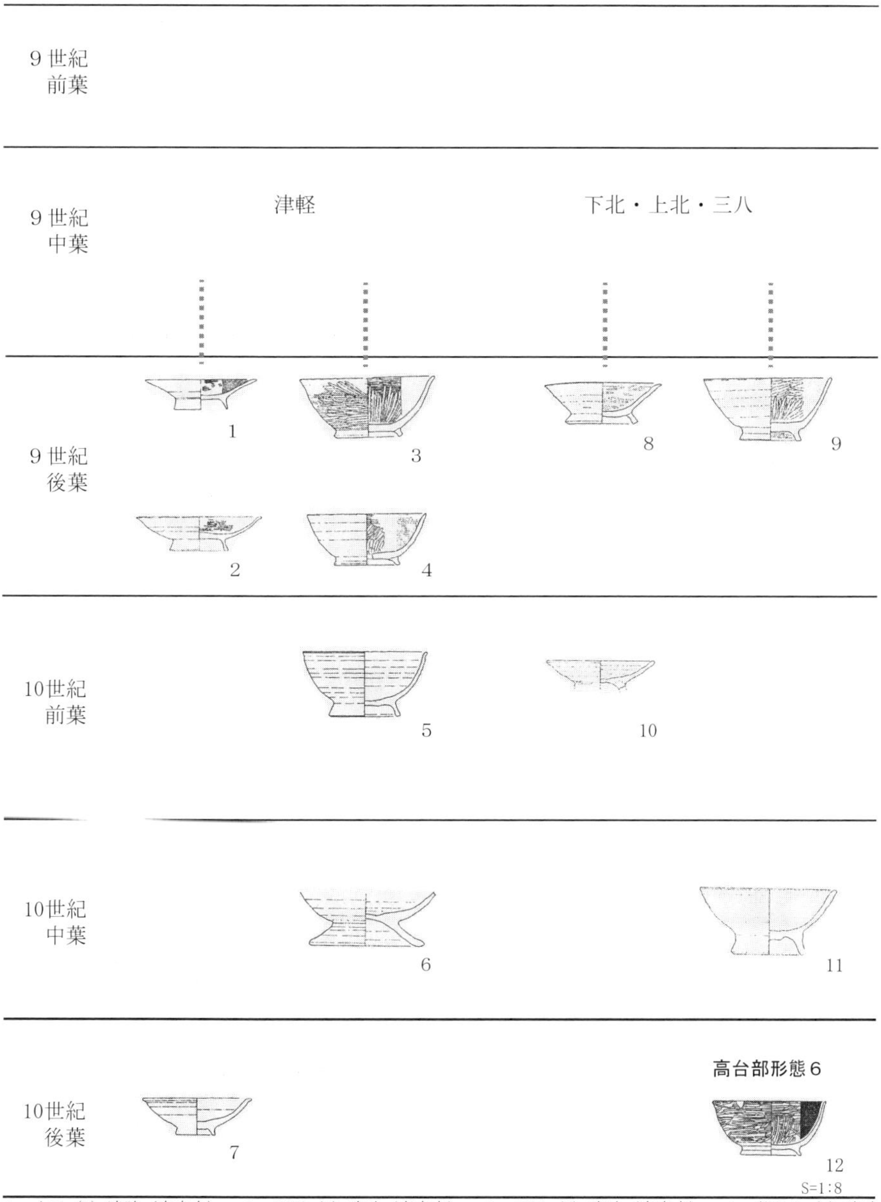

第7図　青森県の主な高台付供膳具

1：山元（3）遺跡（青森市）　　2：野尻（4）遺跡（青森市）　　3：野尻（3）遺跡（青森市）　　4：朝日山（1）遺跡（青森市）　　5：上野遺跡（青森市）　　6：山元（1）遺跡（青森市）　　7：羽黒平遺跡（青森市）　　8：ふくべ（3）遺跡（上北郡おいらせ町）　　9・10：岩ノ沢遺跡（八戸市）　　11：熊野堂遺跡（八戸市）　　12：林ノ前遺跡（八戸市）

どを含む周辺域である。古代においては城柵が設置されていない地域である。古代の集落は，9世紀前葉には少数であるが，9世紀後半以降増加し，10世紀前葉には爆発的な増加となる点で他地域とは様相が異なる。

　高台付供膳具は，9世紀後葉頃より展開し始める。これは他地域と異なり，9世紀前半代は8世紀から連続する非ロクロの供膳具が主体を占めることに原因を求めることができる。形態の変化は高台部が長伸化する点で他地域とも共通性を見出すことができる。また，内外面黒色処理された高台付供膳具も一定量確認できる。

4. 消長と画期

出現期（9世紀前葉）

　北東北における高台付供膳具の出現は，第一の系譜を契機としている。秋田城に出現した須恵器有高台杯の形態は，都城における須恵器杯Bと共通する。この8世紀前半段階では，高台付供膳具はこの須恵器のみであり，なおかつ城柵での出土に限定される。8世紀後半〜9世紀初頭は北東北の地に高台付供膳具が須恵器有高台杯として出現する時期である。しかし，これら製品の出土はほぼ城柵内に限定され，在地集落へ拡散する前にその系譜も途絶えてしまう。

　次に土師器の高台付供膳具は，陸奥側において城柵が北東北へ北進する9世紀初頭頃に出現する。この当該土器の成立が，城柵の設置と大きく関わっていると推測される。これは城柵という政治支配の拠点が在地集落へ土器様式の変革をもたらす一事例であろう。特に，この高台付供膳具の成立期にあっては施釉陶器の供膳具にその形態的共通性を見出すことが可能である。忠実に形態模写された土師器高台付供膳具は，施釉陶器と用途・機能についても近似する可能性が考えられる。また，この段階の高台付供膳具は，より多数の出土資料が認められる陸奥においても在地集落への波及は限定的であり，極めて局所的である。城柵周辺域での流通に留まっていることから，あくまでも当該土器がおもに城柵向けに生産された状況を物語る。これは当該期の土器生産そのものが，より限定的であることを暗示している。また，陸奥以外の地域ではこの段階の集落が少ないこともあるが，高台付供膳具が在地社会には浸透していない様子

が窺える。同様に，在地社会ではこれらを用いるような非日常的で限定的な空間や時間が，依然必要とされていなかったのかもしれない。この段階においては陸奥以外の出羽・津軽などの地域で，集落遺跡での土師器高台付供膳具の出土がほとんど認められない点も注目される。

最盛期（9世紀中葉〜10世紀前葉）

　高台付供膳具（杯・皿）は9世紀中葉頃から在地集落への普及を見せ，次第に9世紀後半には土師器高台付供膳具として盛行するに至る。前段階まで波及していない出羽や津軽においてもこの段階から集落での出土が認められるようになる。陸奥ではさらに数量が増え，この間に有高台杯は定形化が進むとみられる。この段階で城柵周辺の集落あるいは在地有力集落からその他の一般的な集落へも拡散する傾向である。これは高台付供膳具の生産も軌道に乗り，一定量の供給が可能となった結果であろう。高台部の形態変化が示す通り，北東北で独自に型式発展していく様は，作り手の多様化が促進された結果とみるべきである。しかしながら，あたかも同時進行しているかのように見える型式変化は，その背景に文化的な意識や生活様式の共有があったとも考えられる。

　特に陸奥の北上川流域では，各地で集落の拡大が認められ，在地社会の生産物への欲求の高まりも一因となって，型式の定形化と保有量の増加をうながしたと考えられる。在地社会が高台付供膳具を求めた背景には，催事や祭祀による使用方法が順調に浸透していったことも想定でき，律令国家が在地社会にもたらしたものは，単に物質的なものばかりではなく，祭祀形態や生活様式にも影響を与えていたとみるべきであろう。

終焉期（10世紀中葉〜後葉）

　10世紀中葉には，高台付供膳具は次第に出土数に陰りが見え始める。特に，これまで高い分布密度と多量の出土を誇った陸奥においてその数が激減する。ただし，これはその他すべての土器についても言えることである。この時期より集落遺跡も激減することに起因するものと考えられる。しかし，10世紀中葉〜後葉には新たな器形が生まれる。土師器有高台椀である。繰り返しになるが，この器種はおもに陸奥で出現する。さらに，八戸ではこの有高台椀が顕著に認められる点で重要である。

　一方，集落の増加が認められる津軽においては高台付供膳具の増加には繋が

らなかったようであり，有高台椀の出現も認められない。出羽において高台付供膳具はやはり減少傾向で，有高台椀についても横手盆地においてわずかに出土が認められるものの客体的である。

　このように終焉を迎える段階での高台付供膳具は，それまで杯を中心とした供膳形態のあり方そのものに変調が起こる中で先細りしていく。この変調は土器の様式的な変化であり，古代律令社会の揺らぎにも関わることである。律令側の生産・使用する土器が在地社会に次第に浸透し，拡散するが，律令そのものの支配が緩む段階で在地社会の土器は，次なる様式へと変貌する。有高台杯や有高台皿はこのような経過を辿り，椀と小皿に代表される中世的な土器様式に変化するのかもしれない。

5.　分布傾向と地域的特質

　供膳具の内面あるいは外面の黒色処理が多用される陸奥，黒色処理よりも非黒色処理の供膳具が主体を占める出羽という東西の差が認められる。同様に高台付供膳具の分布密度にも東西の差がある。今回の設定地域からは外れてしまうが，南東北（宮城・山形）においてもこの傾向は同じであると考えられる。出羽と陸奥では土器のあり方が異なることは以前より指摘されてきた通りである（伊藤 2006，八木 2006）。これに津軽の土器にみる地域性を加えると，古代北東北における 3 大土器文化圏と呼ぶことができる。今回取り上げた高台付供膳具は，陸奥土器文化圏の代表的な器種である。その分布密度が最も高いのは陸奥であり，とりわけ北上川流域が高密度である。北上川流域に隣接する周辺には，一定量の高台付供膳具が分布・展開しており，それに次いで分布密度が濃い西側の横手盆地周辺，北側の馬淵川流域，東側の三陸沿岸地域に土器文化圏がある。陸奥土器文化圏の中心にある北上川流域より外縁にいくにしたがい，土器の出土量が乏しく，個性的な器形が時折存在し，器形も安定しない傾向にある。以上が北東北における高台付供膳具の分布的特徴である。

　次に地域的特質について土器を生み出す背景から考察を試みたい。高密度分布域である北上川流域における高台付供膳具は，9 世紀を通じて在地社会に根付いた様子はこれまで述べてきた通りだが，その背景には城柵と在地社会との

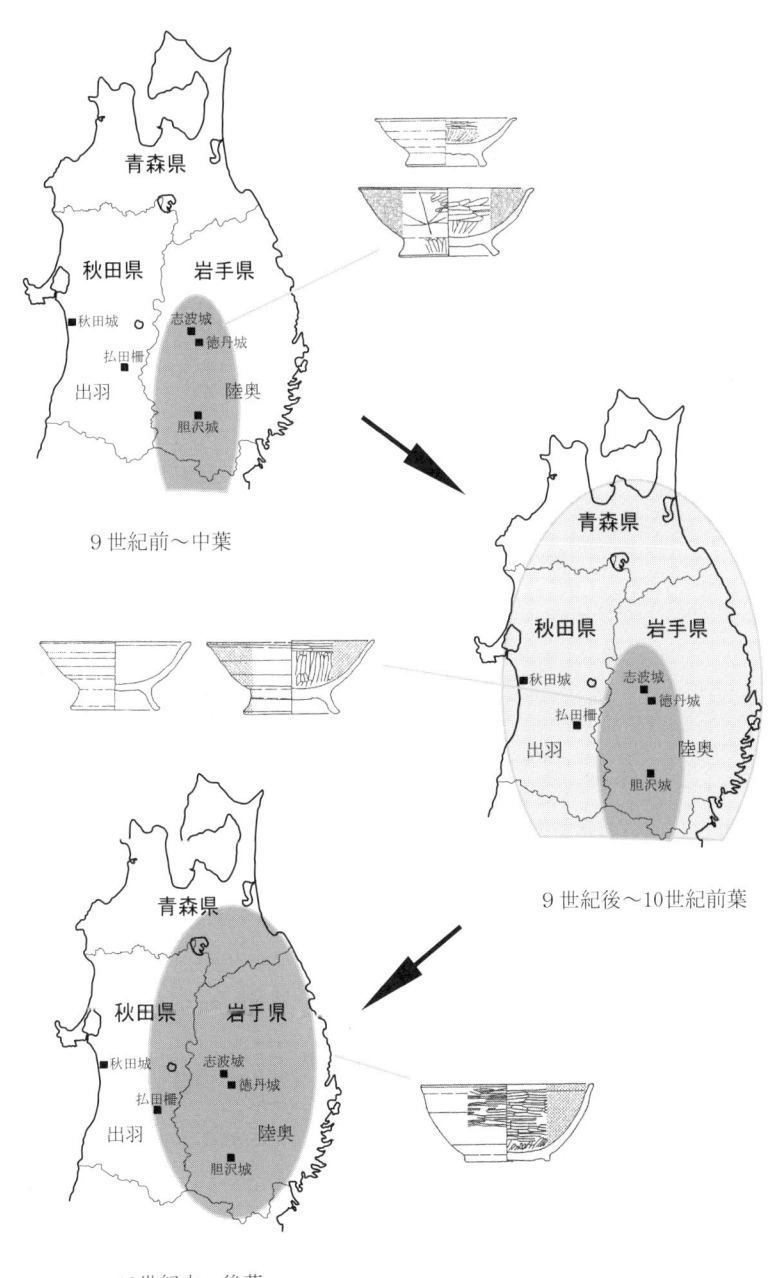

9世紀前〜中葉

9世紀後〜10世紀前葉

10世紀中〜後葉

第8図　高台付供膳具の時期別分布傾向

関わりを考える必要がある。北東北では，当初城柵で高台付供膳具が登場する。秋田城では 8 世紀代に律令社会と密接に関わる杯 B が，9 世紀初頭には胆沢城およびその周辺生産域で施釉陶器と酷似する器形がそれぞれ認められ，律令国家の政治的主導で高台付供膳具がもたらされたと考えられる。高台付供膳具が，政治的主導で導入されたとするならば，それを在地社会が受容する経過もやはりある程度の政治的な関わりが想定されよう。9 世紀中葉以降，陸奥では城柵から在地集落への土器の拡散が城柵周辺集落を中心に比較的スムーズに進行する。城柵周辺域から次第に広がり，土器の在地化が進むと考えられる。しかし，出羽においては高台付供膳具の拡散は，陸奥のようにスムーズに進行しない傾向が窺える。これは城柵が設置された両地域で城柵と在地集落との関係性に何らかの違いがある可能性があるのかもしれない。一方，津軽では集落数や建物数が激増する時期に重なる高台付供膳具の量は大きく伸びないため，その時期に当該土器に対する需要がなかったと考えられ，地域的特性のみならず時代的な特性もあるのかもしれない。

まとめ

　本稿では高台付供膳具という土器の一類型に的を絞って北東北の様相について考察した。高台付供膳具は有高台皿，有高台杯，有高台椀にそれぞれ器種を分類し，それぞれ焼成により，土師器・須恵器の 2 大別で論を進めた。

　出羽と陸奥では土器様相が異なり，青森県域の津軽や南部地域でも土器様相は異なる。高台付供膳具に限れば，陸奥がその中心地域である。

　北東北では 8 世紀代から 9 世紀初頭には杯 B を指向する須恵器の有高台杯が出現するが，城柵での出土に留まり，集落遺跡には広がらない。9 世紀初頭には，陸奥で胆沢城周辺において施釉陶器の忠実な模倣が須恵器や土師器でなされることを確認したが，やはりこれも胆沢城周辺の外部に拡散する様子はない。北東北において集落域で高台付供膳具が拡散するのは 9 世紀前葉〜中葉頃とみられ，有高台杯・有高台皿といった土師器の器種はその後，集落へと次第に浸透する。陸奥，特に北上川中流域において着実に土師器高台付供膳具が在地化していく様子が窺われる。一方，この分布の中心から外れると徐々に出土

が減り，出羽北部や津軽などでは卓越した量の出土が確認できなくなる。土師器高台付供膳具は，陸奥を中心とした地域で独自の型式発展がみられ，高台形態が長くなり，「ハ」の字形に開いていく変化が10世紀中葉まで認められた。しかし，高台形態の漸移的な変化とは異なる，新たな現象が起こる。土師器有高台椀の出現である。

高台付供膳具は9世紀の導入当初，律令的土器様式の影響を大きく受ける形で根付くが，10世紀中葉～後葉に土師器有高台椀が登場することによって様式の転換が起こる可能性を指摘した。この時期は北東北でそれまで多用されてきた杯・甕などが減少し，椀と小皿のセットが拡充する時期である。津軽を除く地域では遺跡数も大きく減少し，竪穴建物の存在も薄らいでいく。城柵による律令的な支配に陰りが見え，在地社会も何らかの生活様式の転換が起こった結果であると考えられる。特に，陸奥と出羽では安倍氏や清原氏が台頭する前夜であり，政治権力の揺らぎが在地社会に与える影響，あるいは在地社会が政治権力に与える衝撃など大きな変動を想起させる。

引用・参考文献
伊藤武士 2006『日本の遺跡 12　秋田城跡　最北の古代城柵』同成社
伊藤博幸 1984「黒色土師器の供献具－東北地方における土師器生産の一断面－」『古代文化』36-4
伊藤博幸 2006「陸奥型甕・出羽型甕・北奥型甕－東北地方の平安期甕の製作技法論を中心に－」『陶磁器の社会史』吉岡康暢先生古稀記念論集刊行会
宇部則保 2011「蝦夷社会の須恵器受容と地域性」『海峡と古代蝦夷』高志書院
小笠原好彦 1976「東北における平安時代の土器についての二・三の問題」『東北考古学の諸問題』
北東北古代集落遺跡研究会 2014『9～11世紀の土器編年構築と集落遺跡の特質からみた，北東北世界の実体的研究』
斎藤　淳 2011「古代北奥・北海道の地域間交流－土師器杯と擦文（系）土器甕－」『海峡と古代蝦夷』高志書院
西　弘海 1982「土器様式の成立とその背景」『考古学論考　小林行雄博士古稀記念論文集』小林行雄博士古稀記念論文集刊行委員会編
西野　修 2008『日本の遺跡 31　志波城・徳丹城跡　古代陸奥国北端の二城柵』同成社
福島正和 2004「Ⅴ　考察－広岡前遺跡出土須恵器について－」『広岡前遺跡発掘調査報告書』岩手県文化振興事業団埋蔵文化財調査報告書第 430 集
福島正和 2011「平安時代の有高台供膳具に関する若干の考察」『岩手考古』第 22 号　岩手考古学会
八木光則 2006「北奥羽の赤焼土器」『考古学の諸相Ⅱ』坂詰秀一先生古希記念会

東北地方北部出土の須恵器壺・瓶類
～消費地出土資料の分類と変遷～

村 田　淳

はじめに

　東北地方北部における須恵器研究は，器種分類・製作技法・編年・流通等各方面で行われており(利部 1997, 宇部 2011, 中澤ほか 2016 等)，中には五所川原窯跡群(五所川原市)等の発掘調査によって内容の判明する窯跡の出土資料を用いて生産・流通の問題を検討した論考もある(藤原ほか 2007 等)。しかし，実際に東北地方北部で須恵器の集成を行うと，胎土をはじめ器形や成形・調整技法等は多様であり，産地不明に分類されるものが大半であることがわかる(村田 2006・2009)。これらの須恵器は，窯跡が特定できないことから窯跡出土資料と異なり編年や流通に関する検討はほとんど行われてこなかった。しかし，資料数が膨大となり東北地方全域で須恵器の出土が確認されるようになった現在，窯跡の特定はできないまでも産地不明とされている須恵器の特徴を整理し，様相を把握する必要があると考えられる。

　そこで本稿では，『9 ～ 11 世紀の土器編年構築と集落遺跡の特質からみた，北東北世界の実態的研究』(北東北古代集落遺跡研究会 2014)の地区区分と時期区分を用い(第 1 図)，須恵器の主要器種である壺・瓶類を対象として各地区で器形判別が可能な事例を提示し，類型化を行って各地区の様相を確認する。続いて調査が実施された窯跡出土資料の代表例を提示し，産地同定が可能なものについて検討する。最後に各類型の分布，器形・製作技法の変化，地域差の有無について検討を行って東北地方北部における壺・瓶類の地域的・時期的変遷についてみていくことにしたい。

　なお，遺物の産地同定を行う場合，本来であれば実見による観察と胎土分析等の手法を用いる必要があるが，資料が膨大であったり対象地域が広大である

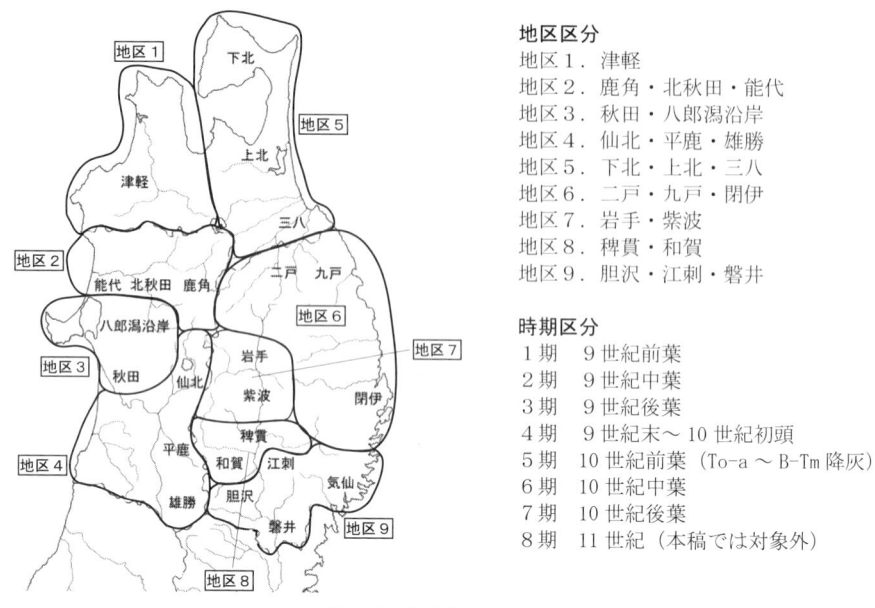

地区区分
地区1．津軽
地区2．鹿角・北秋田・能代
地区3．秋田・八郎潟沿岸
地区4．仙北・平鹿・雄勝
地区5．下北・上北・三八
地区6．二戸・九戸・閉伊
地区7．岩手・紫波
地区8．稗貫・和賀
地区9．胆沢・江刺・磐井

時期区分
1期　9世紀前葉
2期　9世紀中葉
3期　9世紀後葉
4期　9世紀末〜10世紀初頭
5期　10世紀前葉（To-a 〜 B-Tm 降灰）
6期　10世紀中葉
7期　10世紀後葉
8期　11世紀（本稿では対象外）

第1図　対象地域地区区分

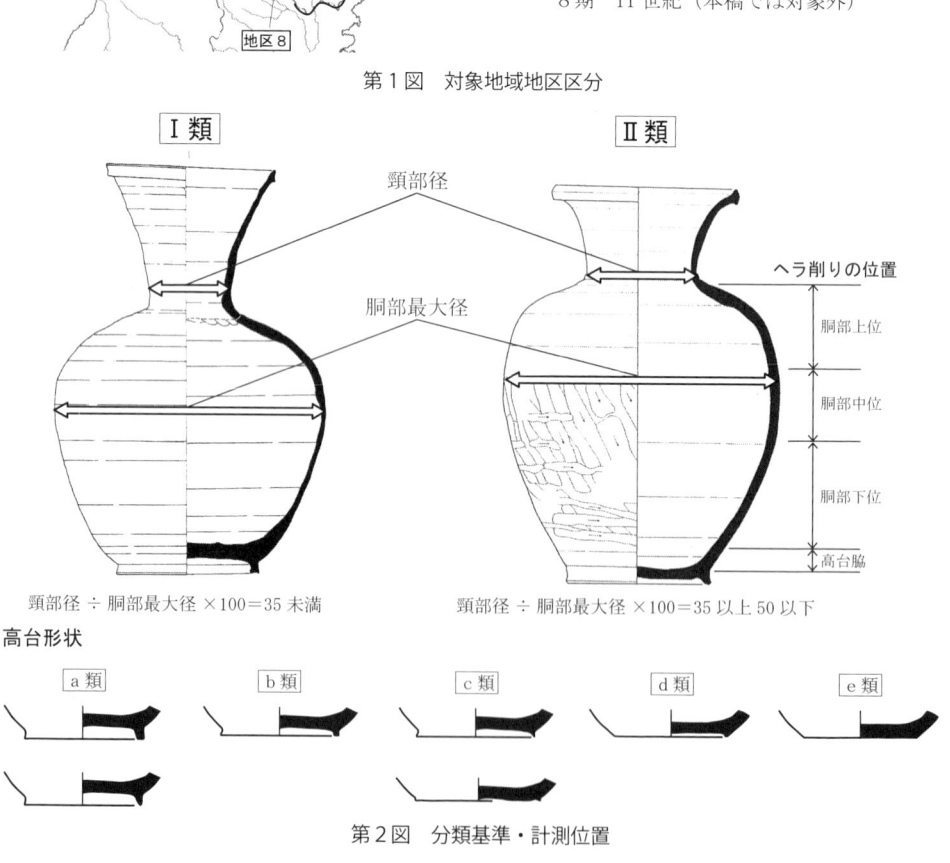

第2図　分類基準・計測位置

場合，全資料の実見は現実的には難しい。本稿でも可能な限り実見は行っているが，上記のような理由により報告書の記載(実測図・観察表等)からの情報を基に分類していることを予め断っておきたい。

1. 分　類

　資料の観察にあたり，①器形，②胴部の整形・調整技法，③高台の 3 項目について分類を行った(第 2 図)。

①器　形 [1]
- ・ I 類…頸部径／胴部最大径の比率(× 100)が 35％未満
- ・ II 類…頸部径／胴部最大径の比率(× 100)が 35 〜 50％

②胴部の整形・調整技法 [2]
- ・ A 類…回転ナデのみ
- ・ B 類…回転ナデと回転ヘラ削りの併用
  - 1 類…胴部中〜下位に回転ヘラ削りを施す
  - 2 類…胴部上位まで回転ヘラ削りを施す
- ・ C 類…回転ナデと非回転のヘラ削りの併用
  - 1 類…胴部中〜下位に短いヘラ削りを施す
  - 2 類…胴部中〜下位に長いヘラ削りを施す
  - 3 類…胴部上位まで短いヘラ削りを施す
  - 4 類…胴部上位まで長いヘラ削りを施す

③高　台
- ・ a 類…断面形が角・三角形の貼付高台(高さが 0.5 〜 1cm前後)
- ・ b 類…断面形が角形の貼付高台(高さが 0.5cm以下)
- ・ c 類…断面形が三角形または不整形の貼付高台(高さが 0.5cm以下)
- ・ d 類…削り出し高台のもの
- ・ e 類…高台を持たないもの

　例えば①が比率 35％未満の I 類，②が胴部下位に非回転ヘラ削りを施す C 2 類，③が低平な c 類であった場合は，「 I C 2 c 類」と表記する。なお，分類

項目に無い特徴(リング状凸帯の有無，底部調整等)については備考欄に記載した。

2. 各地区出土資料の観察

(1) 津軽地区(第3・4図)

　1〜2期は破片資料しかないため，全形が判明する3〜7期の資料を対象とした。まず器形であるが，頸部径／胴部最大径が35％未満のⅠ類は3〜7期まで確認できるが，35％以上となるⅡ類は6期から出現する。Ⅰ類の頸部は，3・4期は長さが5〜10cm程度で直立または外方に若干開きながら立ち上がるものであるが，5期以降は長さが5cm以下と短くなり，頸部脇から「ハ」の字状に開きながら立ち上がるようになる。なお，この時期には口縁部径も大きくなるため，4期以前に比べて頸部はより短小な印象となる。Ⅱ類の頸部は，立ち上がりが直線的なものと(第4図15)，頸部脇から「ハ」の字状に開くものがある。胴部形状は，5期までは最大径が上位に位置する倒卵形のものが主体であるが，4期に最大径が中位付近まで下がるものが出現し，7期には球胴形のものも確認されるようになる(第4図14・16)。

　胴部の調整は，3期は回転ナデのみまたは回転ヘラ削りを施すA・B類が主体であるが，4期には非回転ヘラ削りを施すC類が出現し，5期以降は全てC類となる。なお，C類は3〜4期には胴部中〜上位までヘラ削りを施すC3・4類が多いが，5期以降は中〜下位にのみ施すC1・2類のみとなる。

　高台は，3期のみa類が確認できるが，4期にはb〜e類となり5期以降はd・e類のみとなる。底部調整は，3期からヘラ削り調整(第3図1・第4図14)と菊花状調整(第3図2〜6・第4図10〜12)の2種が確認できるが，量的には菊花状調整のほうが多い。

　この他，頸部にリング状凸帯が施されるものが3〜5期，頸部及び肩部にヘラ記号が施されるものが4〜7期に確認されている。

(2) 鹿角・北秋田・能代地区(第5図)

　8期には全体形が判明する良好な資料が無いため，3〜7期の資料を対象とした。まず器形であるが，Ⅰ類は3〜7期，Ⅱ類は4〜7期で確認されている。

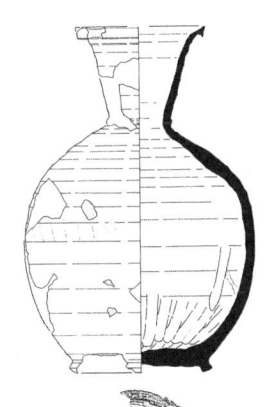

津軽 No. 1
野尻（3）遺跡 22 号竪穴住居
時期：3 期
分類：ＩＢ2ａ類
備考：底部にヘラ削り調整

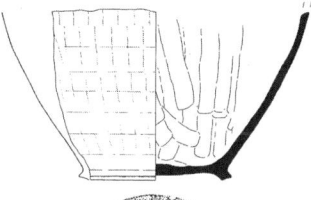

津軽 No. 2
野尻（3）遺跡 22 号竪穴住居
時期：3 期
分類：Ｃ2ａ類
備考：底部に菊花状調整

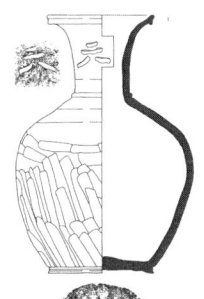

津軽 No. 3
野木遺跡第 473 号竪穴住居
時期：4 期
分類：ＩＣ3ｄ類
備考：底部に菊花状調整

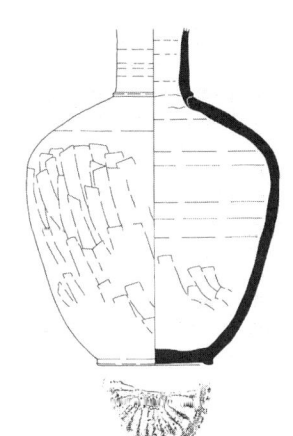

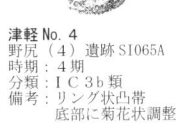

津軽 No. 4
野尻（4）遺跡 SI065A
時期：4 期
分類：ＩＣ3ｂ類
備考：リング状凸帯
　　　底部に菊花状調整

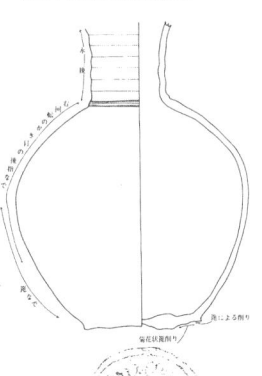

津軽 No. 5
山内遺跡 H44 竪穴住居
時期：4 期
分類：ＩＡｄ類
備考：底部に菊花状調整

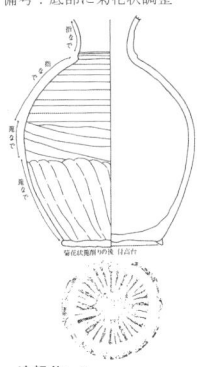

津軽 No. 6
山内遺跡 H44 竪穴住居
時期：4 期
分類：ＩＣ2ｃ類
備考：底部に菊花状調整

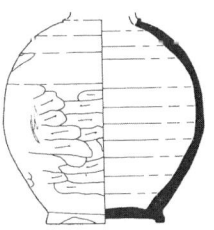

津軽 No. 7
隠川（3）遺跡 3HSD01
時期：4 期
分類：ＩＣ1ｂ類
備考：

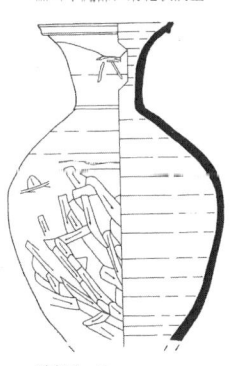

津軽 No. 8
隠川（3）遺跡 3HSD01
時期：4 期
分類：ＩＣ3 類
備考：頸部にヘラ記号

（縮尺＝1／6）

第３図　津軽地区の事例（1）

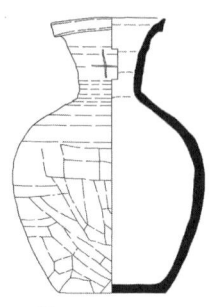

津軽 No. 9
野尻（4）遺跡 SI179A
時期：5期
分類：ⅠＣ１ｅ類
備考：頸部にヘラ記号

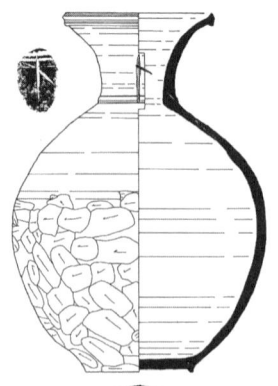

津軽 No. 10
山元（3）遺跡第 45 号住居
時期：5期
分類：ⅠＣ１ｂ類
備考：頸部にヘラ記号
　　　底部に菊花状調整

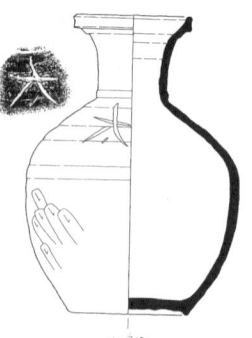

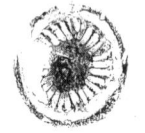

津軽 No. 11
月見野（1）遺跡 SI11
時期：5期
分類：ⅠＣ１ｄ類
備考：胴部にヘラ記号
　　　底部に菊花状調整

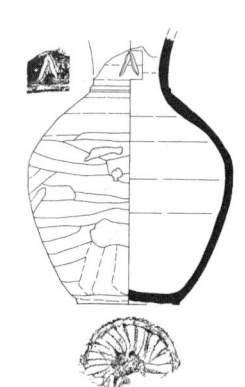

津軽 No. 12
野木遺跡第 509 号竪穴住居
時期：6期
分類：ⅠＣ４ｄ類
備考：頸部にヘラ記号
　　　底部に菊花状調整

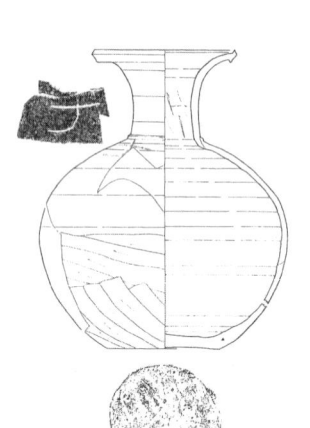

津軽 No. 14
宮田館遺跡第 29 号竪穴建物
時期：6期
分類：ⅠＣ２ｅ類
備考：頸部にヘラ記号
　　　底部にヘラ削り調整

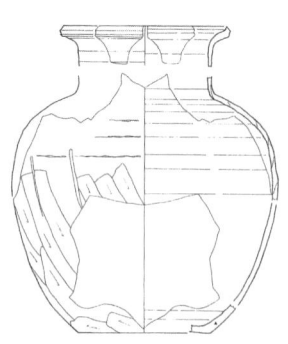

津軽 No. 15
宮田館遺跡第 30 号竪穴建物
時期：6期
分類：ⅡＣ２ｅ類
備考：

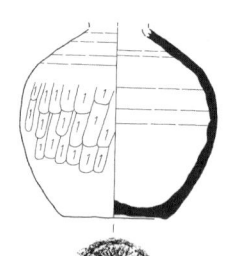

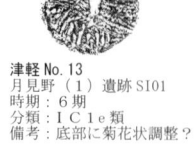

津軽 No. 13
月見野（1）遺跡 SI01
時期：6期
分類：ⅠＣ１ｅ類
備考：底部に菊花状調整？

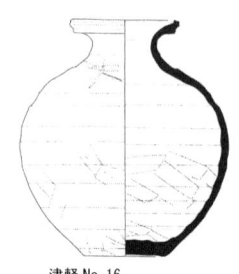

津軽 No. 16
新田（2）遺跡 SI067
時期：7期
分類：ⅠＣ１ｅ類
備考：頸部にヘラ記号

（縮尺＝1／6）

第４図　津軽地区の事例（2）

5期までは I 類が主体となるが，6期以降は II 類のほうが増加する。I 類の頸部は，3〜6期までは長さが5〜10cm程度で直立または外方に若干開きながら立ち上がるものであるが，4期以降は頸部脇から「ハ」の字状に開くものが主体となる。II 類は，6期以降頸部の長さが5cm以下と非常に短くなる（第5図6・7）。胴部形状は，3〜5期には最大径が中位より上にある倒卵形のものが主体であるが，6期以降は中位付近まで下がり球胴形に近くなる。また，6期以降器形の大型化が進行する。

　胴部の調整は，3期の出現当初から C 類のみであるが，例外的に7期に A 類が確認されている（第5図9）。

　高台は，3期は a・b 類のみであるが，4期以降は低平な b・c 類と無高台の e 類へと変化し，5期以降は e 類のみとなる。

　この他，頸部にリング状凸帯，頸部及び胴部上位にヘラ記号が施されるものが4〜7期に確認されている。

⑶ 秋田・八郎潟沿岸地区（第6図）

　1〜6期の資料を対象とした。まず器形であるが，I 類は1〜6期まで確認できるが，II 類は5期のみである。I 類の頸部は，長さが5〜10cmで直立気味に立ち上がるものが1・2・6期に確認できる。ただし，3期以降頸部脇から「ハ」の字状に開くものも出現し，6期には長さが5cm以下と短くなる（第6図10）。II 類の頸部は，頸部脇から「ハ」の字状に開く形状である（第6図7）。胴部形状は，1〜2期は最大径が中位より上にあり，下位が直線的になるものが主体である。3期以降は最大径が中位付近まで下がるが，断面形は倒卵形であり，球胴形のものはほとんど見られない。

　胴部の調整は，1〜2期には A 類が主体であるが，2期には C 類が出現し，3期以降は C 類が主体となる（第6図4・6・7）。なお，C 類は短いヘラ削りを施す C 1類が主体であり，長いヘラ削りを施す C 2類でもヘラ削りの長さは比較的短い。また，横方向に細いヘラ削りを施すものも多くみられる（第6図4・6・7）。

　高台は，1〜2期は角型の a・b 類であるが，3期以降は低平な c 類または無高台の e 類となる。しかし，5期になると再び a 類が出現し，6期には e 類と併存する。底部調整としては菊花状調整が確認されており，湯ノ沢 F 遺跡（横

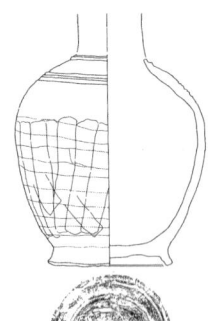

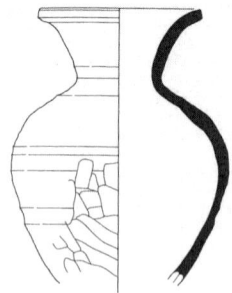

鹿角・北秋田・能代 No. 2
十二林遺跡 SI108
時期：4期
分類：ⅡC1類
備考：

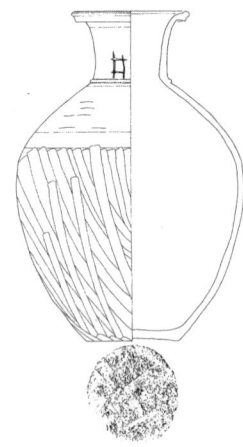

鹿角・北秋田・能代 No. 1
池内遺跡 SI126
時期：3期
分類：ⅠC2a類
備考：底部にヘラ削り調整

鹿角・北秋田・能代 No. 3
一本杉遺跡 SI08
時期：5期
分類：ⅠC4e類
備考：リング状凸帯
　　　頸部にヘラ記号

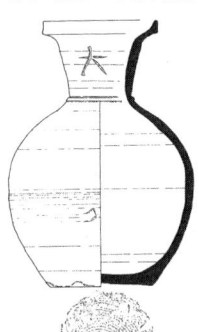

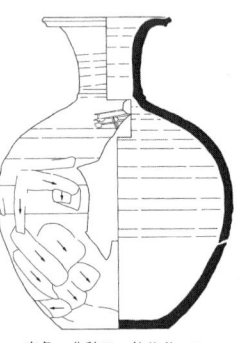

鹿角・北秋田・能代 No. 5
鴨巣Ⅰ遺跡 SI50
時期：6期
分類：ⅠC1e類
備考：リング状凸帯
　　　肩部にヘラ記号

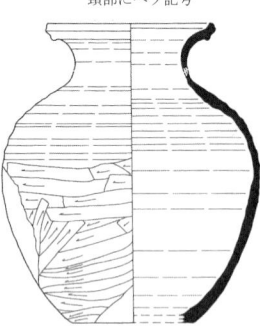

鹿角・北秋田・能代 No. 4
案内Ⅲ遺跡 SI010
時期：5期
分類：ⅠC1e類
備考：リング状凸帯
　　　頸部にヘラ記号

鹿角・北秋田・能代 No. 6
釈迦台中台Ⅰ遺跡 01-SI190A
時期：6期
分類：ⅡC2e類
備考：

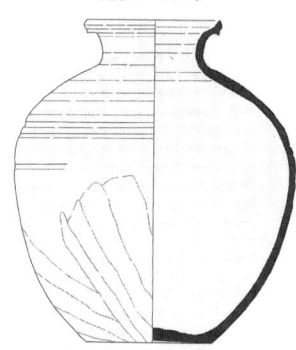

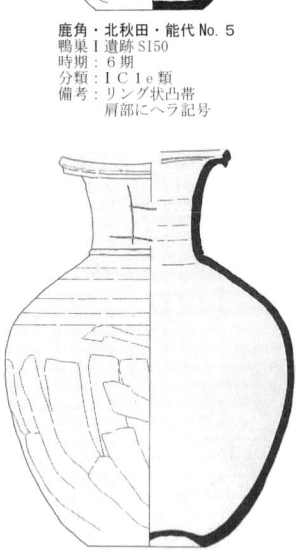

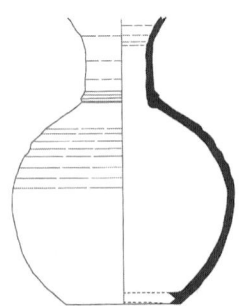

鹿角・北秋田・能代 No. 7
大館野遺跡 SI34
時期：7期
分類：ⅡC2e類

鹿角・北秋田・能代 No. 8
大館野遺跡 SI34
時期：7期
分類：ⅡC2e類
備考：頸部にヘラ記号

鹿角・北秋田・能代 No. 9
大館野遺跡 SI33
時期：7期
分類：ⅠAe類
備考：リング状凸帯

（縮尺＝1/6）

第5図　鹿角・北秋田・能代地区の事例

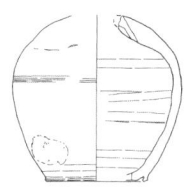

秋田・八郎潟 No. 2
待入III遺跡遺構外（MC25）
時期：2期
分類：I Ad 類
備考：

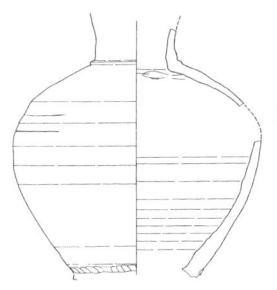

秋田・八郎潟 No. 3
待入III遺跡遺構外（MC25）
時期：2期
分類：I A 類
備考：リング状凸帯

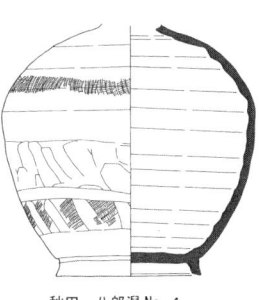

秋田・八郎潟 No. 4
中谷地遺跡 SL17 河川跡
時期：2期
分類：I C 1a 類
備考：

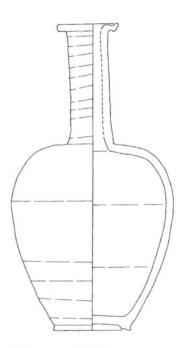

秋田・八郎潟 No. 1
大平遺跡 SI04
時期：1期
分類：I Ab 類
備考：

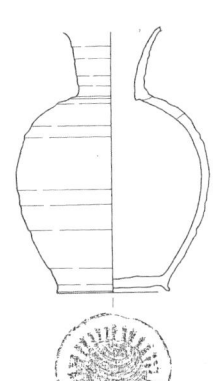

秋田・八郎潟 No. 5
湯ノ沢 F 遺跡 26 号墓
時期：3期
分類：I Ac 類
備考：底部回転糸切り
ののち菊花状調整

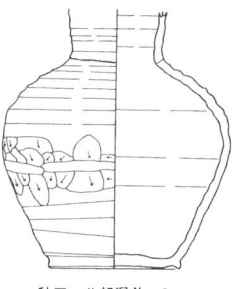

秋田・八郎潟 No. 6
湯ノ沢 F 遺跡 25 号墓
時期：4期
分類：I C 1c 類
備考：

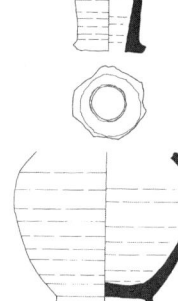

秋田・八郎潟 No. 9
上野遺跡 SI27
時期：6期
分類：I Ab 類
備考：

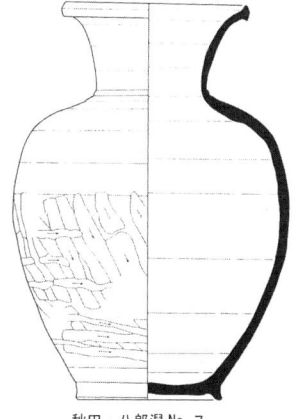

秋田・八郎潟 No. 7
上野遺跡 SI28
時期：5期
分類：II C 2a 類
備考：

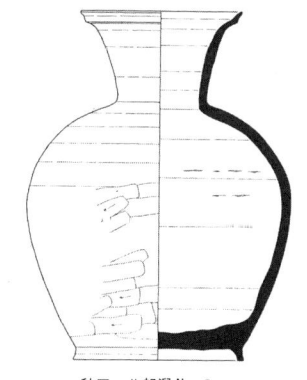

秋田・八郎潟 No. 8
上野遺跡 SI28
時期：5期
分類：I C 1a 類
備考：

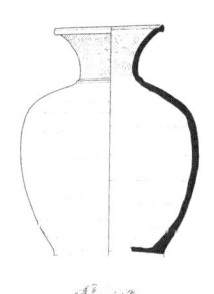

秋田・八郎潟 No. 10
上野遺跡 SI27
時期：6期
分類：I Ae 類
備考：リング状凸帯
底部回転糸切り

（縮尺＝1／6）

第6図　秋田・八郎潟沿岸地区の事例

手市) 26号墓出土資料では回転糸切りの後に菊花状調整が施されている様子が確認できる(第6図5)。

　この他，頸部にリング状凸帯を巡らせるものが2・6期に確認されている。

(4) 仙北・平鹿・雄勝地区(第7図)

　1〜5期の資料を対象とした。まず器形であるが，Ⅰ類の確実なものは1〜3期までであり，3期以降はⅡ類が主体となる。Ⅰ類の頸部は，1期は長さ10cm前後で直線的に立ち上がるが(第7図1・2)，3期以降長さが5cm前後で頸部脇から「ハ」の字状に開く短いものが増加する(第7図3)。また，Ⅱ類の頸部もⅠ類と同様の傾向を示す(第7図7・9)。胴部形状は，1〜2期は最大径が上位にあって肩が張るものが多いが，3期以降最大径が中位付近まで下がり倒卵形となる(第7図5・8)。

　胴部の調整は，1〜2期まではA・B類のみであるが，3期にC類が出現し，以降はC類が主体となる。なお，1期には頸部付近にカキメ調整が施されるものも確認されている(第7図2)。

　高台は，1〜4期まで角型のa・b類が確認できるが，3期以降は低平なc類が主体となる。ただし，破片資料ではあるが6期の内村遺跡(仙北市)出土資料が無高台のe類であることから(第23図)，5〜6期にはe類の底部を持つ壺・瓶類が存在すると考えられる。底部調整は，ヘラ削り調整を施すものが主体であるが(第7図4・5)，4期以降には菊花状調整を施すものも出現する(第7図9)。

　この他，頸部にリング状凸帯を巡らせるものが3〜5期に確認できる。ただし，凸帯が明瞭なものは3期のみであり，4期以降は凸帯の幅が狭く低くなる(第7図8・9)。

(5) 下北・上北・三八地区(第8・9図)

　1〜7期の資料を対象とした。まず器形であるが，Ⅰ類は1〜7期，Ⅱ類は4〜5期で確認されている。Ⅰ類の頸部は，1〜2期には長さ10cm前後で直立または外方に開きながら立ち上がるが(第8図1・2)，3期以降は長さ10cm以下のものと(第8図4・8など)，長さ5cm前後で頸部脇から「ハ」の字状に開くものとなる(第8図7・第9図14・15)。なお，6期以降器形が大型化し，器高が35cm

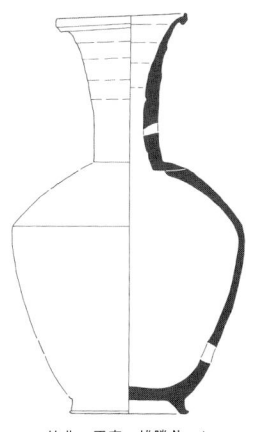

仙北・平鹿・雄勝 No. 1
十二性B遺跡 SD03
時期：1期
分類：ⅠAa類
備考：

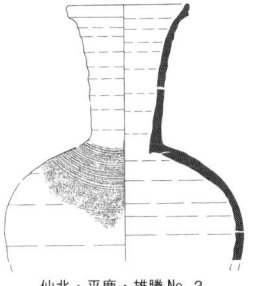

仙北・平鹿・雄勝 No. 2
十二性B遺跡 SD03
時期：1期
分類：ⅠA類
備考：肩部にカキメ

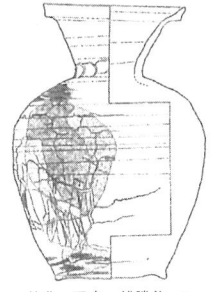

仙北・平鹿・雄勝 No. 3
郷土館D遺跡 SI01
時期：3期
分類：ⅠC1c類
備考：

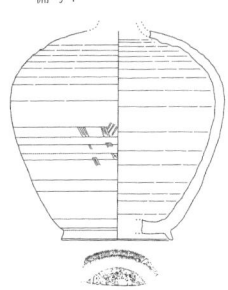

仙北・平鹿・雄勝 No. 4
大沼沢A遺跡 SI05
時期：3期
分類：ⅠB2c類
備考：

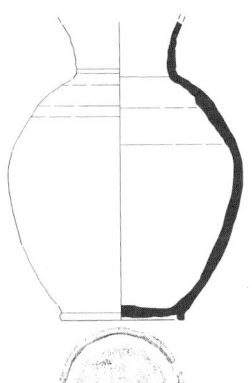

仙北・平鹿・雄勝 No. 6
家ノ浦Ⅱ遺跡遺構外
時期：3〜4期
分類：ⅡA2b類
備考：リング状凸帯
　　　底部にヘラ削り調整

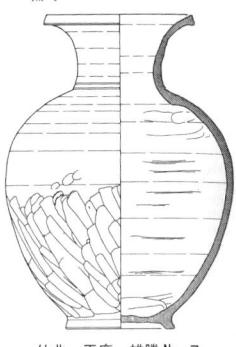

仙北・平鹿・雄勝 No. 7
江原嶋1遺跡 SD01A
時期：4〜5期
分類：ⅡC3a類
備考：

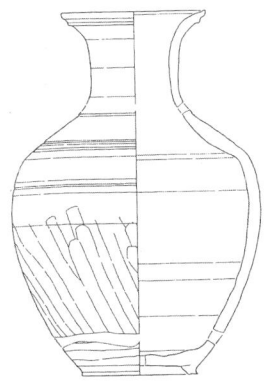

仙北・平鹿・雄勝 No. 5
払田柵跡第 122 次調査区
時期：3期
分類：ⅠC2a類
備考：

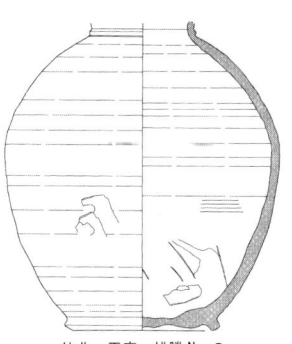

仙北・平鹿・雄勝 No. 8
江原嶋1遺跡 SD01A
時期：4〜5期
分類：ⅡB2a類
備考：リング状凸帯

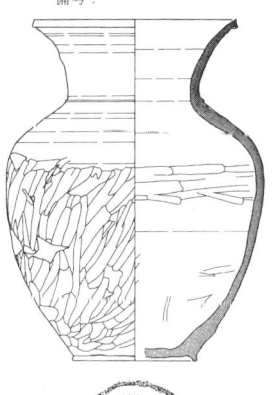

仙北・平鹿・雄勝 No. 9
江原嶋1遺跡 SK05
時期：4〜5期
分類：ⅡC3c類
備考：リング状凸帯
　　　底部に菊花状調整

（縮尺＝1／6）

第7図　仙北・平鹿・雄勝地区の事例

を超えるものも確認されている。大型品については 5 期のものと頸部径／胴部最大径の比率があまり変わらないことから I 類に分類されるものが多いが，器形の大型化に伴って頸部径も大きくなるため，頸部破片のみで出土した場合は I 類か II 類かの判別が困難である。胴部形状は，1 〜 4 期までは最大径が上位にあるものが多いが（第 8 図 1・3・8），5 期以降は最大径が中位付近まで下がっていく（第 9 図 11・14・16）。下半部は丸みを帯びるものがほとんどで，1 〜 3 期のものはやや肩が張るものが多いが，6 期以降は球胴に近くなる。

　胴部の調整は，1 〜 2 期は A 類のみであるが，3 期以降は B・C 類が出現し，4 期以降は C 類が主体となる。また，1 期には肩部にカキメ調整が施されるものがある（第 8 図 2）。

　高台は，1 〜 4 期には a・c 類が確認できるが，5 期以降は d・e 類のみとなる。底部調整は，4 期まではヘラ削り調整を施すものが多いが（第 8 図 3・4・6），4 期以降は菊花状調整を施すものが確認される（第 9 図 11・12）。なお，3 期の田面木遺跡（八戸市）SI05 出土資料は底部に砂粒が付着（第 8 図 5），4 期の岩ノ沢平遺跡（八戸市）B42 号住居跡出土資料は菊花状調整の後にヘラ削り調整が施されている（第 8 図 8）。

　この他，頸部にリング状凸帯を巡らせるものが 1 〜 7 期，頸部にヘラ記号が施されるものが 7 期に確認されている。

⑹ 二戸・九戸・閉伊地区（第 10 図）

　1 〜 7 期の資料を対象とした。まず器形であるが，I 類は 1 〜 4・6・7 期，II 類は 4 〜 7 期で確認されている。I 類の頸部は，1 期以前から長さ 10cm 前後で直線的に立ち上がるが（第 10 図 1），2 期以降は外方に開きながら立ち上がるもの（第 10 図 2・5），頸部脇から「ハ」の字状に開くと想定されるもの（第 10 図 6）がある。II 類の頸部は，頸部脇から「ハ」の字状に開くものである（第 10 図 9）。胴部形状は，1 〜 3 期は最大径が上位にあって肩が張るものが多いが，4 期以降最大径が中位付近まで下がり，底部が幅広なものとなる（第 10 図 7 〜 10）。また，7 期には器高が 30cm を超える大型品も確認される。

　胴部の調整は，1 〜 3 期までは A・B 類が主体であるが，3 期から C 類が増加し，4 期以降は C 類のみとなる。

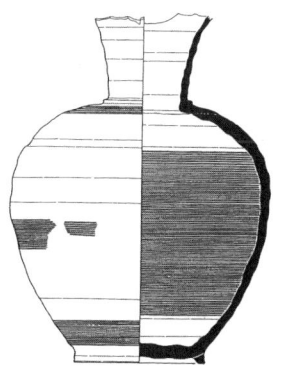

下北・上北・三八 No. 1
殿見遺跡7号円形周溝
　時期：1期
　分類：ⅠB1a類
　備考：リング状凸帯

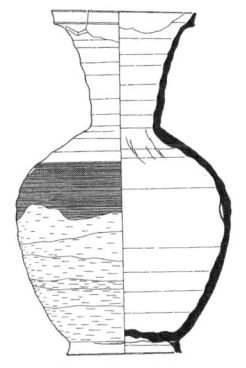

下北・上北・三八 No. 2
殿見遺跡9号円形周溝
　時期：2～3期
　分類：ⅠB2a類
　備考：

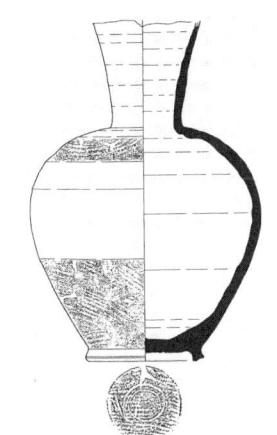

下北・上北・三八 No. 3
ふくべ（3）遺跡1号竪穴住居
　時期：2期
　分類：ⅠAa類
　備考：底部ヘラ切り

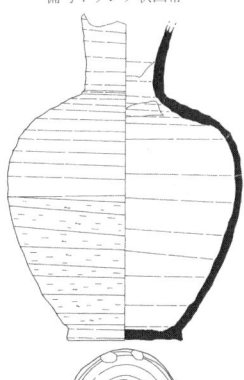

下北・上北・三八 No. 4
牛ヶ沢（4）遺跡第116号竪穴住居
　時期：3期
　分類：ⅠB1d類
　備考：底部にヘラ削り調整

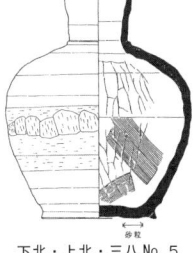

下北・上北・三八 No. 5
田面木遺跡 S105
　時期：3期
　分類：ⅠB2c類
　備考：底部に砂粒付着

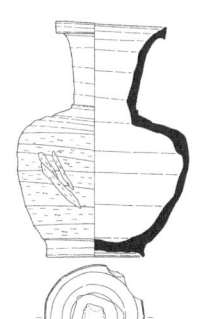

下北・上北・三八 No. 6
牛ヶ沢（4）遺跡
第116号竪穴住居
　時期：3期
　分類：ⅠB2c類
　備考：リング状凸帯
　　　　底部にヘラ削り調整

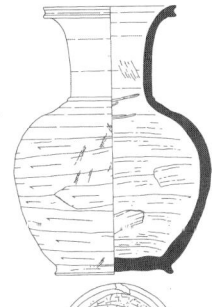

下北・上北・三八 No. 7
弥栄平（4）遺跡第17号住居
　時期：4期
　分類：ⅠB2e類
　備考：リング状凸帯

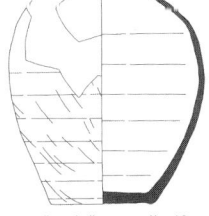

下北・上北・三八 No. 10
岩ノ沢平遺跡B42号住居
　時期：5期
　分類：ⅡC1e類
　備考：

下北・上北・三八 No. 8
岩ノ沢平遺跡B42号住居
　時期：4期
　分類：ⅡC4c類
　備考：底部に菊花状調整
　　　　のちヘラ削り調整

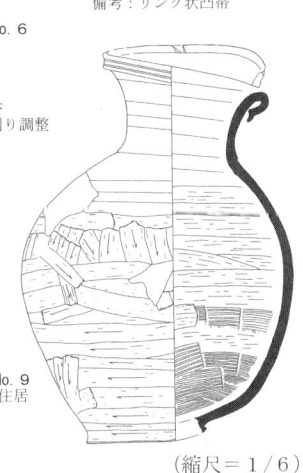

下北・上北・三八 No. 9
岩ノ沢平遺跡 A2号住居
　時期：4期
　分類：ⅡC4a類
　備考：器形歪み大

（縮尺＝1/6）

第8図　下北・上北・三八地区の事例（1）

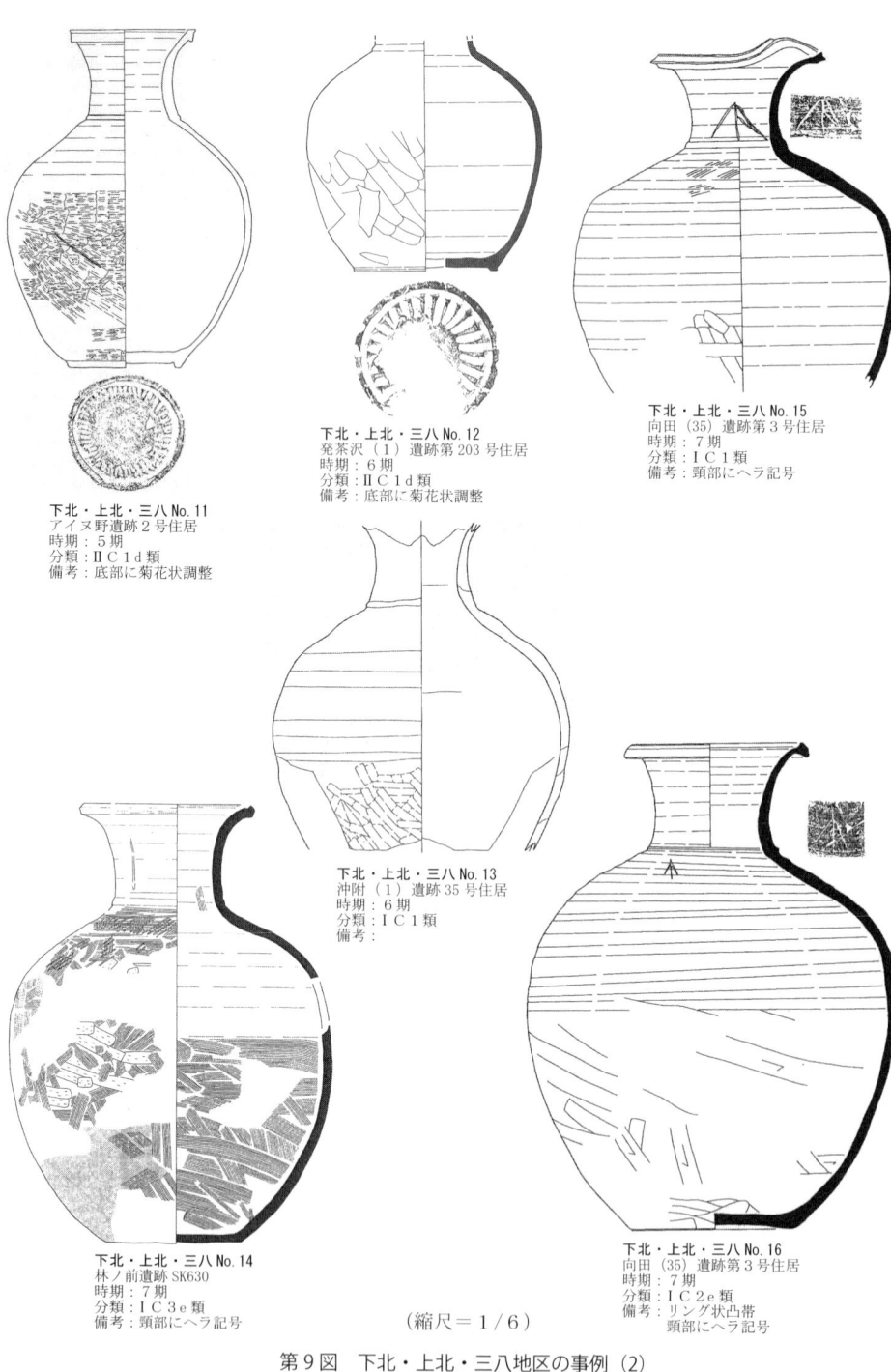

下北・上北・三八 No. 11
アイヌ野遺跡2号住居
時期：5期
分類：ⅡC1d類
備考：底部に菊花状調整

下北・上北・三八 No. 12
発茶沢（1）遺跡第203号住居
時期：6期
分類：ⅡC1d類
備考：底部に菊花状調整

下北・上北・三八 No. 15
向田（35）遺跡第3号住居
時期：7期
分類：ⅠC1類
備考：頸部にヘラ記号

下北・上北・三八 No. 13
沖附（1）遺跡35号住居
時期：6期
分類：ⅠC1類
備考：

下北・上北・三八 No. 14
林ノ前遺跡 SK630
時期：7期
分類：ⅠC3e類
備考：頸部にヘラ記号

下北・上北・三八 No. 16
向田（35）遺跡第3号住居
時期：7期
分類：ⅠC2e類
備考：リング状凸帯
　　　頸部にヘラ記号

（縮尺＝1／6）

第9図　下北・上北・三八地区の事例（2）

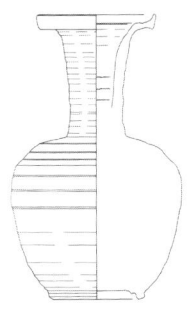

二戸・九戸・閉伊 No. 1
房の沢IV遺跡 RT08 古墳
時期：1期（以前）
分類：I Aa 類
備考：

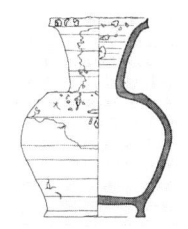

二戸・九戸・閉伊 No. 2
長根I遺跡 31 号方形周溝
時期：2期
分類：I B 1a 類
備考：

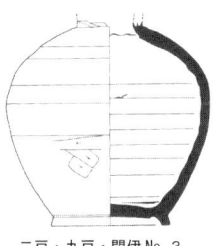

二戸・九戸・閉伊 No. 3
長根I遺跡 31 号方形周溝
時期：2期
分類：I C 1a 類
備考：

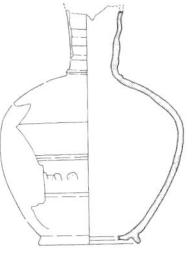

二戸・九戸・閉伊 No. 4
源道遺跡 N13 住居
時期：3期
分類：I C 2b 類
備考：

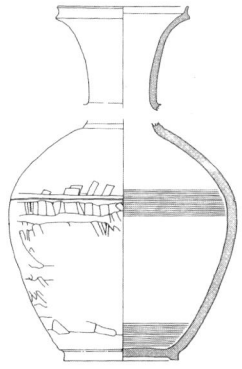

二戸・九戸・閉伊 No. 5
中長内遺跡 RA516 竪穴住居
時期：3期
分類：I C 3b 類
備考：

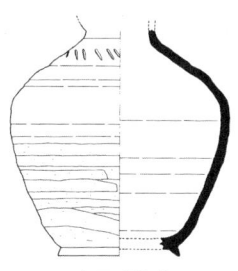

二戸・九戸・閉伊 No. 6
田中 3 遺跡 CJ65 住居跡
時期：3期
分類：I B 1a 類
備考：

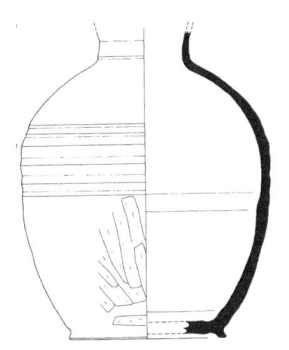

二戸・九戸・閉伊 No. 7
飛鳥台地I遺跡 HIII-1 住居跡
時期：4期
分類：II C 1b 類
備考：

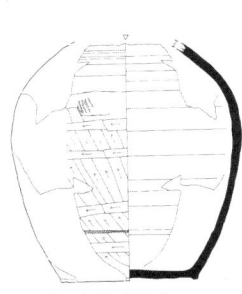

二戸・九戸・閉伊 No. 8
島田II遺跡 SI76 竪穴住居
時期：4〜5期
分類：C 2d 類
備考：

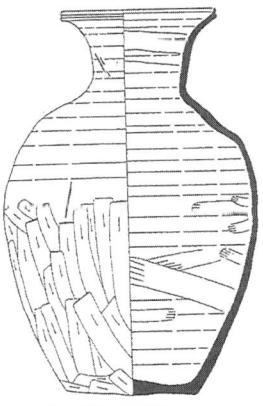

二戸・九戸・閉伊 No. 9
黒山の昔穴遺跡 39 号竪穴住居
時期：7期
分類：II C 2e 類
備考：

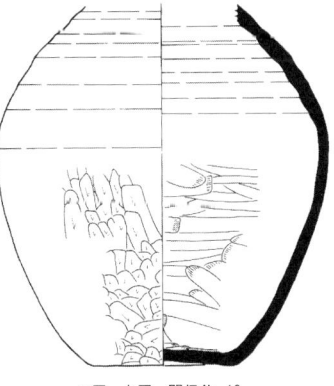

二戸・九戸・閉伊 No. 10
子飼沢山遺跡 1 号住居跡
時期：7期
分類：II C 1e 類
備考：

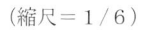

（縮尺＝1/6）

第 10 図　二戸・九戸・閉伊地区の事例

高台は，1〜4期までは角型のa・b類が主体であるが，4〜5期はd・e類，7期はe類のみとなる。底部調整は，ヘラ削り調整を施すものが一般的である。

(7) 岩手・紫波地区（第11・12図）

1〜6期の資料を対象とした。まず器形であるが，Ⅰ類は1〜4期，Ⅱ類は4〜6期で確認できる。当地区では4期のみ両者が併存するが，Ⅰ→Ⅱ類という時期的変化が明瞭に確認される。Ⅰ類の頸部は，1〜3期のものは長さが10cm前後で直立または外方に若干開きながら立ち上がるが，3期に頸部脇から「ハ」の字状に開くものが出現し，4期以降はほぼそれのみとなる。Ⅱ類の頸部は外方に若干開きながら立ち上がるものと（第12図16・17），頸部脇から「ハ」の字状に開くものがある（第12図15・18）。胴部形状は，1〜4期までは中位のやや上に最大径を持つものが多く，肩の張る形状のものは1期のみである。3期以降は最大径が中位中央まで下がり，倒卵形に近い形状のものが増加する（第11図9）。4〜5期のものには頸部径と底部径が小さく算盤玉状になるものも確認される（第12図15）。

胴部の調整は，1〜2期はA・B類のみであるが，3期にC類が出現し，4期以降はほぼ全てC類となる。なお，2期には胴部にカキメ調整が施されるものも確認されている（第11図6）。

高台は，1〜2期はa類のみであるが，3〜4期は低平なb〜d類，無高台のe類となり，5期以降はe類のみとなる。

(8) 稗貫・和賀地区（第13・14図）

1〜6期の資料を対象とした。まず器形であるが，Ⅰ類は1〜5期，Ⅱ類は3〜5期で確認できる。4期以降はⅡ類が主体となる地区が多いが，当地区では5期までほぼ同量確認されている。Ⅰ類の頸部は，2〜3期は長さ10cm前後で外方に直線的に立ち上がるものが主体となり，4期に入ると頸部脇から「ハ」の字状に開く短いものが主体となる。Ⅱ類は口縁部が欠損する資料が多いが，Ⅰ類のものと傾向は同じと考えられる。胴部形状は，1〜5期まで最大径が上位に位置するものが主体であるが，下半部の形状は直線的なもの（第13図6・第14図15など）と丸みを帯びるもの（第13図5・第14図10など）の二種がある。

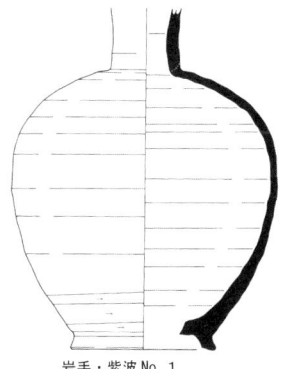

岩手・紫波 No. 1
飯岡才川遺跡 RZ009 古墳
時期：1期
分類：ⅠB1a 類
備考：

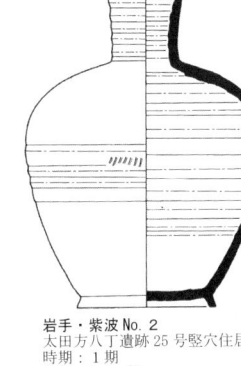

岩手・紫波 No. 2
太田方八丁遺跡 25 号竪穴住居
時期：1期
分類：ⅠAa 類
備考：

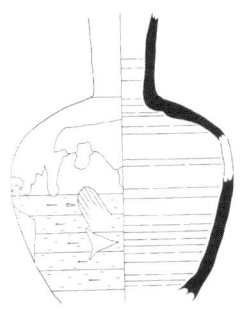

岩手・紫波 No. 3
飯岡沢田遺跡 RZ038 古墳
時期：1期
分類：ⅠB2 類
備考：

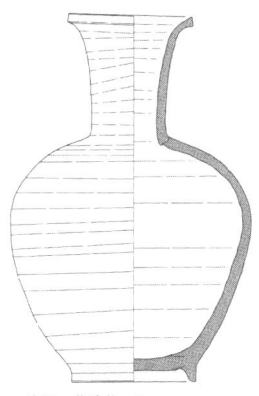

岩手・紫波 No. 4
飯岡林崎Ⅱ遺跡 RA04 竪穴住居
時期：1～2期
分類：ⅠAa 類
備考：

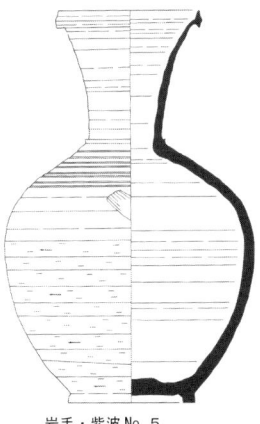

岩手・紫波 No. 5
飯岡沢田遺跡 RZ034 古墳
時期：2期
分類：ⅠB2a 類
備考：リング状凸帯

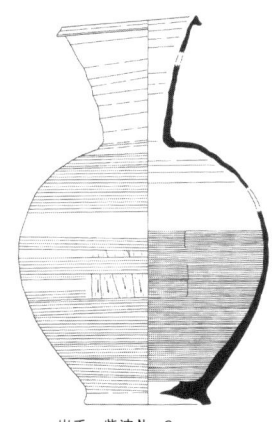

岩手・紫波 No. 6
飯岡沢田遺跡 RZ034 古墳
時期：2期
分類：ⅠB2a 類
備考：胴部にカキメ

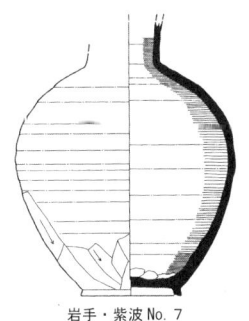

岩手・紫波 No. 7
比爪館遺跡 SI143
時期：3期
分類：ⅠC1b 類
備考：

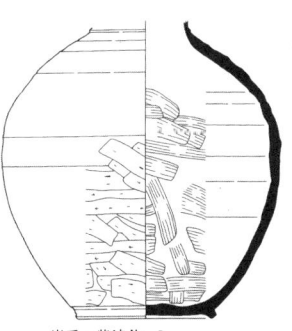

岩手・紫波 No. 9
鬼柳A遺跡 RA007 竪穴住居
時期：3期
分類：ⅠC2b 類
備考：

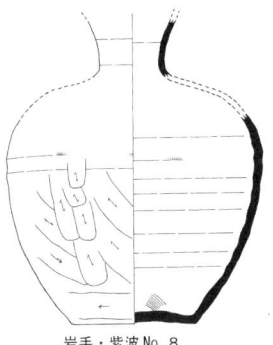

岩手・紫波 No. 8
百目木遺跡 No. 3 住居
時期：3期
分類：ⅠC1e 類
備考：

（縮尺＝1/6）

第11図　岩手・紫波地区の事例（1）

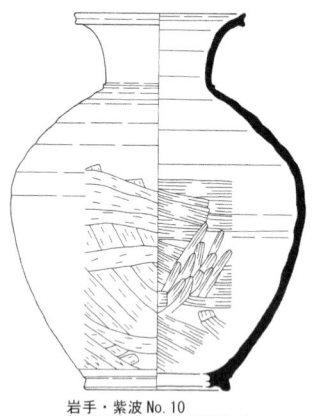

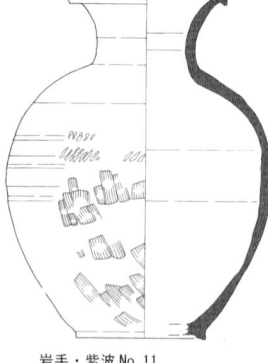

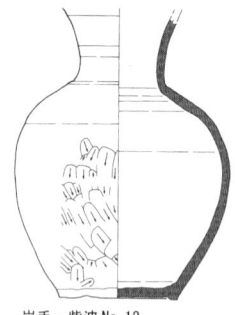

岩手・紫波 No. 12
飯岡才川遺跡 RA005 竪穴住居
時期：4 期
分類：ⅡＣ１ｄ類
備考：

岩手・紫波 No. 10
細谷地遺跡 RA132 竪穴住居
時期：4 期
分類：ＩＣ２ｂ類
備考：リング状凸帯

岩手・紫波 No. 11
飯岡才川遺跡 RA005 竪穴住居
時期：4 期
分類：ＩＣ１ｂ類
備考：

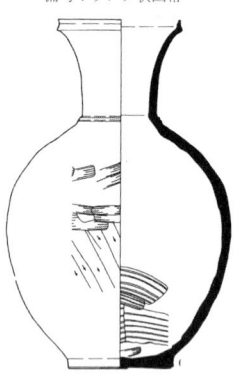

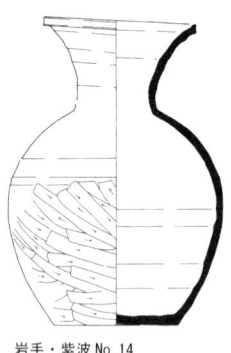

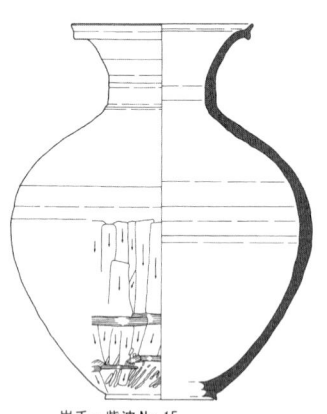

岩手・紫波 No. 13
台太郎遺跡 RA153 竪穴住居
時期：4 期
分類：ＩＣ４ｄ類
備考：リング状凸帯

岩手・紫波 No. 14
飯岡才川遺跡 RA009 竪穴住居
時期：5 期
分類：ⅡＣ２ｅ類
備考：

岩手・紫波 No. 15
飯岡才川遺跡 RA008 竪穴住居
時期：5 期
分類：ⅡＣ２ｃ類
備考：

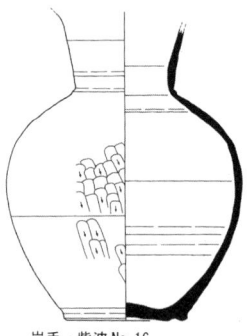

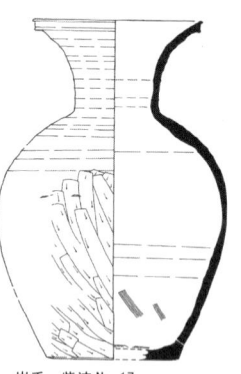

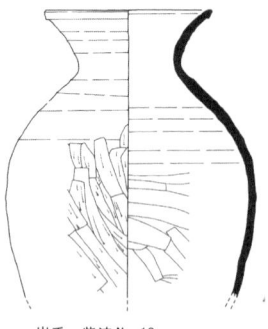

岩手・紫波 No. 18
細谷地遺跡 RA045 竪穴住居
時期：6 期
分類：ⅡＣ４類
備考：

岩手・紫波 No. 16
台太郎遺跡 RA065 竪穴住居
時期：5 期
分類：ⅡＣ１ｃ類
備考：

岩手・紫波 No. 17
細谷地遺跡 RA045 竪穴住居
時期：6 期
分類：ⅡＣ２ｅ類
備考：

（縮尺＝1／6）

第12図　岩手・紫波地区の事例（2）

　胴部の調整は，1～2期はA・B類のみであるが，3期にC類が出現し，5期にはC類のみとなる。なお，4～5期には回転ヘラ削りと非回転ヘラ削りの両者が施されるものも多い(第14図11・12・15)。

　高台は，1～2期は角または三角形のa・b類のみであるが，3期にd類が出現し，4期以降はe類を主体としてc・d類が少量となる。底部調整は，ヘラ削り調整を施すものはあるが，菊花状調整はほとんど確認されていない。

　この他，頸部にリング状凸帯を巡らせるものが3期(第13図6・8)，肩部にヘラ記号が施されるものが5期に確認されている(第14図18)。

(9) 胆沢・江刺・磐井地区(第15図)

　5期までは確認できるが全体形が判明する資料が少ないため，1～4期の資料を対象とした。まず器形であるが，Ⅰ類は1～4期まで，Ⅱ類は4期で確認できる。Ⅰ類の頸部は，1期以前から長さが10cm前後で直立気味に立ち上がるものが確認されており(第15図1)，3期までは直立気味または外方に直線的に立ち上がるものが主体である(第15図2～6)。4期以降は頸部が残存しない資料がほとんどであり，頸部の特徴は不明である。Ⅱ類の頸部は，長さが5cm前後で頸部脇から「ハ」の字状に開くものである。胴部形状は，最大径が中～上位に位置するものが主体であるが，稗貫・和賀地区と同じく下半部の形状が直線的なもの(第15図5)と丸みを帯びるもの(第15図3・4・9)の二種がある。

　胴部の調整は，1～2期はA・B類のみであるが，3期からC類が出現し，4期にはC類のみとなる。なお，3～4期には回転ヘラ削りと非回転ヘラ削りの両者が施されるものや(第15図7)，胴部にカキメ調整が施されるものが確認されている(第15図6)。

　高台は，1～3期はa類が主体であるが，4期にはd・e類へと変化し，5期にはe類のみとなる。底部調整は，ヘラ削り調整を施すものはあるが，菊花状調整はほとんど確認できない。

　この他，1～3期には頸部にリング状凸帯を巡らせるものが確認されている(第15図2・5)。

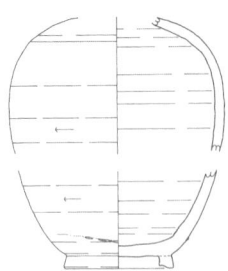

稗貫・和賀 No. 1
貝の淵Ⅰ遺跡遺構外
時期：1～2期
分類：ⅠB1a類
備考：会津大戸窯産
　　　コップ状焼台痕跡

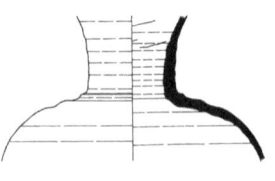

稗貫・和賀 No. 2
猫谷地遺跡 BH56 竪穴住居
時期：1期
分類：ⅠA類？
備考：

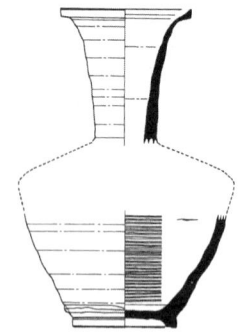

稗貫・和賀 No. 3
猫谷地遺跡 BD62 竪穴住居
時期：2期
分類：ⅠAa類
備考：堆積土から出土

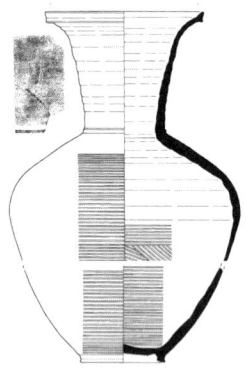

稗貫・和賀 No. 4
横町遺跡 SI1116
時期：2期
分類：ⅠAb類
備考：

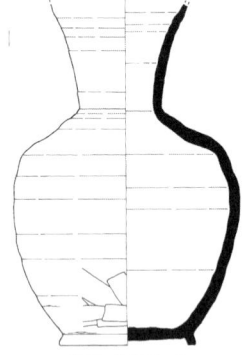

稗貫・和賀 No. 5
藤沢遺跡 SI265
時期：3期
分類：ⅡC1a類
備考：

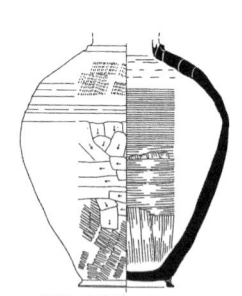

稗貫・和賀 No. 6
岩崎台地遺跡 DⅡr9 住居
時期：3期
分類：ⅠC1b類
備考：リング状凸帯

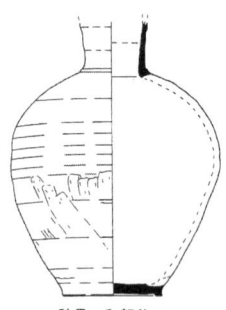

稗貫・和賀 No. 7
堰向Ⅱ遺跡 SI18
時期：3期
分類：ⅠC2d類
備考：

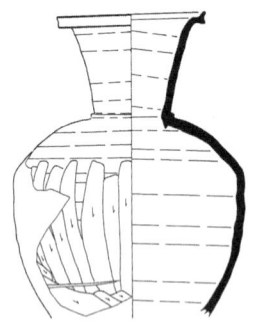

稗貫・和賀 No. 8
中嶋遺跡遺物包含層
時期：3期
分類：ⅠC4類
備考：リング状凸帯

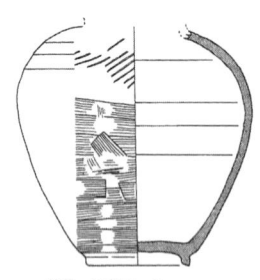

稗貫・和賀 No. 9
岩崎台地遺跡 G-62-o 住居
時期：3期
分類：ⅡC2a類
備考：

（縮尺＝1／6）

第13図　稗貫・和賀地区の事例（1）

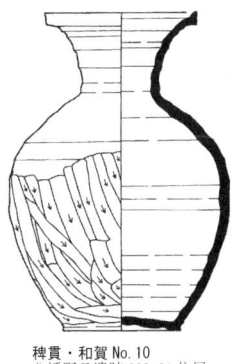

稗貫・和賀 No.10
八幡野Ⅱ遺跡 G29-01 住居
時期：4期
分類：ⅠC4d類
備考：

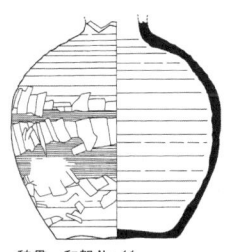

稗貫・和賀 No.11
不動Ⅱ遺跡第5次3-1号住居
時期：4期
分類：ⅠC3e類
備考：

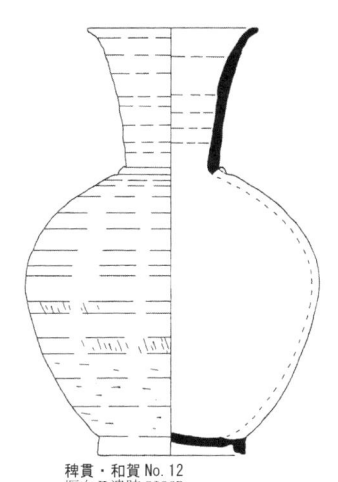

稗貫・和賀 No.12
堰向Ⅱ遺跡 SI26B
時期：4期
分類：ⅠB1a類
備考：堆積土上～中位から出土

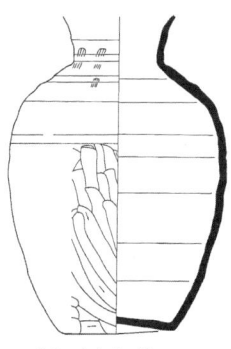

稗貫・和賀 No.13
似内遺跡須恵器埋設遺構
時期：4期
分類：ⅡC2e類
備考：

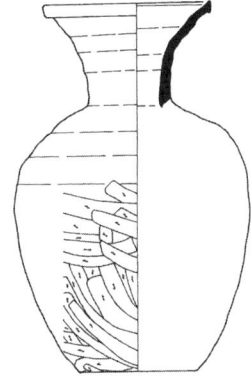

稗貫・和賀 No.14
庫理遺跡竪穴住居
時期：5期
分類：ⅠC2e類
備考：

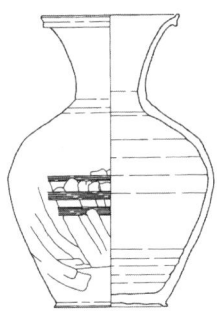

稗貫・和賀 No.15
西野遺跡 CE36 号住居
時期：5期
分類：ⅠC2c類
備考：

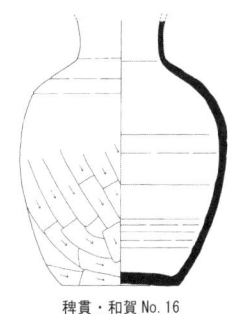

稗貫・和賀 No.16
煤孫遺跡ⅣB6 住居
時期：5期
分類：ⅡC1e類
備考：

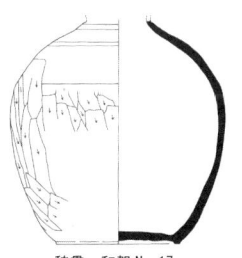

稗貫・和賀 No.17
煤孫遺跡ⅣB6 住居
時期：5期
分類：ⅠC3d類
備考：

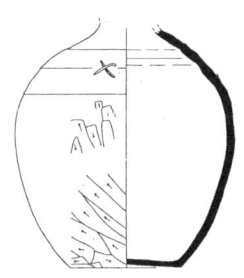

稗貫・和賀 No18.
岩崎台地遺跡 DIVo8 住居
時期：5期
分類：ⅠC2e類
備考：肩部にヘラ記号

（縮尺＝1/6）

第14図　稗貫・和賀地区の事例（2）

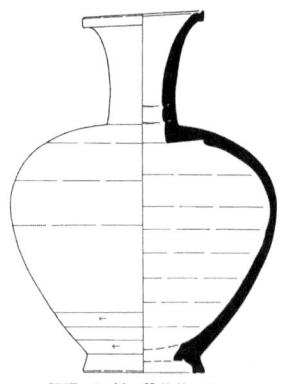

胆沢・江刺・磐井 No. 1
中半入遺跡 501 号円形周溝
時期：1 期以前
分類：I B 1 a 類
備考：

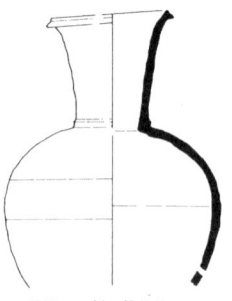

胆沢・江刺・磐井 No. 2
胆沢城跡 SK841
時期：1 期
分類：I A 類
備考：リング状凸帯

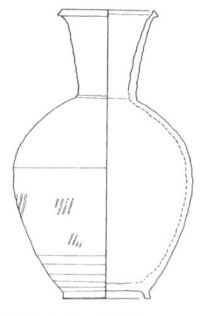

胆沢・江刺・磐井 No. 3
胆沢城跡 SX535 土器埋設遺構
時期：2 期
分類：I B 1 a 類
備考：会津大戸窯産

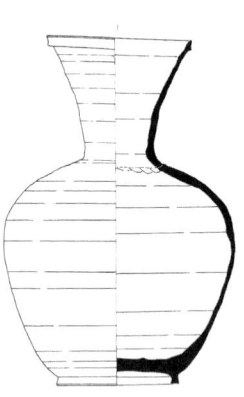

胆沢・江刺・磐井 No. 4
鴻ノ巣館遺跡 AF03 住居跡
時期：2 期
分類：I Aa 類
備考：

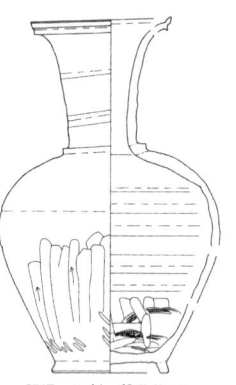

胆沢・江刺・磐井 No. 5
伯済寺遺跡 6SD02
時期：3 ～ 4 期
分類：I C 2a 類
備考：リング状凸帯

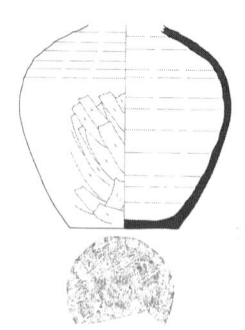

胆沢・江刺・磐井 No. 6
伯済寺遺跡 6SE.01
時期：3 ～ 4 期
分類：I B 類
備考：胴部にカキメ

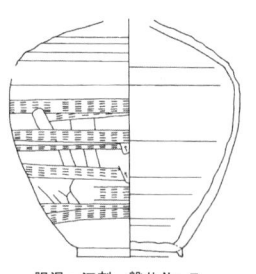

胆沢・江刺・磐井 No. 7
杉の堂遺跡第 21 次 S K35
時期：3 期
分類：I B 2 c 類
備考：

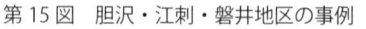

胆沢・江刺・磐井 No. 8
中村城跡 1 号河川跡
時期：4 期
分類：I C 1 e 類
備考：底部にヘラ削り調整

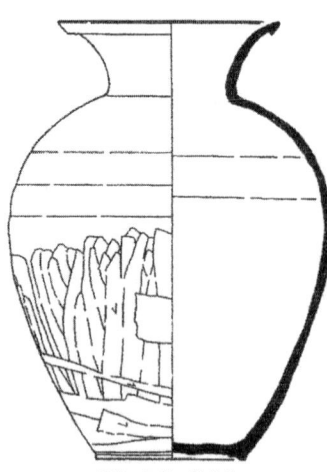

胆沢・江刺・磐井 No. 9
明後沢遺跡 10SI145
時期：4 期
分類：II C 2 d 類
備考：

（縮尺＝1／6）

第 15 図　胆沢・江刺・磐井地区の事例

3. 窯跡出土資料との比較

　東北地方では窯跡の発掘調査事例は少ないものの，壺・瓶類の生産量が多い窯跡として北部では富ヶ沢窯跡群及び田久保下遺跡須恵器窯跡(横手市)と五所川原須恵器窯跡群，南部では会津大戸窯跡群(会津若松市)が挙げられる。本節ではこれらの窯跡出土資料の時期的変遷を確認し，東北地方北部で同定可能なものについてみていく。

⑴ 富ヶ沢窯跡群(A〜C窯跡)・田久保下遺跡(第16図)

　横手市南西部，中山丘陵のほぼ中央東端に位置しており，操業は9世紀代(本稿の1〜4期)と考えられている。

　富ヶ沢A〜C窯跡出土の長頸壺は全てⅠ類で，頸部は直立または外方に若干開きながら立ち上がる。胴部形状は，1期は最大径が中位やや上に位置し丸みを帯びるが(第16図1)，2〜3期には最大径が上位に上がりやや肩が張る形状となる(第16図7・8)。胴部調整は，1期にはA・B類のみであるが，2〜3期にかけて胴部下位に非回転ヘラ削りを施すC1・2類が出現する(第16図6〜8)。また，胴部にカキメ調整が施されるものもある(第16図4)。高台は，基本的に角型のa類である。なお，頸部にリング状凸帯が施されるものもあるが，出土量は非常に少ない。

　田久保下遺跡出土の長頸壺は全てⅡ類で，頸部は直立するが，口縁部は「ハ」の字状に開く(第16図9)。胴部形状は，最大径が上位に位置し肩が張る。胴部の調整はC3・4類，高台は菊花状調整が施されるb類である。また，頸部にリング状凸帯が巡るものもあるが，凸帯の幅は狭く低い。

⑵ 五所川原須恵器窯跡群(第17・18図)

　青森県北西部，五所川原市街地から南東に約10km離れた位置にあり，前田野目川の各支流沿いの前田野目台地上に立地している。操業は9世紀末から10世紀代(本稿の4〜7期)と考えられており，藤原弘明により編年案が提示されている(藤原2007ほか，第17図)。

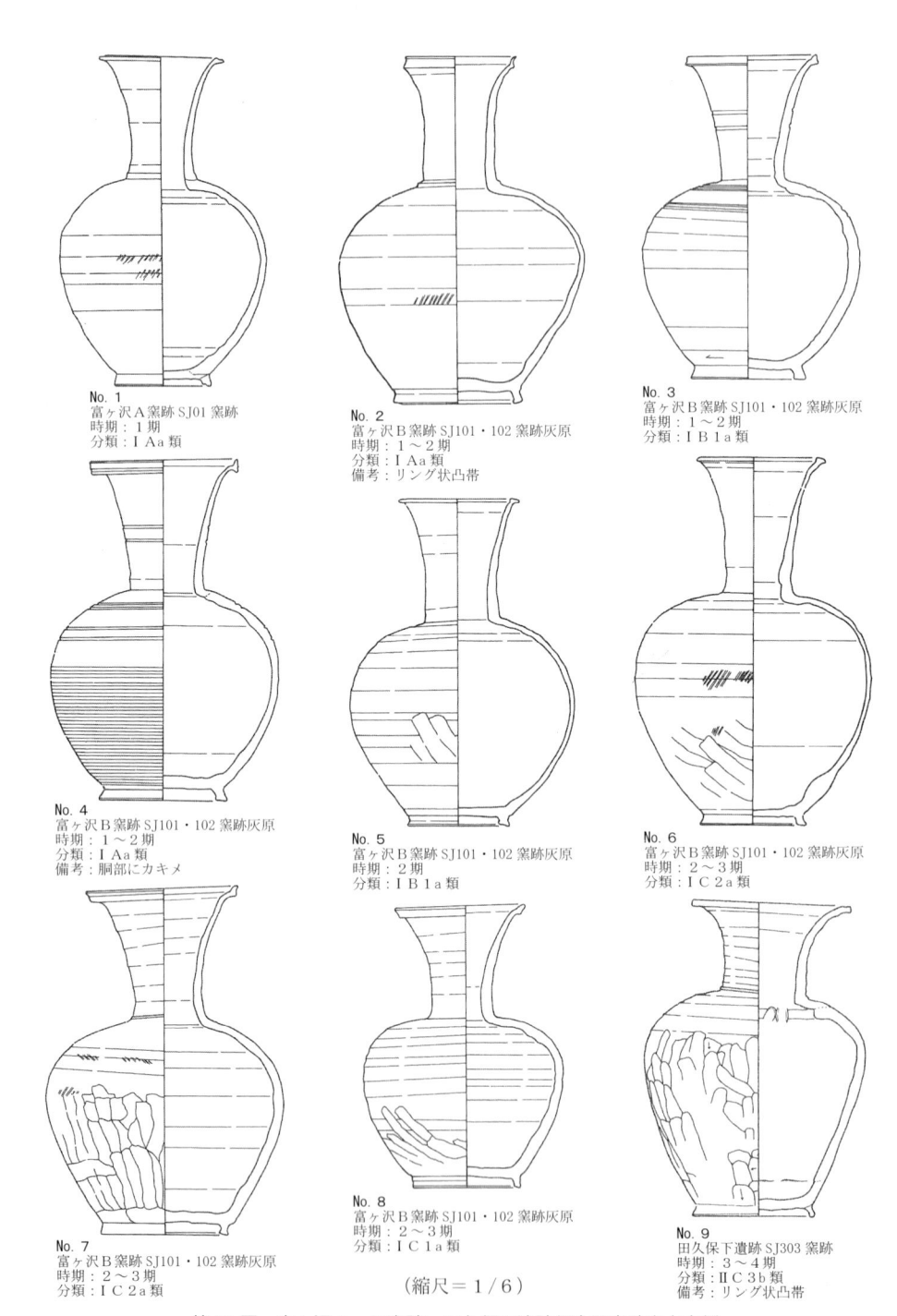

No. 1
富ヶ沢A窯跡 SJ01 窯跡
時期：1期
分類：ⅠAa類

No. 2
富ヶ沢B窯跡 SJ101・102 窯跡灰原
時期：1〜2期
分類：ⅠAa類
備考：リング状凸帯

No. 3
富ヶ沢B窯跡 SJ101・102 窯跡灰原
時期：1〜2期
分類：ⅠB1a類

No. 4
富ヶ沢B窯跡 SJ101・102 窯跡灰原
時期：1〜2期
分類：ⅠAa類
備考：胴部にカキメ

No. 5
富ヶ沢B窯跡 SJ101・102 窯跡灰原
時期：2期
分類：ⅠB1a類

No. 6
富ヶ沢B窯跡 SJ101・102 窯跡灰原
時期：2〜3期
分類：ⅠC2a類

No. 7
富ヶ沢B窯跡 SJ101・102 窯跡灰原
時期：2〜3期
分類：ⅠC2a類

No. 8
富ヶ沢B窯跡 SJ101・102 窯跡灰原
時期：2〜3期
分類：ⅠC1a類

No. 9
田久保下遺跡 SJ303 窯跡
時期：3〜4期
分類：ⅡC3b類
備考：リング状凸帯

（縮尺＝1／6）

第16図　富ヶ沢A・B窯跡，田久保下遺跡須恵器窯跡出土事例

　対象とする壺・瓶類は壺Ⅰ類に該当するもので(第18図)，これらを本稿での分類に当てはめてみると，操業開始期(4期)にあたるKY(高野)1号窯式は，Ⅰ類を主体としてⅡ類が少量，胴部形状は最大径が中位にあって下位が丸みを帯びるものと中位が直線的でかつ底部が幅広なものがある(第18図1・2)。胴部調整にはB・C類があるが，B1類でも胴部上位には非回転ヘラ削りが確認されることから(第18図1)，段階は様々であるが，胴部の調整は非回転ヘラ削りが基本であったと考えられる。高台は，a類で菊花状調整が施されるものと削り出し高台のd類が確認されている。4〜5期のMZ(持子沢)6・7号窯式では器形はⅠ類で，胴部形状は最大径が中位にあって下位が丸みを帯びるもの(第18図3)と肩部が直線的になるもの(第16図4)がある。胴部調整はC1・2d類が確認できるが，後続する6〜7期のMD(前田野目)7号窯式以降は胴部調整はC類，高台は無高台のe類のみとなる。

(3) 会津大戸窯跡群(第17・18図)

　福島県会津盆地の南東部，会津若松市の中心部から南に約12kmに位置する標高300m前後の低丘陵上に分布する。操業は8世紀後半から10世紀代(本稿の1〜7期)と考えられており，石田明夫により分類と編年案が提示されている(石田1994)。本窯跡群は，製品の特徴から愛知県猿投窯の影響を強く受けた窯跡と考えられている。

　対象となるのは長頸瓶及び広口瓶に分類されるもので[3]，これらを本稿の分類に当てはめてみると，1期のKA(上雨屋)12号窯式はⅠ類のみ(頸部径／胴部最大径の比率33%前後)で頸部は直立気味に立ち上がる。しかし，頸部径の大型化は早く，2期のMⅡ(南原)19号窯式には比率が37%前後のⅡ類が出現している。以降4〜5期のKA112号窯式まで両者が併存するが，徐々に比率は大きくなり広口瓶へと変化していく。なお，3期には頸部脇から「ハ」の字状に開く短小なものが出現するものの，最後まで長さが10cm前後のものが確認されている。

　胴部形状は，1〜2期は最大径が中〜上位にあって倒卵形や肩が張るものであるが，3期以降最大径が中位付近まで下がり全体的に丸みを帯びる。胴部の調整は全期間を通じて回転ヘラ削りを施すB類が基本であり，器形が判明する

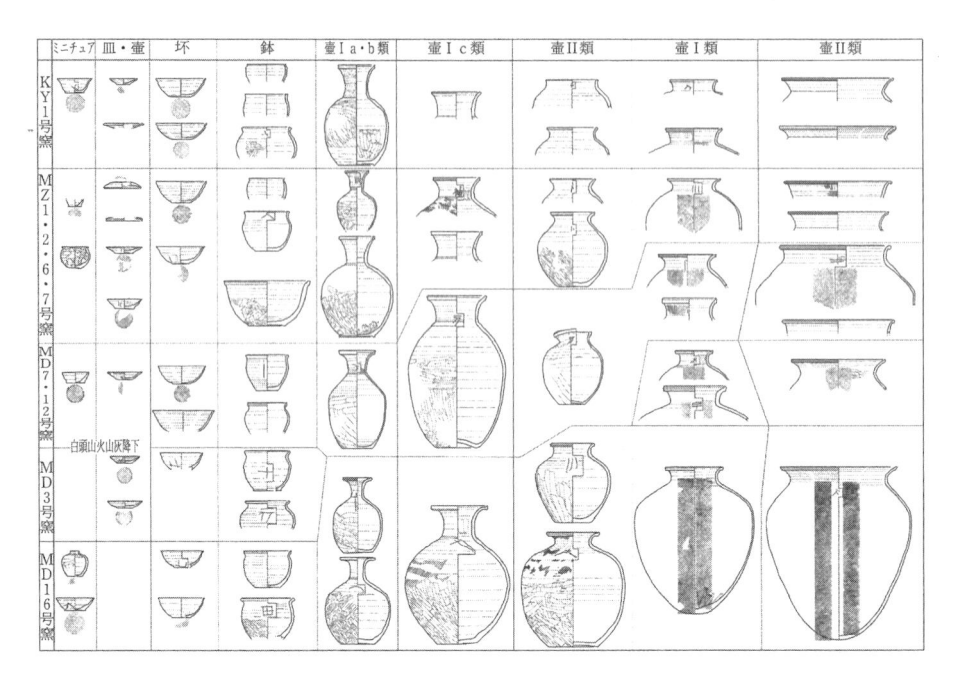

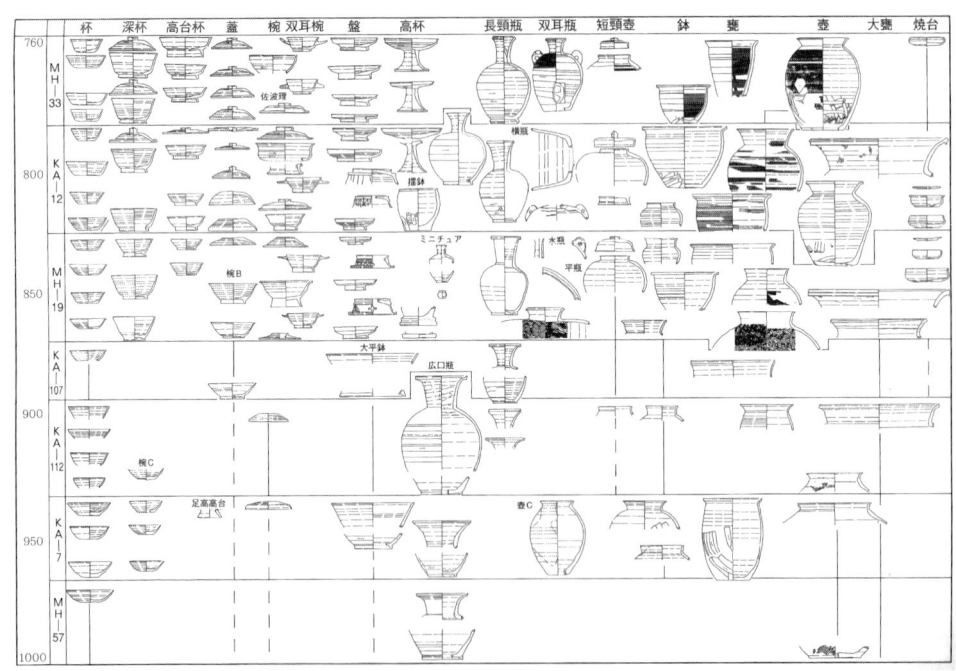

第 17 図　五所川原窯跡群・会津大戸窯跡群出土須恵器編年図

258

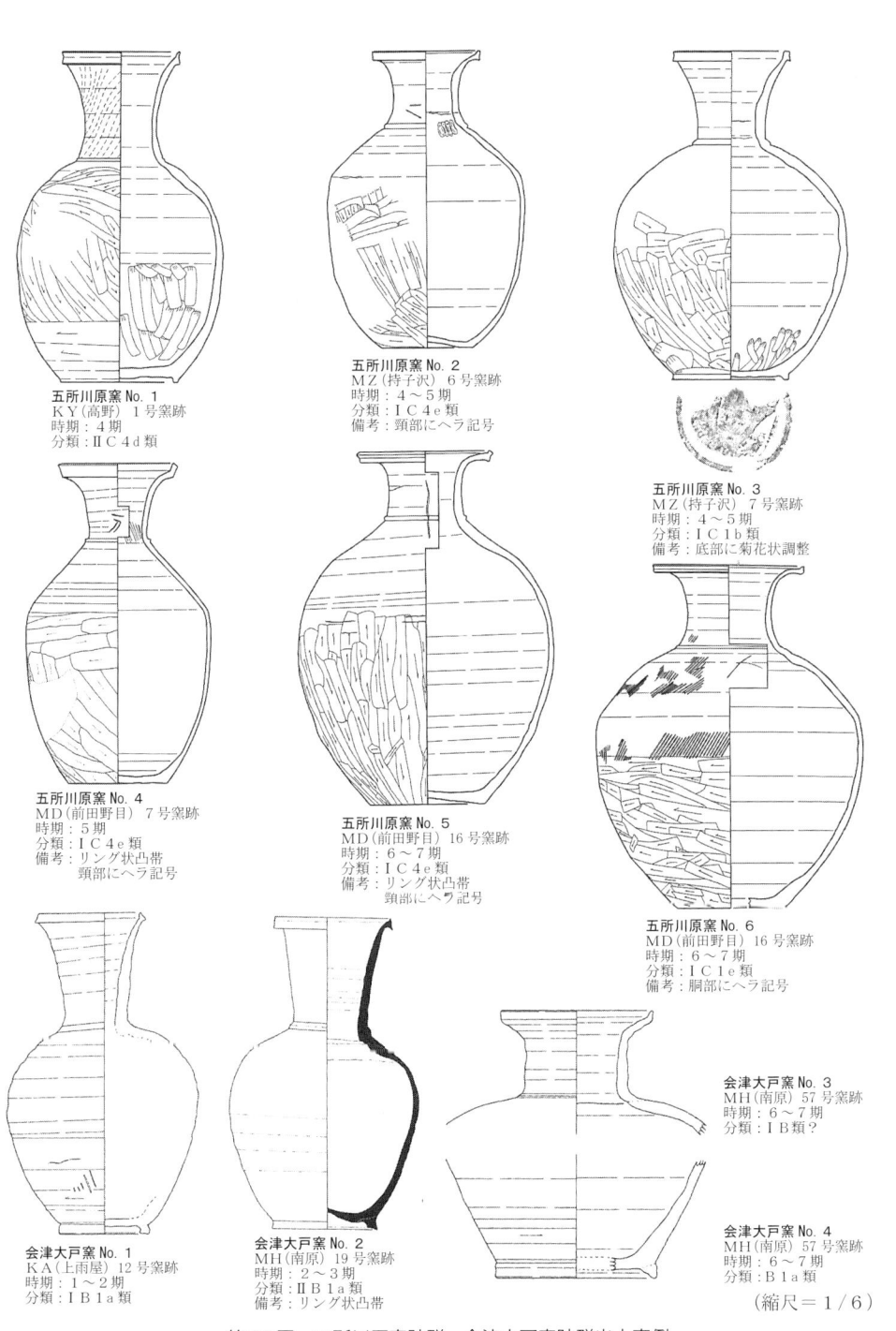

五所川原窯 No.1
KY（高野）1号窯跡
時期：4期
分類：ⅡC4d類

五所川原窯 No.2
MZ（持子沢）6号窯跡
時期：4〜5期
分類：ⅠC4e類
備考：頸部にヘラ記号

五所川原窯 No.3
MZ（持子沢）7号窯跡
時期：4〜5期
分類：ⅠC1b類
備考：底部に菊花状調整

五所川原窯 No.4
MD（前田野目）7号窯跡
時期：5期
分類：ⅠC4e類
備考：リング状凸帯
　　　頸部にヘラ記号

五所川原窯 No.5
MD（前田野目）16号窯跡
時期：6〜7期
分類：ⅠC4e類
備考：リング状凸帯
　　　頸部にヘラ記号

五所川原窯 No.6
MD（前田野目）16号窯跡
時期：6〜7期
分類：ⅠC1e類
備考：胴部にヘラ記号

会津大戸窯 No.1
KA（上雨屋）12号窯跡
時期：1〜2期
分類：ⅠB1a類

会津大戸窯 No.2
MH（南原）19号窯跡
時期：2〜3期
分類：ⅡB1a類
備考：リング状凸帯

会津大戸窯 No.3
MH（南原）57号窯跡
時期：6〜7期
分類：ⅠB類?

会津大戸窯 No.4
MH（南原）57号窯跡
時期：6〜7期
分類：ⅠB1a類

（縮尺＝1/6）

第18図　五所川原窯跡群・会津大戸窯跡群出土事例

資料でC類は確認されていない。高台は，1期から角形のa類が主体であるが，4期以降三角形のb類へと変化する。

　この他，会津大戸窯が初現とされる頸部のリング状凸帯は全期間で確認されている。また，1〜3期には長頸瓶専用の焼台である坏形焼台の痕跡が残るものもある。なお，猿投窯では底部の切り離し方法は回転糸切りであるが，大戸窯は回転ヘラ切りである。

⑷ 産地同定可能な資料の分布

　東北地方における須恵器の流通については宇部則保や藤原弘明，中澤寛将らの研究があり，本節ではそれらを参照しながら産地同定可能な壺・瓶類の分布についてみていく[4]。

　まず1〜2期であるが，この時期には富ヶ沢窯跡群を含む中山丘陵窯産の須恵器は窯跡や製品の主要供給先である払田柵跡(仙北市・美郷町)・志波城跡(盛岡市)が位置する地区4・7で，会津大戸窯産の須恵器は胆沢城跡(奥州市)が位置する地区8・9で出土している。会津大戸窯産のうち，器形が判明する壺・瓶類は胆沢城跡や貝の淵I遺跡(花巻市)等(第13図1，第15図2・3)，破片資料も家ノ浦II遺跡(にかほ市)等日本海側の地区4で出土している。この他，産地の特定には至らないが太平洋側では地区5で会津大戸窯産と同様の特徴を有する資料(第8図1)，地区7で中山丘陵窯産と同様の特徴を有する資料が出土している(第11図5・6)。

　3期には中山丘陵窯産須恵器の分布域は拡大し，地区5の馬淵川流域では長谷遺跡(六戸町)等で出土が確認されている(中澤ほか2016)。この時期には会津大戸窯産の製品も流通していると考えられるが，今回集成を行った中には器形が判明する資料は確認されなかった。また，この時期には太平洋側の地区9に位置する瀬谷子窯跡群(奥州市)で須恵器生産が開始される。しかし，胎土分析により瀬谷子窯産と推定される資料は太平洋側の地区5・7〜9で確認されているが，窯跡出土資料に全体形が判明する資料が無く，今回の集成でも明確に瀬谷子窯産といえるものは確認できなかった。

　4〜7期は五所川原窯跡群で須恵器生産が行われた時期である。五所川原窯産製品の流通については藤原弘明らの業績があるため(藤原ほか2007，中澤ほか

第1表　地域別分類変遷表

1. 津軽地区

	器形		調整			高台				
	Ⅰ	Ⅱ	A	B	C	a	b	c	d	e
1期	△									
2期		△								
3期										
4期										
5期										
6期										
7期										

2. 鹿角・北秋田・能代地区

	器形		調整			高台				
	Ⅰ	Ⅱ	A	B	C	a	b	c	d	e
1期										
2期										
3期										
4期										
5期										
6期										
7期										

3. 秋田・八郎潟沿岸地区

	器形		調整			高台				
	Ⅰ	Ⅱ	A	B	C	a	b	c	d	e
1期										
2期										
3期										
4期										
5期										△
6期										
7期										

4. 仙北・平鹿・雄勝地区

	器形		調整			高台				
	Ⅰ	Ⅱ	A	B	C	a	b	c	d	e
1期										
2期	△									
3期										
4期										△
5期										
6期	△			△						
7期										

5. 下北・上北・三八地区

	器形		調整			高台				
	Ⅰ	Ⅱ	A	B	C	a	b	c	d	e
1期			△							
2期										
3期						△				
4期						△				
5期										
6期										
7期										

6. 二戸・九戸・閉伊地区

	器形		調整			高台				
	Ⅰ	Ⅱ	A	B	C	a	b	c	d	e
1期										
2期										
3期										
4期	△									
5期										
6期										
7期										

7. 岩手・紫波地区

	器形		調整			高台				
	Ⅰ	Ⅱ	A	B	C	a	b	c	d	e
1期										
2期						△				
3期				△						
4期										
5期								△		
6期										
7期										

8. 稗貫・和賀地区

	器形		調整			高台				
	Ⅰ	Ⅱ	A	B	C	a	b	c	d	e
1期										
2期										
3期										
4期										
5期										
6期		△								
7期										

9. 胆沢・江刺・磐井地区

	器形		調整			高台				
	Ⅰ	Ⅱ	A	B	C	a	b	c	d	e
1期							△			
2期										
3期										
4期										
5期	△			△						
6期										
7期										

※全形は不明であるが、存在が確認できる時期は「△」とした

東北地方北部出土の須恵器壺・瓶類

2016），ここでは概略と器形が判明する資料の分布についてのみ記す。生産開始期にあたる4期には，窯跡が所在する地区1でも窯跡周辺の遺跡でしか出土していない（第3図3・8）。しかし，続く5期には分布域が拡大し，地区1でも窯跡から離れた地域，さらには隣接する地区2の米代川流域，地区5の上北北部でも出土が確認されるようになる（第5図4，第9図11）。6～7期は地区5では下北・馬淵川流域でも出土が確認されるようになり，さらに地区6の九戸地区でも五所川原窯産と同様の特徴を有する資料が出土している（第10図9）。なお，4～7期にも会津大戸窯では生産が継続されており，東北地方北部にも流通していたと考えられるが，今回集成を行った中には器形が判明する資料は確認されなかった。

4. 地域的・時期的変遷の検討

　前節で確認した産地同定可能な資料を含め各地区における壺・瓶類の変遷を示したのが第1表及び第19～25図である。本節ではこれらをもとに，東北地方北部全域での地域的・時期的変遷についてみていく。

1　期　この時期の資料は，城柵が設置される，または古墳時代以来集落が形成されている地区3～9で出土している。この時期の資料数は少なく，出土地区全域で同様の特徴を有しており，地域差はほとんど無い。

　この時期の器形はⅠ類のみであり，頸部は細く（頸部径／胴部最大径の比率が26～32％），長さが10cm前後またはそれを超えるものがある（第7図1など）。胴部形状は最大径が上位にあり肩が張るものが主流である。胴部調整はA・B類，高台はa・b類のいずれかである。

2　期　この時期の資料は地区3・5～9で出土している。1期と同じく地域差は少ないが，以下に述べるような変化が確認される地区がある。

　この時期もⅠA・Ba類が主体であるが，地区3・6では胴部調整がC類の資料も若干確認されている（第6図4，第10図3）。Ⅰ類の頸部は長さ10cm前後のものが多いが，外方に若干開きながら立ち上がるものが増加する（第8図2，第11図5等）。胴部は肩が張る形状のものが多いが，最大径が中位付近まで下がり，下位が丸みを帯びるものも出現する（第11図6）。

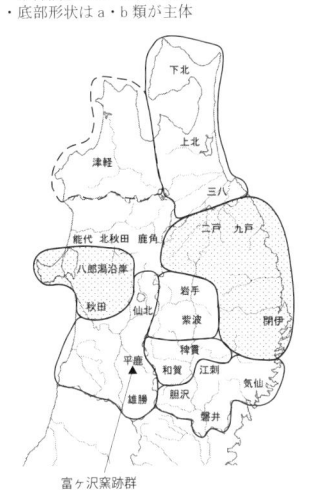
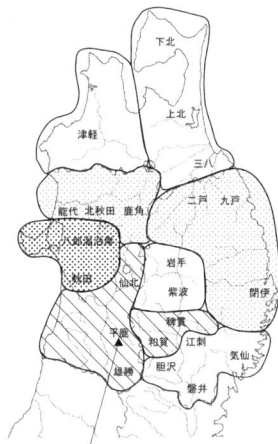
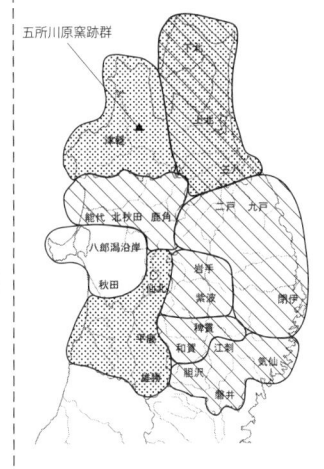

2　期

全域的傾向：
・器形はⅠ類のみ
・胴部調整はA・B類が主体
・底部形状はa・b類が主体

富ヶ沢窯跡群

▨：胴部調整C類出現

3　期

全域的傾向：
・器形はⅠ類が主体
・胴部調整はC類増加
・底部形状はc・d・e類が出現

富ヶ沢窯跡群

▨：器形Ⅱ類出現

▨：胴部調整C類出現

▨：底部菊花状調整出現

4　期

全域的傾向：
・器形はⅡ類が増加
・胴部調整はC類が主体
・底部形状はa類が大幅に減少

五所川原窯跡群

▨：器形Ⅱ類出現・増加

▨：底部菊花状調整出現

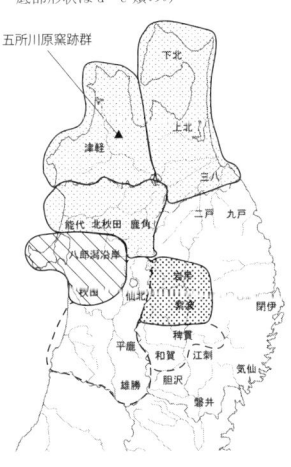
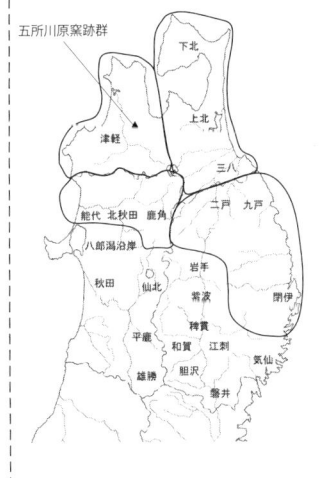

5　期

全域的傾向：
・器形はⅡ類が主体
・胴部調整はC類のみ
・底部形状はd・e類が主体

五所川原窯跡群

▨：器形Ⅰ・Ⅱ類併存

6　期

全域的傾向：
・南部での出土量が大幅に減少
・胴部調整はC類のみ
・底部形状はd・e類のみ

五所川原窯跡群

▨：器形Ⅰ・Ⅱ類併存

▨：器形Ⅰ類のみ確認

▨：器形Ⅱ類のみ確認

7　期

全域的傾向：
・南部での出土が確認されなくなる。
・胴部調整はC類のみ
・底部形状はe類のみ

五所川原窯跡群

▢：分類可能資料出土地区

▢：破片資料のみ出土地区

第19図　時期別変遷図

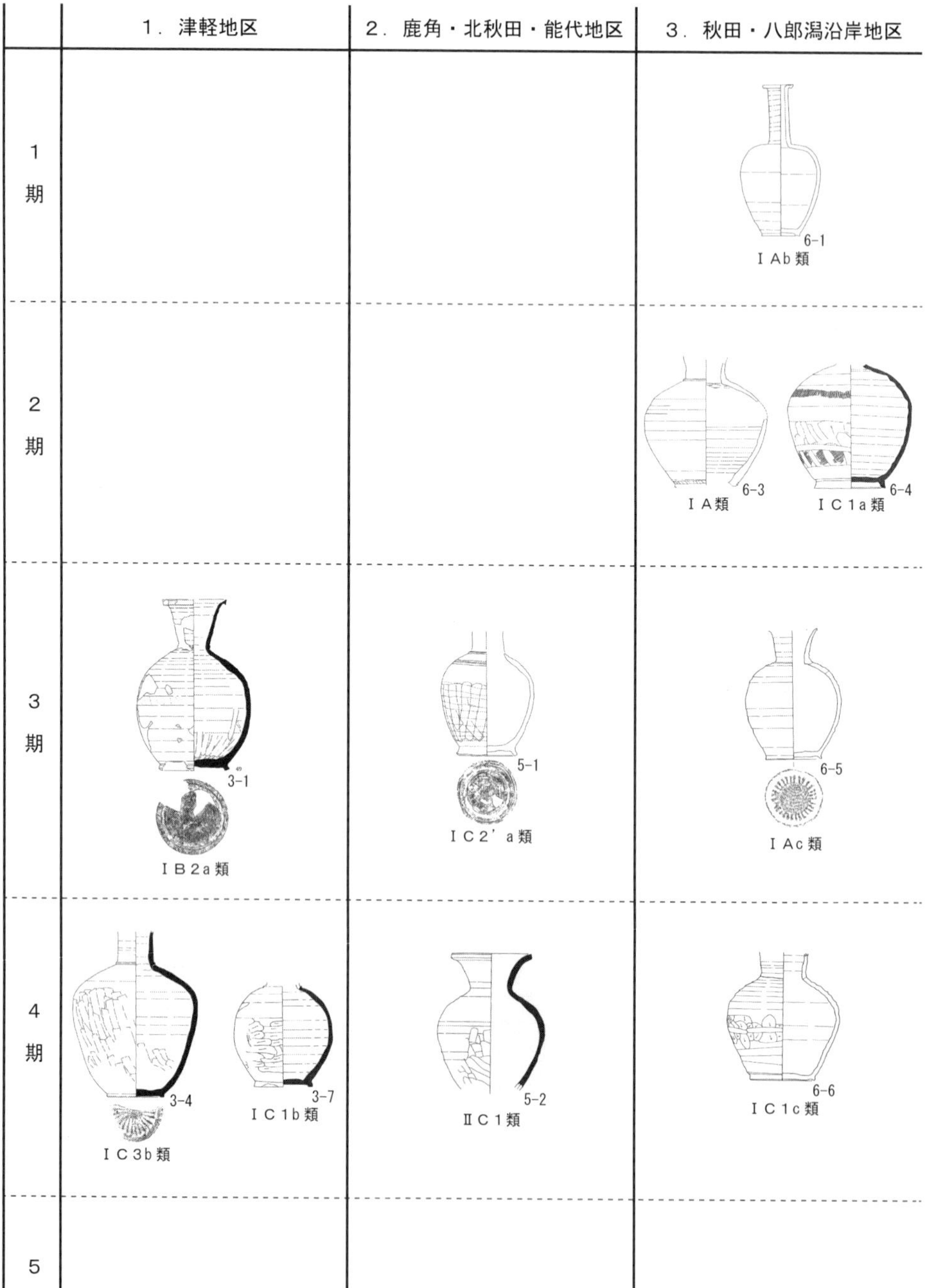

	1．津軽地区	2．鹿角・北秋田・能代地区	3．秋田・八郎潟沿岸地区
1期			6-1 ⅠAb類
2期			6-3 ⅠA類　　6-4 ⅠC1a類
3期	3-1 ⅠB2a類	5-1 ⅠC2'a類	6-5 ⅠAc類
4期	3-4 ⅠC3b類　　3-7 ⅠC1b類	5-2 ⅡC1類	6-6 ⅠC1c類
5期			

※遺物 No. は第○図 No. ○に対応

（縮尺＝1/12）

第 20 図　地域別変遷図（1）-1

	1．津軽地区	2．鹿角・北秋田・能代地区	3．秋田・八郎潟沿岸地区

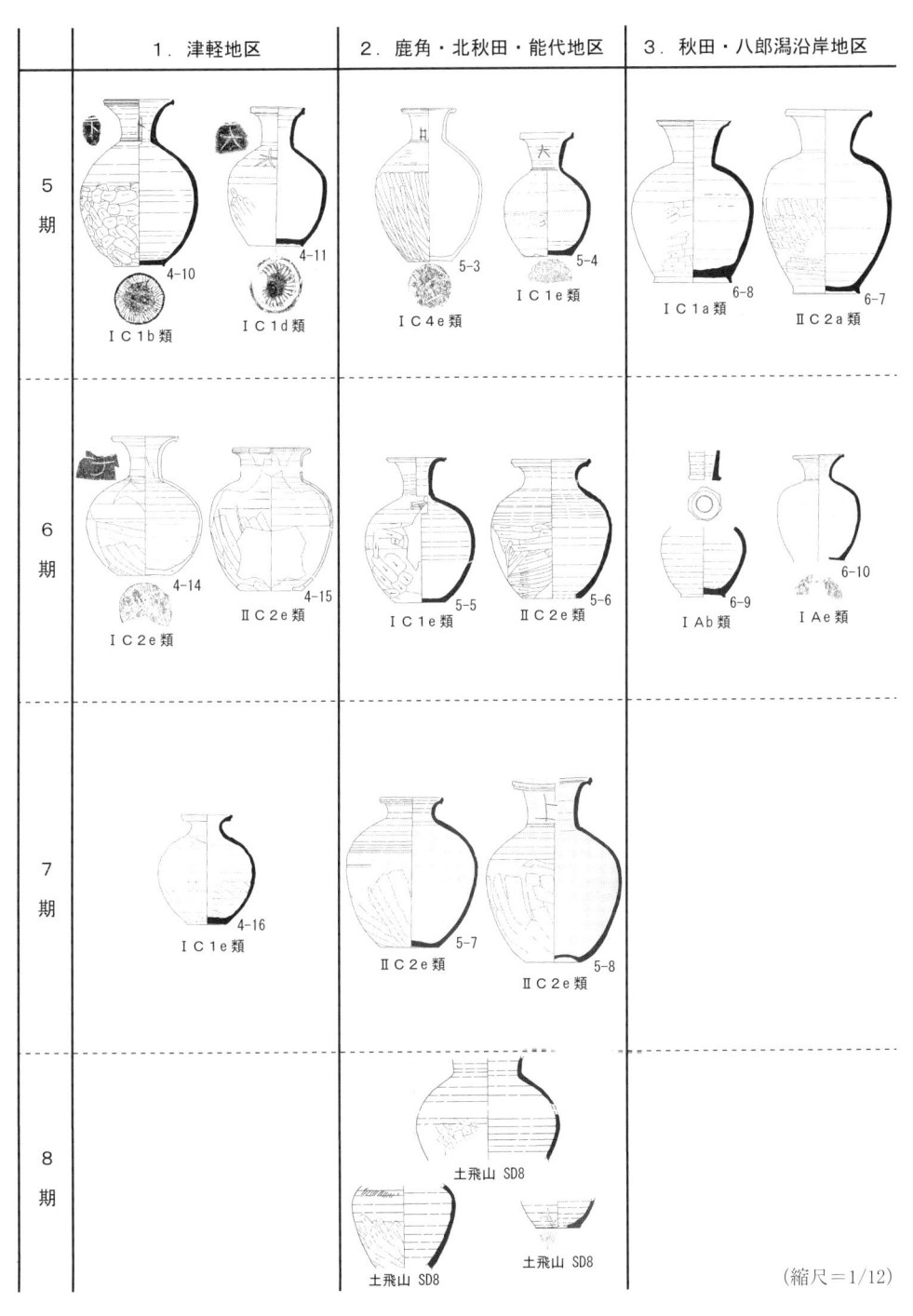

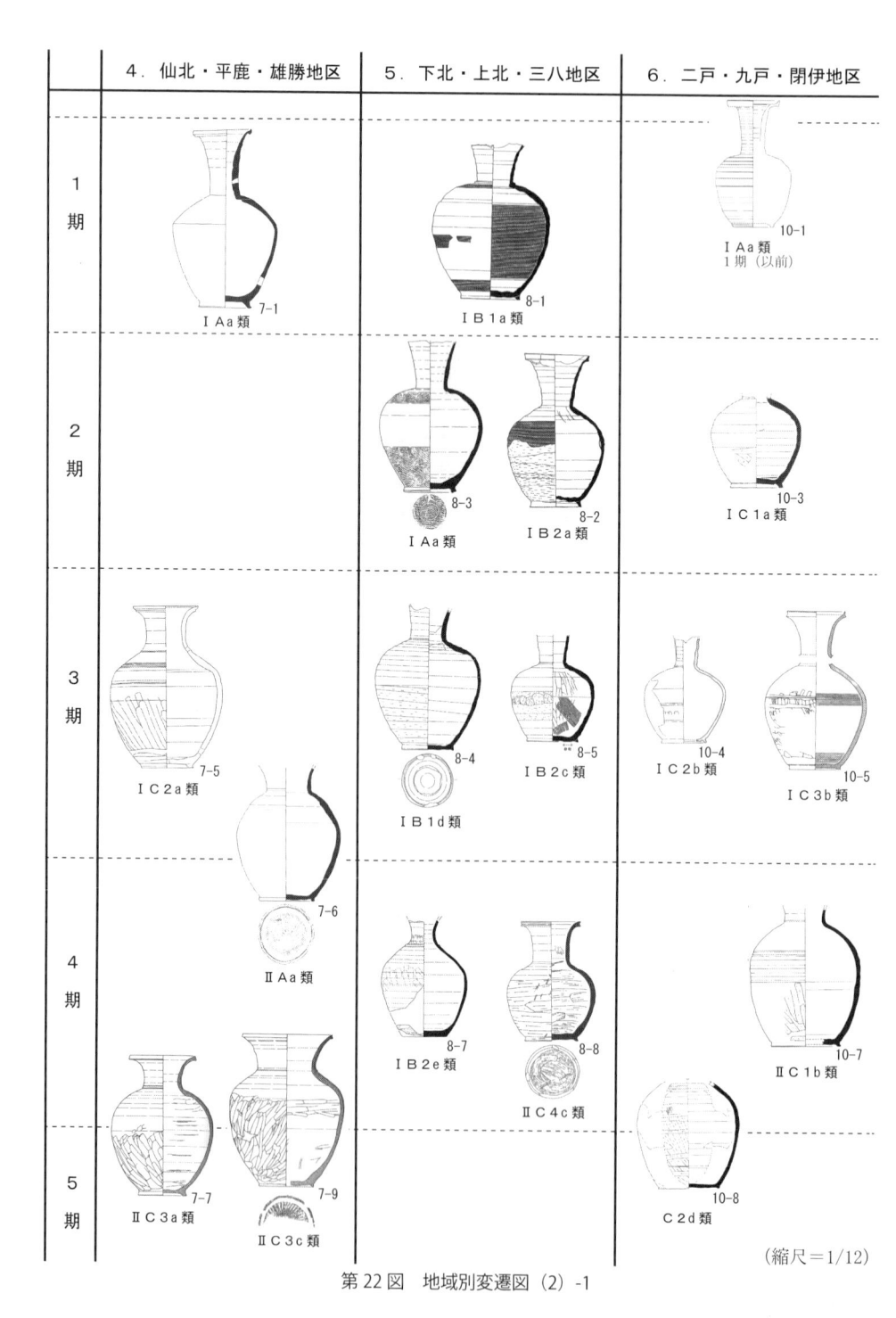

	4. 仙北・平鹿・雄勝地区	5. 下北・上北・三八地区	6. 二戸・九戸・閉伊地区

1期 — ⅠAa類 7-1 / ⅠB1a類 8-1 / ⅠAa類 10-1 1期（以前）

2期 — ⅠAa類 8-3 / ⅠB2a類 8-2 / ⅠC1a類 10-3

3期 — ⅠC2a類 7-5 / ⅠB1d類 8-4 / ⅠB2c類 8-5 / ⅠC2b類 10-4 / ⅠC3b類 10-5

4期 — ⅡAa類 7-6 / ⅠB2e類 8-7 / ⅡC4c類 8-8 / ⅡC1b類 10-7

5期 — ⅡC3a類 7-7 / ⅡC3c類 7-9 / C2d類 10-8

（縮尺＝1/12）

第22図 地域別変遷図（2）-1

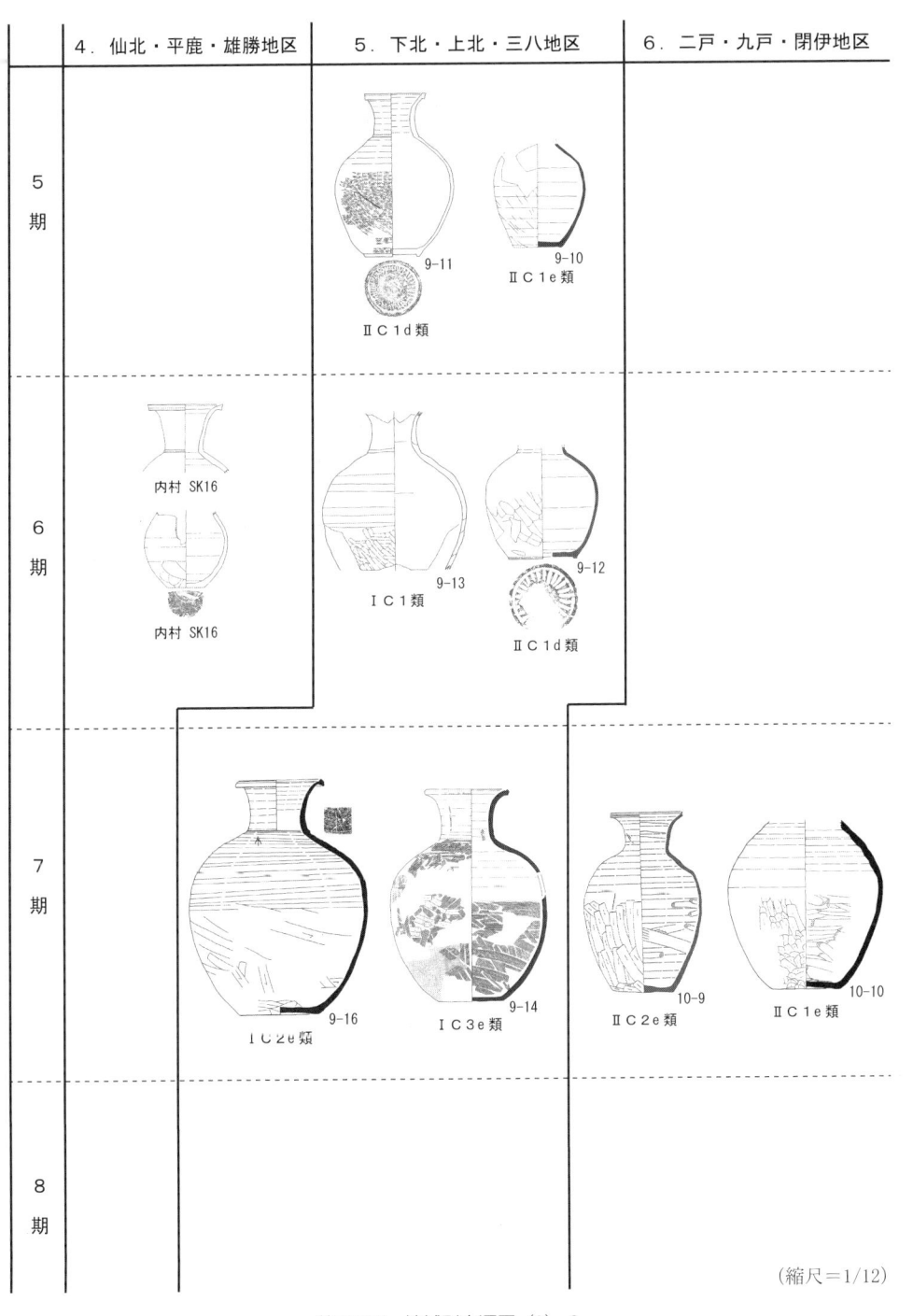

| ４．仙北・平鹿・雄勝地区 | ５．下北・上北・三八地区 | ６．二戸・九戸・閉伊地区 |

５期

9-11
ⅡＣ１ｄ類

9-10
ⅡＣ１ｅ類

６期

内村 SK16

内村 SK16

9-13
ⅠＣ１類

9-12
ⅡＣ１ｄ類

７期

木

9-16
ⅠＣ２ｅ類

9-14
ⅠＣ３ｅ類

10-9
ⅡＣ２ｅ類

10-10
ⅡＣ１ｅ類

８期

（縮尺＝1/12）

第23図　地域別変遷図（2）-2

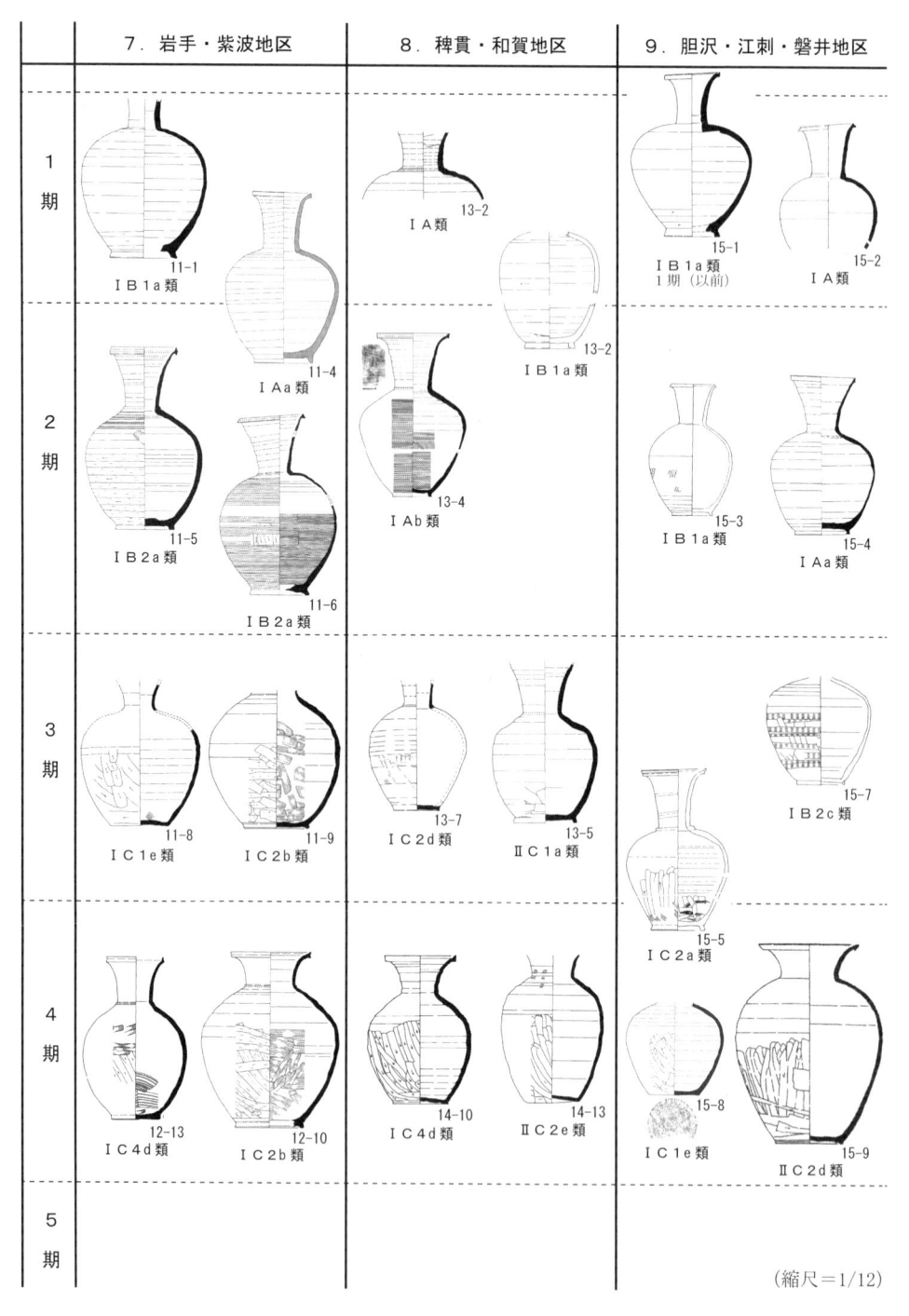

	7．岩手・紫波地区	8．稗貫・和賀地区	9．胆沢・江刺・磐井地区

(縮尺＝1/12)

第24図　地域別変遷図（3）-1

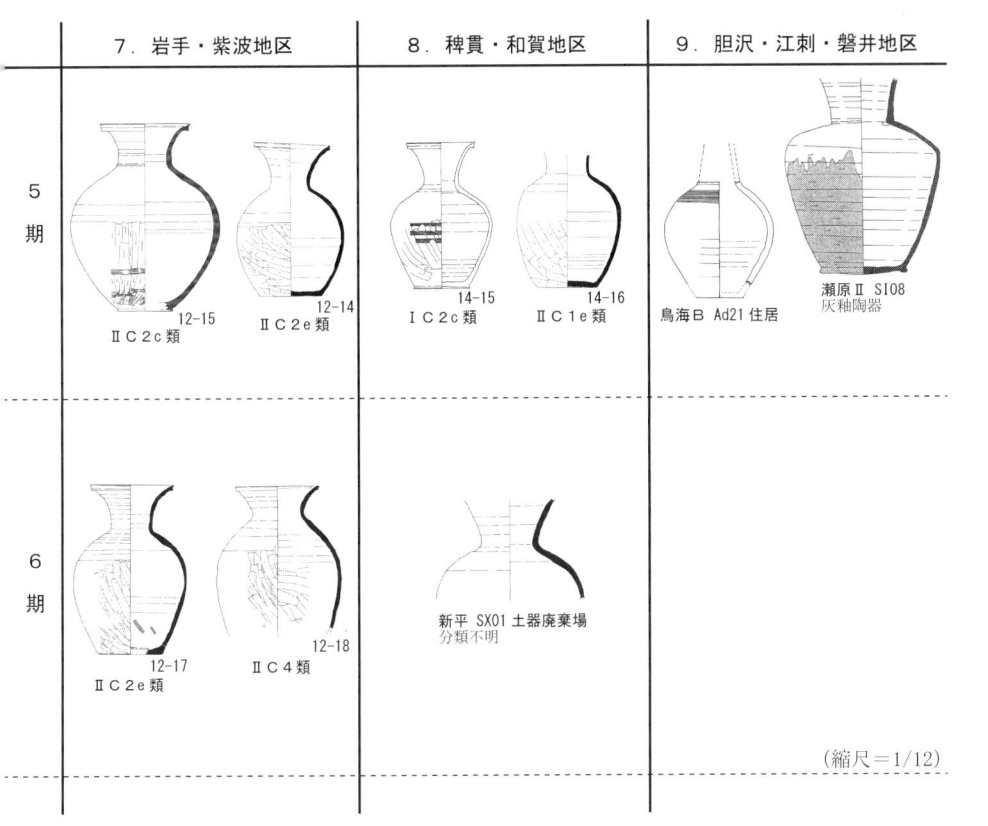

| 7. 岩手・紫波地区 | 8. 稗貫・和賀地区 | 9. 胆沢・江刺・磐井地区 |

5期

12-15　ⅡC2c類　　12-14　ⅡC2e類

14-15　ⅠC2c類　　14-16　ⅡC1e類

鳥海B Ad21 住居

瀬原Ⅱ S108
灰釉陶器

6期

12-17　ⅡC2e類　　12-18　ⅡC4類

新平 SX01 土器廃棄場
分類不明

（縮尺＝1/12）

第25図　地域別変遷図（3）-2

3　期　地区1・2でも出土が確認されるようになり，分布域は東北地方北部全域に拡大する。それに伴って調整技法や形態が多様化し，地域差が現れるようになる。

　この時期も器形は依然としてⅠ類が主体である。頸部は2期と類似するものが多いが，長さが10cm以下のものや頸部脇から「ハ」の字状に開くものも確認されるようになる。地区4・8ではⅡ類も出現するが，この時期のものは頸部径／胴部最大径の比率は36〜38％で，Ⅰ類と大差ないものが多い。このことから，3期には頸部径の大型化は始まっているものの，その変化は緩やかなものであったと考えられる。胴部形状は肩が張るものもあるが，最大径が中位付近まで下がって全体的に丸みを帯びるものが増加する。胴部の調整は，地区3以外では明確にA類と認定できるものがほとんど無く，代わって地区1・5以外で非回転ヘラ削りを施すC類が出現・増加する。また，全期間を通じてB類が確認されていない秋田県側の地区2・3以外では数量比は異なるものの

B・C類が混在する。なお，この時期のC類は中〜下位にヘラ削りを施すC1・2類がほとんどである。高台は，a・b類のような造りがしっかりしたもの以外に低平で断面形が不整形なc類，削り出し高台のd類が出現する。また，秋田県側の地区3・4では底部に菊花状調整が施されるものが出現する。

4　期　3期と同じく全ての地区で出土している。

　器形は，太平洋側の地域でⅡ類が出現または増加傾向にあり，Ⅰ・Ⅱ類が併存する地区が多くなる(地区2・5〜9)。Ⅰ類の頸部は，直立または外方に若干開きながら立ち上がるものもあるが(第3図4・5，第8図8，第14図12等)，太平洋側の地区では頸部脇から「ハ」の字状に開くものが主体となる(第12図10・11，第14図10)。Ⅱ類の頸部は，ほとんどが頸部脇から「ハ」の字状に開くものとなる(第5図2，第15図9)。胴部形状は，最大径が中位付近まで下がり肩が張らなくなるものが多くなる。胴部調整は，青森県全域(地区1・5)と秋田・岩手県南部(地区4・8・9)ではA・B類が残存するが，その他の地区ではC類のみとなる。高台は，3期と同じくa・b類以外に不整形なc類，削り出し高台のd類が確認されるが，無高台のe類が全域で出現する。また，五所川原窯産製品をはじめ，日本海側を中心に底部に菊花状調整が施されるものが増加する。

　以上のように，全域で胴部調整がC類主体となっていくことから，この時期の資料はⅠ・ⅡC類に分類されるものが大半となる。

5　期　全地区で出土が確認されているが，地区9では破片資料しかなく様相は不明である。

　器形は，Ⅰ・Ⅱ類が併存する地区が多いが，地区6・7ではⅡ類が主体となる。Ⅰ類の頸部は，全域で頸部脇から「ハ」の字状に開くものとなり，直立するものはほとんど確認されない。Ⅱ類の頸部も頸部脇から「ハ」の字状に開くが，Ⅰ類に比べて短く口径が広いため短小な印象を受けるものが多い。胴部形状は，全地区で最大径が中位に下がって丸みを持つものが増加するが，太平洋側の地区7・8では底径の大きなものが増加する(第12図14，第14図13・14)。胴部調整はA類が無くなり，C類が基本となる。高台の主体はe類で，この他菊花状調整により形成されたd類も多い。

　以上のように，この時期はⅠ・ⅡCd・e類が基本となっているが，この類型は五所川原窯産製品でも主体的に確認されている。なお，太平洋側の地区

7・8で出土するⅠ・ⅡCd・e類は，五所川原窯産製品に類似するが底径が広く，ヘラ記号が施されない等細部が異なるものが多い（第12図14・15，第14図16）。厳密な分類には胎土分析等の手法が必要となるが，報告書の情報をもとにする限りではこれらは地区内に存在する五所川原窯跡の影響を受けた窯跡で生産されたものの可能性が考えられる。一方，日本海側の地区3ではこの時期でも主体がⅠ・ⅡCa類である（第6図7・8）。これらは五所川原窯跡群及び他地区では確認されない類型であり，搬入品ではないとすれば地区内に五所川原窯跡をはじめとした東北地方北部ではない地域から影響を受けた窯跡が存在していた可能性も考えられる。

6　期　地区1〜5・7・8で出土しているが，秋田・岩手県南部の地区4・8では出土量が少ない。秋田県北部及び青森県域（地区1・2・5）では五所川原窯産製品が主体であり，胴部が球胴形に近いⅠ・Ⅱ類が確認されている。それより南の地区3では器形はⅠ類のみ，地区7・8ではⅡ類のみとなる。胴部形状は，太平洋側の地区7では5期よりも胴部がやや縦長となる器形が主体である（第12図17）。高台は，全域でほぼ全て無高台のe類となり，一部の地区で菊花状調整により形成されたd類が確認される。

　以上のように，この時期にはⅠ・Ⅱe類が主体であるが，五所川原窯産製品を主体とする秋田県北部・青森県域と岩手県中部では胴部形状が異なる。地区7の資料は5期から漸移的な変遷がたどれる器形であり，5期にも想定された未発見の窯跡で継続して生産されたものの可能性がある。また一方，地区3では5期と同じく他地区とは異なる類型（ⅠA類）が確認されている（第6図9・10）。5期の資料とは類型が異なることから同一の窯跡とは考え難いが，搬入品ではないとすれば地区3内にこの類型の製品を生産していた窯跡が存在していた可能性が考えられる。

7　期　分布域はより北側に移り，青森県及び秋田県・岩手県北部にあたる地区1・2・5・6で出土している。この時期は地域差が少なく，全地区でⅠ・ⅡCe類のみとなり，器形も大型化する。また，この時期に属するものは地区1を除いて器高が30cm前後の大型品が主体となる。

おわりに

　ここまで各地区での須恵器壺・瓶類の変遷についてみてきたが，各分類項目についての大きな変化は以下の通りである。

①器　形　3〜4 期にかけて I 類から II 類へと変遷する。また， I 類も頸部径が大きくなり広口化していく。

②胴部の整形・調整　3 期を境にロクロの回転力を用いる A・B 類から非回転の C 類へと変遷し，以降の主体は C 類となる。

③高　台　造りがしっかりした a（・b）類から低平な c 類，削り出し高台の d 類・無高台の e 類へと変化し，7 期には e 類のみとなる。

　ただし，検討の結果，相違点が認められる地区も抽出された。例えば 5・6 期の地区 7・8 では五所川原窯産製品と同じ類型であるが細部が異なる資料が多く，地区 3 では上記の変化とは異なる特徴を有する製品が主体となるという状況である。これは前者には五所川原窯跡の影響を受けた窯跡，後者には東北地方以外の地域から影響を受けた窯跡が存在する可能性を示す事象といえる。今回は大きな地区割で検討を行ったため地区内での未発見の窯跡の存在を指摘するに留まったが，地区内を細かく区分してみていくことでさらに所在地を絞り込める可能性もある。

　最後に，全域的な変化の中で最も注視すべき②胴部調整の変化について触れておきたい。胴部調整が C 類の壺・瓶類は，かつて利部修が呼称した「東北北部型長頸瓶」に該当するもので（利部 2000），ロクロ整形で仕上げる「律令型長頸瓶」（本稿の A・B 類に相当）とは整形技法から明確に区別されるものである。東北地方北部の未発見の窯跡で生産されたと考えられる東北北部型長頸瓶と律令型長頸瓶の成形技法の相違について利部は，ロクロ性能の差（回転力の強弱）によるものと推定している（利部 1997）。確かに利部の推定するように，4 期に操業を開始する五所川原窯跡群では当初から胴部調整は C 類が基本となっていることから，東北地方北部の窯跡では回転力の弱いロクロを使用していたために非回転ヘラ削りが多用された可能性は高い。しかし，A・B 類から C 類への変化は当初 B 類を施す製品を生産していた富ヶ沢窯跡群でも確認されている

ことから(第16図)，単純にロクロ性能の差だけではない理由があると考えられる。未発見の窯跡が多数存在する現時点ではこの問題について明確な結論は出せないが，窯跡所在地の絞り込みを行っていく中で何らかの知見を得ることができればと思う。

　冒頭で述べたとおり，本稿では報告書の記載に基づいて検討を加えてきた。今後はこれらが妥当であったかの検証も含め，実見による胎土や色調の観察等も加えてさらに詳細な検討を積み重ねていきたい。

註
1)　頸部径／胴部最大径の比率が50％を超えるものについては広口壺に属すると考え，今回の分析対象からは除外した。
2)　基本的には最終調整の段階での見え方をもとに分類している。したがって，回転ヘラ削りを行っているが，非回転ヘラ削りに消されて見えないものはC類としている。
3)　報告書では広口瓶とされているが，頸部径／胴部最大径の比率が50％以下のものも一定量確認されることから，本稿でのⅡ類に相当するものと考え対象に含めた。
4)　地区名については煩雑になるので第1図にある地区番号(津軽地区は地区1等)を用いる。

参考文献　※発掘調査報告書については紙数の都合上割愛した。
石田明夫 1994「第7章　総括」『会津・大戸窯　大戸古窯跡群発掘調査報告書　遺物編』会津若松市文化財調査報告書第37号
宇部則保 2011「蝦夷社会の須恵器受容と地域性」『海峡と古代蝦夷』高志書院
利部　修 1997「平安時代東北の長頸瓶」『生産の考古学　倉田芳郎先生古希記念』
利部　修 2000「平安時代の砂底土器と東北北部型長頸瓶」『考古学ジャーナル』No.462
利部　修 2001「須恵器長頸瓶の系譜と流通－北日本における特質－」『日本考古学』第12号
利部　修 2007「長頸瓶の製作技術とロクロの性能」『考古学の深層』瓦吹堅先生還暦記念論文集
北野博司 2003「須恵器長頸瓶の成形技法とその展開」『歴史遺産研究』創刊号　東北芸術工科大学歴史遺産学科
東北古代土器研究会 2008a『東北古代土器集成　－須恵器・窯跡編―〈陸奥〉』
東北古代土器研究会 2008b『東北古代土器集成　－須恵器・窯跡編―〈出羽〉』
中澤寛視・藤原弘明 2016「北東北の須恵器生産・流通」『第Ⅱ分科会　北東北9・10世紀社会の変動研究報告資料集』日本考古学会 2016年度弘前大会実行委員会
会津若松市教育委員会 1998『会津大戸窯　大戸古窯保存管理計画書』会津若松市文化財調査報告書第59集
藤原弘明 2007「青森県内における五所川原産須恵器の流通」『考古学談叢』六一書房
藤原弘明・佐藤智生・蔦川貴祥 2007「須恵器の生産と消費(青森県)」『北方社会史の視座』1　清文堂
船木義勝編 2014『9～11世紀の土器編年構築と集落遺跡の特質からみた，北東北世界の実態的研究』
村田　淳 2006「製作技法からみた須恵器と灰釉陶器　貝の淵Ⅰ遺跡出土長頸瓶の再検討から」『紀要ⅩⅩⅤ』岩手県文化振興事業団埋蔵文化財センター
村田　淳 2009「盛南開発地区における須恵器(壺・瓶類)の出土傾向」『細谷地遺跡第16・17次発掘調査報告書』岩手県文化振興事業団埋蔵文化財調査報告書第535集

比内地方における 9 〜 11 世紀の土器様相と画期

嶋影 壮憲

はじめに

　秋田県北部，比内地方[1]における古代遺跡の調査は，遺跡の性格究明を目的として，昭和 46 年(1971)に大館市史編さん委員会によって実施された谷地中館跡の学術調査にはじまる。以後，比内町教育委員会による真館跡，細越遺跡，谷地中館跡，大日堂前遺跡の調査，大館桂高等学校社会部による池内遺跡の学術調査，大館市教育委員会による粕田遺跡，山館上ノ山遺跡，山王台遺跡[2]の調査，秋田県教育委員会による塚ノ下遺跡，袖ノ沢遺跡，横沢遺跡の調査など数多く実施されてきており，枚挙にいとまがない。

　とくに昭和 60 年代以降の国道や市道バイパス，大館西道路(現秋田自動車道)，学校の建設などに係る大規模な調査によって，山王岱遺跡[3]や大館野遺跡，釈迦内中台Ⅰ遺跡など，集落遺跡が広範囲に発掘され，当時の様相を知る上で，大きな成果が得られている。

　これまで大館市内で発掘調査された古代の竪穴建物跡は約 450 軒を数える。このうち 10 世紀代を中心とする大館野遺跡と扇田道下遺跡，釈迦内中台Ⅰ遺跡の 3 遺跡で検出された竪穴建物跡が約 250 軒と半数を占める。これらは比内地方を代表する 10 世紀代の集落遺跡といえよう。また，秋田県埋蔵文化財センターと大館市教育委員会がそれぞれ発掘調査した土飛山館跡からは，10 世紀後半〜 11 世紀代ころに営まれた「囲郭集落」(防御性集落)が発見され，これまで不明であった当時の土器様相も少しずつ明らかになりつつある。

　筆者は，北東北古代集落遺跡研究会(研究代表者：船木義勝)の集成作業において，宇田川浩一と秋田県北部の「鹿角・北秋田・能代地区」を担当した(北東北古代集落遺跡研究会編 2014)。筆者はこのうち担当地区の土器編年と大館市域の竪穴

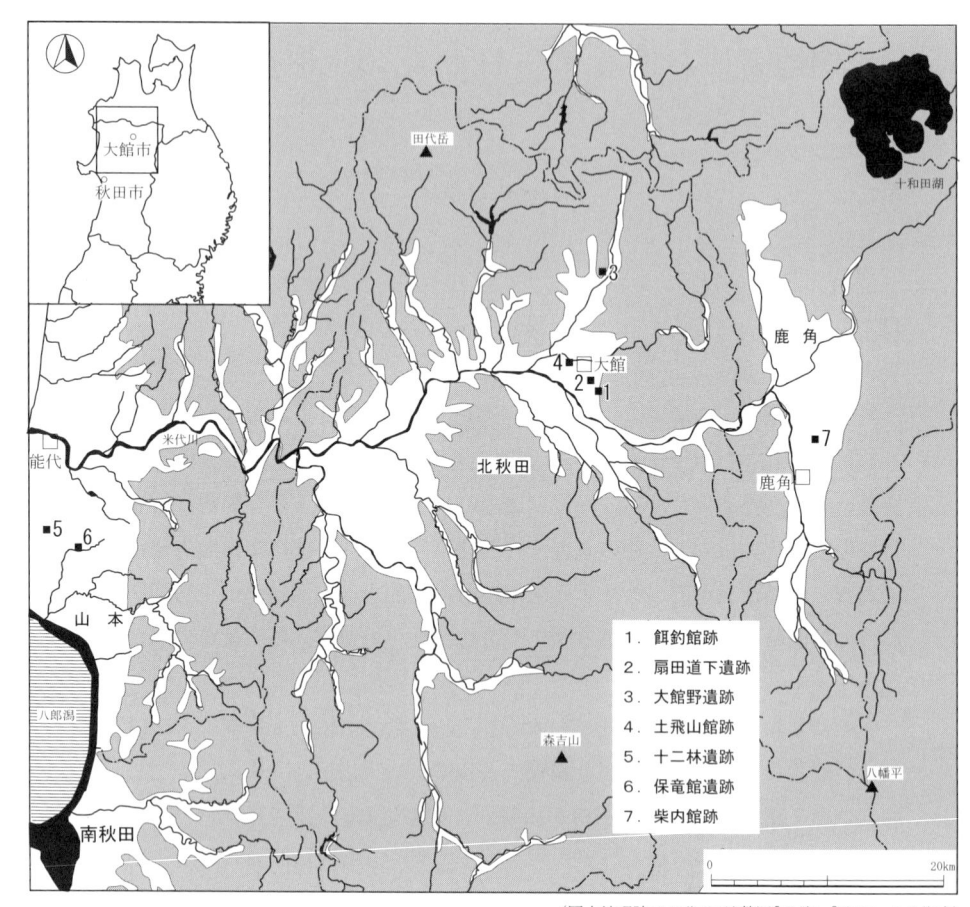

1. 餌釣館跡
2. 扇田道下遺跡
3. 大館野遺跡
4. 土飛山館跡
5. 十二林遺跡
6. 保竜館遺跡
7. 柴内館跡

（国土地理院20万分の1地勢図「弘前」「秋田」より作成）

第1図　遺跡の位置

　建物跡の集成をおこなった。その結果，米代川流域でも上・中流域と下流域で
は土器様相が異なることを確認した。当地方における土器編年については，上
記研究会報告書のなかで，すでに述べたところであるが，紙幅の都合上，触れ
られなかった資料もあるため，ここでは筆者が所属している大館市教育委員会
が所蔵する中流域の比内地方の資料に限定し，改めて土器様相と画期について
とりあげてみたい。

1. 餌釣館跡の土器

餌釣館跡は秋田県内陸北部に展開する大館盆地中央の台地上，標高約 79 m に立地する縄文時代から近代にかけての複合遺跡である(第 1 図 1)。これまでの調査のなかで，古代の土器が多量に出土したのは，昭和 63 年(1988)の大館市教育委員会の調査(山王台地区)と平成 3 年(1991)の秋田県埋蔵文化財センターの 3 次調査(山王岱地区)である。これらの調査では竪穴建物跡 13 軒，竪穴状遺構 3 基などが検出されたが，このうち山王台地区の竪穴建物跡(SI01・04)から良好な一括資料が得られた。第 2 図に示した土器は SI01 出土土器(3・4・7・15)と SI04 出土土器(1・2・8・12)のほか，これと同時期と推定されるものを加えてある。もとより，遺構に若干の重複がみられるものの，遺跡の継続期間は短いと考えられる。ほかに注目される点として，土師器焼成遺構が検出されており(利部 1997)，集落内で土師器生産を営んでいたことがあげられる。

(1) 土器の器種構成(第 2 図)

報文によれば，土器の主体は土師器であり，須恵器はごく少ない。器種は土師器の台付皿(1)，坏 4)(2 〜 5)，手づくね土器(7・8)，甕(9 〜 14)，鍋(15)，壺(16・18 〜 20)，須恵器の坏(6)，壺(17)，甕などである。それぞれの量比からみると，基本的な器種構成をなすのは土師器の坏，甕であり，台付皿，手づくね土器，鍋，壺，須恵器の各器種は少ない。

山王台地区出土土器の個体数は概算で約 250 点を数え，これより当時の器種構成をおおよそ推測することができる。個体数の約 99 ％を土師器が占め，器種ごとでは土師器の甕，小型甕類が多い。土師器の約 45 ％がこれで占められている。これに次いで坏類が多く，約 38 ％を占める。このほかは，それぞれ数個体を数えるにすぎない。

供膳形態(食膳具) 土師器の坏，皿，須恵器の坏があるが，量的には土師器の坏類が圧倒的に多く，須恵器はごく少ない。ちなみに須恵器坏は山王台地区では 1 点も出土しておらず，山王岱地区で図示された 2 点があるにすぎない。供膳形態坏の約 98 ％は土師器に占められている。坏は口径 13cm前後と 15cm前

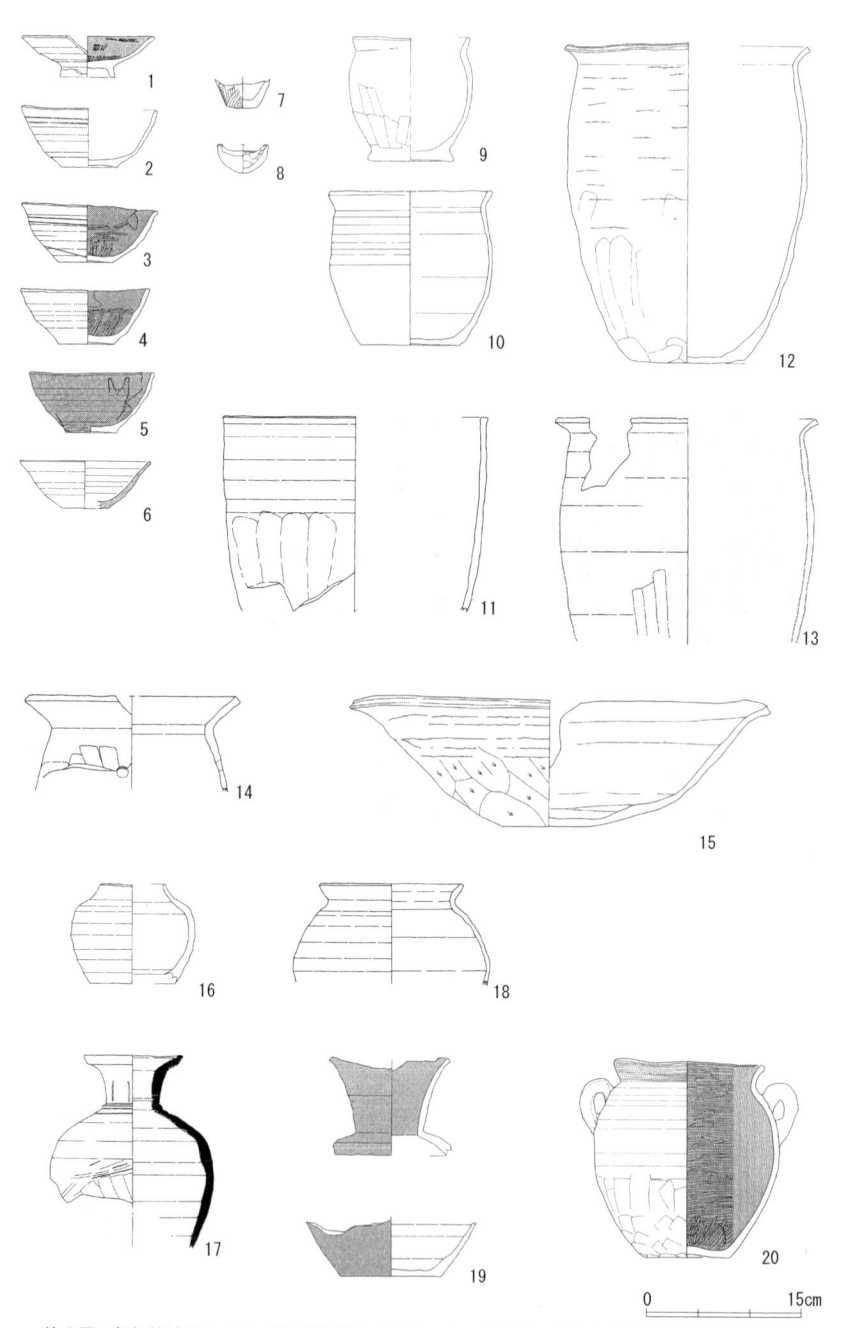

第2図　餌釣館跡出土土器（秋田県埋蔵文化財センター編1992、大館市教育委員会1990より作成）

後の二種がある。埦は内面黒色処理するもの(3・4)としないもの(2)がある。特殊なものに内外面黒色処理されるもの(5)が一部みられる。皿は全体形がわかるのは 1 点のみで，高台が付く高台付皿(1)で，埦よりも量的に少ない。このうち過半数は皿部内面に黒色処理と篦磨きをおこなう。

　貯蔵形態(貯蔵具)　須恵器の長頸壺・甕，土師器の壺があるが，後者が主体をなすようである。形態は大きく二種ある。一つは頸部が短く，胴部が球体をなすもの(16・18・20)であり，もう一つは長い頸部をもつ長頸壺(17・19)である。いずれもロクロ成形である。特殊なものに内面や内外面に黒色処理が施される壺(19)や把手を付すもの(20)がある。20 は内面に篦磨きを加え，貯蔵形態としての機能をたかめている。

　煮沸形態(煮炊具)　甕と鍋がある。両者の量比は圧倒的に甕が多く，鍋は少ないため，煮沸の主体は甕であったと推測される。甕は容量からみて，大小二種に分けられる。このほか孔がある甕(14)が 1 点ある。

　調整痕などから，製作にロクロが使用されたことが知られるものがある。甕では 10・11 がこれにあたり，鍋も同様である。ナデ調整の一般的な土師器と区別する意味でここでは「ロクロ土師器」と称することにする[5]。甕のうちロクロ土師器は，山王台地区から出土した土器中約 54％存在する。

(2) 土器の年代と特徴

　これらの土器の年代は，テフラによって考定することが可能である。その特徴をあげると，竪穴建物跡堆積土の上層から十和田 a テフラ(以下，To-a。915 年降下)を含む層が検出されており，噴火以前に建物が廃絶したと判断されている。したがって，これらの土器群は，実年代で 9 世紀後半〜 10 世紀初頭の年代観が与えられる(大館市教委 1990)。また，高台付皿の形態から主体は 9 世紀末〜 10 世紀初頭と考えられる。

　供膳形態は土師器埦が主体を占め，黒色土器が半数を占める。貯蔵形態は須恵器と土師器があるが，いずれも少数である。須恵器で全体形がわかるのは 1 点のみで，須恵器を持てるのは一部の人に限られていたことがわかる。また，特殊な器に黒色処理が施された土師器壺があり，須恵器壺を模倣して製作されたものとみられる。土器全体のうちに占める須恵器のこのようなあり方は以後，

11 世紀まで全時期を通じて大きくは変わらない。

　煮沸形態の土器のうち，口縁端部が凹線状にくぼむロクロを使用しないで製作されたとみられるものが一定量含まれる。山王台遺跡の発掘調査を報告した板橋範芳はこのような土器群を「口唇内湾」土器と仮称し，いわゆる砂底土器に先行する土器群と位置づけた(板橋 1990・1998)。

　こうした器種構成はいつまで継続するのであろうか。次にあげる扇田道下遺跡の土器は十和田噴火以後の段階まで継続し，餌釣館跡の土器より時期幅が広い。両者の比較により，土器構成の変化する時期を限定することがいくらかでも可能になってこよう。

2.　扇田道下遺跡(Ⅰ期)の土器

　扇田道下遺跡は大館盆地中央の段丘上，標高約 68 m に立地する縄文時代および平安時代の集落跡である。餌釣館跡の北北西約 1.2km に位置する(第 1 図2)。平成 2・3 (1990・1991)年に大館市教育委員会によって調査され，報告されている(大館郷土博物館編 2013)。これによれば，段丘上の 190 × 110 m ほどの範囲内に竪穴建物跡や竪穴・掘立柱併用建物跡が約 60 軒などの遺構と多くの土器が検出された。遺跡の時期は十和田火山噴火を境に 2 時期に分けられる。古段階(Ⅰ期)には To-a の一次的な堆積層が見られる竪穴建物跡(SI25・SI58)があり，そこから資料が得られた。第 3 図に示した土器は SI25・SI58 を中心に，これと同時期と推定されるものを加えてある。

(1) 土器の器種構成(第 3 図)
　土器の主体は土師器であり，須恵器はごく少ない。器種は土師器の坏(1 ～ 4)，皿(5)，甕(6 ～ 13)，須恵器の長頸壺(14・15)，甕(16)などがある。それぞれの量比からみると，基本的な器種構成をなすのは土師器の坏，甕であり，皿，須恵器の各器種は一部に限られる。

　Ⅰ期土器の個体数は概算で約 70 点を数え，個体数の約 90％を土師器が占め，器種ごとでは甕類が圧倒的に多い。土師器の約 70％がこれで占められている。これに次いで土師器の坏が約 20 点あるほか，それぞれ数個体を数えるにすぎ

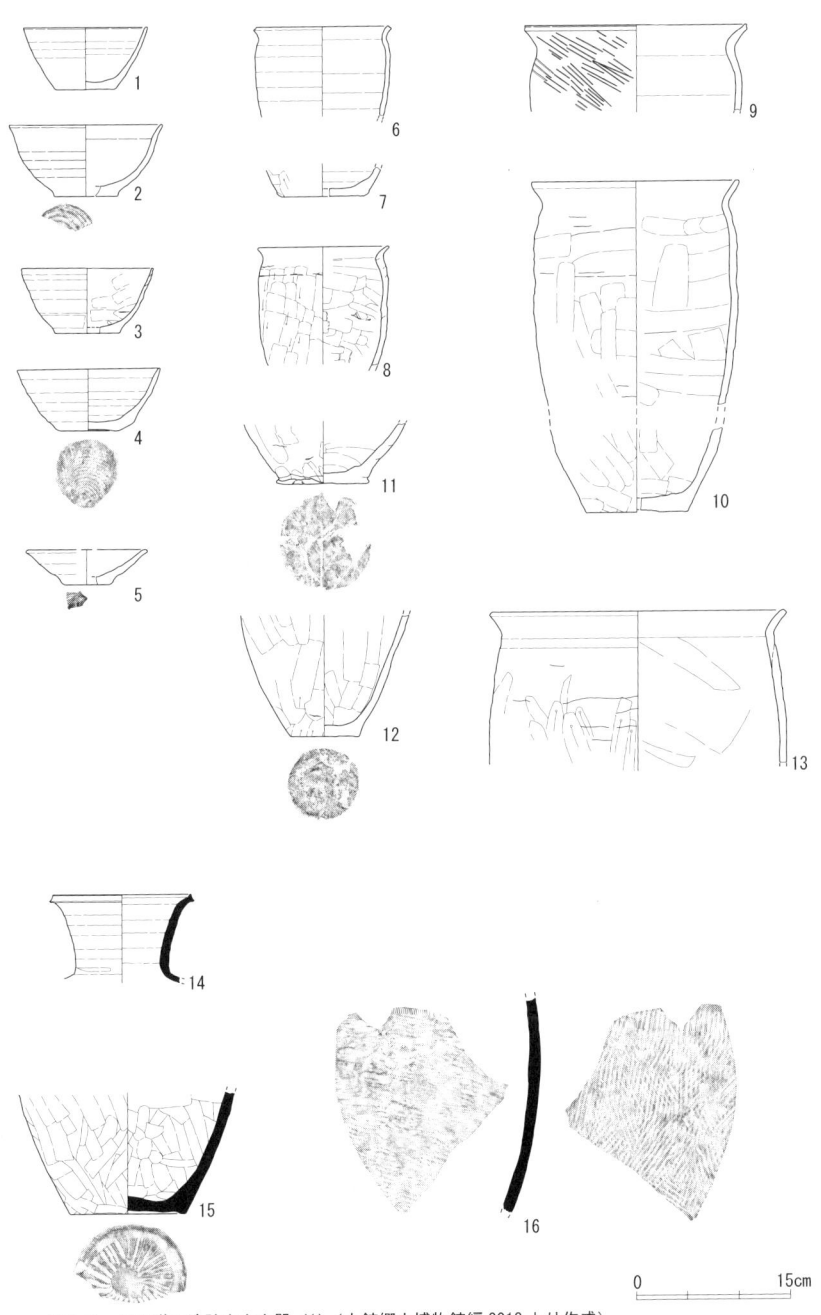

第 3 図　扇田道下遺跡出土土器（1）（大館郷土博物館編 2013 より作成）

ない。

　供膳形態（食膳具）　埦，皿がある。埦は口径 12cm前後と 14cm前後の二種がある。埦には糸切後，一部手持ち箆削り調整をするものがある。内面黒色処理・箆磨きを施すものはない。

　貯蔵形態（貯蔵具）　須恵器の長頸壺，甕がこれにあたり，土師器はまったくみられない。これらは供膳形態の器種に比して量的にきわめて少ない。

　煮沸形態（煮炊具）　貯蔵形態と対照的に土師器ばかりで，須恵器は皆無である。その主体は甕である。甕は容量によって大小二種に分けられる。

　甕のうちロクロ土師器は本遺跡中 13 点ほどしか存在しない。6・7・9 がこれにあたる。なかには数は少ないものの，叩き目をもつ甕(9)もある。

(2) 土器の年代と特徴

　餌釣館跡同様，これらの土器の年代はテフラによって求められよう。竪穴建物跡堆積土の様相から，To-a が降下する前に廃絶したと判断されている。したがって，餌釣館跡出土土器同様，これらの土器は，遅くとも 10 世紀初頭に住居を構築した段階以前に製作されたものである。実年代で 9 世紀後葉ころの年代観が与えられる。

　遺跡の性格からも，これらすべての器種が一般的であったと考えられ，日常的な器種とみられる。したがって，これより当時の土器構成を把握することはできよう。

　供膳形態と煮沸形態はすべて土師器であり，貯蔵形態は須恵器となっている。供膳形態のうち，赤焼土器の割合が須恵器を上回るのは 9 世紀後半以降の秋田地方の特徴である(伊藤 1997)。このような土器構成からすれば，須恵器が奢侈的な存在であったのは餌釣館跡と共通する。

　以上が 9 世紀後葉〜 10 世紀初頭における土器構成である。

3. 扇田道下遺跡(II 期)の土器

　扇田道下遺跡 II 期は十和田火山噴火以後に成立する 10 世紀前半に位置づけられる。

(1) 土器の器種構成(第4図)

Ⅰ期と同様，土器の主体は土師器が約90％を占め，須恵器はごく少ない。器種は土師器の埦(1～4)，甕(5～10)，鍋(11)，須恵器の埦(12)，小瓶(13)，広口壺(14)，甕(15)などがある。それぞれの量比からみると，基本的な器種構成をなすのは土師器の埦，甕であり，鍋，須恵器の各器種はごく少ない。

供膳形態(食膳具)　土師器の埦，皿，須恵器の埦があるが，量的には土師器の埦が圧倒的に多く，須恵器はごく少ない。ちなみにⅡ期の竪穴出土土器では土師器埦33点，皿1点，須恵器埦3点となっており，供膳形態の90％は土師器に占められている。埦は内面黒色処理するもの(1・3・4)としないもの(2)がある。特殊なものに内面にタール状の黒色物質が付着する土器(1)があり，灯明器として使用された可能性が考えられる。皿は全体形がわかるものはなく，餌釣館跡山王台地区でみられた高台が付くタイプとみられる。このうち過半数は皿部内面に黒色処理と箆磨きをおこなう。須恵器の埦は胴部下半に刻書を施す。

貯蔵形態(貯蔵具)　須恵器の瓶，壺，甕などがある。瓶・壺には頸部に箆記号がみられるもの(13)，底部外面に菊花状文をもつもの(14)がある。

煮沸形態(煮炊具)　甕と鍋がある。小型甕にロクロ使用のもの(6)がわずかにみられるものの，ほとんどがロクロ不使用のもので占められる。

(2) 土器の年代と特徴

これらの土器の年代は，大半を占める土師器よりも，少量ながら伴出した須恵器によって的確に求められよう。土師器は形態的変化が乏しいのに対し，須恵器は窯出土資料を中心とした編年がほぼ確立している(東北古代土器研究会編2008)からである。当遺跡出土須恵器の半数ほどは津軽五所川原産須恵器とみられる製品が含まれる。埦(12)は胴部下半に刻書をもつ。小瓶(13)は肩部がなで形をなし，頸部に箆記号を描くなど，五所川原窯群のうちでは古様を呈しており，広口壺(14)は肩部が張り，底部外面に菊花状文をもつ。このような特徴は藤原編年(五所川原市教委2003，藤原2007)の前期ないしは中期に対比され，9世紀末から10世紀前葉(915年以降をさす意味で使用する。以下同じ)ころに比定され

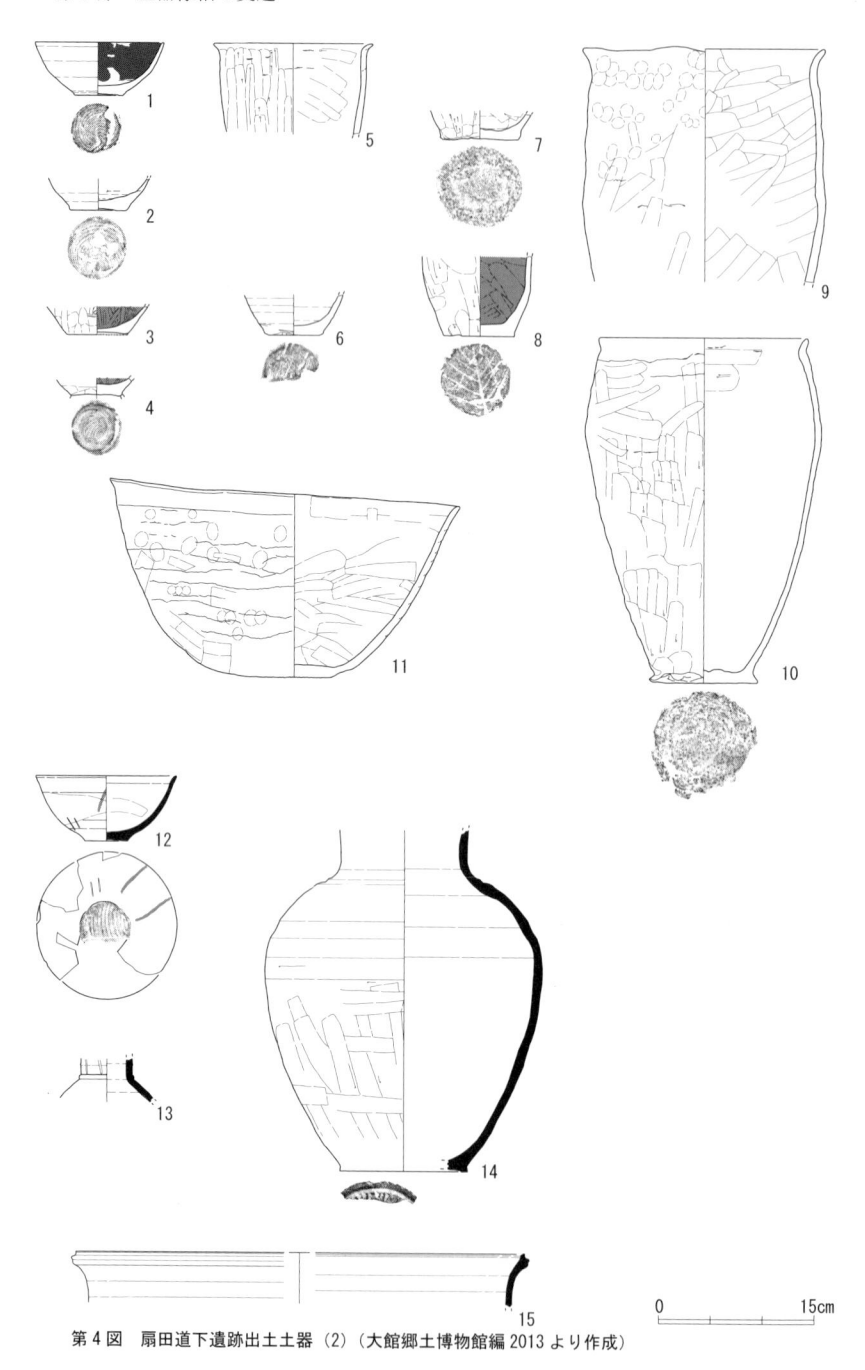

第 4 図　扇田道下遺跡出土土器（2）（大館郷土博物館編 2013 より作成）

よう。そして，扇田道下遺跡 II 期の竪穴建物跡の埋土中からは To-a の堆積層が検出されていないため，10 世紀初頭以降と考えられる。

以上が 10 世紀前葉における土器構成である。ここでまず注目されることは，この土器構成は基本的に 9 世紀後葉の様式をそのまま継承しているが，須恵器の中に五所川原産須恵器とみられるものが出現することである。五所川原産須恵の流通は前期の MZ6・7 号期に開始する（藤原 2007）とされており，当地方への流通は当例からみて 10 世紀前葉ころとみて大過ないと思われる。

次に注目されるのが，土師器のロクロ製品が供膳形態に限定されることである。扇田道下遺跡 I 期や餌釣館跡にみられたロクロ土師器や「口唇内湾」土器が姿を消す。底部外面は木葉痕やいわゆる「砂底」が占め，当期の煮沸形態はロクロ不使用のものが主体となる。

4. 大館野遺跡の土器

大館野遺跡は大館盆地北部，標高約 105 mに立地する縄文時代～中世の遺跡である（第 1 図 3）。昭和 62 ～平成元年（1987 ～ 1989）に調査されている。ここでは竪穴建物跡や竪穴・掘立柱併用建物跡群があわせて約 60 軒などの遺構と多くの土器が出土した。遺跡は竪穴建物跡の重複や位置関係からみて大きく 5 時期に分けられており，少なくとも 2 ～ 3 世代の年代幅があると考えられる。時期は，竪穴建物跡の埋土中から To-a は検出されていないことと，出土土器の特徴から，平安時代の集落は十和田火山噴火後の 10 世紀代ころと考えられる。筆者はこれらの土器を藤原編年（五所川原市教委 2003，藤原 2007）や釈迦内中台編年（新海 2008）との対比から I 期～ III 期の 3 時期に区分した（嶋影 2012）。しかしながら，当遺跡の土師器は器種のバラエティーや器形の変化に乏しく，いまいち明確でない点が多い。第 5 図に示した土器は II・III 期とした SI33・SI34 を中心に，これと同時期と推定されるものを加えてある。

⑴ 土器の器種構成（第 5 図）

土器の主体は土師器であり，扇田道下遺跡 II 期と同様，須恵器はごく少ない。また，須恵器の食膳具は姿を消し，貯蔵具は須恵器に限定される。器種は

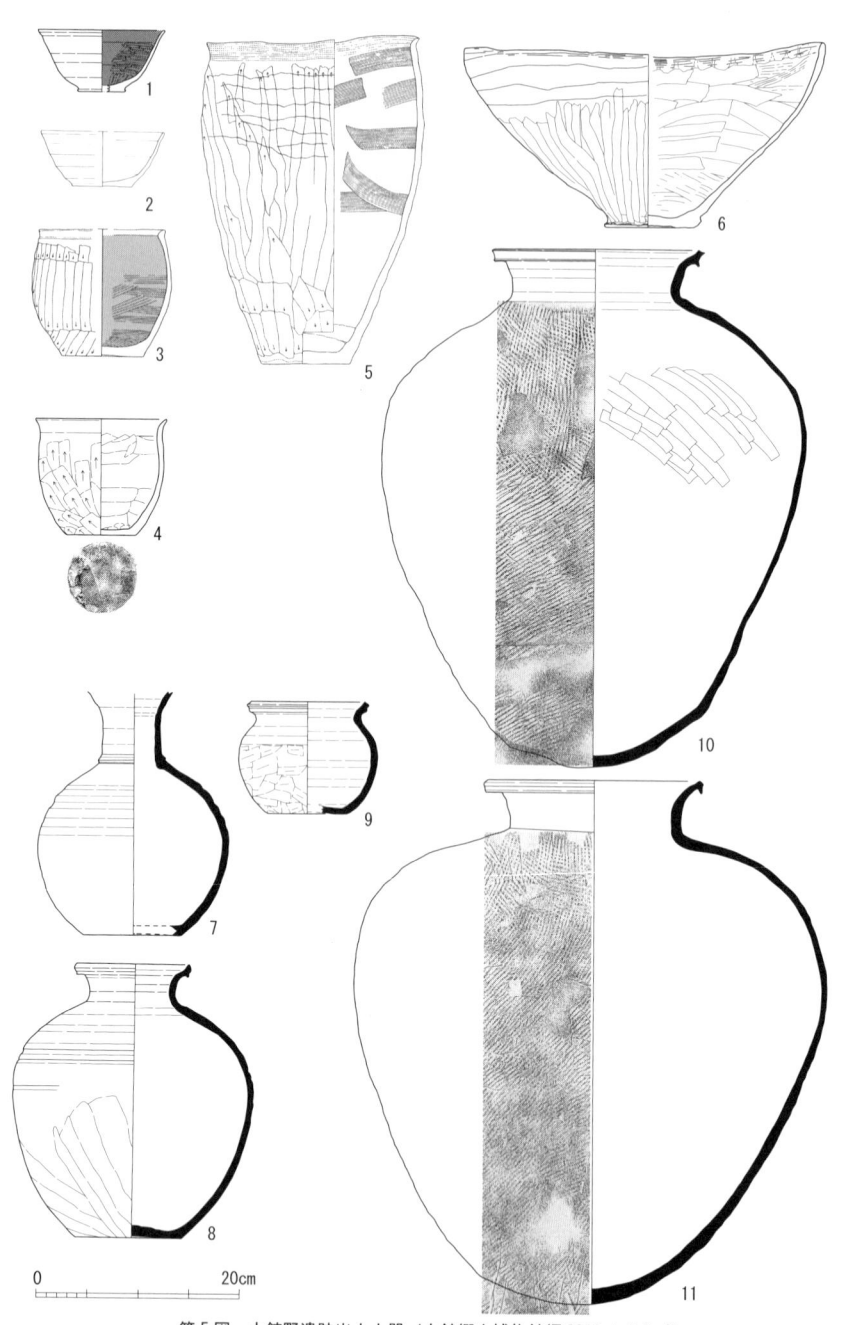

0　　　　　　　　20cm

第 5 図　大館野遺跡出土土器（大館郷土博物館編 2012 より作成）

土師器の坏(1・2)，甕(3 〜 5)，鍋(6)，須恵器の壺(7 〜 9)，甕(10・11)などがある。それぞれの量比からみると，基本的な器種構成をなすのは土師器の甕が約 80 ％を占め，土師器の坏，鍋，須恵器の各器種はごく少ない。また，土器全体に占める土師器の食膳具が前段階よりもさらに半減し，約 10 ％となる。この理由については，飲食用器具が土器から木器へ移り変わったことの結果と考えられている [6]（板橋 1992）。

供膳形態(食膳具)　坏がある。坏は内面黒色処理するもの(1)としないもの(2)がある。このうち約 90 ％は内面に黒色処理と箆磨きをおこない，特殊なものとして，内外面黒色処理された坏が 1 点ある。

貯蔵形態(貯蔵具)　須恵器の壺，甕がこれにあたり，土師器はほとんどみられない。土師器には内面黒色処理をする小型甕(3)がある。これらは他の器種に比して量的にきわめて少なく，土器全体の約 6 ％程度にすぎない。

煮沸形態(煮炊具)　土師器の甕と鍋がある。小型甕にロクロ使用のものが 1 点あるのみで，ほぼすべてロクロ不使用のもので占められる。

(2) 土器の年代と特徴

　これらの土器の年代は，前段階同様，少量ながら伴出した須恵器によって求められよう。当遺跡出土須恵器の多くは津軽五所川原産須恵器とみられる製品が含まれる。その特徴をあげると，長頸壺の頸部と胴部の境目に凸帯をもつこと，長頸壺や短頸壺の底部が高台をもたず，丸味をもつ胴部下半に手持ち箆削りが施されること，甕の内面に当て具痕がみられないこと，長頸壺や甕の頸部や胴上部に箆記号が描かれること，などが指摘される。このような須恵器は MZ6 号窯跡や MD3・16 号窯跡(五所川原市教委2003)に比定され，実年代で 10 世紀前葉から後葉の年代観が与えられる。

　竪穴建物跡の共伴関係を考慮すると，MZ6 号期の資料は MD 段階の資料と混在して出土しているため，主体は MD 段階と考えられる。このことから，大館野遺跡出土土器は 10 世紀中葉から後葉段階の資料という位置づけがなされる。

5.　土飛山館跡の土器

　土飛山館跡は大館市街地西部，標高約 65 m に立地する縄文時代〜中世の遺跡である（第 1 図 4）。平成 17 年（2005）に秋田県埋蔵文化財センターによって，平成 17・18・27 年（2005・2006・2015）には大館市教育委員会によって，それぞれ調査され，平成 18 年調査分までは報告されている（秋田県埋文 2007，板橋 2008，大館郷土博物館編 2009。平成 30 年現在）。これまでの調査で平安時代の竪穴建物跡があわせて約 30 軒，掘立柱建物跡 2 棟などの遺構と土器や製鉄関連遺物が検出された。平成 18 年度の大館市教育委員会の調査（以下，3 次調査と記す）では，密集する竪穴建物とそれを取り囲む大溝からなる囲郭集落（防御性集落）が検出されている。調査の結果，遺跡は遺構の重複や位置関係からみて大きく 3 時期に分けられており，少なくとも 2 〜 3 世代の年代幅があると考えられる。このように遺構や出土土器の特徴から，平安時代の集落の時期は，10 世紀後半〜11 世紀前半ころと考えられる。第 6 図に示した土器は Ⅲ 期とした SD8 大溝跡出土資料を中心に掲載した。

(1) 土器の器種構成（第 6 図）

　土器の主体は土師器であり，須恵器はごく少ない。器種は土師器の坏（1 〜 6），甕（7 〜 9），手づくね土器（10），把手付土器（11），須恵器の壺（12），甕（13・14）などがある。それぞれの量比からみると，基本的な器種構成をなすのは土師器の甕が約 70 ％を占め，これに次いで土師器の坏が約 25 点あるほか，手づくね土器，把手付土器，須恵器の甕・壺は少量で，それぞれ数個体を数えるにすぎない。

　供膳形態（食膳具）　坏がある。坏は内面黒色処理するものがごく一部あるが，約 90 ％は赤焼土器が占める。とくに SD8 出土資料の供膳形態はほとんどが赤焼土器である。坏のうち全体形がわかるのは 1 点のみ（1）である。高径指数が55 と身が深い。底部はいずれも無台である。器壁は薄いもの（1）と厚いもの（2・3・6）の 2 種あり，柱状高台状に底部が厚くなるもの（5）もあるが，大鳥井山遺跡（横手市）出土土器のような法量の大小のセット関係をなすものとはいえない[7]。特殊なものにロクロ不使用の土師器が 1 点ある（4）。

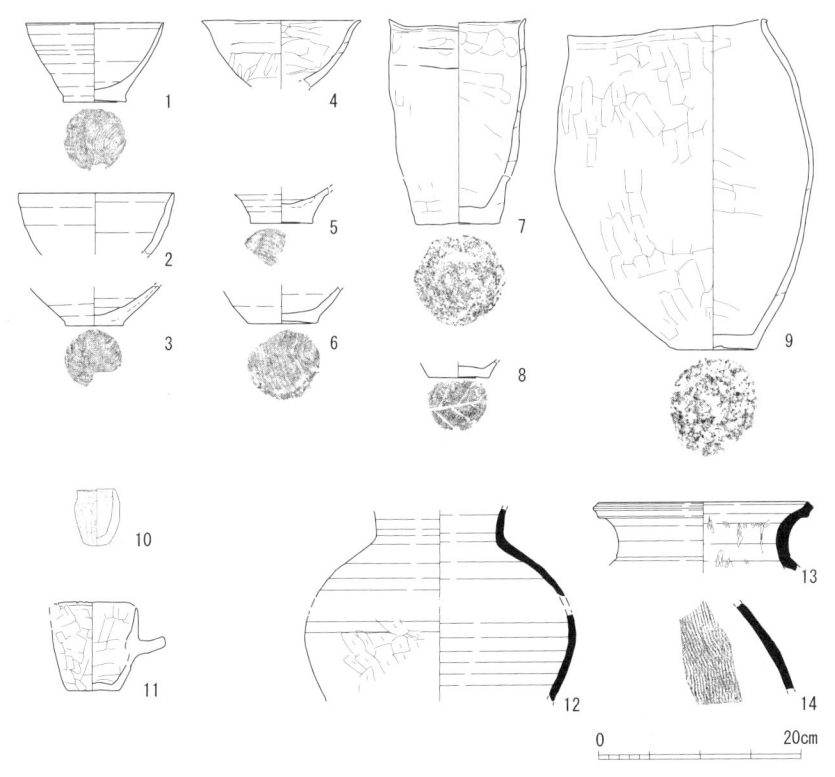

第 6 図　土飛山館跡出土土器（大館郷土博物館編 2009 より作成）

　貯蔵形態(貯蔵具)　須恵器の壺，甕が少量あり，土師器はほとんどみられないが，前段階同様，特殊なものとして，内黒処理をする小型甕がある。貯蔵形態は他の器種に比して量的にきわめて少なく，土器全体の約 13 ％程度にすぎない。

　煮沸形態(煮炊具)　甕と把手付土器がある。鍋は姿を消し，替わって把手付土器が出現する。すべてロクロ不使用のもので占められる。甕は器形が歪み，粘土紐の巻き上げ痕を残し，前段階に比べ，さらに粗雑なつくりとなる。

(2) 土器の年代と特徴

　これらの土器の年代を知る直接的な手がかりはないが，少量ながら伴出した須恵器と秋田城跡などの出土土器によって推測される。当遺跡出土須恵器の多くは大館野遺跡と同様，津軽五所川原産須恵器とみられる製品が含まれる。そ

の特徴をあげると，壺は球胴形をなし，胴部下半に手持ち篦削りが施されること，甕の内面に当て具痕がみられないこと，などが指摘される。このような須恵器は MD3・16 号窯跡(五所川原市教委 2003)に比定され，実年代で 10 世紀中葉〜後葉の年代観が与えられる。当遺跡の須恵器はいずれも破片の状態で出土していることを考慮すれば，集落の後半期には須恵器生産が終了していると推測される。

　土師器の供膳形態については，無台の坏類ばかりで，SD8 出土資料には大館野遺跡とはまったく異なり，黒色処理されるものは 1 点もない。前段階まで縮小化する傾向がみられたが，これまでとは反対にやや大型化し，新たに厚手の坏が加わる。秋田城跡第 63 次調査第 4 層出土土器や下田遺跡(横手市，旧大森町)出土土器など，11 世紀前半の赤焼土器の各器種全般の器壁が厚くなるという特徴がある(伊藤 1997)。

　煮沸形態には，鍋がみられなくなり，新たに小型の把手付土器が出現する。把手付土器は 10 世紀後半に出現し，11 世紀に増加する器種である(小松 1996)。

　3 次調査では，遺構の新旧関係から，古代の集落は 3 時期の変遷がある。上記のことを勘案すると，集落の成立するⅠ期は 10 世紀後半に位置付けられ，Ⅱ期が 10 世紀後葉〜 11 世紀初頭とすれば，Ⅲ期の SD8 大溝出土資料は 11 世紀前半に位置づけられよう。

6. 9 〜 11 世紀の土器様相

⑴ 土器様相の比較

　9 世紀後葉〜 10 世紀初頭の餌釣館跡，9 世紀後葉〜 10 世紀前葉の扇田道下遺跡と 10 世紀中葉〜後葉の大館野遺跡，10 世紀後半〜 11 世紀前半の土飛山館跡，の土器を概観してきた。それぞれの時期からみれば，これらの 4 つの土器群は連続する。ここでこれらの土器構成を比較し，その変化をたどるとき，いくつかのことがらが指摘される(第 7 図)。

　まず供膳形態では 10 世紀前半に黒色土器が主体となるが，10 世紀後半以降，出土量が減少し，11 世紀に黒色処理をしない赤焼土器が占めるようになる。土師器や赤焼土器の皿は少なく，10 世紀中葉以降，皿は認められなくなる。

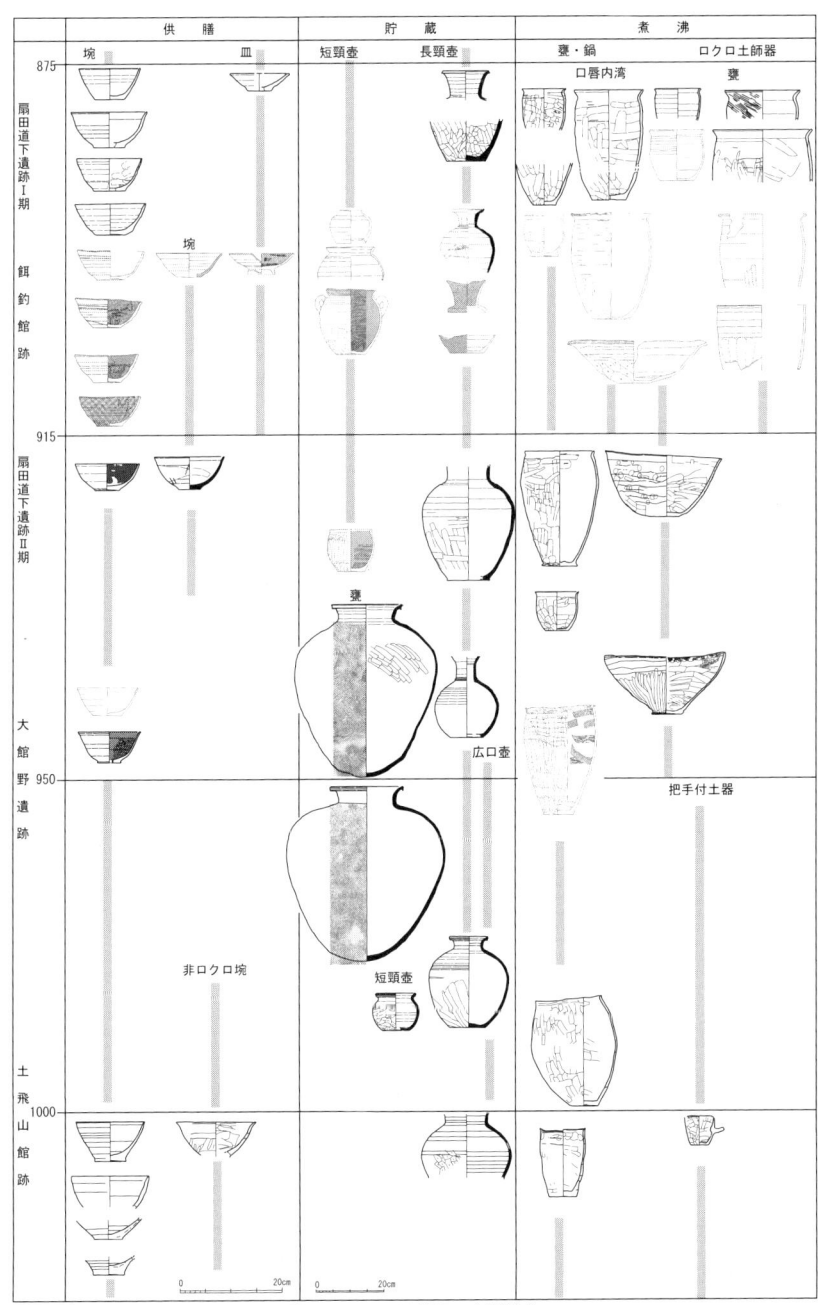

第 7 図　9 〜 11 世紀の土器構成

須恵器埦は 10 世紀前葉にごくわずかで，中葉以降，減少するようである。11 世紀の厚手の埦の出現は 10 世紀代との系譜のつながりが不明で，食膳形態を一新したものと考えられる。

　貯蔵形態では 10 世紀初頭まで土師器と須恵器の壺があるが，十和田火山噴火後の 10 世紀前葉以降は，土師器の壺がいっさい消滅し，須恵器の甕，広口壺，長頸壺などにとってかわる。10 世紀中葉以降は五所川原産須恵器が多くを占めるようになる。10 世紀第 3 四半期ころには五所川原窯で須恵器生産が終了しているため（藤原 2007），11 世紀代には土器が用いられなくなる。

　煮沸形態では甕は継承されるが，鍋は 10 世紀後葉には姿を消し，替わって把手付土器が新しく出現する。このころの釈迦内中台 I 遺跡 SI90 A 竪穴建物跡では，甑が出土しているが（秋田県埋文 2008），量的には少ない。甕の器形，成形技法は大きくかわらない。ただし，9 世紀後葉〜 10 世紀初頭までの煮沸形態には，ロクロ土師器と非ロクロ土師器が併存しているが，ロクロ使用のものが消滅することは注目される。ロクロ土師器は甕と鍋の器種がある。

　このような流れを見ると，2 つの画期が設定される。大きな変化はいえないものの，供膳形態における黒色土器の衰退と厚手の土師器埦の出現，煮沸形態におけるロクロ土師器の消滅，貯蔵形態に五所川原産須恵器の当地域への流入と消滅などの変化を看取することができる。10 世紀初頭には一定量存在しているロクロ土師器煮沸形態が，10 世紀前葉にはほとんど確認できなくなるのである。ロクロ土師器と同様に前述した口唇内湾土器も姿を消す。このことは日常雑器として使用される土師器煮沸形態の製作方法が変化したことを意味し，その変化は十和田火山が噴火した 10 世紀初頭ごろに生じたものと判断され，ここに一つの画期が設定される。

　また，供膳形態では 10 世紀中葉にはその数が減少し，11 世紀頃にはそれまでとは異なる厚手の埦が出現し，中世的土器様式へと向かう。貯蔵形態では 10 世紀前葉には当地域までもたらされる五所川原産須恵器は同第 3 四半期には生産が終了する。煮沸形態は鍋が姿を消し，把手付土器が出現する。このように 10 世紀後葉を境に土器の器種組成に変化が生じる。したがって，ここにいま一つの小さな画期が設定される。

⑵ 米代川流域の須恵器生産の開始

いまのところ米代川流域およびその周辺で発見されている須恵器窯跡には十二林遺跡(能代市・第 1 図 5)と保竜館遺跡(三種町，旧山本町・第 1 図 6)がある。十二林遺跡は能代平野南部の台地上に位置し，秋田県埋蔵文化財センターによって発掘調査がおこなわれ，窯跡 1 基が確認されている(秋田県埋文 1988)。坏(埦)・広口壺・甕などが出土しており，実年代で 9 世紀第 4 四半期～ 10 世紀初頭と考えられている(東北古代土器研究会編 2008)。十二林遺跡では土師器焼成遺構が14 基検出されており，集落内で土師器生産もおこなっていたことが知られる。保竜館遺跡は山本町教育委員会によって確認調査がおこなわれている(山本町教委 2002)が，出土土器が図示されていないため，詳細は不明である。このほか柴内館跡(鹿角市・第 1 図 7) SI1269 b 竪穴建物跡から須恵器窯壁が出土しており(秋田県埋文 2003)，米代川上流域の花輪盆地でも須恵器生産がおこなわれていた可能性が高い。時期は，竪穴建物跡の埋土から十和田 a 火山軽石層が検出されていないことと出土土器から，10 世紀前葉ころと推定される。つまり，このころには須恵器生産が内陸部まで到達していたと推測できる。

餌釣館跡や扇田道下遺跡 I 期は十二林遺跡と時期的に並行し，土器の器種構成や製作技法が類似する。十二林遺跡では土師器も生産していることから，餌釣館跡や扇田道下遺跡のロクロ土師器は，須恵器工人が製作したと考えることもできよう。餌釣館跡山王岱地区の還元不良の須恵器埦や扇田道下遺跡の硬質な赤焼土器の存在は須恵器を志向したように見受けられる。そのように考えると，口唇内湾土器は，ロクロ技術を持たない土師器製作者が須恵器工人からロクロ技術を伝えられ，低速の回転台などを使用して製作した土器と考えられないだろうか。

元慶の乱(878 年)以後，こうした須恵器工人を含む集団が比内地方に進出し，煮沸形態にロクロ土師器が導入され，口唇内湾土器が製作された。しかし，10世紀初頭を境に，土師器煮沸形態は非ロクロ土師器に占められるようになる。時期的には十和田火山の噴火と重なることから，噴火とそれに付随した災害に伴い，土器の生産体制に何らかの変化を及ぼしたことが推察される。

おわりに

　以上，大館市内遺跡の土器をめぐって，比内地方における 9 〜 11 世紀の土器様相について述べてきた。9 世紀後葉〜 10 世紀初頭の扇田道下遺跡 I 期と餌釣館跡の土器は，煮沸形態にロクロ土師器と非ロクロ土師器がそれぞれ存在している。これに対して，10 世紀前葉の扇田道下遺跡 II 期と 10 世紀中葉〜後葉の大館野遺跡の土器は，煮沸形態がほぼすべてロクロ不使用のものに占められる。これら時期が異なる 3 つの遺跡の土器群の比較から，10 世紀初頭に煮沸形態におけるロクロ土師器が消滅することが推察された。そしてその契機は時期からみて，十和田火山噴火の発生にともなう，社会の変化によると考えられる。この噴火により発生した火山泥流は，米代川流域の村々を飲み込んだ大災害となった。このため，土器の生産体制に変化を及ぼしたことが推定される。

　また，10 世紀後葉には五所川原産須恵器の生産が終了し，土器の器種組成に変化が生じた。供膳形態には新たに厚手の埦が出現し，中世的土器様式への萌芽と考えられる。比内地方の古代遺跡は 10 世紀前葉に成立し，10 世紀後葉に衰退するものが多い。10 世紀後半には囲郭集落（防御性集落）が発生し，集落の形態に変化が生じた。上記の土器の変化はこうした社会の変化に関係して起こったと推測される。

　小論で述べたことは，以上のことがらにほぼ尽きる。これまで，比内地方における古代土器については，あまり研究がなされていなかったが，扇田道下遺跡や大館野遺跡，土飛山館跡の良好な資料を加えたことによって，いくつかの知見が得られた。齋藤(2011)によれば，9 世紀後葉〜 10 世紀前葉の北奥・北海道の土師器坏は秋田・津軽・南部・北海道の 4 つのグループに分けられ，比内地域の土器は津軽グループに含まれるという。比内地方を含む米代川流域は現在，秋田県に含まれているけれども，五所川原産須恵器の存在からみれば，津軽，三八・上北地方などと一線を画しつつも，巨視的には津軽地方に包括して理解すべきであろう。元来，比内地方は出羽国に服属しつつも，古代に城柵が設置されなかった地域である。このような歴史的背景をふまえるならば，古代の土器が津軽的様相を呈することはむしろ当然といわねばならない[8]。

　9 世紀後葉〜 10 世紀の様相はほぼ把握できたが，9 世紀中葉以前と 11 世紀以降の土器は，いま一つ資料的に不足しており，不分明である。9 世紀中葉の遺跡は米代川上流域では鹿角沢 II 遺跡(鹿角市，鹿角市教委 2007)，下流域では寒川家上 A(能代市，寒川 I・II)遺跡(秋田県埋文 1988)や外荒巻館跡(能代市，能代市教委 2002)が知られており，今後比内地方を含む中流域での遺跡発見の可能性は十分考えられよう。平成 27 年(2015)には大館市比内町の片貝家ノ下遺跡で十和田火山泥流に飲み込まれた竪穴建物跡が発見された(2015 〜 2016 年秋田県埋文確認調査)。この調査では埋没時にはすでに埋め戻されていた竪穴建物跡の存在が確認されているため，元慶の乱の反乱勢力とされた「火内」ムラに迫れる可能性があり，その調査成果が期待される。一方，土飛山館跡 4 次調査(2015 年大館市教委調査)では，11 世紀代と推定される製鉄関連遺構が 2 基検出されたほか，12 世紀末〜 13 世紀初頭ころに構築されたと考えられる土塁と空堀跡が発見された(秋田県埋文 2016)。空白の 12 世紀に迫れる可能性がある資料なだけに，その整理・分析がまたれるところである。

註
1)　元慶の乱で蜂起した反乱勢力のなかに「火内」ムラが登場する。現在の大館地方を指すと考えられている(板橋 1979)。本稿ではこの地方一帯を比内地方とする。
2)　当初は山王台遺跡として登載されたが，秋田県埋蔵文化財センターが実施した山王岱発掘調査の結果，中世館跡の餌釣館跡に包括されることが明らかとなり，現在の遺跡名は餌釣館跡として登載されている。本稿では「山王台地区」と表記した。
3)　註 2 と同様，餌釣館跡「山王岱地区」とした。
4)　一般的には坏とされることが多いが，9 世紀後葉以降の坏類は高径指数(口径／器高× 100)が 40 を超える身の深い底径指数(底径／口径× 100)が 50 以下の椀形の形態であり，「椀」と呼称するのが適当(坂井 1994)である。なお，本稿では坏に統一した。
5)　酸化炎焼成の土器のうち，ロクロ使用の土器については，「赤焼土器」や「須恵系土器」「赤褐色土器」など様々な用語があるが，本稿では北東北古代集落遺跡研究会(2014)に従い，ロクロ使用の土師器食膳具のうち黒色処理されていないものを「赤焼土器」，ロクロを使用した土師器のうち赤焼土器を除いたものを「ロクロ土師器」，内面および内外面が黒色処理された土器については「黒色土器」と呼称する。
6)　江戸時代，菅江真澄が記した「さくらがり」には，埋没家屋から櫛・椀・曲器などの木製品が出土したことが記録されている(板橋 1992)。また，道目木遺跡の発掘調査では毛馬内火砕流に伴う火山泥流により埋没した住居跡から，完形の曲物が出土しており(板橋 2000)，10 世紀初頭の段階で一般集落の食器として曲物が普及していたことがわかる。
7)　羽柴直人教示。また，土飛山館跡出土土器については，八重樫忠郎から形状が一定せず，法量が安定していない点が新田(1)遺跡(青森市)出土土器と共通すると教示を得た(八重樫・

高橋編 2016）。

8)　米代川流域が律令国家体制に組み込まれなかったという点で，津軽地方とほぼ共通した
　　地域であるという見解は従来から指摘されている（三浦 1990 など）。

引用・参考文献
秋田県埋蔵文化財センター編 1988『一般国道 7 号八竜能代道路建設事業に係る埋蔵文化財発掘調査報
　　告書 I』秋田県文化財調査報告書第 167 集
秋田県埋蔵文化財センター編 1992『国道 103 号道路改良事業に係る埋蔵文化財調査報告書 V』秋田県
　　文化財調査報告書第 221 集 秋田県教育委員会
秋田県埋蔵文化財センター編 2003『柴内館跡』秋田県文化財調査報告書第 355 集 秋田県教育委員会
秋田県埋蔵文化財センター編 2007『土飛山館跡』秋田県文化財調査報告書第 425 集 秋田県教育委員会
秋田県埋蔵文化財センター編 2008『釈迦内中台 I 遺跡』秋田県文化財調査報告書第 426 集 秋田県教育
　　委員会
秋田県埋蔵文化財センター編 2016 『平成 27 年度　秋田県埋蔵文化財発掘調査報告会資料』
板橋範芳 1979「第四章　古代の大館地方」『大館市史　第一巻』大館市
板橋範芳 1990「Ⅲ　検出遺構と出土遺物」『大館市山王遺跡発掘調査報告書』大館市教育委員会
板橋範芳 1992「第二章　古代・中世の大館　第三節　蝦夷の国と人びとのくらし」『大館の歴史』大
　　館市教育委員会
板橋範芳 1998「大館市域における集落の変遷」『大館市及びその周辺地域の風土，文化等調査研究報
　　告書』大館市
板橋範芳 2000「道目木遺跡埋没家屋調査概報」『大館郷土博物館研究紀要　火内』創刊号
板橋範芳 2008「土飛山館発掘調査報告」『大館郷土博物館研究紀要　火内』8
伊藤武士 1997「出羽における 10・11 世紀の土器様相」『北陸古代土器研究』7
大館郷土博物館編 2009『土飛山館跡発掘調査報告書』大館市文化財調査報告書第 3 集 大館市教育委員会
大館郷土博物館編 2012『大館野遺跡発掘調査報告書』大館市文化財調査報告書第 5 集 大館市教育委員会
大館郷土博物館編 2013『扇田道下遺跡発掘調査報告書』大館市文化財調査報告書第 8 集 大館市教育委
　　員会
大館市教育委員会 1990『山王台遺跡発掘調査報告書』
大館市史編さん委員会 1992『大館の歴史』大館市教育委員会
利部　修 1997「第 8 節　東北西部－秋田県の事例と検討－」『古代の土師器生産と焼成遺構』窯跡研
　　究会 真陽社
鹿角市教育委員会 2007『鹿角沢 II 遺跡－中山間地域総合整備事業関連遺跡発掘調査報告書－』鹿角市
　　文化財調査資料 88
北東北古代集落遺跡研究会編 2014『9 ～ 11 世紀の土器編年構築と集落遺跡の特質からみた，北東北世
　　界の実態的研究』
五所川原市教育委員会 2003『五所川原須恵器窯跡群』五所川原市埋蔵文化財調査報告書第 25 集
小松正夫 1996「秋田県の 10 世紀の土器」『日本土器事典』雄山閣出版
齋藤　淳 2011「古代北奥・北海道の地域間交流」『海峡と古代蝦夷』高志書院
坂井秀弥 1994「古代北日本の土器と生産」『北陸古代土器研究』4（『古代地域社会の考古学』同成社再収）
嶋影壮憲 2012「Ⅵ　総括　2．大館野遺跡における平安時代の土器」『大館野遺跡発掘調査報告書』
　　大館市文化財調査報告書第 5 集 大館市教育委員会
新海和広 2008「第 6 章まとめ」『釈迦内中台 I 遺跡——一般国道 7 号大館西道路建設事業に係る埋蔵文
　　化財調査報告書 V －』秋田県文化財調査報告書第 426 集
東北古代土器研究会編 2008『東北古代土器集成－須恵器・窯跡編－〈出羽〉』
能代市教育委員会 2002『外荒巻館跡－土砂採取事業に伴う緊急発掘調査報告書－』能代市埋蔵文化財
　　調査報告書第 13 集

藤原弘明 2007「五所川原産須恵器の編年と年代観」『五所川原産須恵器の年代と流通の実態』第 2 回「北日本須恵器生産・流通研究会」資料集

三浦圭介 1990「日本海北部における古代後半から中世にかけての土器様相」『シンポジウム「土器からみた中世社会の成立」』シンポジウム実行委員会

八重樫忠郎・高橋一樹編 2016「第 I 部　座談　土器と中世武士論」『中世武士と土器』高志書院

山本町教育委員会 2002『保竜館ほか遺跡範囲確認調査報告書』

執筆者一覧

五十嵐 祐介（いがらし ゆうすけ）　1981 年生まれ。男鹿市観光文化スポーツ部。［主な論文］「考古学とジオパークの親和性—男鹿半島・大潟ジオパークを事例に—」（『資源環境と人類』第 7 号明治大学黒耀石研究センター，2017），「竪穴建物跡の床—生活面としての板敷の床—」（『秋田考古学』第 58 号秋田考古学協会，2014）

宇部 則保（うべ のりやす）　1957 年生まれ。八戸市埋蔵文化財センター是川縄文館。［主な論文］2010「9・10 世紀における青森県周辺の地域性」（『古代末期・日本の境界』森話社，2011），「蝦夷社会の須恵器受容と地域性」（『海峡と古代蝦夷』高志書院，2011）

齋藤 淳（さいとう じゅん）　1966 年生まれ。中泊町博物館。［主な論文］「北奥『蝦夷』集落の動態」（『考古学ジャーナル 688』ニューサイエンス社，2016），「土器からみた地域間交流—秋田・津軽・北海道—」（『北方世界と秋田城』六一書房，2016）

嶋影 壮憲（しまかげ たけのり）　1979 年生まれ。大館市教育委員会。［主な論文］「周辺地域の動態②米代川流域」（『北東北 9・10 世紀社会の変動』日本考古学協会，2016），「鹿角・北秋田・能代地区」（『9 ～ 11 世紀の土器編年構築と集落遺跡の特質からみた，北東北世界の実態的研究』北東北古代集落遺跡研究会，2014。宇田川浩一氏と共著）

高橋 学（たかはし まなぶ）　1958 年生まれ。秋田県埋蔵文化財センター。［主な論文］「十和田火山噴火と災害復興」（『北から生まれた中世日本』高志書院，2012），「城柵と北東北の鉄」（『北方世界と秋田城』六一書房，2016）

福島 正和（ふくしま まさかず）　1973 年生まれ。（公財）岩手県文化振興事業団埋蔵文化財センター。［主な著作論文］「律令地域の動態②北上川中流域」（『北東北 9・10 世紀社会の変動』日本考古学協会、2016 年）「平安時代の有高台供膳具に関する若干の考察」（『岩手考古学』第 22 号　岩手考古学会，2011）

船木 義勝（ふなき よしかつ）　1944 年生まれ。みちのく考古学研究会。［主な論文］「『堀と土塁』結界表現の諸相—青森市高屋敷館遺跡の基本的考察—」（『秋田考古学』第 53 号秋田考古学協会，2009），「払田柵跡の区画施設，三重構造論」（『出羽路』第 156 号秋田県文化財保護協会，2016）

村田 淳（むらた じゅん）　1978 年生まれ。（公財）岩手県文化振興事業団埋蔵文化財センター。［主な論文］「東北地方北部の施釉陶磁器」（『北東北 9・10 世紀社会の変動』日本考古学協会，2016），「志波・和我の集落遺跡」（『アテルイと東北古代史』高志書院，2016）

八木 光則（やぎ みつのり）　1953 年生まれ。岩手大学平泉文化研究センター。［主な著書論文］『古代蝦夷社会の成立』（同成社，2010），「城柵構造からみた秋田城の特質」（『北方世界と秋田城』六一書房，2016）

あとがき

　本書は,「北東北報告書」(2014)を基礎に会員自らが主体的に取り組んだテーマの論考篇である。本書では,「北東北報告書」のデータを駆使して新たな歴史像を展望し, 分担地区の土器様相の見直しと深化を提案して, 地区間の様相がもつ諸属性のなかで一見異なる構造の背後にある普遍性を提示したものである。

　これらの新しい研究動向の形成は, 北東北全体を見通した広域的な土器編年と竪穴建物数の時期的・地域的分布を確定したデジタルデータによるものであり, この基礎的な成果が古代北東北史全体を社会史的な観点から発展させたことを含意する。具体的には, 地域(地区)間を分析の単位として比較研究できたことであり, さらに住民の日常生活のなかの心性や, 日常の社会的結合を分析する研究も可能になってきたことを意味する。

　今後,「北東北報告書」と本書の新しい研究動向が, 考古学研究者間の議論の土台となり, さらに古代史や社会史研究, 環境変動・災害心理学など関連諸学の学際的な成果を取り込むことで, 新たな共通言語を創出する共同研究が期待できそうである。

　本研究会の共同研究「北東北報告書」を刊行した後, 学会誌上の書評と紹介・新刊紹介・論文のなかで, 本報告書に対するさまざまな批判をいただくことができた。

　これらの諸見解を整理すると大きく次の3項目に分けられる。

　第1は竪穴建物数の増減動態に関する指摘である。(1) 竪穴建物数を人口に置換しているが, 建物構造の諸属性に関する解析と統合の所見がない。(2) 各地区間の多角的な相関性の検討が必要である。(3)「竪穴建物数=考古学データ」と文献史料との間に相当の隔たりがある。(4)「元慶の乱」における公民の「奥地」への逃亡と竪穴建物数との間に直接の相関関係があるのか? などがあげられる。

　第2は土器論である。(1) 土器から生活様式の変化や地域間交流のあり方を

読み解く視点がないこと。(2) 広域指標器種の地域間相互の比較検討等を行い，横断的な時期設定を可能とする基準を示し，土器編年をより確固たる時間軸として提示できたのでないか，などである。

第3は火山噴火と気候変動に関する解析と人口増減の動態期との関連についてである。(1) 私達はとかく過去に起きた社会変化の要因を自然災害やそれによって引き起こされた環境変化に求めがちである。果たしてこのような議論が成立するのか？　(2) 人口の増減を環境の変化という解釈のみで理解することができるかどうかは慎重な検討が必要であり，単一的な解釈から該期の動向を理解することは難しい。(3) 気候変動のもたらす人的影響を長期的規模で考えることの重要性である。これらを念頭に10世紀の資史料を検討し直す必要性を改めて感じた，などである。

このような批判をいただけたこと自体まことに感謝すべきことであり，今後これら諸見解を真正面から受け止めて，共同研究の新たな目標の設定や個人研究の課題に活かしていかねばならない。

本書を刊行するまで多大なる御教示とともに大変お世話になりました高志書院の濱久年氏に厚くお礼申し上げたい。

2018年10月

執筆者一同

北奥羽の古代社会ー土器変容・竪穴建物と集落の動態ー
2019 年 2 月 15 日第 1 刷発行

編　者　北東北古代集落遺跡研究会
発行者　濱　久年
発行所　高志書院

〒 101-0051 東京都千代田区神田神保町 2-28-201
TEL03（5275）5591　　FAX03（5275）5592
振替口座　00140-5-170436
http://www.koshi-s.jp

印刷・製本／亜細亜印刷株式会社
ISBN978-4-86215-189-6

古代史関連図書

古代日本の王権と音楽	西本香子著	A5・300頁／3000円
古代高麗郡の建郡と東アジア	高橋一夫・須田勉編	A5・260頁／6000円
アテルイと東北古代史	熊谷公男編	A5・240頁／3000円
海峡と古代蝦夷	小口雅史編	A5・300頁／6000円
九世紀の蝦夷社会	熊田亮介・八木光則編	A5・300頁／4000円
古代中世の蝦夷世界	榎森　進・熊谷公男編	A5・290頁／6000円
古代蝦夷と律令国家	蝦夷研究会編	A5・290頁／4000円
出羽の古墳時代	川崎利夫編	A5・330頁／4500円
東北の古代遺跡	進藤秋輝編	A5・220頁／2500円
古代由理柵の研究	新野直吉監修	A5・320頁／6500円
越後と佐渡の古代社会	相澤　央著	A5・260頁／6000円
古代の越後と佐渡	小林昌二編	A5・300頁／6000円
越中古代社会の研究	木本秀樹著	A5・450頁／8500円
古代の越中	木本秀樹編	A5・300頁／6000円
古代中世の境界領域	池田栄史編	A5・300頁／6000円
霞ヶ浦の古墳時代	塩谷　修著	A5・260頁／6000円
古墳と続縄文文化	東北関東前方後円墳研究会編	A5・330頁／6500円
百済と倭国	辻　秀人編	A5・270頁／3500円
日本の古代山寺	久保智康編	A5・380頁／7500円
遣唐使と入唐僧の研究	佐藤長門編	A5・400頁／9500円
越後と佐渡の古代社会	相澤　央著	A5・260頁／6000円
相模の古代史	鈴木靖民著	A5・250頁／3000円
古代の天皇と豪族	野田嶺志著	A5・240頁／2800円
古代壱岐島の研究	細井浩志編	A5・300頁／6000円
奈良密教と仏教	根本誠二著	A5・240頁／5000円
円仁と石刻の史料学	鈴木靖民編	A5・320頁／7500円
房総と古代王権	吉村武彦・山路直充編	A5・380頁／7500円
農耕の起源と拡散	アジア考古学四学会編	A5・330頁／7000円
中世武士と土器	高橋一樹・八重樫忠郎編	A5・230頁／3000円

古代東国の考古学

①東国の古代官衙	須田勉・阿久津久編	A5・350頁／7000円
②古代の災害復興と考古学	高橋一夫・田中広明編	A5・250頁／5000円
③古代の開発と地域の力	天野　努・田中広明編	A5・300頁／6000円
④古代の坂と堺	市澤英利・荒井秀規編	A5・260頁／5500円
⑤仮題・常陸国風土記の世界	阿久津久・佐藤　信編	2019年刊

［価格は税別］